铁路科技图书出版基金资助出版

教育部高等学校经济学特色专业教材

轨道交通经济学

欧国立

中国铁道出版社

2014年·北京

内 容 简 介

本书全面阐述和分析了轨道交通运输领域的经济现象和经济问题，介绍了轨道交通产业的构成，轨道交通的发展历史，阐述了轨道交通产业的自然属性和经济特征，分析了轨道交通的客货运输需求、运营成本、运输价格、产业管制、投融资模型、运营管理、城市轨道交通补贴模式等，共分十四章。

本书可作为研究生、本科生的课程教材，同时也是政府交通运输主管部门、轨道交通企业领导、工作人员的重要参考书籍。

图书在版编目(CIP)数据

轨道交通经济学/欧国立著. —北京：中国铁道出版社，2014.3
ISBN 978-7-113-18064-5

Ⅰ.①轨… Ⅱ.①欧… Ⅲ.①城市—轨道交通—交通运输经济—研究 Ⅳ.①F57

中国版本图书馆 CIP 数据核字(2014)第 029758 号

书 名：**轨道交通经济学**
作 者：欧国立

责任编辑：陈若伟 吴 军 **编辑部电话**：010-51873094
助理编辑：黄 筱
封面设计：崔 欣
责任校对：马 丽
责任印制：陆 宁 高春晓

出版发行：中国铁道出版社(100054，北京市西城区右安门西街 8 号)
网 址：http://www.tdpress.com
印 刷：北京大兴新魏印刷厂
版 次：2014 年 3 月第 1 版 2014 年 3 月第 1 次印刷
开 本：787 mm×1 092 mm 1/16 **印张**：19.5 **字数**：490 千
书 号：ISBN 978-7-113-18064-5
定 价：48.00 元

交通运输是人类一项最基本的社会经济活动，运输业是国民经济的基础产业，是社会和经济运行的基本载体，也是必要条件。人类社会很早就开始重视交通运输问题，并把它看成影响社会经济发展的重要因素。从经济学意义上看，交通运输的根本意义在于创造交易机会，节约交易成本。当两个区域存在比较优势时，如果交换获得的好处能够大于运输成本，那么交通运输线路的建设和运输的开展就有意义，也能够促进经济的发展。交通运输成本实际上是经济生活中交易成本的重要组成部分，随着交通运输发展，运输效率的提高，这种交易成本会逐渐降低。

交通运输的发展经历了不同阶段，马车、内河航运、铁路、公路、航空、管道等运输方式都曾发挥过重要作用。时至今日，交通运输已经形成了公路、铁路、航空、水运、管道等 5 种运输方式的基本格局，每种运输方式在基础设施和载运工具方面都有其自身独到的特征，随着技术的不断发展，每种运输方式在原来基础上还在创新并衍生新的、性能更好的交通工具。

进入 21 世纪后，人们开始更加深刻地反思社会经济的发展，以往通过高投入获得高产出的做法已经被广泛质疑，寻求建立新型的、符合可持续发展要求的经济模式已经成为国际社会的共同责任和任务。

交通运输业是经济和社会发展的基础产业，也是经济和社会能否可持续发展的重要影响因素。进入新世纪后，人们对交通运输开始给予更多关注，为了保证和促进经济社会发展，特别是基于低碳经济和能源战略等方面因素的考虑，很多国家开始把轨道交通运输作为一项重大战略置于经济和社会发展的重要位置。作为新兴的市场经济体，中国的发展令世人瞩目，同时，中国的轨道交通运输——无论是铁路还是城市轨道交通运输的发展同样令世界关注。

历史上，铁路曾经作为工业文明的重要产物推动了经济和社会的发展，铁路也曾作为先进技术的代表，在交通运输领域“称霸”一个多世纪。由于汽车、航空运输的发展以及其他方面的原因，20 世纪 50 年代后，在西方经济发达国家铁路逐渐让位于汽车和航空运输。进入 21 世纪后，经济和社会的发展让人们意识到铁路和城市轨道交通在经济和社会发展中的特殊意义，包括中国在内的一些新兴的市场经济国家更是加快了铁路和城市轨道交通的建设步伐，轨道交通作为社会经济发展的一个基础设施行业，成为支撑和拉动经济发展、改变人们生活方式的重要产业。

轨道交通运输的快速发展衍生了大量与之相关的经济现象和经济问题，这些问题对轨道交通产业的健康发展影响重大，探索、系统阐述和分析这些问题是从事交通运输经济的工作者的一项重要任务。

本书阐述并分析了轨道交通运输领域的经济现象和经济问题。全书十四章，分别论述了轨道交通运输的背景和意义，轨道交通（铁路、城市轨道交通）运输的发展历史，轨道交通产业的自然属性和经济特征，轨道交通的客货运需求、运营成本、运输价格、产业管制、投融资模式、运营管理、城市轨道交通补贴等。

本书作为高等学校经济学特色专业教材，在编写过程中得到了北京交通大学经济管理学院领导、校内外很多专家、同事的支持和帮助，在此表示深深的谢意。李晨阳、金懋、赵源、高小博、刘卫华、邓元慧、徐塱、陈子真、王睿哲、刘畅、范珂、杨媛珺、张静怡、李璐、梁月、杜慧峰、边啸、李洋、王晓艳、李祯琪等在本书的出版过程中做了很多具体工作，在此一并表示感谢。另外，中国铁道出版社的领导和编辑对本书的出版给予了大力支持，在此也向他们表示衷心感谢。

欧国立

2014 年 2 月于北京交通大学

目
录

第一章　绪　论

第一节　基于经济学视角的轨道交通运输

一、背景和意义

21世纪后世界将逐渐转入低碳经济发展时代，传统的发展理念和模式将被更新、更符合人类社会需求的理念和模式取代。交通运输作为社会经济发展的基础和重要产业，其发展理念和模式是影响社会经济发展的重要因素。一直以来，人们在享受交通运输工具，特别是私人交通工具发展带来好处的同时，也不得不接受由此带来的大量负面影响。正因为如此，我们需要理性思考交通运输的发展方向并做出抉择。可以说，几乎达成共识的人类社会经济发展模式以及人们对高质量环境等方面的要求为轨道交通运输的发展打了一个非常高的分数，也正因为如此，世界各国几乎都对轨道交通运输的发展给予了高度关注和大力支持。

轨道交通运输的发展伴随着大量的经济现象和问题，研究和分析这些现象和问题对轨道交通产业的健康发展有着极其重要的意义和作用。由于种种原因，过去鲜见从经济学角度系统地分析轨道交通运输领域的现象和问题。其中一个原因可能是过去对轨道交通运输问题的研究是分别以铁路（包括高速铁路）、城市轨道交通等作为独立的内容进行的。在我国，城市轨道交通只是近些年才开始快速发展，在相关经济问题的研究上还处于不断积累的过程中。

当一个国家的城市化进程发展到一定程度，铁路和城市轨道交通成为连接不同区域、不同城市以及城市本身发展的重要工具时，客观上就到了需要对它们整体进行分析和研究的时候，因为，作为以轨道为基本运行载体，使用几乎相同载运工具和运行方式的铁路和城市轨道交通等，它们在诸多方面具有相同的特征和规律，在经济和社会发展中越来越显示出它们独有的特点和巨大的作用。同时，作为区域经济和城市经济发展的重要基础，它们面临的共同问题越来越多，系统性越来越强。

轨道交通运输是一种既传统又现代的交通方式。实际上在有蒸汽机车牵引以前，轨道交通运输就存在了，人们对轨道交通运输的大量使用源于有动力牵引的铁路。最早的轨道交通运输是由骡马牵引车辆在轨道上运行。在一些地方，也有通过拖拽轨道上的车辆完成陡坡运输的活动。这实际上是对当时道路运输的一种改善，因为它利用了一个重要的机械原理，就是有轮车辆运行于平滑的轨道上，其阻力会大大减小。美国的第一个有轨车道大约是在1807年的波士顿建成，此后的几年，美国还建设了许多有轨车道。

真正实现动力牵引的第一条轨道交通是1825年在英国投入运营的斯托克顿（Stockton）至达灵顿（Darlington）间的铁路。当车辆利用蒸汽机车牵引在轨道上运行的技术出现后，轨道交通运输在技术上产生了一个飞跃。铁路运输产生以前，陆路运输的艰辛以及高昂的运费是最突出的劣势，这在很大程度上影响了没有天然水域的地区与其他地区的商品交流和文化交往。铁路运输出现之后，其运量大、速度快、成本低的优势明显地显现出来。修建铁路能够大大提高客货运量，降低运输成本，给商人带来巨大利润，于是修建铁路几乎成为当时一些经济发达国家的头等大事。世界上第一条铁路在英国出现后不到5年的时间里，法国、美国相继开通了本国的第一条铁路，随后德国、比利时、加拿大、日本等国也纷纷建起本国的铁路。铁路的使用是人类社会在运输技术史上的一次突破和飞跃，它大大增强了人类克服空间障碍的能力。各国在铁路建成投入使用以后不久，就为它的高效率、低成本所强烈吸引和折服，于是又纷纷加大了发展铁路的力度，使得铁路在其产生后的近一个世纪内，在交通运输体系中独占鳌头，为人类经济和社会发展作出了重要贡献。

时至今日，轨道交通运输在技术、形式、服务方式等方面都早已超越了传统的铁路运输，发生了根本性的变化，成为陆路交通的重要方式。轨道交通运输在社会、经济和城市发展中发挥着越来越重要的作用。

进入21世纪后，人们开始更加深刻地反思社会经济的发展模式，以往通过高投入获得高产出的做法已经被国际社会普遍摒弃。越来越多的国家，包括发展中国家开始寻求符合可持续发展和高质量要求的低碳经济发展模式，节能减排成为每个国家在寻求经济发展过程中的重要责任和义务。

交通运输是国民经济发展的基础产业，是保证经济社会正常运行的物质载体。交通运输是外部性很强的产业，其规模和结构不仅影响和制约社会经济的发展，同时也在很大程度上影响甚至决定能源消耗、尾气排放、噪声污染等等。交通运输的负外部性是对其在促进社会经济发展方面作用的抵扣，因此通过优化运输结构，降低交通运输的负外部性是提升运输产业品质的重要举措和方略。

汽车业的快速发展使得西方国家在享受它带来利益的同时也经历了沉痛的教训。巨大的负外部性致使以汽车为主导的交通运输体系弊端越来越明显，既有的运输体系变得不可持续。一些经济发达国家已经为此付出了沉重的代价。我国近些年来公路运输快速发展，城市小汽车的数量也在迅猛增加。

目前中国车用燃油占燃油总消耗量近55%，汽车是机动车污染物总量的主要产生者，其排放的CO和C_nH_m超过70%，NO_x和PM2.5超过90%。按车型分类，全国载客汽车CO和C_nH_m排放量明显高于载货汽车，其中轻型载客汽车排放量最大。载货汽车排放的NO_x和PM2.5明显高于载客汽车，其中重型载货汽车是主要产生者。按燃料分类，全国使用汽油的汽车其CO和C_nH_m排放量明显高于使用柴油的汽车，超过排放总量的70%，柴油汽车排放的NO_x接近总量的60%，PM2.5超过90%。

如果不加改变，目前的交通运输体系和结构将成为影响经济可持续发展的主要因素。与其他运输方式比较而言，轨道交通运输的负外部性较低。轨道交通运量大、碳排放少、安全性高，在能源消耗、环境保护等方面具有明显的优势，是建立可持续发展运输体系较为理想的选择。多数发达国家已经开始反思并制定政策，大力推动轨道交通（铁路、高速铁路、城市轨道交通）运输的发展，使其在城际运输和城市交通中发挥更重要的作用。一些经济发达国家已经制定振兴铁路的政策和规划，城市轨道交通也已成为世界上多数大城市发展公共交通的首选，一些大城市轨道交通承担的客运量已经超过了80%。

轨道交通产业应当由铁路（包括高速铁路、市郊铁路）、城市中的地铁、轻轨、有轨电车等组成。为了研究和讨论方便，本书将轨道交通产业分为两大类，即铁路（城市间铁路）和城市轨道交通（含市郊铁路）。实际上，很多时候它们两者难以准确区分，特别是围绕城市运营和服务时。

轨道交通运输的快速发展已经成为我们这个时代的一个特征,也是时代发展的要求。以往对交通运输的研究习惯上将城际交通运输与城市交通运输区分开来。随着城市规模的不断扩大以及都市圈或城市群的形成,它们之间的界限变得相对模糊,很多运输行为已经是城市交通和城际交通的结合,城际轨道交通(铁路)与城市轨道交通也结合得越来越紧密。一些发达国家在城市轨道交通与城际轨道交通方面早就出现了紧密融合的趋势和现象,实际上已经很难分清楚传统意义上的城际铁路和城市轨道交通运输。一体化的运输客观上要求我们将所有的轨道交通运输纳入一个框架体系进行分析和研究。应当说这是社会经济发展和城市化进程的客观要求,也是交通运输经济学科发展的要求。正是基于这样的想法,作者着手编写《轨道交通经济学》这本书,以期较为系统地阐述轨道交通产业的经济现象、经济问题和经济规律。

经济学是研究人们在一定约束条件下的不同选择的问题,诸如资源配置方式的选择、产权制度的选择、效率的选择、企业组织的选择、分配制度的选择、价格的选择等等。轨道交通运输经济则基于轨道交通产业的特点和运行的基本规律,研究分析诸如是否应当发展轨道交通运输(与其他运输方式比较后的选择),如何发展轨道交通运输(投融资模式选择、产权构成选择、企业组织模式选择、价格选择、管制政策选择、补贴政策与模式选择等)等经济问题。

二、轨道交通运输经济中重要的理论、政策与实践问题

以往的经济学家(包括专事运输经济问题研究的经济学家)虽然分析运输经济问题的角度不同,但多数是集中于分析和论述交通运输在经济和社会发展中的地位和作用。他们把交通运输作为经济发展的一个主要因素或者是主要变量讨论其在宏观经济中的影响力,同时也努力揭示交通运输与社会经济发展之间的内在关系。也有一些学者致力于研究交通运输生产运作中一些具体的经济现象和问题。

与运输经济相关问题的研究需要经济学理论的支撑,直到今天运输经济现象仍为经济学的发展提供了很好的案例和营养。轨道交通运输作为国民经济的基础设施产业对于国民经济和城市经济的成长具有重要意义。轨道交通产业在其发展过程中既包含市场机制的运作与协调,也包含政府“有形之手”对公共利益的调整与控制。因此,相对于其他产业来说,轨道交通产业内部运作以及与外部的经济关系更具复杂性。

随着运输经济学与主流经济学的不断接轨,它所研究的内容也更多地转向探悉一些交通运输内在的、规律性的、深层次的重大理论问题。这些问题的研究使得主流经济学的前沿理论在运输领域得到了很好的应用,同时也推进了相关理论的发展。进入21世纪后,交通运输产业与20世纪已经表现出很大的不同,一些重要的理论问题需要我们高度关注。

1. 轨道交通运输业的属性

轨道交通运输属于国民经济的基础产业,同时也是社会公用事业。在交通运输领域,不同运输方式所提供产品的公共物品性质有所不同,有的强一些,有的则弱一些。轨道交通运输业提供的产品或服务具有公共性和基础性。铁路和城市轨道交通是社会经济(城市社会经济)运行的基本保证和物质载体,其基础性十分明显。轨道交通运输是典型的网络型基础产业,其生产和消费都是在特定的网络上发生的。一定的物理网络是其向社会提供服务的关键性基础设施。轨道交通的网络是由节点和联系节点的路径构成的网状配置系统,网络功能的发挥取决于网络各组成部分的配合与协调。

运输业的基本属性决定了运输企业行为的独特性。作为经济学中的企业理论并没有对企业行为进行更深入的研究，它实际上假设不同的企业行为是基本相同的。然而，实际情况中不同的企业，特别是处于基础产业领域内的企业，其行为与其他企业有着很大不同，有时甚至截然相反。正是这种情况导致了现在的经济学理论很难圆满解释作为基础产业的运输行业部分企业的一些行为。追求利润最大化曾是研究企业行为的基本假设之一，然而，对于运输企业来说，特别是对轨道交通运输企业来说，这一点并不总是适用。因而，在研究具有公用事业性质的运输企业时，有很多现象和行为以现有的理论很难解释。虽然有学者从公用企业的角度来解释运输企业的一些行为，但由于理论上的不足使得这方面的研究还落后于实践。

2. 轨道交通运输企业的规模、结构与效率问题

一个国家运输业的状况与其经济和社会发展有着密切关系，运输业是一国经济和社会正常运行的基本载体。在运输业与国民经济关系的问题上曾有不同的观点，概括起来有超前型、适度超前型、基本适应型和滞后型等。不过，到目前为止对上述观点的理论定义还没有形成，或者说还没有办法准确测度一个国家运输业(综合运输体系)与国民经济关系的指标体系。这使得一些问题在描述上过于宽泛甚至是简单。例如，对我国运输业的描述人们早已习惯了用“供不应求”、“滞后”等词汇来形容，然而，这种描述在很多时候并无多大意义，因为运输业是一个庞大的产业，在某种运输方式相对短缺时其他运输方式基本适应(也可能相对过剩)，或者某一时段(如春运)相对短缺而其他时段能够适应(或相对过剩)，或者某一区域(线路)短缺时其他区域(或线路)基本适应(或相对过剩)。中国的运输业到底需要多大规模(各种运输方式)，以什么指标(体系)能科学、全面衡量运输业的适应性，运输业与人口、生活方式、产业结构之间的内在关系等需要在理论上认真研究，给出科学和令人信服的解释，避免重蹈一些发达国家的覆辙。

不同运输方式有不同的技术经济特点，优势和劣势各异。不同区域经济和社会发展水平不同，对运输的需求也不相同。运输结构与运输布局对提高运输效率有着直接的影响。目前的体制在一定程度上影响了运输业在结构和布局上的优化配置。理论上还缺乏综合运输体系在结构与布局方面的优化配置。结构、布局与效率是重要的理论问题，通过科学布局、优化结构，从而提高运输效率也是当前综合运输体系面临的现实问题。

3. 轨道交通运输产品的性质与定价

运输产品的性质相对复杂，不同的运输产品，同一种运输产品在不同的条件下，其性质都有所不同。例如，连接城市间的航空、铁路等运输与城市公共交通运输不同，比较而言，城市公共交通的公共物品属性更强。即使是航空、铁路等运输，由于消费的状况不一样(拥挤、不拥挤)，其产品的性质也有所不同。

客观上评价运输产品的效用是二元的，包括空间效用、时间效用。由于运输产品的本质是服务，因此，从消费者角度来说，运输产品的效用可能是多元的。运输是克服空间障碍的手段，空间效用是基本效用，随着技术的发展，克服空间障碍的时间耗费越来越少，时间效用也逐渐成为人们选择不同运输方式的重要影响因素。作为重要的服务产品，运输业提供服务(硬件的和软件的)的水平也是消费者评价产品效用的重要指标之一。

运输产品的多样性和复杂性，决定了运输产品定价的复杂性。作为公益性很强的城市公共交通应该如何定价？目前国内不同城市在公共交通(公交车、轨道交通等)票价水平上存在明显差异，这反映了对定价理论依据认识的不同。我国铁路定价的基本依据是全成本，这与一

些国家以长期变动成本作为定价依据也不相同。进入21世纪,人们的生活方式和出行行为更加多样化,交通运输业提供的服务也逐渐多样化,目前的定价理论和政策很多已经无法适应社会的发展和运输业本身的发展,推进运输产品定价研究成为重要的理论和政策问题。

4. 轨道交通产业的交易成本与运输企业组织结构

经济学理论中关于企业经济学的探讨已经很多。新古典企业理论把企业的运行视为一个黑箱,企业唯一的功能是根据边际替代原则对生产要素进行最优组合,从而实现最大的产量或最低的生产成本。因为它没有回答有关企业的一些基本问题,例如企业为什么会出现,企业内部是如何运行的,企业是选择生产还是从外部市场购买,它仅仅是利用局部均衡分析方法预测企业在输入市场的购买决策和输出市场的供应决策。现代企业理论认为,市场和企业是两种不同的组织劳动分工的办法,二者具有替代性,企业的存在是由于它能节约市场交易成本,所以交易成本的存在是企业形成的真正原因。但是,企业不能完全代替市场,也不能无限扩大,企业的边界是由企业内部管理费用与交易费用相比较来决定的。

企业的规模决定于交易费用和企业内部管理费用,而企业的组织结构与内部管理费用密切相关。作为现代工业先驱的铁路运输业,已经走过了近200年的发展历程,各个国家的铁路几乎都经历过各种各样的重组,或者合并,或者分拆。然而,运输企业的边界如何界定仍然是困扰理论界的一个难题。

分析不同国家的铁路企业可知,铁路企业在规模上并没有一个明确的、被广泛认可的标准。实际上,不同规模的企业似乎都存在过,即使是现在,铁路企业的规模仍然有比较明显的差别,它们能够存在自然有其道理,探索铁路企业规模的内在规律是值得关注的问题。

中国铁路运输企业的规模以及企业边界是铁路改革和发展需要认真面对并解决的问题。目前,铁路产业仍然像一个大企业,内部管理以及组织运作成本庞大。铁路在市场主体、企业边界、组织构架等问题上需要进一步厘清相应关系。铁路产业的重组以及运输企业组织构架的重构是一件必然的事情。然而,重组和重构并非一件易事,行业本身的复杂特性决定了铁路企业的重组需要足够的理论支撑,也需要实践中深入细致的探索。

5. 轨道交通产业的管制问题

管制经济学是经济学研究中重要同时也是前沿的领域。管制最早来自于铁路。管制既有政治因素也有经济因素。管制出于这样一种观念,即政府应当为维护公共利益对一些产业进行管制。多年来,对运输业的管制政策发生了很大变化,政府的管制领域也在不断扩大,从运输领域延伸到了其他公用事业和产业,这也导致了管制经济学的发展。然而直到今天,关于管制问题的研究远没有达到预期,一些较深刻的问题还未得到解释。

在很多时候管制看起来是一个零和博弈,如果它用来帮助消费者,就会使生产者处于不利地位,反之亦然。

最早出现管制的领域是美国铁路,后来延伸到其他交通运输方式。虽然对交通运输普遍存在管制现象,但不同国家管制的政策和程度不尽相同。作为一种公共政策,管制的机理和效率成为重要的理论问题,对这一问题,特别是管制的效率问题一直未得到很好的解释。这也是学者们给予高度关注的问题,同时也是理论和政策研究方面较为前沿的领域。

6. 轨道交通运输规划的理论、方法与政策

交通运输是重要的社会资源,交通设施的配置既影响其本身的使用效率,也影响社会其他相关资源的配置和使用效率。如:铁路网、公路网等运输基础设施的布局,枢纽站和其他节点

的设置，一体化运输的无缝隙连接(硬连接和软连接)，在城市交通运输中，道路与轨道交通等基础设施之间的比例关系等。交通基础设施的优化配置决定着运输资源、社会资源的使用效率。由于交通运输投资具有较强的沉淀性，因此，其初始配置十分重要，交通运输规划是决定这种配置的基础。从经济学和社会学角度探讨交通规划是十分重要的。

几乎每个国家或地区都有自己的交通规划，在经济和社会可持续发展目标的约束下，发展轨道交通是交通运输规划中十分重要的内容。如何使交通规划更加科学合理，从而使交通资源的配置和运用更具有效率，是交通规划需要解决的问题。然而，交通规划本身不仅涉及技术问题，还包含经济、社会等因素，制定交通规划需要更完善的理论和方法支撑。交通规划也是政策性较强的系统工程。

在城市交通运输中，一味地扩大地面道路宽度未必是解决城市交通问题的良方，因为如果不对交通需求进行有效管理(TDM)的话，道路的修建永远赶不上交通需求的增加(当斯定理)。因此在安排交通基础设施投资时，考虑在大城市更多地修建大容量的轨道交通应当是提高资源使用效率的重要途径，而这些都需要科学的规划。

7. 轨道交通产业的产权问题

自20世纪90年代初新制度经济学引入以来，学术上在产权、制度等理论领域的研究取得了很大的进展。然而，产权理论在交通运输领域，尤其是轨道交通运输领域的研究却没有得到真正展开。巴泽尔(1989年)在分析公共交通体系的产权问题时，认为城市交通体系不能算作私人财产，又以公共财产易于放任自流，进而指出公共交通也不能算作公共财产。实际上，关于交通运输领域的产权问题，特别是轨道交通运输领域的产权问题应当是运输经济学研究的重要问题。由于过去的研究比较薄弱，所以，在这一领域也留下了很大的研究空间。

不同国家在轨道交通运输领域的产权安排存在比较明显的差异。有的国家或地区共有产权占有明显比重，而有的国家或地区私人产权则发挥重要作用，也有的则是两者并存。在这方面，实际上存在一个谱系，不同国家(地区)轨道交通运输的主权安排处于谱系中的不同位置。

第二节 交通运输的意义与作用

一、交通运输的意义

交通运输是人类社会的基本活动之一，它是我们每个人生活中的重要组成部分，同时，也是现代社会经济活动中不可缺少的重要内容。人类社会由散乱走向有序，由落后迈向文明，交通运输发挥了不可估量的重要作用。作为一个行业和领域，交通运输不能有片刻的停歇，更不能出现丝毫的问题，否则，社会将陷于瘫痪。今天，大到一个国家，小到我们每一个人，都已与运输紧紧相连，密不可分。交通运输已经渗透到人类社会生活的方方面面，并且成为最受关注的社会经济活动之一。

当我们把目光投向历史时，就会惊奇地发现，人类社会发展过程中的每一个重要进程或重要事件，几乎都与运输有关。古埃及的强大与尼罗河息息相关，是尼罗河把整个埃及连在一起，为它在商品运输、信息交流、文化传播方面提供了极大方便。世界奇观金字塔的修建，离开了运输是不可想象的。中国古老灿烂的文化与黄河、长江密切相连，水上运输为黄河、长江两岸的经济发展和文化传播奠定了最重要的物质基础。丝绸之路是古老的中国走向世界的一条漫漫长路，作为一条重要的纽带，它运送和传播了不同国家和地区的商品及文化，加强了它们之间的沟通、交流和发展。然而,“路漫漫其修远兮”,虽然这条“路”促进了中国与世界文化的交流,促进了经济发展,却也映衬了原始运输方式的艰辛与落后。

机械运输业的出现,对经济发展和社会进步产生了更大的影响。汽轮船的采用提高了海上运输速度、能力与平均运输距离;铁路及公路的使用与发展,使得人类在陆路上克服空间障碍的能力大大提高;航空运输的发展导致交通运输在速度方面产生了质的飞跃,从而使整个世界为之变小。“地球村”是人们对当今世界的另一种称谓,而使原本广阔无垠的地球变为“村落”的,恰恰是发达的现代交通运输体系。

现代交通运输的意义与作用往往超出人们对它的认识和理解。其实这并不奇怪,因为现代发达的交通运输体系已经成为社会经济正常运转的重要物质基础。在正常情况下人们很难充分认识它的存在与重要作用,除非这个系统中某一部分出了问题。

二、交通运输的作用

1. 客货位移、信息传递的基本载体

交通运输是人类社会最重要的活动之一,“衣、食、住、行”是人类生存的基本形态,交通运输就是其中一项。交通运输是人类生存的一种方式,虽然人们有不同的生活方式,但对交通运输的需要却是共同的。人的一生有许多事情要做,包括工作、学习、生活等等,每一个环节都无法脱离交通运输。生活越是丰富多彩,交通运输的作用就愈发明显。早期的人类由于交通运输工具落后,生活的范围和空间被局限在很小的范围之内,随着交通运输的发展,人们的生活和工作空间逐渐扩大,对交通运输的依赖也就越来越明显。

作为生产和交换最重要的工具之一,交通运输是保证社会财富生产和创造不间断进行的基本条件和保障,交通运输一旦停止,人类赖以生存的物质财富的创造也将随之停止。

交通运输不仅是实现客货位移的载体,同时也是传递信息的重要工具。人类早期的信息传递主要是靠交通运输(驿站的设置等),也正因为如此,过去曾经将通讯业纳入交通运输范畴。直到今天,一些国家在进行国民经济统计时,仍然将通讯业和交通运输业放在一起。不过,由于技术进步等原因,今天的通讯业已经十分发达,交通运输已经不再是信息传递的主要载体。不过,通过旅客和货物运输,人们仍然可以了解到很多来自其他国家和地区的信息。因此,在今天,交通运输实际上仍然承载和传递着大量的信息。

2. 有利于开拓市场

早期的商品交易市场往往被选择在人口相对密集、交通比较便利的地方。在依靠人力和畜力进行运输的时代,市场位置的确定在很大程度上受人和货物可及性的影响。对于多数人来说,交通相对便利、人和货物比较容易到达的地方会被视为较好的商品交换场所。久而久之,这个地方就会变成一个相对固定的市场。当市场交换达到一定规模后,人们又会对相关的运输条件进行改进,例如改善道路(或通航)条件,增加一些更好的运输器具,以适应和满足市场规模的不断扩大。

随着技术的发展,运输手段不断改善,运输效率不断提高,运输费用也不断降低。运输费用的降低,使市场的引力范围不断扩大,商人可以从离市场更远的地方采购货物在市场上出售。由此,运输系统的改善既扩大了市场的区域范围,也加大了市场本身的交换规模,为大规模的商品销售提供了前提条件(见图1—1)。

图1—1中,A 为某种商品产地,在 A 地商品售价为 OC,现欲往 B 地出售,B 地可接受该

商品的最高价格为OE。当运输系统没有得到改善以前，由A地运输货物到B地的固定成本为CD，变动成本为DH，总成本为CH。

假定原有运输系统得以改善，运输效率提高，使每公里运输成本得以降低，即运输总成本由原来的CH降低到现在的CJ（固定成本为CD，变动成本为DJ），那么，该商品在B地的售价就可降为OJ（或略高于此），从而可以顺利进入B地市场。

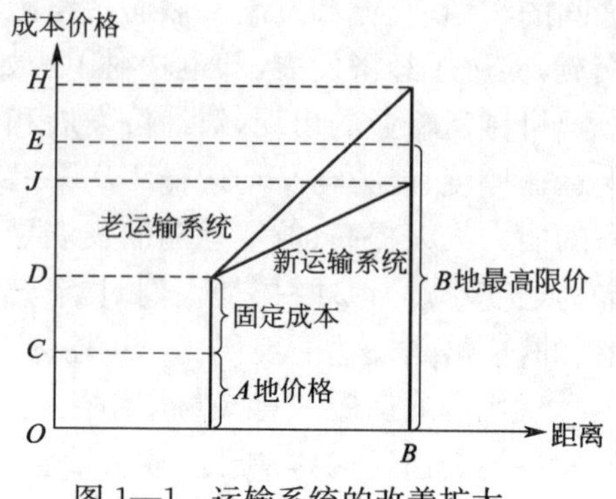

图 1—1　运输系统的改善扩大市场区域范围示意图

由此可见，当使用低效运输系统时，A地的商品将无法在B地市场上出售，而在对原有运输系统改善后（降低了A、B两地间的运输费用），A地的商品就可以顺利地在B地销售。运输创造了“空间效用”，扩大了商品的市场范围。

上面的分析已经表明，运输系统的改善可以扩大货物运送距离，从而扩大市场范围。这里，市场范围扩大的比率将超过运输距离增加的比率。著名运输经济学家拉德纳（D. Lardner）把这种现象称为运输与贸易的平方定律（见图 1—2）。

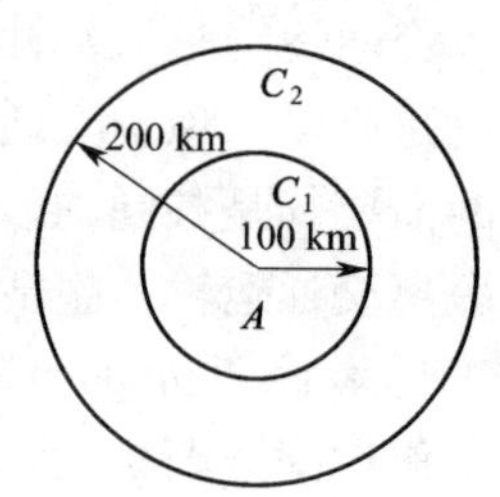

图 1—2　运输与贸易的平方定律

位于A地的厂商如果借助一定运输系统能将其产品运至100 km范围内的任何地方，以竞争性的价格出售，其相应的市场范围就是C_1；当运输系统改善后，运输费用比原来减少一半，那么，该厂商就可以以相同的运输费用把供货距离扩大一倍，即延长为200 km，其相应的市场范围就是C_2。显然，此时市场范围的扩大比率比运距扩大比率多 3 倍。

交通运输在开拓市场过程中不仅能创造出明显的“空间效用”，同时也具有明显的“时间效用”。运输的时间效用与空间效用密切相关。市场上对某种商品的需要往往具有很强的时限性，超过了这一时限，商品的需求量就会大大减少甚至完全消失。一种商品如果因为时间关系失去了市场需求，这种商品在特定的时间内就不再具有价值，或者其价值大打折扣。高效率的运输能够保证商品在市场需要的时间内适时运到，从而创造出一种“时间效用”，繁荣市场。与运输的空间效用一样，运输的时间效用同样可以开拓市场。例如，当某地区急需一种产品时，这时产品的运输速度就成为最为关键的因素（假定该产品需要从外地调入）。按照拉德纳定律，当运输速度提高一倍时，潜在的市场范围可以扩大 3 倍。

3. 有利于鼓励市场竞争并降低市场价格

运输费用是所有商品市场价格的重要组成部分，商品市场价格的高低在很大程度上取决于它所含运输费用的多少。运输系统的改革和运输效率的提高，有利于降低运输费用，从而降低商品价格。运输费用的降低可以使更多的产品生产者进入市场参与竞争，也可以使消费者得到竞争带来的好处。因为如果没有运输，离市场近的厂商就可以影响甚至垄断市场，他们可以决定商品的市场价格，而高效的运输系统和廉价的运输可以扩大市场销售范围，使离市场更远的厂商进入市场并参与竞争。这样，商品的市场价格将通过公平竞争和市场机制决定。实际上，由于劳动分工和地区专业化的作用，商品的市场价格很可能是由远方供应者决定的，因为它的生产成本最低。因此，正是由于运输系统的存在鼓励了市场竞争，也降低了商品价格。

运输与土地利用和土地价格之间存在密切的关系。高效、廉价的运输可以使土地获得多种用途，如果没有运输将产品送到远方市场，很多土地将变得无用或用途很小。运输条件的改善可以使运输延伸到的地区地价增值，从而促进该地区的市场繁荣和经济发展。

4. 有利于劳动的地区分工和市场专业化

交通运输有利于生产劳动的地区分工，一个较为简单的情形是：假设 A、B 两地各生产某种产品(a 和 b)，A 地生产 a 的成本较低，因此价格低廉，而 B 地生产 b 的耗费相对较低，同样能以较低的价格出售。在这种情况下，每一地区生产它最适宜生产(劳动耗费低)的货物并相互交换是对双方都有利的事情。但如果 A、B 间的运输费用非常高，以至于抵消了专门从事该种产品的生产和交换所能得到的利益，那么两地间的交换就不会发生。结果是，A、B 两地都必须拿出一部分土地、劳动力和资金来投入对方生产成本较低的那种产品的生产。这时，运输就成了地区劳动分工和贸易的障碍。然而，当 A、B 两地间存在高效、低廉的运输后，这个障碍就会被解除。由此，根据比较利益原则，运输能够促进生产劳动的地区分工。在劳动的地区分工出现后，市场专业化的趋势也会逐渐显露，这就使某一地区的市场在产品的销售上会更加集中在某一类或某几类产品上。市场专业化将大大减少买卖双方在收集信息、管理等方面的成本支出，减少市场交易费用。

5. 促进区域经济增长以及区域间经济协调发展

交通运输与区域经济发展之间存在着密切的关联，它在很大程度上决定着区域经济体系的运转状态。作为区域经济子系统的区域交通运输，可以增强区域经济系统的开放程度，提高人员、货物的区域可达性，降低运输费用，扩大产品市场。完善的区域交通运输系统可以强化区域经济的聚集效应、溢出效应和扩散效应，促进区域内的分工与协作，有效提高区域经济系统的区位优势。

由于区域经济发展的不平衡，客观上存在不同梯度，不同梯度区的经济特点不同。交通资源配置与区域经济梯度发展存在密切关联。交通运输是每个梯度区域经济发展的基础要素之一，而处于不同梯度的区域经济发展对交通资源也表现出不同的需求。例如，处于高梯度区的区域由于技术进步和产业结构升级，使得对“粗、大、笨”的原材料运输需求降低，代之以“高、精、尖”等产品运输需求增加，这也导致对不同类型交通资源(如不同运输方式)需求的差异。

交通运输是区域经济辐射影响的重要媒介和载体。辐射是一个物理学概念，是指能量高的物体和能量低的物体通过一定媒介互相传送能量的过程。现代化和经济发展水平较高的城市和地区可以看做是能量高的物体，现代化和经济发展水平相对较低的城市和地区可以看做是能量低的物体，两者之间就会存在类似于物理学中的辐射。交通运输在很大程度上决定着区域经济辐射(点辐射、线辐射和面辐射)的影响从而决定着区域内和区域间经济互动力的大小，决定区域间经济的协调发展。

6. 保证整个社会经济的正常运行和发展

交通运输是生产和流通过程中的一种要素投入，运输的改善通过改变要素成本而改变生产过程的投入产出比，完善的交通运输体系能够降低整个社会在生产和消费方面的库存水平，提高全社会人员、货物的流动性，促进生产要素的优化配置。

交通运输是国民经济其他生产部门正常运行、协调发展的前提，也是使社会再生产得以延续的不可缺少的基本环节。交通运输是国民经济的基础产业，也是社会经济发展的基本物质载体，在社会经济发展中占有重要地位。人与货物的流动是人类社会的基本现象，也是最基本的生产和生活活动。交通运输是保障社会经济正常运行的基本条件之一，离开了交通运输，社会和经济秩序就会被打乱，甚至陷入瘫痪。一个经济和社会发达的国家，必然是交通运输发达的国家。

一个国家和地区的经济和社会快速稳定发展与交通运输的有力支撑是分不开的，经济发达国家的经济发展史和交通运输发展史都充分证明了这一点。同样，一些经济和社会发展较慢的国家或地区往往也是交通运输比较落后的国家和地区。通过大力发展交通运输保障和促进经济和社会发展已经成为世界各国的普遍共识和具体行动。

三、经济学家关于交通运输意义的论述

交通运输是人类社会发展的基本活动之一，自人类社会产生以来，交通运输始终伴随并影响着社会经济的发展和变迁。交通运输在社会生产和人们生活中扮演着不可或缺的重要角色。

由于交通运输在人类社会发展中占据了主要的地位，并起到了重要的作用，关于交通运输问题的研究、分析和探讨从未停止过。人类早就开始关注运输问题，几乎从有文字记载开始，关于交通的字样就不断出现。政治家、军事家、历史学家、社会学者等都对交通运输给予了高度关注，并从不同角度阐述过对其的认识和看法。

交通运输是人类社会一项最基本的生产和社会活动，交通运输业是国民经济的基础产业，是社会和经济运行的基本载体，也是必要条件。由于交通运输是人类社会最基本的一项经济活动，因此，探究宏观经济运行中的运输问题、运输活动中的经济问题以及经济学问题是经济学家们长期以来十分关注的问题，实际上，它也是任何学者研究社会经济发展无法回避的问题。

从经济学的角度论述交通问题，可以追溯到经济学的鼻祖亚当·斯密（Adam Smith，1723—1790 年）。1776 年亚当·斯密在《国富论》一书中深刻分析了分工对生产力提高、经济发展和国民财富增长的影响和重要作用，而在分工和一切改良活动中，“以交通改良为最有实效”①。他认为，社会和经济的发展，依靠“良好的道路、桥梁、运河、港湾等公共工程”①。通过对当时经济比较发达的国家的分析，得出“他们的财富似乎全然得自内陆的航运”的结论。

威廉·配第（William Petty，1623—1687 年）在研究了一些国家的经济发展后，指出：“一个领土小而且人口少的国家，由于它的位置、产业和政策的优势，在财富和国力方面可以和人口远为众多、领土远为辽阔的国家相抗衡。在这方面，航海和水运的便利起着最显著而又最根本的作用。”②

弗里德里希·李斯特（Freidrich Liszt，1789—1846 年）认为，交通运输是社会经济发展的重要影响因素，他指出：“英国使全世界看到了运输便利对生产力的增长可以发生如何有力的影响，从而促成国家财富、人口与政治力量的增长。”

马克思（Karl Marx，1818—1883 年）关于运输的经济思想：“除了采掘工业、农业和加工工业外，还存在着第四个物质生产领域，这个领域在自己的发展中也经历了几个不同的发展阶

---

① 亚当·斯密，《国民财富的性质和原因研究》，郭大力，王亚南译，商务印书馆 1982 版。

② 威廉·配第，《政治算术》，陈冬野译，商务印书馆 1978 年版。

段:手工生产阶段、工场手工业生产阶段、机器生产阶段。这就是运输业,不论客运还是货运。”(《马克思恩格斯全集》第26卷第444—445页)

“运输业所出售的东西,就是场所的变动。它产生的效用,是和运输过程即运输业的生产过程不可分离的结合在一起的。”(《马克思恩格斯全集》第24卷第65—66页)

交通工具的作用是克服时间和空间的障碍。马克思认为“缩短流通时间的主要方法是改进交通”(《马克思恩格斯全集》第25卷第85页)。交通革新改变了传统的生产模式和工业布局,激活了市场。“资本主义生产方式,由于交通运输工具的发展,由于运输积累(规模扩大),使单个商品的运输费用减少。运输业一方面形成一个独立的生产部门,从而形成生产资本的一个特殊的投资领域。另一方面,它又具有如下特征:它表现为生产过程在流通过程内的继续,并且为了流通过程而继续。”(《马克思恩格斯全集》第25卷第1042页)

马克思甚至对运输中的具体问题,如修理费用与更新费用之间的关系也进行了详细论述。“真正的修理和补偿之间、维持费用和更新费用之间的界限,带有一定的伸缩性。因此,例如在铁路上,关于某些指出属于修理还是属于补偿,应当算在经常性支出内还是算在基本投资内,总是争论不休。……就这种工程来说,预付在它们上面的资本不能按损耗逐渐地补偿,而只能把维修的年平均费用转移到产品的价格中去。”(《马克思恩格斯全集》第24卷第199—202页)

新古典经济学的创始人阿尔弗雷德·马歇尔(Alfred Marshall,1842—1924年)认为:“一个企业的位置在决定企业外部经济的程度上,经常起着重大作用。……铁路和通向现有市场的交通工具的开辟而产生某地位置的价值,是工业环境的变动对市场成本所起的最显著的影响。”他说:“英国从工业中所得到的利益比最初看起来要少些,但从新的运输业中得到的利益多些。”①

1850年在铁路的发源地英国,伦敦大学教授D·拉德纳(D·Lardner)出版了他的《铁路经济》一书。在这本书里,拉德纳讨论了运输进步的历史及其影响,讨论了铁路的各种运营管理和成本、运费、利润等问题,还讨论了铁路与国家的关系。拉德纳认为运输系统的改善可以扩大货物运输距离,从而扩大市场范围,他把这种现象总结为运输与贸易的平方定律。

铁路与经济增长的关系一直是经济学家讨论的问题,获得诺贝尔经济学奖的西蒙·史密斯·库兹涅茨(Simon Smith Kuznets)认为,蒸汽火车使美国开始出现了一个新的经济时代②。罗斯托也指出铁路对美国经济起飞具有决定性的作用③。一些美国经济史学家认为铁路在19世纪美国经济发展中起了十分重要的作用,美国新经济史学的代表人物罗伯特·福格尔在1964年出版了《铁路与美国经济增长》一书,他运用反事实论证方法,说明铁路对经济增长并不像人们一般所认为的那样起到不可替代的决定性作用。福格尔还在他的《铁路和美国经济增长:计量经济史学论文集》中引用了大量历史数据,建立了计算社会节约量的数学模型,进行了相关分析。

经济史学家道格拉斯·诺斯(Douglass C. North)在其《1600—1850年海洋运输生产率变化的原因》一文中(1968年发表于《政治经济学杂志》)运用“间接计量”分析法间接分析了1600—1850年间的海洋运输生产率。这期间,海洋运输生产率是明显提高的。关于提高的原

① 马歇尔,《经济学原理》,朱志泰译,商务印书馆1981年版。

② 西蒙·库兹涅茨,《现代经济增长:速度、结构与扩展》,戴睿等译,北京经济学院出版社1989年版。

③ W·W·罗斯托,《经济成长的阶段》,郭熙保,王松茂译,中国社会科学出版社2010年版。

因,传统的解释归结为技术进步,然而,海洋运输使用轮船代替帆船的技术进步发生在19世纪后半期,而在1600—1850年间帆船并没有发生重大改进。诺斯运用航运成本作为间接衡量航运生产率的指标,对影响航运成本的各个因素进行分析计算。结果表明,在1600—1850年间平均每吨货物所担负的成本是下降的。诺斯认为,航运的安全性加强以及市场经济扩大等因素使得运输成本降低,从而提高了航运效率,促进了航运的增长。

美国经济史学家罗斯托(Rostow Walt Whitman)是经济成长阶段理论的提出者。罗斯托将经济发展分为5个阶段,并认为,在经济发展的不同阶段,交通运输所起的作用并不相同。罗斯托高度评价了铁路在经济发动阶段所起的作用。他认为:"交通运输是随着商业的兴起而发展的,从处于发动阶段以前的社会和处于发动阶段的社会的资本的形成水平和形态的资料看,总投资的很大一部分必须用于运输和社会其他经常性开支。"①

在区位理论中,交通运输是重要的乃至关键的因素。在经济地理学中,运输条件和运输费用是研究相关问题的前提和基础。例如,杜能的农业区位论中,其他因素都被作为固定的常数,农民的收益只决定于土地与市场的距离和运输费用。在韦伯的工业区位论中,他只给出了运输费用、劳动力费用和生产集聚力三个影响区位的因素。他认为,运费对工业的基本区位起着决定作用,而劳动力费用和集聚的影响,则是由运输决定的工业区位的第一次和第二次"变形"。韦伯甚至把其他一些次要的区位影响因素,也简化为运输费用加以计算。克鲁格曼也认为,研究经济发展的影响因素时,如果地理位置是要讨论的问题,那么在构建一个将距离因素包含在内的模型就是很自然的考虑。

实际上,亚当·斯密等一些重要经济学家都坚持认为,交通运输与货币信用是最为重要的经济推动力,正是交通运输市场的扩张与货币信用下金融市场的扩张,才实现了经济组织主导下的社会经济的规模报酬递增。

相对于宏观经济学家而言,运输经济学家关于交通运输经济问题的探究更为直接和深刻。

美国著名运输经济学家洛克林(D. Philip Locklin)对运输经济问题的研究以及运输经济学的发展有着重要影响,他对运输的经济和社会意义有深刻理解,对运输成本、运价、运输协作与竞争、运输与土地价值之间的关系、运输政策等重要问题有着独到的见解。他认为:"廉价运输的最明显的效果是可以使某一地区得到必须在别处生产的货物。没有廉价运输的社会必须大部分自给自足;廉价运输的另一个结果是,货物易于从一地运到另一地,可以平衡物价……廉价运输有利于建立中央市场,代替地方市场……廉价运输能增加较远地区的土地租金和价值。"(洛克林,《运输经济学》)

罗依·桑普森(Rog J. Sampson)等编著的《运输经济——理论、实践与政策》一书,系统地分析了运输业的经济特性、运输成本、运价、运输管制、运输政策等,与其他运输经济学家不同的是,他将物流管理的内容整合在书中,显示了他对运输与物流关系的理解。他特别强调制度在运输中的作用,认为"制度上的原因……在美国的交通运输的发展中起了重要作用"(《运输经济——理论、实践与政策》第449页)。他强调了管制政策的主要意义和作用,并对此进行了深刻分析。他认为,应当保持管理机制的合理性、灵活性和主动性,这样才能享受发达的技术和管理能力的优势。

英国学者B·豪伊尔1973年出版了《运输与发展》一书。该书分析了交通运输与经济和

① 罗斯托,《经济成长的阶段》,郭熙保,王松茂译,中国社会科学出版社2010年版。

社会发展之间的关系,指出在经济发展的不同时期,运输的作用有所不同。交通运输和经济发展互为因果关系。

约翰·J·科伊尔(John J. Coyle)关于运输的论述,他认为:在进入21世纪后,过去多年来"放松运输经济管制所引起的运输发展变化越来越快,购买与提供运输服务所处的经济环境日益复杂且变化日趋迅速。第三方服务提供商、托运人与承运人之间合作的发展、多式联运的增长和物流费用在GDP中所占比例的下降都证明了运输市场所经历的激烈动荡"。"运输业中技术应用有了迅速发展,承运人和第三方服务提供商应用技术本身已不仅仅是为了获得竞争优势,它已经成为提供服务必不可少的条件。""运输向社会提供的最基本的服务仍然是人和物的移动,这个位移创造了被移动商品的时间、位置和数量效用……运输已经成为供应链中主要的成本和服务要素。"(《运输管理》前言)显然,约翰·J·科伊尔对运输的理解更广泛,将其作为一种必不可少的服务与供应链紧密结合起来。

第三节 三维(FSO)综合交通运输理论

交通运输的重要意义和作用在于它能够通过自身系统创造的空间效用和时间效用为社会服务。什么是交通运输的空间效用?事实上,通过改变运输对象的位置而创造价值,这就是交通运输的空间效用。什么是交通运输时间效用?以较快的时间,或者是在指定的时间(just in time,简称JIT)将运输对象送至目的地并以此创造价值,这就是交通运输的时间效用。空间效用和时间效用是交通运输的两个核心效用,交通运输中所有的经济问题和经济学问题实际上都是基于这两个要素基础上的,如图1—3所示。

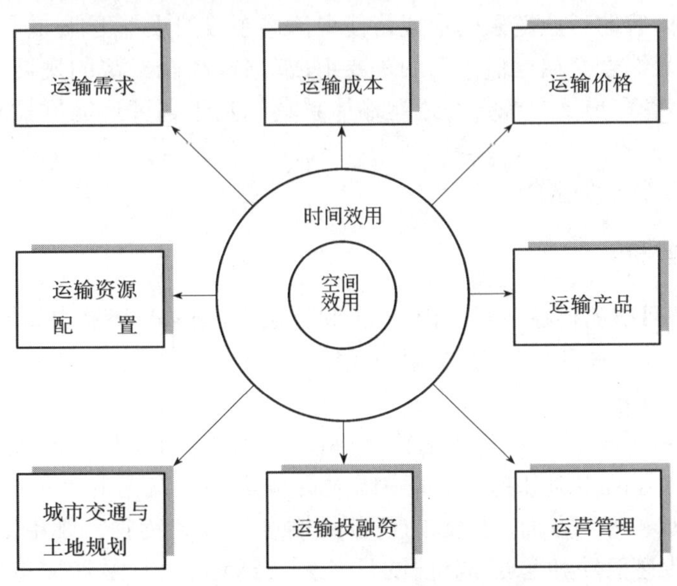

图1—3 基于时空效用的运输经济问题分析

从最基本的运输需求看,实际上它是对空间效用和时间效用的综合体现。无论是客运需求还是货运需求,其核心是实现空间位移,这是基本的需要,其次,旅客和货物要求在指定的时间内到达目的地,并以此作为衡量运输部门提供的位移服务的质量标准。运输的基本效用是空间效用。人类社会在交通运输不发达的时候,能否借助交通工具实现位移是首要的。然而,在交通运输技术水平和运输工具不断发展的情况下，当克服空间障碍本身已经不再是一件困难的事情时，运输所花费的时间就成为衡量运输服务十分重要的内容和指标，有时，它甚至占据了运输服务的主导位置。运输活动中空间效用的隐性化和时间效用的显性化是运输业发展的一个必然结果，也是社会经济发展对运输业的要求。

运输活动中的其他问题，也是基于交通运输的空间效用和时间效用产生的。例如运输成本，克服空间障碍必定要花费代价，然而，选择使用不同的运输工具代价是不一样的，不同运输工具产生的时间效用也是不一样的，所以，运输成本的高低与运输需求方对空间效用和时间效用的要求密切相关。

运输产品的设计、运输价格、运输资源配置、城市交通与土地规划等都与运输的空间效用和时间效用密切相关。

空间因素和时间因素是研究运输经济问题的基础，也是经济学研究问题的基础之一。马歇尔以来的新古典经济学长期忽略了一件事情，那就是经济活动中的空间因素和时间因素。新古典经济学考虑了人们经济行为的最大化原则，即个人效用最大化和企业利润最大化等，却忘记了实现最大化的一些基本因素和条件，忽略了空间因素和时间因素，一些活动似乎只能发生在针尖上和固化的时间里，这无疑是经济学在研究相关问题时经常遇到的一个问题。

实际上，社会经济发展到今天，运输业完成的人或货物的空间位移无论在形式上还是在内容上都已经赋予了更多的内容，作为人和货物流动的基本载体，其服务的内容开始逐渐延伸。以运输为业务核心的运输企业应当(有很多已经开始)向托运人提供更多的运输服务以外的附加服务，包括仓储服务(铁路企业早就存在这样的服务)、库存管理、订单和报关服务、金融服务等。以运输为主要内容的产业链条的形成将使得流通领域的成本更低。

轨道交通运输是综合交通运输体系的重要组成部分，社会经济的发展不仅要求每一种运输方式具有较高的效率，更要求综合交通运输体系具有基于各种运输方式有效协作基础上的高效率。

那么，什么是综合交通运输？

一、交通、运输辨析①

关于交通运输，目前还存在不同认识：一种观点认为，交通与运输之间没有本质区别，可以作为同义语使用；另外一种观点认为，交通与运输具有不同的含义，持这一观点的人中，对交通与运输的解释也不尽相同。

《辞海》对“交通”的解释是：“各种运输和邮电通信的总称。即人和物的转运和输送，语言、文字、符号、图像等的传递和播送。”《中国大百科全书·交通卷》关于“交通”的解释是：“交通包括运输和邮电两个方面。运输的任务是输送旅客和货物。邮电是邮政和电信的总称，邮政的任务是传递信件和包裹，电信的任务是传送语言、符号和图像。”可以看出，两者对交通含义的解释都包含了运输业以及邮电业，同时强调了它对人、物以及语言、符号、图像等的输送。

《辞海》关于“运输”的解释是：“人和物的载运和运输。”《不列颠百科全书》对“运输”的解释

① 关于“交通、运输辨析”参见金懋、欧国立的工作论文《交通与运输概念辨析》，2008年。

为:"将物品与人员从一地运送到另一地及完成这类运送的各种手段。"上述解释集中于对人与物的运送以及运送的手段。

从《辞海》和几部《百科全书》对"交通"和"运输"的解释来看,它们的区别主要在于涵盖的范围,交通比运输涵盖的范围更大,包括了邮电等。当然,《辞海》以及相关百科全书关于"交通"与"运输"的解释并不是完全基于专业角度,所以对其解释也还存在不同观点。1915 年出版的《辞源》一书,给"交通"下有这样的定义:"凡减少或排除因地域隔离而发生困难者,皆为交通。"

综合来说,交通的含义要宽于运输。交通既包含不同区域(空间)人与货物的交流通达,也包括它们之间的信息往来沟通。这种信息沟通的形式过去是信件等(古代也通过驿站传递信息),今天则包含了通信中的各种技术手段。因此,交通所表达的传输既包括实体的人与货物,也包括非实体的信息等。从英语词义对照来看,communication 更接近交通,而 transportation 更接近运输。随着技术的发展,以往的交通概念(包括运输、邮电等)由于邮电等行业的发展,其信息传输的意义不断增加,于是在强调交通运输时,transportation 似乎更加明确。2008 年 3 月前我国交通部用 Ministry of Communications,此后成立的交通运输部改为 Ministry of Transport。这些从不同侧面诠释了"交通"与"运输"的含义。当然,很多时候,人们并没有严格区分交通与运输的细微差别。技术的发展使得对一些行业的描述更加具体,也出现了更多新的词汇,如通信领域。

二、三维综合交通运输理论阐释

(一)综合交通运输含义演进综述

交通运输是人类一项最基本的社会经济活动,运输业是国民经济的基础产业,是社会和经济运行的基本载体,也是必要条件。人类很早就开始重视交通运输问题,并把它看成影响社会经济发展的重要因素。19 世纪上半叶德国著名经济学家李斯特就曾指出:"英国使全世界看到了运输便利对生产力的增长可以发生如何有力的影响,从而促成国家财富、人口与政治力量的增长。"历史上有众多的学者从不同角度研究和讨论了交通运输问题。然而不同时期由于交通运输的发展水平不同,人们对交通运输问题的关注重点也有很大区别。马车、内河航运、铁路、公路、航空、管道等运输方式都曾发挥过重要作用,人们对交通运输的关注点也曾跟随这些交通工具的发展而有所变化。时至今日,在经历了运输技术发展和时间变迁后,交通运输形成了公路、铁路、航空、水运、管道五种运输方式的基本格局,每种运输方式在基础设施和载运工具方面都各具特点,随着技术的发展,每种运输方式在原来基础上还在创新并衍生出新的、性能更好的交通工具。

多种运输方式的同时存在使得如何发挥它们各自的优势进而发挥它们的整体优势成为当今在交通运输领域备受关注的问题。实际上,不同运输方式间是一种竞合关系。一方面,由于存在替代关系,不同运输方式在相同起讫点、相同方向上的运输是一种替代关系;另一方面,很多时候,由于运输工具的限制,一项运输活动必须由两种以上运输方式完成,这时,它们之间又是一种合作关系。在经济和社会快速发展的今天,通过多种运输方式共同运作来完成一项完整的运输活动是交通运输的主要特征。正是这样一种环境和背景导致了世界各国对综合交通运输问题的广泛和高度关注。

然而,迄今为止,关于综合交通运输问题的认识并未统一,不同国家在综合交通运输方面使用的术语和强调的内容方面也有所不同。

前苏联较多使用“统一运输体系”或“综合交通运输”一词。在前苏联,高等院校中设有专门的“苏联统一运输体系”的课程。前苏联计划委员会下的综合交通运输研究所乌沙科夫博士等所著《苏联运输业发展问题——统一运输网》一书提到“统一运输是各种运输方式的总和”。2005 年,俄罗斯运输部长发表文章,指出俄罗斯的综合交通运输系统已发生并即将发生一系列的重大改革。前苏联以及俄罗斯关于综合交通运输方面更多的是强调各运输方式能力的协调。

美国关于综合交通运输的提法随着时间的变化而有所变化。前总统肯尼迪在 1962 年 4 月的国情咨文《美国的运输系统》(Transportation System of Our Nation)中使用了“综合交通运输”(comprehensive transport)一词。20 世纪 90 年代由当时的总统布什签署的《1991 年地面联合运输效率法》(Intermodal Surface Transportation Efficiency Act of 1991)使用的是“Intermodal Transportation”一词,强调运输行为和活动的联合与协作。近年来,综合交通运输方面的研究中也大量出现“Integrated Transport”、“Multimodal Transportation”等词,强调不同运输方式的无缝隙衔接和提供全过程、完整的运输服务。

其他一些国家在综合交通运输的提法上与上述国家有相似之处,也各有不同的侧重。不难看出,对综合交通运输的认识和理解是一个渐进的,经历了从静态看待各种运输方式的关系到动态推动不同运输方式间有效衔接和协作,进而推动一体化运输的过程。早期对综合交通运输的关注更多集中在各种运输方式的发展上,希望在它们各自的发展过程中,形成统一完善的运输体系(即 comprehensive transport),并且能够有一个合理的比例结构。然而,实践中人们发现,市场机制在交通运输发展中发挥着十分明显和重要的作用,虽然能够从统计学角度进行综合交通运输体系比例结构的分析,但从理论和实践上确定它们之间的合理比例是困难的,也几乎是不可能的。而综合交通运输体系的效率更多取决于不同运输方式通过密切合作和有效连接,提供完整高效的一体化运输服务。于是,对综合交通运输的认识以及相关政策的制定更多集中到了如何推动各种运输方式之间的协作与联合(即 Intermodal Transportation,Multimodal Transportation,Integrated Transport),而不是它们的静态规模。

国内关于综合交通运输的研究在 20 世纪 50 年代就开始了,国家成立了综合交通运输研究机构,对相关问题进行研究。改革开放初期,我国曾对综合交通运输问题开展过讨论,讨论基本围绕三个方面:运输体系的综合发展问题,现有运输体系各种运输方式的作用、分工和综合利用问题,运输技术发展方向问题。这以后对综合交通运输问题的讨论一直不断,其中不乏对综合交通运输问题在提法以及实践等方面问题上的不同意见。20 世纪末以前对各种运输方式的协调发展和优化结构的研究一直作为一个重要问题,近年来,不同运输方式的一体化联运成为关注的焦点之一。关于综合交通运输的认识,比较有代表性的观点认为,综合交通运输是市场经济发展到一定阶段,为满足国民经济和社会发展的需要以及客货用户的要求,将铁路、公路、水运、民航、管道五种运输方式作为一个有机整体进行系统研究、系统规划和系统建设,形成整体的系统能力,并以市场经济为导向,在充分发挥各种运输方式比较优势的前提下,为经济发展与社会进步向客货运输用户提供安全、快捷、方便、舒适、经济、优质服务的综合系统。

应当说,国内学术界和相关部门对于综合交通运输问题的认识一直在发展和进步,但相对于社会经济和综合交通运输发展的要求还存在一定距离。关于综合交通运输的概念,需要重新审视，使我们对其有一个更全面和更深刻的理解和认识。

(二)三维(FSO)综合交通运输要义及经济学解析

近些年国内外综合交通运输的实践表明，无论是从五种运输方式的角度或是从一体化的角度，都还不能全面和准确反映综合交通运输的内涵。综合交通运输是一个三维的多因素系统综合体，具体来说包括功能维度(即交通运输的服务范围和内容)、结构维度(即各种运输方式)和运作维度(即一体化运输的运作与管理)。“三维综合交通运输”概念解析如图 1—4 所示。

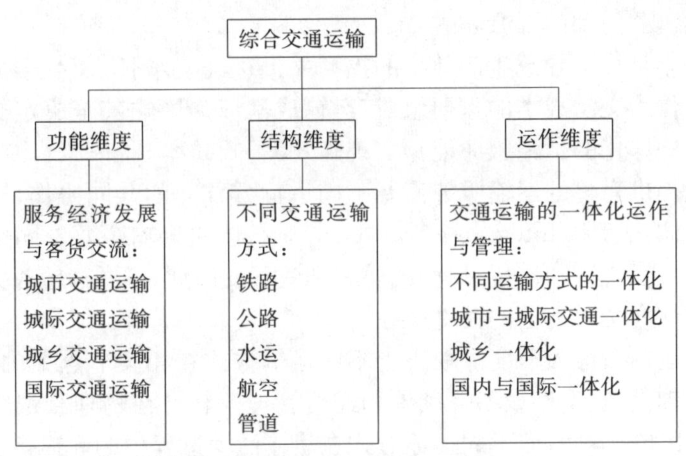

图 1—4 “三维综合交通运输”概念解析

1. 功能维度(function dimension)

交通运输是国民经济的基础产业，其功能是满足社会经济发展对交通运输的需求。从功能维度，即服务区域经济发展、国民经济发展和国际交流(旅客和货物)的角度，综合交通运输又分为城市交通运输、城际交通运输、城乡交通运输和国际交通运输等。

每个区域(城市)都有自己的交通运输子系统，区域的交通运输系统间需要相互贯通，所有的区域交通子系统构成国家的综合交通运输大系统。城市交通运输、城际交通运输、城乡交通运输和国际交通运输都是服务于经济社会活动的综合交通运输的一个组成部分，是综合交通运输中不可或缺的构成要素。

长期以来人们一直忽略了从功能维度对综合交通运输进行把握、理解和认识，因此，关于综合交通运输的提法中从未有基于城市交通运输、城际交通运输、城乡交通运输和国际交通运输的角度进行阐述的。随着社会经济的发展，综合交通运输中涉及城市交通运输、城际交通运输、城乡交通运输和国际交通运输的问题越来越多，也越来越受关注，它已经成为综合交通运输十分重要的一面。从功能维度看，与社会经济紧密关联的现代综合交通运输正是由城市交通运输、城际交通运输、城乡交通运输和国际交通运输等组成。

2. 结构维度(structure dimension)

铁路、公路、水运、航空、管道是五种基本的交通运输方式，是构成综合交通运输的重要维度，即结构维度。从结构维度观察综合交通运输，更多地体现了交通基础设施、交通工具以及与此紧密关联的技术特征的差别。不同运输方式产生的时代不同，在基础设施、载运工具等方面的形式不同，技术经济特征和比较优势也不相同。充分发挥五种运输方式各自优势，形成有机的综合体系是综合交通运输的重要内容。然而，仅从五种交通运输方式的角度定义和认识综合交通运输,就会将综合交通运输囿于交通工具的组成或者技术类别的差异,从而忽视综合交通运输其他功能。因此,五种运输方式仅仅是构成综合交通运输的一个侧面和维度,而不是全部。

3. 运作维度(operation dimension)

一个完整的运输活动往往无法由一种运输方式独立完成。社会经济的发展,特别是全球经济一体化使得区域经济和社会文化交流不断加强,导致运输链条不断延长。社会经济的发展需要交通运输提供便捷、高效的优质服务,而衡量运输服务质量的一个重要指标是运输过程的完整性,即能否实现"门到门"的运输。

斯密定理的核心是分工导致生产效率的提高并促进经济增长,而社会分工又导致生产链条、交易链条延长,作为交易成本的重要组成,运输成本成为影响甚至决定交易成功与否的因素。完整、无缝隙、一体化的运输服务能够实现高效率、低成本。

交通运输产业提供完整的运输服务需要不同运输方式间的共同协作,通过这种协作实现不同运输方式的一体化运输(integrated transport)。一体化运输需要不同运输方式间的有效运作,它决定综合交通运输(一体化过程)的效率和效益。因此,不同运输方式联合运输的有效运作是建立高效率综合交通运输的关键所在。

高效的一体化运输在很大程度上取决于不同运输方式在相关节点上的有效连接,取决于不同运输方式的基础设施、生产设备等硬件和经营管理等软件在物理和逻辑上相互联接和配合的紧密性、融合性和一体性,即不同运输方式在运输活动过程中的硬连接(基础设施、枢纽等物理上的连接)和软连接(运营管理、财务清算、时刻表等)。

一体化、连续和无缝运输需要科学的规划和运作,它需要建立相应的制度和管理运作机制。不同运输方式的一体化运输需要科学规划,需要对不同运输方式在运输通道、站场、枢纽等方面的建设有一个统筹安排,使得不同运输方式在固定设施建设上能够满足多种运输方式一体化运输的需要。在实际运作中,需要不同运输方式在运营管理、经济核算等方面高效协调,保证运输过程的连续性和无缝隙。一体化的运作与管理既有不同运输方式间的,也有城市交通与城际交通间的和城市交通与农村交通间的,以及国内交通与国际交通间的。概括起来说,有不同运输方式间的一体化,也有城市与城际间的一体化,还有城乡一体化以及国内与国际的一体化。

城市交通与城际交通的一体化主要体现在节点的连接等方面。城市交通与城际交通的对接是近些年来发达国家十分重视的一件事,两者之间的良好对接能够大大提高运输效率,减少无效运输,方便旅客出行。影响城市交通与城际交通的一体化的重要因素是重要枢纽(车)站、(机)场的建设,包括站、场的空间位置以及城市交通与城际交通的对接。这种对接既体现在固定设施上,也体现在运营管理和经济核算上。如不同交通工具的时刻表安排、城市交通与城际交通的联合客票等。

城乡交通一体化是城市化发展过程中面临和必须解决的新问题。城市的快速发展使城市的边界不断外延,城市交通的辐射范围也不断扩大。由于城市交通与乡村交通在交通基础设施、交通工具以及政策等很多方面存在较大差异,因此,城乡交通的一体化衔接也存在运作上的诸多问题。

国内与国际交通一体化是经济全球化对交通运输的客观要求。国际交通运输对时间、效率等方面的要求更高,无论是货物进口还是出口,国内运输与国际运输的有效衔接都是非常重要的。综合交通运输的建设和发展无疑需要把国内与国际交通的一体化置于十分重要的地位。

“三维综合交通运输”概念示意图如图1—5所示。

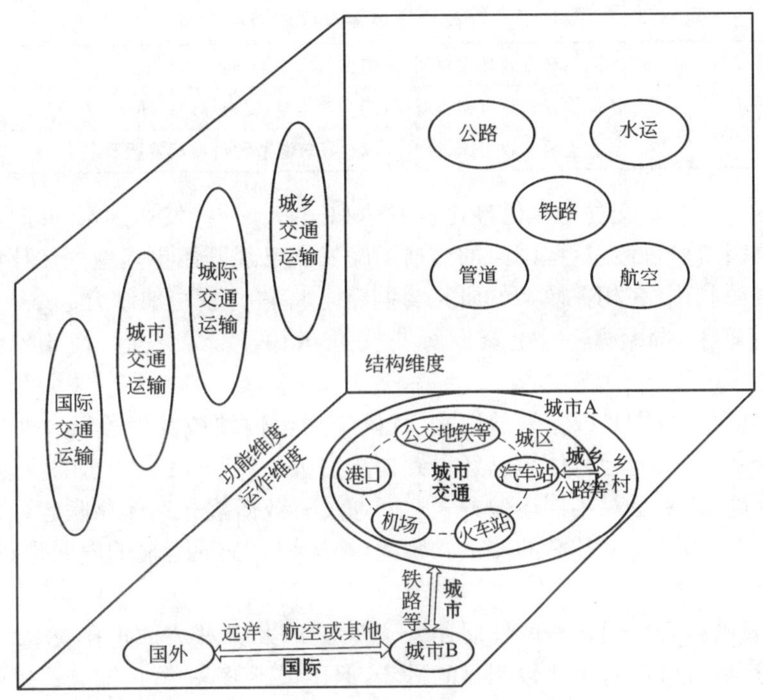

图1—5 “三维综合交通运输”概念示意图

从经济学角度看，一个国家或地区的综合交通运输发展应当满足资源优化配置的原则，即各种交通资源能够最大限度发挥其效益，同时，也能够为经济和社会发展提供必要的运输保障。基于三维的综合交通运输分析框架，与经济学分析问题的框架是一致的：

功能维度——提供不同区域范围的位移服务，对应经济学中的“生产什么”的问题；

结构维度——不同的运输方式(工具)，对应经济学中“用什么生产”的问题；

运作维度——一体化运输的运作与管理，对应经济学中“如何生产”的问题。

建立三维综合交通运输分析框架，在理论上极大方便了基于经济学角度研究综合交通运输“生产什么”、“用什么生产”和“如何生产”的问题。

三、综合交通运输发展的阶段性特征及我国综合交通运输的发展

综合交通运输的发展大致可分为三个阶段，即初级阶段，中级阶段和高级阶段，如表1—1所示。初级阶段是不同交通运输方式(铁路、公路、航空、水运、管道)各自独立发展并初步形成完整的综合交通运输体系的阶段。这个阶段中，交通运输的总体供给能力尚不能满足社会经济发展的需要，各种运输方式寻求自身的快速发展，客观上形成了服务经济发展的综合交通运输体系。中级阶段是不同运输方式已经达到相当规模，它们之间在基础设施、管理运作等方面能够有效连接(硬连接和软连接)，并实现高效一体化(包括结构维度的一体化和功能维度的一体化)运输的阶段。高级阶段是综合交通运输不仅实现内部不同运输方式的高效衔接和运作，

而且与环境保护、能源利用率、土地资源利用率等实现高度协调统一，有利于环境保护和资源节约的阶段。在综合交通运输发展的高级阶段，不仅各种运输方式的一体化程度较高，综合交通运输效率明显，而且，交通运输体系本身是环境友好和资源节约型的，符合可持续发展的要求。

表 1—1 综合交通运输发展的阶段划分

初级阶段	不同运输方式独立发展，并初步形成完整体系
中级阶段	各运输方式具有相当规模，能有效连接，实现高效一体化
高级阶段	各类运输高效一体，符合环境友好资源节约可持续发展要求

经济发达国家的综合交通运输已经比较发达和完善。一些发达国家的综合交通运输正在从中级阶段向高级阶段过渡，这些国家的交通运输发展已经开始更多地关注环境保护，关注能源利用和土地资源利用，在相关政策的研究与制定上将它们紧密地结合起来。一些国家在政府管理部门的设置上，将环境、国土资源等与交通运输整合在一起，便于它们之间的协调与统一。

新中国成立以来，特别是改革开放以来，我国交通运输领域发生了极大变化，不同运输方式都得到了快速发展，交通运输体系已经得到初步完善。然而，社会经济的快速发展对交通运输的要求不断提高，特别是对不同运输方式之间通过有效衔接和一体化联运，实现运输过程的快速、完整和高效提出了越来越高的要求。因此，推进综合交通运输的发展是我国交通运输领域的重大问题。

客观上看，我国综合交通运输的发展还处于初级阶段，某些方面正在向中级阶段过渡。多年来，我国各种运输方式都有了比较明显的进步，但还很不够，一些运输方式还处于短缺状态，特别是在一些特殊时期。作为国民经济的基础产业，交通运输还不能完全满足社会经济发展的需要。我国经济社会的快速发展已经对综合交通运输提出了越来越高的要求，特别是对各种运输方式的联合协作及一体化运输方面的要求越来越明显。由于长期以来各种运输方式基本上是各自独立发展的，不同运输方式之间的有效衔接和协作相对滞后，一体化运输水平较低，综合交通运输效率不高。随着经济的发展，这个问题已经越来越突出。

我国的综合交通运输发展在很大程度上落后于社会经济发展的要求，现实当中，我国综合交通运输无论在结构维度(不同运输方式间的)的一体化、功能维度(城乡之间、城际与城市之间、国内与国际之间)的一体化还是在运作维度(运营组织与管理、经济核算)的一体化方面都还比较滞后，综合交通运输效率不高。因此在寻求各种运输方式快速发展的同时，应当积极推进我国综合交通运输从初级阶段向中级阶段的过渡与发展，促进交通运输的一体化水平，提高运输服务的完整性和整体效率，降低运输服务的成本。

促进综合交通运输的发展应当发挥集体理性，考虑不同群体的利益，在政府行政管理层面上进一步整合，实现真正意义上的综合交通运输管理。应当将环境、资源利用等因素纳入运输政策的研究与制定范畴，建立可持续的交通运输体系，推动综合交通运输向更高阶段发展。

四、我国综合交通运输如何发展

从经济学角度看，交通运输能够增加交易机会，也能够节约交易成本。经济活动中，运输成本是交易成本的重要组成部分，运输技术的改进和发展使得人类克服空间障碍的能力不断提高，运输的空间效用和时间效用也在提高，从而增加了交易机会，也降低了交易成本。当两个区域存在比较优势时，如果交换获得的好处能够大于运输成本，那么交易就是有利的。通过修建交通基础设施促进地区经济发展的前提条件是该地区存在比较优势。根据李嘉图的观点以及赫克歇尔和俄林对此问题的讨论，比较优势体现在两方面：一种是在生产某种产品具有生产效率（具有先进的技术也属于此类）上的比较优势，决定了该产品的相对价格较低，交通运输有利于该产品的生产和销售；另一种是某一地区在生产要素方面具有比较优势，交通运输设施的修建使得生产要素的开发和利用变得容易和经济。交通运输也使得资源配置和生产过程变得相对集中（一些城市的形成和发展正是交通运输发展的结果），刺激了社会生产规模的扩大、交易机会的增多以及由此引发的运输需求的进一步增加。交通运输在完成不同区域人员和货物交流的同时，带动了生产和消费，进而促进了经济和社会的发展。

新中国诞生后，交通运输有了长足进步。1949 年时，中国的交通运输是相当落后的，960 万 km^2 的国家，铁路总里程却只有 2.18 万 km，公路只有 8.07 万 km，路面里程只有 3 万 km，水路运输船舶单一、数量少，港口装卸主要依靠人挑肩扛，全国港口货物吞吐量仅 1 000 万 t，民航运输则是 0。城市交通也极为落后，1949 年仅 27 个城市拥有公共交通设施，全国城市道路长度只有 1.1 万 km，面积 8 431.6 万 m^2，拥有公共汽(电)车 2 299 辆，全年客运总量 5.08 亿人次。2013 年底，全国铁路营业里程达 10.3 万 km，其中高铁运营里程1.1 万 km，居世界第 1 位；公路通车总里程到 2012 年底达到 424 万 km；水运方面，2012 年底我国海运船队总规模达到 9 000 多万载重吨，列世界第 4 位。我国港口货物吞吐量和集装箱吞吐量连续 9 年位居世界第一，在世界前 20 位大港和集装箱大港中，中国内地分别占 12 个和 8 个。

中国交通运输的发展，特别是进入新世纪后的快速发展有目共睹，是不争的事实。然而，中国的交通运输发展似乎也到了一个关键时期，也可以说是一个转型期。我们需要从单纯的规模扩张型发展模式向集约型、效率型发展模式方向转型，建立一个资源节约、环境友好、完整高效、财况良好的综合交通运输体系。

（一）生产什么——基于功能维度的城际交通运输、城市交通运输、农村交通运输、国际交通运输等的发展

交通运输为社会经济发展提供支撑，它的服务面向城市、农村、城市间、城乡间、区域间、国家间等。交通运输的发展应当能够发挥不同区域的比较优势和辐射效应，促进区域经济的平衡发展。

从功能维度来分析，下一步我们应重点发展什么？

从社会运输需求角度看，城市间、区域间交通运输的可达性需要进一步加强，完善一、二、三线城市间以及相应区域间完整高效的运输网络，提高客货运输能力和运输效益，发挥不同城市或区域的比较优势，扩大区域经济的辐射范围和辐射强度。然而，我们应当注意到，一些城市间的交通运输设施已经有了快速增长，目前应当更多注意既有设施的充分利用以及其财务上的可持续性。

随着城市化进程的加快，城市交通运输成为当前交通运输发展中的焦点之一。不同类别的城市面临的问题不同。一线城市，特别是一些特大城市与经济发达国家的大城市一样，交通拥堵是主要问题。对于这些城市的交通而言，需要转换方式，调整结构。政府基于集体理性，通过投融资方式改革、TDM 等政策的实施，促进公共交通，特别是城市轨道交通的增长，抑制私家车出行的比例，最大限度地减少城市交通的负外部性，同时，借鉴 TOD 模式，寻求城市交通与土地之间的最优综合利用。

我国农村交通在基础设施以及运输工具方面都比较落后，运输的可达性差。显然，农村运输基础设施的建设应当是未来的一个重点。交通运输是区域经济辐射的基本条件和元素，是发挥经济上相关梯度区域比较优势的关键因素。我国连接城乡之间的交通运输应当进一步得到加强，以发挥城市经济对农村经济的促进和带动作用。

在国际交通运输方面，应当加强我国与东盟国家间运输通道、亚欧运输通道以及关系我国经济社会发展的国际能源通道的建设，支撑我国与相关国家的贸易往来，保证能源运输与供应的安全。

(二)用什么生产——基于结构维度的铁路、公路、水运、民航等不同运输方式的发展

前面已经谈到，经过60多年的发展，我国各种运输方式在运量上都有了几倍、几十倍甚至是几百倍的增长。应当说，不同运输方式在满足客货运输需求方面已经具备了基本的规模和数量，不同运输方式在未来发展中应当进行战略性、结构性调整。

例如，多年来，铁路一直是一个瓶颈产业，然而，经过多年的发展，铁路已经从空间上(不同区域、不同线路)和时间上(不同季节)的全面短缺变为局部短缺，有的区域(线路)和季节里还存在过剩的局面。铁路的发展不应是简单的数量扩张，而应当是注重基于结构调整和优化的增长。铁路的发展应当关注几个比例。

比例之一：客货运输的比例。中长距离的大宗货物运输是铁路的优势。我国的产业结构和经济发展水平决定了铁路运输在货物运输中的作用。近几年，铁路在发展中，对旅客运输，特别是高速铁路客运投入相当大，关于客运的规划不断调整增加。铁路的发展应当兼顾客运与货运二者的比例。在社会资本还没有大量进入铁路的情况下(社会资本对投资铁路货运积极性更高)，铁路应当对货运的投资与建设给予足够重视，满足社会对货运需求日益增长的需要。

比例之二：不同等级、速度的旅客列车的比例。铁路近年来加大了高速铁路的建设速度。我国高速铁路的建设速度是迄今为止世界上最快的。高速铁路的发展为缓解我国铁路客运紧张将起到重要作用，当然，高速铁路的发展也应当与经济和社会发展水平相适应。我国的人均收入水平还较低，低票价是铁路吸引乘客的一大优势。高速铁路票价相对较高，建立何种经营模式能够保证高速铁路的盈利，保证高速铁路财务上的可持续性？这些都需要铁路部门深入研究。铁路对既有线已经进行过6次大提速，应当充分利用已有的运输资源，避免浪费。铁路提供的客运产品应当是基于市场需求的、多元化的，高、中、低档产品都有，应当保持不同速度客运产品间的合理比例。长期以来，一些速度较慢的旅客列车(绿皮车)运输需求持续旺盛，应当高度关注这样的社会需求，并保证同类列车在旅客列车中的应有比例。

与铁路不同，高速公路的建设主体在地方，地方政府出于各种原因存在发展高速公路的极大热情，在高速公路建设方面的投资增长是显而易见的。高速公路的建设为国民经济和区域经济发展作出了巨大贡献，然而，目前也存在很多高速公路车流量稀少，收入严重不足的情况。现在来看，各地方政府建设高速公路的规划已经远远超出了行业主管部门的规划。未来高速公路的发展模式值得研究。

基于结构维度的交通运输发展需要探析不同运输方式间的关系问题。从经济性和效率角度，平行线间不同运输方式的边际运量的利润相等时，运量的分配就是有效率的。因此不同运输方式在发展中应当关注相关运输方式的规划，避免出现过度建设与竞争。从国家综合交通运输体系的建设看，应当发挥不同运输方式的比较优势，保持不同运输方式间合理的比例。

目前，不同运输方式各自独立平行的规划与发展模式存在较多问题和隐患，不同运输方式

间缺少统筹规划，很容易导致综合交通运输规划的不合理。我国已经到了强调综合交通运输发展的阶段，要避免不同运输方式间的单打独斗。应当基于综合交通运输的角度对各种运输方式的规划进行审视和调整，过量的平行线建设将会造成运输体系内的过度竞争。基于不同运输方式的综合交通运输发展应当有一个统筹规划，避免各种运输方式自身扩张所引发的综合交通运输体系的盲目发展。从现在已经能够看到的格局看，未来一些区域和通道上铁路、公路、民航等之间的激烈竞争在所难免。竞争虽然有利于消费者，但过度的竞争将导致资源的严重浪费，特别是沉淀成本巨大的交通运输行业。

低碳经济是世界经济发展的主要方向。基于低碳经济发展模式，我国应当着力发展以轨道交通运输为骨干的综合交通运输体系，进一步提高轨道交通运输在城市以及城际间的运输市场份额。

（三）如何生产——基于运作维度的一体化运输的发展

引入竞争因素虽然有利于运输企业的健康发展，降低垄断所造成的效率损失和服务水平下降，然而，当综合交通运输体系发展到一定水平时，不同运输方式间的紧密协作就成为影响和决定运输业服务水平和经济效益的核心所在。运输业向社会提供的是具有空间效用和时间效用的位移产品，它通过改变运输对象的位置（空间效用）和在指定的时间（just in time）内（时间效用）完成运输活动而创造价值。现实中，一项运输活动往往无法由一种运输方式完成，因此，不同运输方式间的联合协作就成为决定运输效率的关键因素。一些国家早已看到一体化运输的意义，通过立法、政府推动等方式促进一体化运输的发展。

建立完整高效的一体化运输链条和运作机制可以降低社会运输成本，从而降低交易费用，促进交易的生成和发展。影响一体化运输既有市场的因素，更有体制和机制的因素。长期以来，由于体制、机制等方面原因，我国不同运输方式间的一体化运输存在诸多障碍和问题，导致综合运输效率低下。要建立一体化运输机制，需要打破目前运输业内部在政策、规划等方面分割管理的局面，建立统一的政策和规划管理机构。通过体制改革，建立有利于一体化运输的政府管理部门，通过制定政策和统一规划，促进运输业在运输通道、枢纽建设、运营管理等方面向高效一体化的方向发展，提高基于一体化运输的综合运输效率。

交通运输业在国民经济和社会发展中的作用既是基础性的，也是引领性的。交通运输业的发展既能推动区域经济和宏观经济的发展，也是区域经济一体化和不同经济梯度协调发展的保证。交通运输业的发展应当是长期持续稳定的，它不会像其他一些产业那样由于社会经济的发展而逐渐退出。中国的综合交通运输对于中国的经济和社会发展发挥着至关重要的影响，它在很大程度上影响甚至决定国家的政治、经济安全，综合交通运输领域的战略性选择也会直接和间接影响国家的能源战略和能源安全，影响碳排放量和低碳经济模式的运行，综合交通运输的发展水平（特别是一体化运输的发展水平）将影响运输资源的配置效率，进而影响生产要素以及其他社会资源的流动和配置效率。因此，促进中国综合交通运输的发展是一个具有战略性意义的课题。

第四节　运输产品解析

一、运输产品的性质

产品是人类生活中最常见的东西，也是经济学中一个重要的概念。产品是分析需求、供给、生产、消费、成本等众多问题的起点和依据。经济学对产品本身的分析并不多，多数情况下，只是把它作为一个特定的现象和事实用于分析与其相关的一些问题，如价格、市场等。一些经济学教材最多也只是将其分为(有形)产品和劳务两种类型。经济发展和技术进步使产品本身无论在概念上还是在存在形式上都发生着重要变化，对产品的类型、性质等进行分析是理论和实践发展的迫切需要。

运输产品是人们消费的重要产品之一，研究运输产品问题是分析运输业诸多问题的基础。长期以来，人们对运输产品的认识一直停留于比较零散和单一的层面。对于运输产品的解释基本上停留于:运输产品是运输对象的空间位移，运输业提供的是一种无形产品。然而，运输产品同运输业一样，其内涵具有多样性和复杂性，对运输产品性质的认识也应当由浅显到深入，由简单到完善。

从内在特征来看，可以从以下几方面解析运输产品及其性质。

1. 运输产品的基本含义与效用特性

长期以来，对运输产品的定义局限于它是位移，主要强调其空间性。无疑，空间性是运输产品的重要特性，然而，经济和社会的发展以及技术的进步使运输产品的性质和效用取向正在悄悄地发生着变化。运输业出现早期，由于运输技术、运输工具比较落后，克服空间障碍是运输业的主要功能，也是运输产品最重要的特性。随着技术的不断发展和进步，交通运输体系越来越发达，交通运输工具越来越先进，克服距离障碍已经成为一件十分平常的事情。在经济和社会发展到一定水平后，人类克服空间障碍的能力、手段和技术水平已经今非昔比，它已经不再是人们出行、货物移动的主要难点。这时，人们选择运输产品，除了考虑空间效用，更多的是考虑时间效用，即克服空间障碍所要花费的时间。我们可以看到，世界各国的运输业为了提高市场竞争力，把不断提高运输速度作为一项最重要的任务。航空运输、铁路运输、公路运输都在想方设法提高速度。

运输产品的效用是二元的，即空间效用和时间效用。空间效用反映运输在跨越空间障碍，克服距离因素方面的作用和能力;时间效用反映运输克服空间障碍需要支付的时间代价。在交通运输处于较原始阶段时，运输的主要物质载体还是牲畜、人力。这时的运输在克服空间障碍的压力上是低下的，在克服空间障碍时需花费的时间代价是高昂的。显然，这时的运输产品性能和质量都是低水平的。随着社会、经济和技术的发展，运输业也在迅速改变以往的面貌。不同运输方式的出现和迅速发展使得人类克服空间障碍的能力大大增强，运输产品的性质不断得以改善。

随着运输业的不断发展、运输产品的效用特性也在发生着潜移默化的变化。当运输业不是很发达，运输手段和运输能力都比较匮乏和低下时，运输产品的效用特性主要偏重于克服空间障碍的能力，即空间效用上，时间效用屈于次要地位。在这个阶段，社会对运输的需求很大，然而，由于运输业本身发展的局限，使得很多运输需求无法被满足。

当运输业已十分发达，运输手段和运输能力已不断丰富和提高时，运输产品的效用特性开始发生变化，即时间效用成为重点，而空间效用则退居次要地位。由于运输能力的不断提高，运输产品的极大丰富，克服空间障碍已不再是什么问题。

与此同时，运输的时间效用随着社会经济的不断发展显得越来越突出。社会经济发展了，多数人的时间价值在提高，因而，他们对运输能否带来更多的时间节省就越来越重视。对于运输产品来说，时间效用将是今后决定运输业竞争力的关键所在。

当然，要获得时间节省的一个重要代价是要多支付一些运输费用。就现存的运输方式来看，航空运输速度最快，然而需要支付的费用相对来说也最高。在同一运输距离条件下选用不同运输方式的时间和费用曲线如图 1—6 所示。

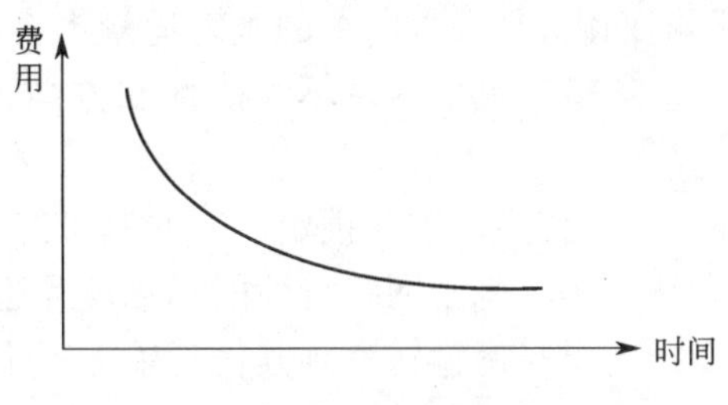

图 1—6 时间和费用曲线

通常情况下，速度慢的运输其运输费率相对较低，而速度快的运输，其运输费率相对较高。

2. 运输产品的无形性

无形性或许是我们可以看到的对运输产品最常见的描述。无疑，无形性是运输产品最明显的特征。运输产品是位移，而位移是没有实物形态的。具有无形性特征的运输产品，从经济学角度看，是一种劳务(具有无形性)，这种劳务同其他类型服务企业提供的服务在本质上是一致的。仅仅描述运输产品的无形性实际上是没有意义的，只有从劳务性的角度分析运输产品，才能把握其生成、存在的原因与形式，把握其最精髓的内容——服务。

劳务性是运输产品最显著和最重要的特性之一。运输业向社会出售的产品其表现是位移，而实质是运输企业向社会提供的运输劳务，劳务过程贯穿于运输活动的始终。运输活动是通过服务向消费者进行展示的。运输服务的一部分是有形的，如铁路的车站、承载旅客的列车，民航的候机大楼、载运旅客的飞机等。位移的实现需要借助于这些有形的物质载体(固定的或移动的)。这些有形的物质载体成为衡量运输服务好坏的重要标志。例如，铁路车站服务设施是否齐全，站舍是否整洁，铁路客车的内在环境是否舒适；民航候机大楼是否宽敞明亮，飞机是否宽大舒适等。这些是顾客对运输服务评价的重要组成部分。通常关于运输产品无形性的定义更多是从运输的结果上考虑的，即被运输者在完成位移后，除了一张车票(机票)外，他没有得到任何东西。运输产品的生产(供给)和消费在相同的时间和空间内进行。虽然旅客在运输完成后没有得到运输企业给他的任何东西(车票、机票是运输企业与旅客之间的契约凭证，而不是旅客想要得到的位移)，但是，旅客在消费运输产品过程中所接触到的所有东西却都是实实在在的。

从运输产品完成的过程而不是结果看，无形性并不是运输产品的重要特征。而对于生产和消费在相同的时空内进行的运输活动来说，对于提供运输服务的运输主体来说，注重过程应当是更为重要的。

3. 运输产品的网络性

许多产品或服务具有网络产品的特点，如电话、电力、互联网、运输等。网络型产业提供的产品具有网络特性，是网络性产品。运输业是网络型基础产业，运输产品的生成(供给)和消费都是基于一定网络实现的，它产生于网络，消费于网络。基于网络特性的运输产品具有以下特征：

(1)区域性与方向性。制造业的生产是点状，而运输业的生产则是网状。运输产品的形成过程是网状的。不同的运输网分布于不同的区域，不同的区域经济和社会发展水平不同，决定了其运输需求的差异。经济发达地区对运输产品的需求明显高于经济不发达地区，发达地区运输网的繁忙程度要高于不发达地区，运输产品多形成于经济发达地区的运输网。

基于网络特性的运输产品具有比较明显的方向性。由于自然资源和生产力布局的原因，网络的某一方向运输量明显高于相反方向的运输量。在另外一些情况下，比如在一年内的不同时间内，某一方向上的旅客运量也会明显高于相反方向。

运输产品的区域不均衡性和方向不均衡性导致运输网络负荷在区域和方向上存在较大差异。

(2)转换成本与锁定。一些基础产业提供服务的转换成本比较明显，如固定电话、自来水、天然气等。基于网络特性的运输产品也存在转换成本，有时比较突出。例如，将一条铁路运煤专线的煤炭运输转移到其他运输方式上(如公路)时，由于运费、运输规模等方面的差别，存在较大的转移成本。有时，用户可能在一定时间内被合约锁定在特定运输服务上。运输企业也可能通过某些方法提高用户的转换成本，如航空公司为老客户提供里程津贴，使其长期选择该航空公司。

(3)规模经济性。运输网络的建设需要巨大的前期投入，其沉没成本十分高昂。在一定条件下，运输的边际成本很低。例如，一列旅客列车在未满员的情况下，增加一个人的成本几乎为零。一架未满员的飞机，增加一名乘客的边际成本同样很低。很高的固定沉没成本和几乎可以忽略不计的边际成本意味着平均成本函数随着产品数量的增加而明显下降。因此，网络上的运输产品数量越大，分摊到每一产品的成本就越低。运输产品本身具有比较明显的规模经济性。

4. 运输产品的完整性

任何一个确定的货物运送和旅客旅行都有其明确的始发和终到地点，没有把货物或旅客送到目的地，运输服务就没有完成。从这个意义上讲，一些运输产品是不完整的，如铁路的站到站运输，民航的机场到机场运输。从产品的完整性上看，运输活动只有完成了从最初的起始点到终极目标点的全过程，才算是完整的运输产品。社会对运输业的要求是提供完整的运输产品，而不只是站到站、机场到机场等运输。很多情况下，一种运输方式可能只是完成了运输产品的一部分，而完整的运输产品则是需要多种运输方式通过接续运输共同完成。

5. 运输产品的替代性与互补性

不同的运输方式都可以实现位移，它们之间是可以相互替代的，有的运输过程也可以由同一运输方式内的不同运输企业完成，这意味着运输产品具有替代性。具有替代性表明运输企业间具有竞争性。运输产品间也有互补性，有的运输过程由一种运输方式是无法完成的，而必须是几种运输方式联合协作。联合运输是运输产品互补性的突出体现。运输产品的互补性表明，运输企业间不仅要有竞争，还要有协作。大力发展不同运输方式间无缝隙的接续运输是综合交通体系发展的重要方向。

6. 运输产品的公共物品属性

经济学关于公共物品的定义包括两点，即非竞争性和非排他性。完全具有上述两点特征的是纯公共物品。运输产品具有一定程度的公共物品属性。通常情况下，在未达到拥挤点的情况下，用户消费运输服务几乎不存在竞争性和排他性，运输产品具有公共物品性质。然而在接近和到达拥挤点后，竞争性和排他性就会凸显出来，这时的运输产品具有明显的私人物品属性。

二、整体运输产品

传统上对产品的认识仅限于具有一定实物形态和用途的劳动产物，这是一种狭义的理解。现代社会经济发展对市场上任何一种产品都提出了更高的要求。从经济学角度看，产品是通过交换满足消费者需求、实现消费者实际利益的综合体，它既包括提供给消费者的有形产品，同时也包括提供给消费者的无形产品和利益，是二者的结合。这是整体意义上的、完整的产品概念。有形产品是指产品实体，包括产品品质、样式、特点、品牌和包装等；无形产品则包括产品售后服务、消费者的满足感和信任感以及消费者能够得到的其他附加利益。

产品的整体概念基本上由 3 个层次组成，即核心产品（实质产品）、形式产品（形体产品）和扩大产品（延伸产品）（见图 1—7）。

核心产品是提供给消费者的基本效用和利益，是满足消费需求的中心内容。顾客购买商品是为了获得它所具有的功能和效用，如人们购买彩电是为了观看电视节目，满足对信息、学习和娱乐的需要。如果彩电不显影，那么就失去了它最基本的功效。核心产品是产品整体概念的基础。

形式产品是扩大化的核心产品，是指向市场提供的产品实体的外观，它由 5 种标志组成：质量、造型、特征、商标和包装。劳务产品的外在形式、服务质量等是它的形式产品。

扩大产品是顾客购买产品时所得到的其他利益总和，是企业随着产品的出售附加给消费者的，通常是指免费送货、安装、维修等一系列服务活动。

任何一个企业都应该了解，消费者的需求是一个包含多项内容的系统，他们所要购买和得到的是整体意义上的产品，而不是某一个单独部分。现代市场营销活动要求企业不仅要重视核心产品、形式产品，而且要格外重视扩大产品——产品的售后系列服务和其他相关内容，这是树立企业形象、提高产品信誉、争取市场、增强竞争力的有效手段。所以，企业只有从产品整体概念出发来认识和制定产品策略，才能做到全面、准确，占领市场才能有一个基本保证。

交通运输产品过去一直被单纯地理解为旅客和货物的空间位移。无疑，位移是运输生产所表现出来的最为直接的结果，然而，用产品整体概念理论来分析这一问题，这一结论显然囿于狭窄。

由于产品是消费者通过购买方式所得到的某种满足，所以，一切能够满足买主某种需求和利益的物质属性和非物质属性都属于产品的内涵，也都是产品的组成部分。对于运输产品（包括旅客运输和货物运输）来说，其整体构成也包括 3 个部分，即核心产品、形式产品和扩大产品（见图 1—8）。

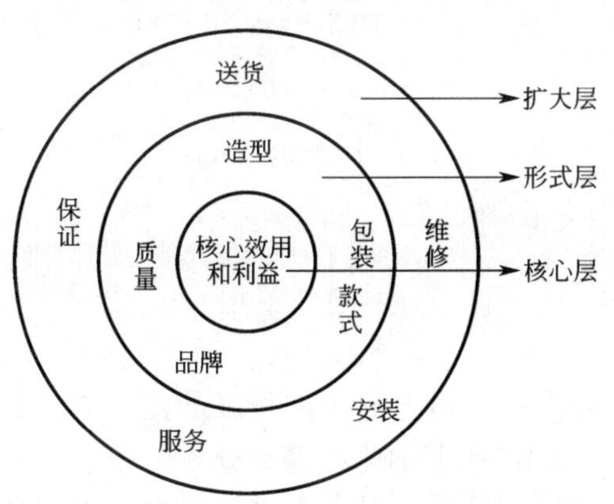

图 1—7　产品整体概念示意图

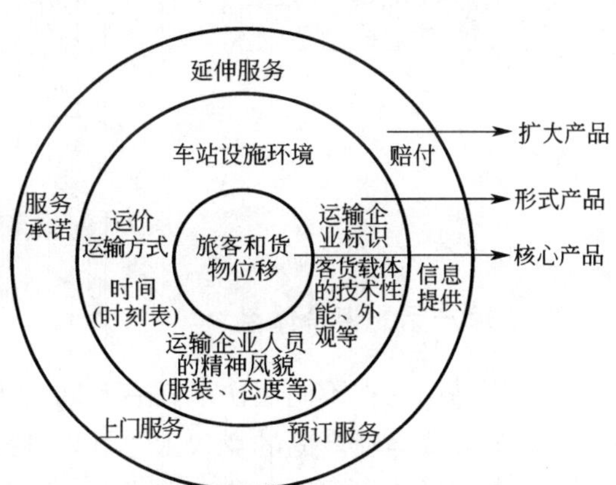

图 1—8　运输产品的整体构成

1. 核心产品:运输产品的核心利益与效用是满足旅客和货物空间位移的要求。

2. 形式产品:运输产品的形式层是旅客和货主能够直观感受到的。例如,运输企业的品牌和标识,车站或港口、机场的设施与环境,客货运输载体的技术性能、外观以及运输企业人员的精神风貌等。

3. 扩大产品:这是运输产品购买者应该得到的其他附加利益。例如,信息服务(运输企业向旅客和货主提供产品信息),服务承诺(安全、及时、迅速运输),延伸服务(送票业务、货物承运业务)等。

运输产品核心层——位移的计量单位是复合制单位,即运输距离与运输量的复合,用运输周转量(旅客人公里和货物吨公里)表示。运输产品的形式层也有相应的指标及指标体系,如时刻表、客座占用率、运输方式或企业名称等。运输产品的扩大层方面,已经建立起了一定的制度,例如,客票预订制度、赔付制度、信息提供(通过各种媒介)、延伸服务等。

三、运输产品要义解析

运输产品的要义解析如图 1—9 所示。

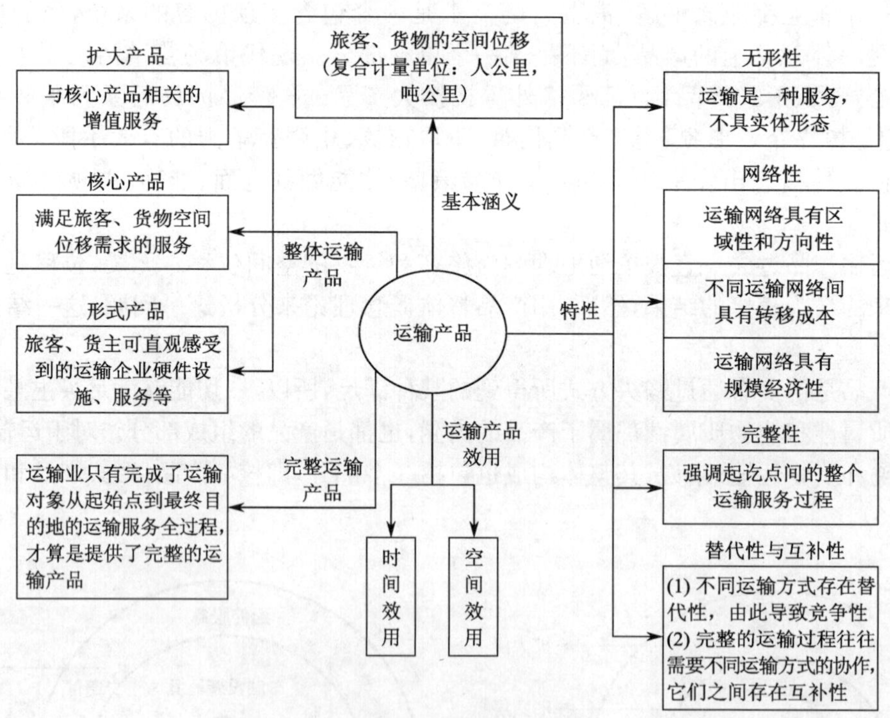

图 1—9　运输产品要义解析图

四、运输产品的评价体系

运输产品因为在不同层次上具有不同内容,因而产品本身具有不同程度的竞争力。在衡量不同运输方式运输产品的竞争力时,可以用以下评价体系进行测度(见图 1—10)。

对于不同运输方式的客货运输,均可参照上述评价体系衡量其各自的竞争力。根据各种运输方式和客货运输的具体特征,建立具体评价指标体系时,可增加或删除一些指标,使评价更具完善性和针对性。

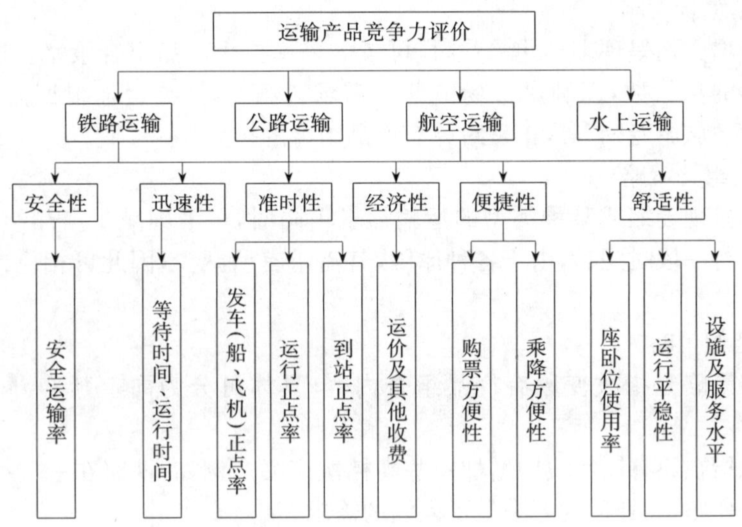

图 1—10 运输产品竞争力评价体系

五、运输产品组合

产品组合，是指企业生产经营的全部产品的结构以及它们的有机结合方式。对于运输产品而言，不同类型的运输产品及其构成即为运输产品组合(见图 1—11)。

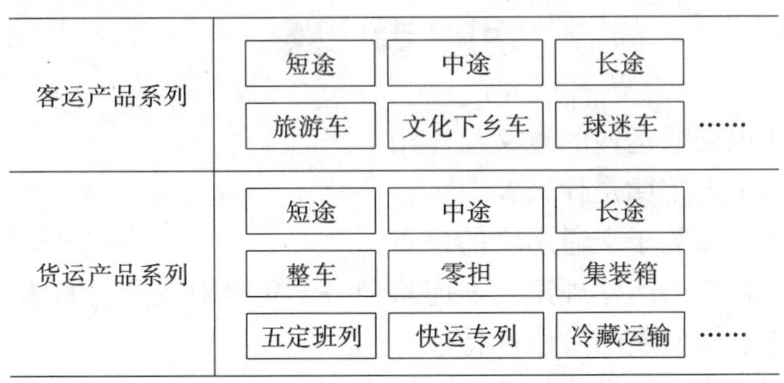

图 1—11 运输产品组合示意图

一种运输方式或一个运输企业所拥有的产品组合，反映它能够向市场提供产品的丰富程度，运输产品组合会受到一定条件的影响和限制。

1. 受企业资源条件的限制。企业拥有的资源，包括人力、物力、财力是有限的，每个企业都有自己的特长和不足，所以，并不是经营任何产品都是有利的，应该发挥特长，避开薄弱环节。

2. 受市场需求情况的影响。市场需求不断变化。企业应根据市场调查和预测结果，分析运输产品需求变化趋势，加强和拓展市场需求潜力大的产品。

3. 受市场竞争情况的影响。产品组合有时会受到竞争对手的冲击和影响。这时，企业就要审时度势，调整产品组合。例如，在拓宽产品线时若遇到强大竞争对手，可以考虑避开强手，深化原有产品线，可能会有更好的效果。

不同运输方式或运输企业在考虑运输产品组合时,可采用以下不同策略:

1. 扩大产品组合策略

在运输需求增大而呈现多样化趋势时,可考虑采用扩大产品组合策略。这一策略的内容是扩大现有产品的项目数,以满足市场上新的需求。例如,铁路运输根据需求开行“民工专列”、“球迷专列”、“旅游专列”等,正是对原有产品组合的扩大。

2. 缩减产品组合策略

当运输需求呈现萎缩或某种类型的运输需求下降时,可考虑减少产品组合。例如,铁路“五定”班列在开行一段时间后,由于各种原因,其需求有所减少,因此可相应减少此种列车的开行。

3. 产品线延伸策略

产品线延伸策略是指改变原有产品组合内容,具体可分为向上延伸、向下延伸和双向延伸。

向上延伸是指在原有产品线中增加一些高档次产品。例如,铁路在一些线路上增加的优质优价(含空调)列车,在舒适度上满足了人们的需求。

向下延伸是指在原有产品线中增加低档廉价产品。中国目前多数人的消费水平还比较低,调查中发现,相当多的人偏好于低价低档列车。在一些线路上,可根据情况,增加部分“普通列车”。

双向延伸是指企业既增加高档高价产品,同时也增加低档低价产品,以满足市场的不同需求。这种策略可使企业产品的覆盖面更大。

思 考 题

1. 如何理解和认识交通运输的意义与作用?
2. 运输与贸易的平方定律是什么?
3. 综述有关经济学家关于交通运输的论点。
4. 什么是三维综合交通运输理论?如何从经济学角度对其进行解析?
5. 简述综合交通运输发展的阶段性特征。
6. 对比不同国家综合交通发展的特征。
7. 试述运输产品的性质和特征。
8. 阐述整体运输产品概念。
9. 如何理解运输产品的空间效用和时间效用?

第二章　轨道交通产业的经济属性

第一节　轨道交通产业的性质和特征

一、轨道交通产业的性质

轨道交通业既是从事旅客和货物运输的物质生产部门，同时也是公共服务部门，属于第三产业。

"物质生产性"强调了轨道交通产业对其劳动对象，在价值创造和使用价值实现方面所具有的作用。由于运输生产活动是运输生产者使用劳动工具作用于劳动对象，改变劳动对象空间位置的过程，因此，实现劳动对象的空间位移成为运输的基本效用和功能，而改变劳动对象空间位置所花费的时间是衡量运输生产活动质量和水平的重要内容和指标。运输企业在所需要的时间内，通过改变劳动对象的空间位置，使其价值和使用价值发生变化。

"公共服务"强调轨道交通产业的服务属性。服务性是轨道交通产业的基本性质。马克思曾特别强调这种服务性，他说："旅客运输，这种位置变化不过是企业之间向乘客提供的服务。"在货物运输方面，轨道交通产业同样是在向用户提供一种基于空间位置变化的运输服务，只不过运输对象不同。轨道交通产业提供的位移服务的质量和水平决定它在市场上的竞争力以及社会对它的认可程度。服务质量的内涵十分丰富，既有硬件设施的，也有软件管理和服务的。

二、轨道交通产业的特征

相对于其他产业和部门来说，轨道交通产业有以下特征：

1. 轨道交通业是一个不产生新的实物形态产品的物质生产部门

运输产品是运输对象的空间位移，用旅客人公里和货物吨公里计量。轨道交通业的劳动对象既可以是物，也可以是人。轨道交通业参与社会总产品的生产和国民收入的创造，但却不增加社会实物产品总量。

2. 轨道交通业不改变劳动对象的属性和形态

轨道交通业的劳动对象是旅客和货物，运输企业不改变劳动对象的属性或形态，只在特定时间内改变它的空间位置。运输业提供的是一种运输服务，且劳动对象不为运输企业所有，它对劳动对象只有生产权（运输权），不拥有所有权。

3. 货物运输是社会生产过程在流通领域内的继续

产品在完成了生产过程后，必然要从生产领域进入到消费领域，这就需要运输。产品只有完成这个运动过程，才能变成消费品，运输与流通是紧密相连的，是社会生产过程在流通领域内的继续。

4. 运输生产和运输消费是同一过程

轨道交通业的产品不能储存，不能调配，生产出来的产品如果不同时消费就会被浪费。运输产品的生产和消费在时间和空间上是同一过程，生产过程开始，消费过程也就开始，生产过程结束，消费过程也就结束。这一特点要求轨道交通业一方面应留有足够的运输能力储备，以避免由于能力不足而影响消费者需求，另一方面需要对运输过程进行周密的计划和管理，因为运输过程中出现的任何差错都无法通过对运输产品的“修复”而使消费者免受侵害或影响。

5. 轨道交通业是一种“网络型产业”

网络具有不同类型，包括实体网络和虚拟网络。轨道交通业是实体性网络产业，其网络分布广阔，运输生产和消费过程都具有网络性。轨道交通业的网络性生产特征决定了其内部各个环节相互间密切协调的重要性。

6. 轨道交通建设投资大，回收期长

轨道交通建设投资巨大，且回收期长。同时，轨道交通产业的资本结构有其特殊性，固定设施投资巨大，例如，铁路线路、站场建设、城市轨道交通的线路、洞体、车站等的建设都需要巨额资金。

第二节　轨道交通产业的自然垄断性

经济分析中，垄断被看成是竞争的对立面，是一种市场失灵，认为垄断会带来各种扭曲，造成效率损失。垄断有不同类型，不同类型的垄断经济结果并不相同。轨道交通产业的垄断性特征比较明显，从理论上分析这些特征，对分析其市场结构和效率具有十分重要的意义。最早提出自然垄断概念的是古典经济学家约翰·穆勒。在《政治经济学原理》一书中，穆勒提出“地租是自然垄断的结果”这一观点。穆勒对“自然垄断”一词本身没有做详细的阐述。实际上，穆勒所谓的自然垄断最初是指由于自然资源的分布特性使得竞争无法展开的情形。穆勒认为某些产业在市场竞争中，基于竞争的原因和产业特征最终只有一个厂商存留下来，这些产业被认为具有自然垄断的特征。“自然”的本义是说明这种垄断不是通过政府管制人为地阻止其他厂商进入市场形成的，而是通过厂商间的价格和非价格竞争使处于劣势的厂商被击败并退出市场，潜在竞争者又因达不到市场现有的成本价格水平而无法进入所形成的。可见，这里的“垄断”是与市场竞争分不开的，是通过市场竞争达到的。

一、基于规模经济的自然垄断性分析

自然垄断理论是经济学家高度关注的一个重要理论，在经济学的发展过程中，关于自然垄断的探讨非常多。

早在19世纪，就出现了自然垄断理论的萌芽。显然，穆勒是从自然资源的特性上来理解自然垄断的。古典政治经济学对于自然垄断的认识，是基于稀缺性自然要素的占有关系（即所有权制度），这使得自然垄断与自然要素的分布联系在一起。1887年，亨利·卡特·亚当斯(Henry Carter Adams)在题为《政府与产业行为的关系》一文中系统讨论了自然垄断问题。亚当斯把自然垄断的定义简化为产业的规模经济技术状况，并主张对自然垄断产业实行政府管制，以实现社会福利的最大化。

早期的自然垄断概念与资源条件的集中有关，主要是指由于资源条件的分布集中而无法竞争或不适宜竞争所形成的垄断。因此，这时的自然垄断观念较多地建立在规模经济基础之上。规模经济意味着当固定成本可以分摊到较大的生产量时所产生的经济性，它表明随着厂

商生产规模的扩大，其产品的平均单位成本呈现下降趋势。当一个企业能以低于两个或者更多的企业的成本为整个市场供给一种物品或者劳务，即存在着规模经济，自然垄断就产生了。

托马斯·法勒(Thomas Farrer)于1902年较早对自然垄断的特征进行了描述。他指出，自然垄断必须具备以下特征：(1)该产业提供某种必需产品或服务；(2)该产业的厂址有天然优势；(3)产品不可贮存；(4)存在规模收益；(5)用户需要协调的供给安排，而这种供给制度只能在垄断条件下才能实现。① 马歇尔在1927年的《经济学原理》中指出，那些随着产量增加，成本不断下降的产业中，垄断可能是一种理想的市场结构，它比竞争性市场价格更低、产量更大。1937年，理查德·T·埃利(Richard T. Ely)将自然垄断划分为以下三类：(1)依靠独一无二的资源而形成的垄断；(2)依靠信息独占或特权(如专利)而形成的垄断；(3)依靠产业的特殊性而形成的垄断。他将自然垄断定义为"不可竞争性"，这种"不可竞争性"可能源于规模经济状况，还有其他因素会使竞争"自我破坏"(self-destructive)。

传统的自然垄断分析是基于生产规模扩大而导致的平均成本下降这一特征(见图2—1)。

从成本函数角度分析规模经济程度可以用 $S(y,w)=C(y,w)/[\sum y_iC_i(y,w)]$ 衡量。当 S 大于、等于或小于1时，分别对应着规模收益(局部)递增、不变或下降。其中 $y=(y_1,y_2,\cdots,y_m)$ 为产出产品的向量组合，$w=(w_1,w_2,\cdots,w_r)$ 为不变的因素价格向量，$C(y,w)$ 为成本函数，$y_i>0, C_i=\partial C/\partial y_i$ 。

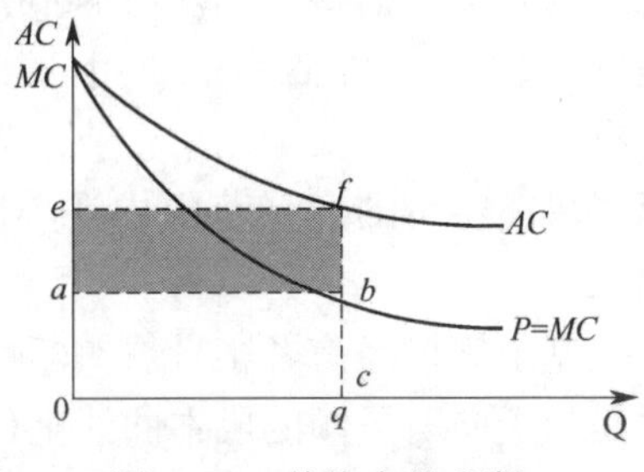

图2—1　传统自然垄断

现代一些经济学家对自然垄断的理解基本上也是在规模经济层面上的。如克拉克森和米勒(Clarkson and Miller)认为自然垄断的基本特征是生产函数的规模报酬递增。如果规模经济足够大，使得长期平均成本曲线在相应范围内向下倾斜，那么，就只有一家厂家能够生存下去。这个幸存者就会把产出扩张到最大，并因此达到平均总成本的最大下降，它可用廉价出售的方法来竞争，最终把对手都挤出该行业。这种情况形成的垄断就是自然垄断。一些权威的经济学辞典通常也是这么界定，如格林沃尔德主编的《现代经济辞典》认为：自然垄断是一种自然条件，它恰好使市场只能容纳一个有最适度规模的公司。这可以用图2—2表示。若某产品在竞争条件下的市场供应曲线是 $\sum MC$，它是各家企业边际成本曲线的加总线，P_C 为均衡价格，Q_L 为均衡产量。如果该市场被一家垄断企业所替代时存在巨大的成本优势，新的边际成本曲线(即垄断者的 $\sum MC$) 将全部落在原来的供给曲线之下。垄断者若以边际成本的原则确定产量 Q_m 和均衡价格 P_m 就能增进社会福利。

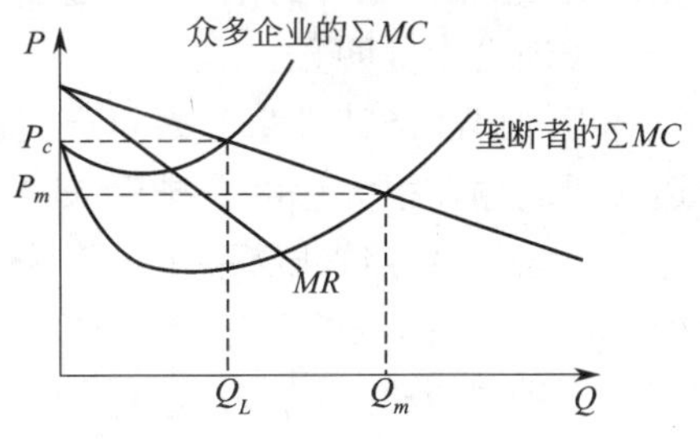

图2—2　自然垄断的形成

以 $C(Q)$ 表示一家企业在成本函数 C 条件下供应产量 Q 发生的成本；假设市场其他企业的成本函数也为 C，由 K 家企业共同生产时每家企业的产量为 q_i，则该产业在 Q 范围内存在自然垄断的充分必要条件是：

① Farrer,《T. H. The State in Its Relation to Trade》,Macmillan1902年版。

$$C(Q) < \sum_{i=1}^{K} C(q_i), Q = \sum_{i=1}^{K} q_i, K \geqslant 2 \qquad (2—1)$$

按照丹尼尔·史普博(Daniel·F·Spulber)的定义，规模经济的主要含义为：边际成本作价将导致企业亏损。其形式化定义为①：

若 $C(Q) \gg \sum_{l=1}^{m} C_l(Q)Q_L$，成本函数显示报酬递增的规模收益。

其中，$C(Q)$ 为企业的生产函数，$Q \gg 0$，$C(0) \geqslant 0$，并且让 $C_l(Q) = \partial C(Q)/\partial Q_l$，$(l = 1,2,\cdots,m)$。

另外，现代经济对自然垄断的市场范围也予以了充分的关注。凯森(Kaysen)和特纳(Turner)虽然认为自然垄断与规模经济密切相关，但他们强调，规模经济的存在严格地取决于市场范围，规模经济可能存在于全国市场，也可能存在于地区市场。

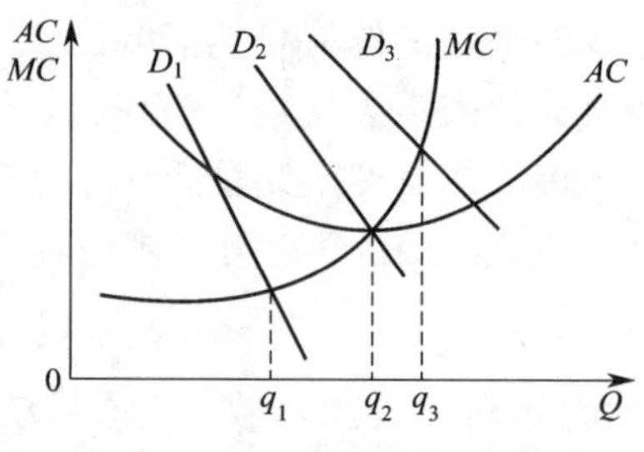

图 2—3　强弱自然垄断示意图

约瑟夫·斯蒂格利茨(Joseph E. Stiglitz)认为，在某些情况下，生产一种商品所使用的技术可以导致一个市场上只有一个企业或很少几个企业。当一个企业的平均成本在市场可能容纳的产量范围内在不断下降时，自然垄断就会出现。

基于规模经济考察自然垄断性，可将其区分为强自然垄断和弱自然垄断，强自然垄断厂商总是处于向右下倾的成本曲线上(见图 2—3)。

轨道交通存在着比较明显的规模经济性。例如一条铁路从建成通车到运量达到设计能力，其通过能力可能从几百万吨到上亿吨，运量越来越大，运输效率越来越高，运输成本却不断降低。我国一些铁路线路，如大秦运煤专线，年度运量已经超过 3 亿 t。随着运量的不断上升，平均运输成本不断下降。城市轨道交通也具有相类似的特点，运量大的线路，单位人次成本相对低，而运量小的线路，则平均单位人次成本相对高。对于轨道交通产业来说，无论是铁路还是城市轨道交通，在一定范围内，运输成本随着运量的增大逐渐减少。规模经济特性在轨道交通产业表现得十分明显。

基于规模经济特性来考察轨道交通产业，其自然垄断性比较明显。规模经济特性决定了轨道交通运输在很大程度上排斥来自同行业内部的平行线的竞争，在运量一定的情况下，平行线之间的竞争将导致线路运量的下降，影响规模经济特性的发挥，因此，在经济上是不合理的。目前，世界上各国的铁路很少有平行线之间的竞争，美国铁路历史上曾经有平行线之间的竞争，但在多年的兼并重组后，这样的情况越来越少。欧洲国家的铁路几乎没有平行线间的竞争，更多的是线上不同铁路公司间的竞争，这在很大程度上保持了铁路的规模经济特性。

二、基于成本劣加性和范围经济的自然垄断性分析

对自然垄断的新认识始于对范围经济(Economies of Scope)和成本劣加性(Subadditivity)的研究。1977 年，著名经济学家鲍莫尔(Baomol)在《美国经济评论》上发表了《论对多产品产业自然垄断的恰当成本检验》一文。文中首次以多产品企业的成本劣加性定义了自然垄断。

① 丹尼尔·史普博，《管制与市场》，余晖等译，上海三联书店 1999 年版。

1981 年，鲍莫尔、潘则（Panzar）和威利格（Willig）在《美国经济评论》发表《范围经济》一文，在成本劣加性基础上首次提出了范围经济概念。后来一些经济学家则进一步深化了范围经济的探讨。

范围经济意味着多产品共同生产相对于单独产品生产的经济性，是指一个厂商由于生产多种产品而对有关生产要素共同使用所产生的成本节约。

$M=\{1,2,\cdots,m\}$为产品集合，S、T 为 M 的某些子集合，Q_S、Q_T 代表产出在子集合 S 中而其他产出为零的产出向量。如果对 $\forall S,T\subseteq M$，S、T 非空且 S、T 无交集，有 $C(Q_S)+C(Q_T)>C(Q_{S\cup T})$成立，则成本函数 $C(Q)$ 显示出范围经济。

按照鲍莫尔、潘则、威利格等人的观点，自然垄断最显著的特征应该是成本的劣加性。成本的劣加性是指，当一家企业提供整个产业产量的成本小于多家企业分别生产的成本之和，企业的成本方程就具有劣加性。成本的劣加性所要讨论的是，由一家企业提供整个产业的产量成本较低还是这家企业与另外的企业共同提供相同产量的成本较低。在这一理论前提下，如果某一产业中的企业只提供单一的产品，则这一产业具有自然垄断性的基本条件是，在一定条件下，由一个企业提供产品比多个企业共同提供产品具有更高的效率。成本劣加性是定义自然垄断的关键特征。一个单一产品企业的生产具有规模经济效应时，其必然具有成本劣加性。反之，当这个企业的产量超出其规模经济点时，即出现规模不经济时，只要其成本比两个或更多企业来提供这些产量时的成本低，也就具有成本劣加性，这时仍然具有自然垄断特征。据此可以得出这样的结论，即：平均成本下降是自然垄断的充分条件，但不是必要条件，成本的劣加性才是自然垄断的充分必要条件。

假设在某个行业中有 X 种不同产品，Y 个生产厂商，其中任何一个企业可以生产任何一种或者多种产品。如果单一企业生产所有各种产品的成本小于多个企业分别生产这些产品的成本之和，该行业的成本就是部分可加的。如果在所有有关的产量上企业的成本都是部分可加的，该行业就是自然垄断的。换言之，即使平均成本上升，只要单一企业生产所有产品的成本小于多个企业分别生产这些产品的成本之和，由单一企业垄断市场的社会成本依然最小，该行业就是自然垄断行业。也就是说，规模经济一定是自然垄断，自然垄断不一定是规模经济，只要存在成本劣加性就是自然垄断。如果单一企业生产所有各种产品的总成本小于多个企业分别生产这些产品的成本之和，企业的成本方程就具有劣加性。如果在所有有关的产量上企业的成本都是劣加的，该产业就是自然垄断产业。

成本函数的严格劣加性：

如果对任意的产出向量 $y_1,y_2,\cdots,y_k,0<y_i<y,y_i\neq y,(i=1,2,\cdots,k)$；$\sum y_i=y$，有 $C(y)<\sum C(y_i)$ 成立，则称成本函数 $C(y)$ 在产出水平 y 具有严格劣加性。

按照丹尼尔·史普博的定义，有：

对于集合$\{K^C=Q\in R_+^m\}$成本函数 $C(Q)$ 若对于 $Q'+Q''=Q\in K^C$ 满足下述条件则显示成本劣加性：

$$C(Q')+C(Q'')>C(Q) \tag{2—2}$$

为了便于理解这一定义，这里利用图形对单一产品情况下的自然垄断进行分析。图 2—4 为单一产品情况下企业的平均成本曲线，其中 AC_1 为一家企业的平均成本曲线，AC_2 为两家企业的平均成本曲线。在图中当产量小于 Q_0 时，AC_1 不断下降，存在规模经济。对成本劣加性讨论的是，由一家企业提供整个产业的产量成本低还是这家企业与另外的企业提供相同产量的成本低。显然，当产量小于 Q_0 时由一家企业生产能使成本最小化。所以在这一产出范围成本是劣加的。

为了考察当产量大于 Q_0 时的成本最小方案，可以考察两个企业的平均成本曲线 AC_2。AC_1 和 AC_2 的交点对应的产量 Q^* 决定了成本劣加性的范围。当产量大于 Q_0 小于 Q^* 时，此时 AC_1 开始上升规模经济已不存在，但由于 $AC_1 < AC_2$ 满足成本的劣加性要求，此时由一家企业生产仍然成本最低。图 2—4 的分析表明，利用成本的部分可加性定义自然垄断，不仅扩展了自然垄断的范围，而且能够更合理的描述自然垄断的经济特征。

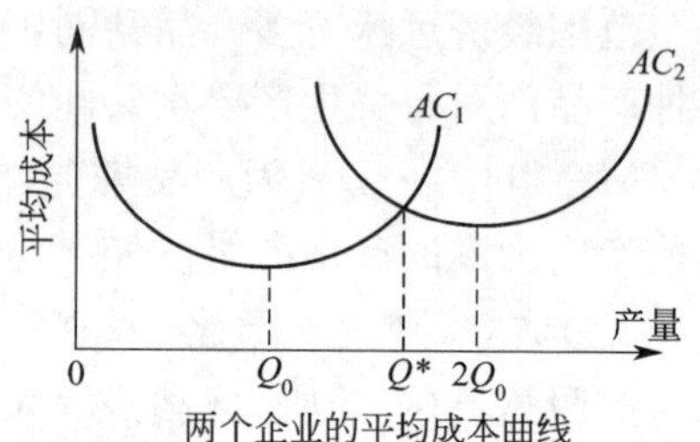

图 2—4　单一产品下的规模经济与成本劣加性关系

自然垄断的新定义尽管包括了单一产品的情况，但更主要的，它是针对多产品情况提出的。在现代自然垄断理论中，范围经济是形成自然垄断的重要因素。简单的理解，规模经济是针对一种产品而言的，而范围经济是针对多种产品而言的。

范围经济指的是以多产品联合生产而取得的收益。如果 Q 为非负向量（产品集），$M=\{1,2,\cdots,m\}$ 代表产品集合，S、T 代表 M 的某些子集，Q_S、Q_T 代表产出在子集 S、T 上且不等于零的产出向量，则有以下定义：

对任何 M 的非空子集 S、T，$S\cap T=\varnothing$，当成本函数 $C(Q)$ 满足条件 $C(Q_S)+C(Q_T)>C(Q_{S\cup T})$ 时显示范围经济。

范围经济可以用成本函数分析：

$$C(Q_1,Q_2)=F+C_1(Q_1)+C_2(Q_2) \tag{2—3}$$

在这里 F 是两种产品生产过程都使用的一种投入品的固定成本。在所有其他产品都已经投产的时候，产品 l 的追加成本是：

$$IC_l(Q)=C(Q)-C(Q_1,\cdots,Q_{l-1},0,Q_{l+1},\cdots,Q_m) \tag{2—4}$$

相应的，任何一个子集合产品 S，与另一不同子集合产品 T 联合生产时，其追加成本是：

$$IC^S(Q_{S\cup T})=C(Q_{S\cup T})-C(Q_T) \tag{2—5}$$

范围经济具有这样的含义，即：当任何一个子集合产品与另一个不同子集合产品联合生产时，其独立成本要超过追加成本，即

$$C(Q_S)>IC^S(Q_{S\cup T}) \tag{2—6}$$

产生范围经济的主要原因包括：(1)生产技术设备具有多种功能可以用来生产多种产品；(2)某些生产要素投入之后可以重复使用；(3)零部件或中间产品具有多种组装功能；(4)企业的无形资产。例如，企业的经营管理知识和技术在生产经营多种产品时可以使用，无需增加额外费用。

轨道交通的范围经济表现在客货混合运营以及由此延伸的一些客货运输产品。多数国家的铁路都存在运输线路客货混用的事实。铁路的范围经济又与它的规模经济性和网络经济性是密不可分的。

三、基于网络经济的自然垄断性分析

轨道交通属于网络型产业，它的日常运营和服务活动是基于网状的路网结构开展的，网络越是密集，分布越是广泛，联结网络的节点也就越多。网络本身的效用是与网络的大小(节点的多少)密切相关的，网络越大(节点越多)，服务的范围和受众对象越大，其效用也就越大。网络的参与者越多，这个网络的使用价值就越高。按照梅特卡夫法则的表述即为：网络的价值等于网络节点的平方。

设网络的节点数为 n，节点连接数为 s，则 s 与 n 之间存在下列关系：$s=n(n-1)/2$。假定每条线路连接产生的价值固定不变为 $2k$(k 为大于零的常数)，则总价值函数为 $R(n)=k(n^2-n)$，有 $R(0)=0$，$\dfrac{\mathrm{d}R(n)}{\mathrm{d}(n^2-n)}=k$ 成立，即网络价值与(n^2-n)成严格的正比例变化，且当节点数为零时网络没有价值。

从总成本角度考虑，网络的产出水平与网络节点数 n 成正比例变化，总成本函数可表示为 $C(n)$。对于 $\forall n_1, n_2$，当 $n_1<n_2$ 时有 $AC(n_1)=\dfrac{C(n_1)}{n_1}>\dfrac{C(n_2)}{n_2}=AC(n_2)$，$\dfrac{\mathrm{d}AC}{\mathrm{d}n}<0$ 成立，即平均成本函数在整个产出水平范围内是严格下降的，这意味着在网络经济条件下，成本函数具有劣加性。因此，从网络经济性角度看，轨道交通具有比较明显的自然垄断性。

四、自然垄断的可持续性分析

从成本劣加性的讨论中，可以引出这样一个结论：在成本劣加的产出范围内，为实现较高的生产效率，应该由一家企业垄断经营。当产出超过成本劣加的范围后，就应该允许新企业进入。由于在实际操作中管制者很难准确地把握成本弱增的范围，因此，即使在成本劣加的范围内，管制者也会允许新企业进入自然垄断产业，从而造成低效率进入。

由鲍莫尔、贝利、威利格和潘则等经济学家提出的“可持续性理论”(theory of sustainability)，就是专门讨论新企业进入自然垄断产业而引起自然垄断性变化问题的一个理论模型。在这一理论中，如果新企业认为有利可图，它们可以无约束地进入市场。

对自然垄断企业行为(价格和产量决策)的有关约束条件有：(1)产量等于特定价格下的市场需求总量；(2)收入等于生产这些产量的总成本；(3)如果新企业进入市场，垄断企业不能够改变原来的价格，并要求以原有价格满足新企业夺走后的剩余需求。在这些约束条件下，如果没有新企业企图进入市场，那么，垄断企业是可维持的。从对垄断企业的约束条件看，在可持续性理论中，当新的竞争企业进入市场时，假定垄断企业不能作出任何反应，这虽然不符合实际的假定，但也有一定的现实性。这是因为，垄断企业往往是受政府管制的，价格和产出的变动往往需要得到管制者的批准，在多数情况下导致垄断企业在市场变化时其行为调整是缓慢的，缺乏应变性。

令 $D(P)$ 表示价格为 P 时自然垄断产业的需求函数；Q 表示垄断企业的产量，$C(Q)$ 表示生产 Q 所花费的成本。当成本 C 存在弱增性特征时，该产业就是自然垄断产业。

具有成本函数 C 和市场需求 D 的自然垄断企业，当价格为 P，产量为 Q 且满足以下条件时：

(1)$Q=D(P)$；

(2)$P\times Q=C(Q)$；

(3)当所有的$P'<P, Q'\leqslant D(P')$时，$P'Q'<C(Q')$。

则该产业存在自然垄断的可持续性。

在图 2—5 中，Q_0 表示最小平均成本所对应的产量，Q^* 表示符合自然垄断要求的最大产量，$D(P)$表示市场需求函数，那么，只要垄断企业选择由需求曲线和平均成本曲线的交点所对应的 P' 以外的价格(P)，以及相应的产量，都会造成不可维持性。例如，如果 $P<P'$，那么，垄断企业除非亏损，否则就不能提供整个市场需要的产量。如果 $P>P'$，在新企业可以自由进入的条件下，新企业认为有利可图，进入市场后会选择价格 P' 和产量 Q'，从而造成垄断企业的不可维持性。事实上，即使垄断企业选择价格 P'，新企业仍然可能进入，它可以在 P' 和 P_0 之间选择一个价格，并选择最小平均成本所对应的产量 Q_0。这样，新企业也能获得利润，而造成垄断企业的不可维持性。当然，这里一个重要前提是假定新企业不承担满足整个市场需求的义务，而垄断企业则要承担这种义务。

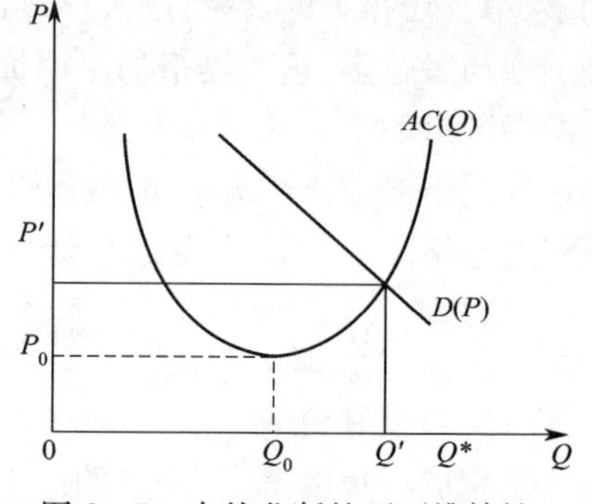

图 2—5　自然垄断的不可维持性

综合自然垄断的可持续性理论，可以得出的结论是：

(1)在平均成本下降的产出范围，只要垄断企业不高于平均成本定价，新企业进入市场后就不可能采取降价策略，否则就会亏损，因此，只要新企业是理性的，就不会产生进入市场抢夺垄断企业剩余市场份额的动机和欲望，从而维持自然垄断的可持续性。

(2)在平均成本上升，但属于成本弱增范围内时，如果垄断者的利润大于零，新企业只要把价格定在垄断企业的价格之下，就可能夺走垄断者的大部分市场份额，造成自然垄断企业的不可维持性，因而需要政府对市场进入加以管制，以保证垄断企业的可维持性。

第三节　进入和退出壁垒

轨道交通产业的进入和退出具有难度，原因有以下几方面：

1. 轨道交通产业投资的可转换性很弱

轨道交通产业的一个重要特点是固定资产，特别是基础设施投资大，资产的专用性强，沉淀成本十分巨大。较强的资产专用性和庞大的沉淀成本决定了轨道交通产业投资的可转换性很弱。轨道交通的投资很大，建设铁路每公里造价几乎在千万元以上，而城市轨道交通则达到每公里几亿元(北京市轨道交通每公里造价平均在 4 亿～8 亿元，有的线路更高)。巨额的投资决定了该产业具有较大的进入难度，而投资后形成的固定资产具有很强的专用性，很难移作他用，沉淀成本很高，导致退出也十分困难。因此，轨道交通产业的进入和退出均非易事，也就是说轨道交通产业的进入和退出壁垒都比较明显。影响轨道交通产业进入的另一个因素是专业化的技术工作，相关技术人员的培养或者获得需要时间、资金和经验，能否拥有必需的专业人员也是决定能否进入这个产业的重要因素。

2. 轨道交通的产业特性能够影响潜在进入者

轨道交通的产业特性决定了一般的投资主体难以承担为达到一定运输能力所进行的巨额

投资，由于具有网络型产业特征，即使个别投资主体修建了一定里程的轨道交通，但如果不与既有的轨道交通网络联结，其使用价值也大打折扣，无法形成网络经济和规模经济。而能否与既有网络互联互通，在位运营商具有更多的选择权和话语权。另外，在位经营者相对于潜在进入者具有很大的成本优势，它能够影响潜在进入者的进入倾向。这是导致进入壁垒的另一个重要因素。

轨道交通产业的进入和退出壁垒是一个动态过程，它与经济发展、政策环境、市场机制、技术进步等因素有关。当一个国家社会经济(包括城市经济)的发展进入到一个特定阶段后，基于环境、能源等方面的考虑和实际需要，对轨道交通的需求重新抬头，或者说，是基于更高起点的对轨道交通发展的诉求。一些经济发达国家提出在交通运输领域要重振铁路，在城市交通中优先发展以城市轨道交通为骨干的公共交通体系。

从政策层面来看，经济的快速发展为轨道交通建设在资金方面打下了良好的基础，准备了必要的条件。由于节能减排已经成为世界范围内广泛关注的焦点问题，因此发展在这方面有明显优势的轨道交通成为很多国家的政策导向，因而，发展轨道交通的政策环境良好。以我国为例，国家批准的铁路中长期发展规划在支持中国铁路发展上的积极态度十分明显。近些年来，中国铁路已经进入了一个快速发展时期，很多地方政府对铁路的发展同样表现出高度的热情，地方铁路的发展同样十分迅速。随着我国城市化进程的不断加快，城市交通成为城市发展中最重要的问题之一。在解决城市交通问题的路径选择上，发展城市轨道交通成为重要的选择。以北京为例，从 1970 年到 2006 年，北京城市轨道交通从 0 km 增加到 114 km，用了 36 年时间，而从 2007 年到 2015 年仅仅用 8 年时间北京的城市轨道交通将达到 561 km。良好的政策环境能够为轨道交通的发展创造更多有利条件。

市场机制的发挥在很大程度上影响产业的进入和退出，例如，建立良好的资产租赁市场，使得固定资产能够转让或者出售(租赁)给新的运营商，这时沉淀成本就会明显减少。如果能够培育潜在的竞争者，提高市场的可竞争性，那么进入和退出就不再只是想象的事情。

推动人类社会不断发展的一个重要因素是技术进步。技术进步能够改变许多现象，甚至是产业的发展进程。技术进步能够大大降低投资和成本，从而降低进入和退出的难度。因此，技术进步同样能够影响轨道产业的进入和退出壁垒。

上述因素在很大程度上能够影响轨道交通产业的进入和退出壁垒，也就是说，轨道交通产业的进入和退出壁垒不是静态的，它是随着客观因素的变化而变化的。然而，相对于其他一些产业来说，轨道交通的进入和退出仍然不是一件容易的事情。

第四节　市场结构与效率

轨道交通产业的市场结构往往表现为垄断的(或寡占的)。在经济分析中，垄断往往被看做是竞争的对立面，是一种市场失灵，认为垄断会带来各种扭曲，造成效率损失。垄断有不同类型，不同类型的垄断所带来的经济结果并不相同。

垄断可分为完全垄断和寡头垄断。完全垄断是指市场上只有一家企业提供某种产品。寡头垄断是指存在两个或两个以上的企业共同提供某种产品。一般认为寡头垄断市场兼具垄断性和竞争性，它的竞争性通常由于企业间各种的共谋行为而不能得到实现，因此这种市场表现出来的更多是垄断特性。根据垄断形成的原因不同，又可以分为技术垄断、行政垄断和自然垄断。技术垄断是由于技术上的优势而形成的垄断地位，独家技术专利是产生技术垄断的主要原因；行政垄断是由行政干预而导致的垄断现象。关于垄断是否具有经济效益的讨论已经有很长时间了，学术界对此问题有不同的观点和看法。在分析垄断造成的效率损失方面，哈伯格提出的福利净损失三角形具有重要意义。

经济活动中，企业进入市场有先后之分，成本有高低之别。假定3个企业存在明显且相对稳定的成本差异，即 $c_3>c_2>c_1$，并且假定先进入市场的企业都将优先获得规模经济使得成本最小。为了简便起见，在分析中假设3个企业中成本最低的企业是用完全竞争的成本水平进行生产的，即 $c_1=c^*$。市场中的企业成本具有长期不变的特征。

以图2—6为例，市场中第一个进入的厂商在还没有其他厂商进入时我们称其为市场的垄断者，其生产决策遵循 $MR=MC$。从图中看到，此时利润最大产量为 Q_1，而垄断价格却不再等于边际成本，需求曲线决定此时价格为 P_1。垄断者获取的超额利润必然吸引潜在竞争者进入市场。第二个进入者由于面临的市场空间变小，因此要获得和第一个企业相同的规模经济困难很多，它只能在大于 c_1 的 c_2 水平上进行生产，并把整个行业的产量提高到 Q_2，由此导致价格下降到 P_2；同理类推，第三个企业会以更高的成本水平 c_3 进入，行业产量提高到 Q_3，同时价格 P_3 更接近竞争市场价格。那么什么时候企业不再进入市场呢？答案很简单，当市场不存在超额利润时。在该模型中，如果新的进入者不能在小于 P_3-c_1 的成本水平范围内生产就不能像先进入者那样获得超额利润，因而就缺乏进入市场的勇气和动力。也可能现有的市场在位者采取暂时性价格共谋阻止了其他厂商进入。这样该市场被几个厂商寡占，形成寡占型的市场结构，市场中的垄断利润被少数几个厂商分割了。

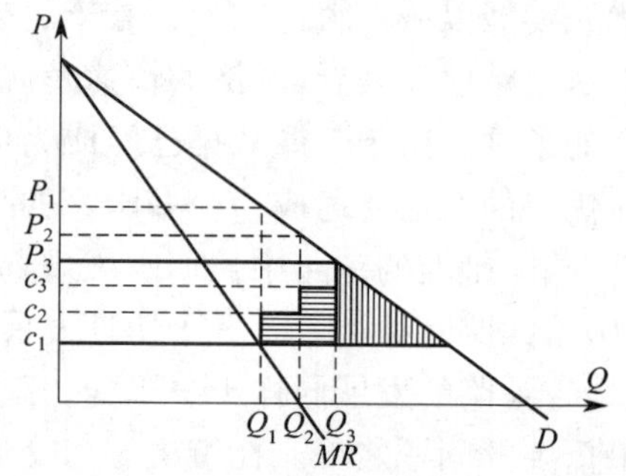

图2—6 垄断造成的效率损失(阴影部分)

可以从图2—6中得到以下信息：

(1)随着完全垄断型市场结构转变为寡头垄断市场结构，消费者总剩余增加了(P_1 和 P_3 以及需求曲线和纵轴围成的梯形)。

(2)总的社会福利损失相对于完全垄断市场时减小了，减小的面积部分还给了消费者，部分由后进入市场的厂商获得。

(3)市场在位者在跟随者进入之后获得的利润降低了，降低的利润由消费者得到。

(4)后续厂商占有的市场份额逐次递减，并且随着新厂商不断进入，市场的利润空间不断减小。

通过分析可以看到，寡头垄断的市场结构比完全垄断的市场结构更具有效率。

分析图中的阶梯状阴影部分需要提出两个问题，一是每层阶梯长度代表的各厂商市场份额是否和厂商成本存在联系？二是如何将阶梯阴影部分表示的福利损失降到最小？

为简化起见，以寡头垄断模型为例。假设市场中有三个厂商生产相同的产品，各自的产量分别为 Q_1,Q_2,Q_3，各厂商的边际成本为 c_1,c_2,c_3。市场需求函数为 $P=P_0-kQ$，其中 P 为市场价格，P_0 为纵轴截距，Q 为市场总产量，$Q=Q_1+Q_2+Q_3$，k 为需求曲线的斜率，代表需求弹性，一般假定 $k>0$。第一个厂商的收益函数为 $R_1=PQ_1=(P_0-kQ_1)Q_1$(此时市场总产量等于垄断厂商产量，即 $Q=Q_1$），边际收益 $MR_1=\frac{\partial R_1}{\partial Q_1}=-2kQ_1+P_0$，垄断厂商利润最大化条件为边际收益等于边际成本，推出：

$$2kQ_1+c_1-P_0=0 \tag{2—7}$$

第二个进入的厂商收益函数为 $R_2=PQ_2=(P_0-k\sum Q_1+Q_2)Q_2$，边际收益 $MR_2=\frac{\partial R_2}{\partial Q_2}=-2kQ_2+P_0-kQ_1$，由 $MR=MC$ 推出：

$$2kQ_2+c_2+kQ_1-P_0=0 \tag{2—8}$$

同理可得第三个厂商在 c_3 水平上生产的利润最大条件：

$$2kQ_3+c_3+k(Q_1+Q_2)-P_0=0 \tag{2—9}$$

由(2—7)、(2—8)、(2—9)式得出三个厂商的在进行产量决策时的反应函数分别为 $Q_1=\frac{P_0-c_1}{2k}$，$Q_2=\frac{P_0-kQ_1-c_2}{2k}$，$Q_3=\frac{P_0-k(Q_1+Q_2)-c_3}{2k}$，均衡时的产量分别为 $Q_1^*=\frac{P_0-c_1}{2k}$，$Q_2^*=\frac{P_0+c_1-2c_2}{4k}$，$Q_3^*=\frac{P_0+c_1+2c_2-4c_3}{8k}$。

由此可以得出以下结论：在边际成本互不相同的条件下每个厂商的产量都和成本有极大的关系，产量越大，成本越低。除了第一个进入市场的厂商外，其他厂商的产量均与先进入市场的厂商成本有关，如果先进入的厂商成本优势小，则留给其跟随者的市场空间就相对较大。分母中 k 以 2 次方增长，代表厂商进入市场时面临着不同的需求弹性，跟随厂商进入时由于市场中已经存在替代品，因而该厂商产品的需求弹性增大，这也是为什么厂商越后进入市场，占取市场份额就越困难的原因所在 。

通过分析可以得知，三个成本各异的厂商共同存在于同一市场时，总的社会福利损失要小于市场被一家厂商垄断的情形。尽管如此，在我们假定的寡头市场中仍然存在哈伯格三角形以外的损失。哈伯格三角形是由垄断势力引起的损失，而上文中的阶梯阴影却似乎和垄断无关。这部分损失是因为三个厂商成本上的差异造成的。产生成本差异的原因有很多种，基本可以概括为以下三方面：一是由于行业内某企业技术创新降低了自己的生产成本；二是由于行业内某企业有比较先进的管理理念或方法；三是个别企业长期垄断某项生产技术。前面讨论中对市场的假定条件是该市场中已不存在技术创新的余地或者技术创新是一项漫长而缓慢的过程，因此由于技术创新引起的成本降低是不太可能的，稳定的成本差异很可能是由个别企业长期垄断主要生产技术导致的。

可以假设，如果市场中的三家厂商用相同的较低生产成本进行生产，那么损失的阴影部分的面积将会缩小。根据古诺模型，三家厂商将最终占据全部市场份额的 7/8。此时，厂商获得因为成本降低所带来的好处，即原来代表效率损失的阶梯状阴影部分变成厂商的利润，与此同时，由于总产量的扩大，价格降低，消费者也得到一些利益，即三角形阴影部分的面积也会缩小。

也有一些经济学家指出垄断存在增进效率的一面。例如马歇尔(1920 年)、熊比特(1943 年)、威廉姆森(1968 年)都曾经从不同角度谈到了垄断能够提高效率。不过，这些观点都没有进行系统论证。可竞争市场理论认为，在进入和退出无成本的条件下，垄断不存在效率损失(鲍莫尔、潘则和威廉，1982 年)。实际上它更进一步的意思是，当进入和退出无成本的时候，任何市场都是可竞争的。在以成本劣加性定义的自然垄断理论中，弱自然垄断也没有效率损失(潘则、威廉，1977 年；博格、迟哈特，1988 年)，这是因为给定条件下价格低于边际成本的定价矛盾不存在,所以也就没有了垄断的效率损失。也有人谈到,垄断有利于技术进步,因为垄断厂商能够投入更多的资金用于研发,以保持自己的垄断地位。数据显示,大的跨国公司在研发投入方面明显高出一筹,这在很大程度上推动了技术进步。

研究和分析轨道交通的垄断性首先需要明确它的类型,即属于哪种类型的垄断。由于行政干预而导致的垄断往往是低效的,因为它人为地阻隔了竞争的可能性,提高了在位企业的优越感,导致在位企业的懒散和低效。而由于产业属性导致的垄断(如自然垄断)则需要根据产业自身运行的规律正视它的存在,并努力发挥基于规模经济、网络经济、密度经济等特性所产生的经济效益。换句话说,基于轨道交通自然属性的、不是人为和行政干预导致的垄断(表现为较少的运营主体)可能更有利于轨道交通产业效率的发挥。

第五节　相容性、互联互通与边际效用递增

轨道交通产业在生产和运营上呈网络状分布,遍及的空间很大(铁路尤其明显)。网络性决定了一个国家的轨道交通产业在技术、规则等方面应当是相容的(区分铁路与城市轨道交通),铁路应当有铁路的一整套相关标准,城市轨道交通应当有其自身的整套标准。相容性也是技术标准的选择问题,相同的技术标准能够使网络的规模经济更加明显。实现相容性的办法是颁布适用于整个网络系统的一系列技术标准或操作规章。

标准的确定和选择具有显著的"锁定效应"。轨道交通产业一旦确定了标准,就有一定的依赖性和持续性,因为改变标准往往需要花费很大的代价。转换标准需要付出的代价包括硬件成本和软件成本。在标准变更时,需要改变相关技术并进行相应的硬件投资,而管理规则变化、人员培训等也需要花费不小的成本。正因为如此,轨道交通相关技术标准一旦确定,就具有明显的锁定效应。网络性决定了轨道交通在技术等方面需要具有相容性。历史上,一些国家和地区为了特定的目的(主要是政治目的),将管辖范围内的铁路在技术标准方面,如轨道间距,与其他铁路存在的明显不同,从而减少它们之间的相容性。前苏联的铁路,新中国成立以前阎锡山管辖的山西铁路都是这样。从政治上讲,这样有利于封闭管理,从经济上讲,不利于发挥轨道交通的网络性和规模经济性。

网络型特征同样也决定了轨道交通网络互联互通的重要性,互联互通的直接效果就是扩大了网络规模和网络效用。

如果同一市场上存在多个运营主体,当跨越不同运营主体的路网进行运输时就存在"互联互通"问题。"互联互通"一词来自于电信行业,它指的是对于技术上有所差别的同类型网络,为了达到有效地运营和兼容,在网络衔接处采取一定的技术手段,使传输能在不同网络之间平滑过渡。在交通运输领域,各种运输方式(铁路运输、公路运输、水运、空运)之间的集装箱多式联运,不同铁路运输公司间的过轨运输等实际上也是不同运输方式或者同一种运输方式不同运输企业之间的互联互通。这样的互联互通可以使很多运输节省不必要的倒装、储运,实现无间隙运输,大大降低运输成本,提高运输效率。互联互通是一种带有机制创新性的制度安排,运输领域的互联互通意义十分明显,它可以大大提高运输活动的主体效率。交通运输领域不同运输方式或者同一种运输方式之间不同运输企业间的互联互通能够大大降低交易成本,扩大市场规模,促进专业化分工程度。

不同技术条件下的轨道交通也存在互联互通的问题,例如,高速铁路与既有普通铁路之间

运营上的互联互通，高速铁路的列车能否以及如何过渡到普通铁路。互联互通将使客流的转换更加平滑，两个网络的效用发挥更加充分。

假设某区域有高速铁路和普通铁路两个网络 A 和 B，它们的节点数分别为 n 和 m，以参数 K 表示两个网络的技术含量，假设从技术上高速列车均可在对方线路上行驶，当互联互通尚未实现时，网络 A 和 B 的价值可以表示为：

$$V_A = K_A n(n-1)/2 \tag{2—10}$$

$$V_B = K_B m(m-1)/2 \tag{2—11}$$

当互联互通实现时，若以 K_{AB} 表示两个网络间的连接质量，则增加的网络社会价值为：

$$V_{AB} = K_{AB} mn \tag{2—12}$$

当 $K_A = K_B = K_{AB} = K$ 时，两个网络的整体社会价值为：

$$V'_{AB} = V_A + V_B + V_{AB} = K(n+m)(n+m-1)/2 \tag{2—13}$$

对于上下一体化的轨道交通企业来说，如果实现互联互通的企业具有对等规模的网络，那么互联互通是互利的，这时各方都有比较强的互联互通意愿，因为相互协作可以共同做大“蛋糕”；但如果互联互通的企业在路网规模方面差别较大，路网规模大的企业就没有积极性，因为相比较路网规模小的企业来说，路网规模大的企业得到的好处远远小于路网规模小的企业。

网络规模扩大使得轨道交通产业的边际效用明显增加。可以表述为：一定条件下，轨道交通网络规模越大，节点越多，这个网络的使用价值就越高。轨道交通边际效用递增的特点取决于网络规模扩大后运输可达性的提高，更多的参与者，运输距离的进一步延长以及由此产生的运输成本降低，接驳运输的减少以及由此所减少的成本支出等。轨道交通网络规模扩大也能够进一步增加网络的容量（运输能力），从而增加可开行的列车数量，增加乘客和用户的选择，这实际上也提高了网络的外部效用。

关于轨道交通产业的边际效用递增特性，应当注意以下两点：

(1)它是在路网尚未达到拥挤状态时所表现出来的特点。在运输能力未达到饱和时，新增加的用户在享受运输服务时，对其他用户的消费活动不会产生影响，运量的增加还会使得单位运输成本降低。而当运输能力达到饱和时，无法增加新的运输服务。对于轨道交通而言，在测量是否达到拥挤状态时，既可以从线路通过能力看，也可以从单趟列车的载员人数看。当线路通过能力达到饱和时，线路上已经接近拥挤状态，当单趟列车的人数超过满员时，列车就达到拥挤状态。在线路未达到拥挤状态时，增加列车数量可以加大线路上的列车密度，提高路网的密度经济。在列车未达到拥挤的情况下，增加一个人对列车的运行成本几乎没有影响，即使达到拥挤状态，当列车超员在一定范围内，对列车的运行成本同样几乎没有影响。这时，增加旅客的边际效用是递增的。铁路在一定范围内是允许超员的（超过座位数量），城市轨道交通列车的实际载客人数更是有较大弹性空间。

(2)上述效用是轨道交通的系统效用，这种效用的发挥有赖于全路网成员的共同协作和努力。

第六节　作业链、价值链、内在关联性与治理结构

轨道交通产业的生产过程是网状的，遍及的空间很大。生产过程（对消费者来说也是消费过程）需要产业内部各个环节的高度协作和密切配合，其中任何一个环节出现问题都会导致整

个生产和服务链条的中断。车务、机务、工务、电务、站务等虽各自为一个相对独立的系统，但完整的运输过程需要它们之间的通力协作，它们之间存在一个作业链，同时也形成了一个内在的价值链。

(1)完整、紧密的作业链条和价值链条是轨道交通的重要特点，这也决定了轨道交通产业各个环节之间高度的关联性。这种关联性表现在：

①各种设施(固定设施和移动设备)的关联性。机车、车辆、钢轨、轨枕、通信信号等单独分离出来、单独使用，它们各自使用几乎没有任何意义和价值，只有将它们联合起来，作为一个整体使用才有意义。关联性是轨道交通产业系统内部的最重要的特性之一。

②技术上的关联性。车务、机务、工务、电务、站务等部门，它们之间在技术上需要有密切的协作，否则，整个运输过程将无法实现。

(2)从作业链、价值链和内在关联性等方面看，轨道交通系统内部各部分是紧密关联的有机整体，各部分之间的联系和交易是稳定的。

威廉姆森按投资特征和经常性(发生频率)对交易进行分类(见表2—1)。①

表2—1 交易类型与内容

		投资特征		
		非专用型	混合型	专用型
经常性	偶尔发生的	购买标准设备	购买定制设备	建一工厂
	重复发生的	购买标准材料	购买定制材料	连续生产中的专用性中间产品转移

威廉姆森分别考察了这6种交易类型，得到以下结果：

①市场治理。对于偶尔发生和重复发生的非专用性交易，市场治理是主要的治理结构。对于后者，市场治理的有效性是显而易见的，交易者只需根据经验就可以做出交易选择。对于前者，直接经验难以保护和防止机会主义行为，但是交易方可以参考其他人的评估和经验。

②双边治理。对于重复进行的混合型交易，通常设计专门的治理结构。这类交易具有非标准化的特征。

③三边治理。偶尔进行的混合型和高度专用型交易需要三边治理。这些交易一旦签订了合同，双方就强烈地希望履行到底，因为相关投资在其他方面的用途机会成本很低。若转让给其他供应商则面临资产估价问题。另外一方面，交易的偶然性使得建立一个专用型双边治理结构的成本无法回收。

④一体化治理。垂直一体化结构的出现使得一体化治理成为一些产业的客观选择。

以上不同治理方式见表2—2。

威廉姆森在研究契约治理结构时，特别在后3种治理结构上，较多地是针对在产业链上有着垂直分工合作关系的企业或组织之间的关系。

轨道交通的资产专用性很强，对于这样一个产业来说，相关的技术标准一旦确定就具有很

---

① 威廉姆森(Oliver Wiliamson)：《合同关系的治理》，第131～144页，收编于《企业的经济性质》，上海财经大学出版社2000年版。重印自Oliver Williamson的The Economic Institutions of Capitalism: Firm, Markets and Relational Constracture第三章。

强的稳定性，因为改变标准的成本很高，这种高成本表现为：一种标准的实施必须在网络型基础产业的整个系统加以贯彻，这不仅需要相关设备设施的巨大投资，也需要周密组织和良好的人力培训。标准的使用具有路径依赖特性。按照威廉姆森的契约结构理论，这种投资专用性强而发生频率低的交易需要第三方治理(甚至政府介入)。

表 2—2　有效率的治理

<table>
<tr><td colspan="2" rowspan="2"></td><td colspan="3">投资特征</td></tr>
<tr><td>非专用型</td><td>混合型</td><td>专用型</td></tr>
<tr><td rowspan="2">经常性</td><td>偶尔发生的</td><td rowspan="2">市场治理(古典合同)</td><td>三边治理(新古典合同)</td><td rowspan="2">一体化治理(关系合同)</td></tr>
<tr><td>重复发生的</td><td>双边治理</td></tr>
</table>

第三方治理的情况还可能发生在互联互通方面。前面谈到，对于上下一体化的轨道交通企业来说，如果它们具有对等规模的路网和可供交换的运量，那么互联互通是互利的，这时各方都有比较强的互联互通意愿，因为相互协作可以共同做大“蛋糕”；但如果互联互通的企业在规模方面差别较大，实现互联互通，规模小的企业得到的好处明显大于网络大的企业。

轨道交通产业运行中内外不同部门和不同经济活动之间存在的高度关联性决定了横向联合或者基于核心业务的外部效应的内部化的可能性，这时，新的水平方向的契约关系将被引入。例如，铁路运输与旅游业、旅馆业、餐饮业，城市轨道交通与沿线的房地产业等。轨道交通产业的横向价值链是导致横向一体化存在的主要原因。横向一体化的结构与垂直一体化的结构不同之处在于，前者一般不是发生在同一产业中的多个运营主体之间，由于跨越了一个产业，所以，契约的外在性更明显，它应当是基于市场基础上的契约。这种情况下的治理结构显然是横向一体化的。

即使是轨道交通产业内部的治理结构也可能衍生为完全市场化的契约关系。例如，欧洲国家铁路普遍采取了上下分离的模式，即上部运营部分与下部基础设施部分完全分离为不同的经济主体和组织部门，他们之间完全按市场规则进行交易和结算。

轨道交通产业的组织体系比较复杂，在横向和纵向上都存在着相应的作业链和价值链。由于企业治理结构的不同，可能既有产业内部的纵向契约关系，也有产业间的横向契约关系，原来产业内部非市场化的契约关系由于产业组织结构的变化也会演变为完全市场化的契约关系。

轨道交通产业的作业链、价值链和内部组织系统的高度关联性决定了轨道交通的企业组织往往是庞大和纵向一体化的，企业的组织结构也多是科层的，这也在很大程度上决定了轨道交通产业的市场结构多半是寡占的。为了解决轨道交通产业存在的垄断性，一些国家从组织结构上对轨道交通产业进行改革，如将铁路上部运营和下部基础设施分离，在上部运营部分引入多个竞争主体，以此来增加市场竞争性。

第七节　轨道交通运输的外部性

一、关于外部性

外部性(externality)是指在实际经济活动中，生产者或消费者的活动对其他生产者或消费者带来的非市场性的影响(所谓非市场性，是指这种影响并没有通过市场价格机制反映出来)。这种影响可能是有益的,也可能是有害的。有益的影响称为外部经济性,或正外部性;有害的影响称为外部不经济性或负外部性。按照传统福利经济学的观点来看,外部性是一种经济力量对于另一种经济力量的“非市场性”的附带影响,是经济力量相互作用的结果。

外部性的概念是剑桥学派两位奠基者亨利·西季威克和阿尔弗雷德·马歇尔率先提出的。20 世纪 20 年代,经济学家庇古在其《福利经济学》一书中进一步研究了外部性问题,他提出了“内部不经济”和“外部不经济”的概念,并从社会资源最优配置的角度出发,应用边际分析方法,分析了边际社会净产值和边际私人净产值,形成了庇古的外部性理论。科斯对外部性理论的研究结论与庇古不同,他更多的是从产权的角度分析这一问题,即把外部性问题转变成产权问题。

在经济生活中,外部性是大量存在的。很多时候,一方经济活动的主体在给另一方带来损失或收益的同时,没有承担相应的责任或获得相应的报酬。也就是指那些在决策者(消费者或生产者)的成本和收益之外,并非出于自愿而带给他人额外成本或收益的情况。不少决策或经济活动会使无意介入者意外受惠或受损,如:你若打扫楼梯,你的邻居也跟着沾光;你若在别人的地里放蜂,别人的收成可能因此增加。也有相反的情况:你若在别人的井边打井,别人的井水就不如以前丰沛清澈;你若在高峰时上班,就会增加道路或公交车辆的拥挤度,会影响他人乘车和准点上班,经济学称这种现象为“外部性”。私人决策时付出的成本和得到的收益是私人成本和私人收益,他们分别加上带给他人的额外成本和额外收益就是社会成本和社会收益。当社会收益大于私人收益时,便产生外部经济,当社会成本大于私人成本时便产生外部不经济。

外部性是经常发生的,它的存在会对资源配置产生重要影响。如果一个人(或一个企业)采取的行动能够增进社会福利,然而他自己却不能因此得到相应的收益,那么这个人(或企业)就不会经常采取这种行动以达到从社会角度来看的合适程度。同样,当一个人(或企业)的行动能够使其自身受益而又不需要支付由此带来的额外支出,那么这个人(或企业)就会无所顾忌地进行这种活动以至于这种活动的数量超过社会合理程度。

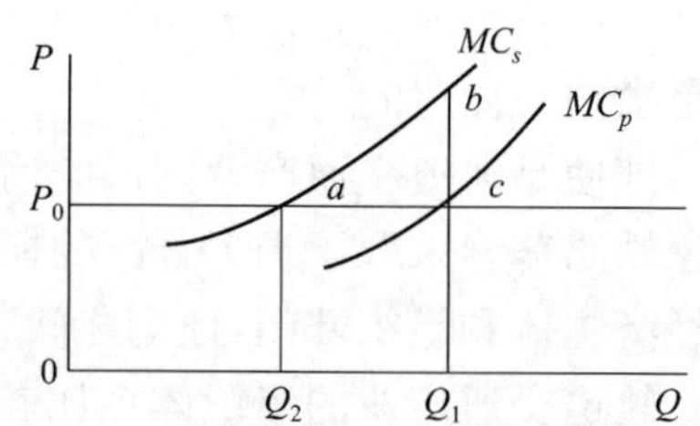

图 2—7　外部性引起的资源配置失当

例如,当存在外部不经济时,私人成本低于社会成本,私人边际成本也就低于社会边际成本。外部性引起的资源配置失当如图 2—7 所示。假定厂商处于完全竞争市场,他作为既定价格的接受者,将等于市场价格的水平直线当作自己的需求曲线和边际收益曲线,他当然按照价格等于私人边际成本($P_0=MC_p$)的原则找到自己的均衡点及均衡产量 Q_1,而实际上社会为 Q_1 数量产品所付出的边际成本为 MC_s。在 Q_1 产量上,社会边际成本高出价格许多(bc 之间距离所示),社会福利由此遭到损失。图 2—7 中 a 点所对应产量 Q_2 才是社会最佳产量,在此产量上真实的边际成本等于价格。可以说,当存在外部性时,市场供给和市场需求将偏离社会最适程度,市场也就不能传递出和接受正常的价格信号,资源配置就不可能达到完全竞争下可能达到的最佳境界。

外部性是伴随着生产或消费活动而产生的,带来或是积极的影响,或是消极的影响。所以,可以把外部性分为生产的正外部性、消费的正外部经济性、生产的负外部性和消费的负外部性等类型。由于轨道交通产业的生产和消费在时间和空间上是同一过程,因而,其外部性在多数情况下可以合并分析。

二、轨道交通运输的外部性含义

迄今为止，交通运输体系在为社会经济发展做出重要贡献的同时，消耗了大量的能源，也产生了极高的外部成本，表现为噪声与空气污染、交通拥挤以及交通事故等，有的还造成水土流失、自然景观破坏和各种动植物的生态平衡被干扰，这样的交通运输体系已经具备了一个不可持续系统的主要特征。建立可持续的交通运输体系是社会经济可持续发展的基础和约束条件。可持续的交通运输体系应当是与可持续发展相融合的，它要求交通运输体系自身的发展是可持续的，同时该体系的负外部效应最小，对社会经济发展的负面影响最小，是资源节约型、环境友好型的体系。由于不同运输方式的外部性具有明显的差异，因而需要通过优化运输结构实现交通运输的可持续发展。

一般来说，可持续的交通运输包含以下几方面含义：

(1)运输系统的供给能力与经济发展的运输需求应相平衡，即可持续运输与可持续发展相一致。

(2)运输的经济与财务可持续性，即运输资源能够得到充分有效的利用。可持续运输条件下的运输系统其运行能保持良好的财务状况，运输资产能够完好地运行，运输财产能够实现保值增值并实现有效和公平的代际转移。

(3)运输的环境与生态可持续性，即运输活动对环境与生态造成的损害能够完全纳入公共或者私人的运输决策框架中，以使运输受益者承担运输外部性所产生的全部成本。

(4)运输的社会可持续性，即运输改善和运输发展的利益应在全社会成员间公平分配。

传统的交通运输发展模式同传统的经济发展模式一样，具有与可持续发展不相协调的地方。交通运输是一个有明显外部性特征的行业，随着经济的发展，交通运输对经济的负面影响(负外部性)越来越显著。我们在认识运输成本的构成时，不仅要考虑交通运输体系的内部成本，而且要考虑它所产生的外部成本。交通运输的可持续发展在很大程度上取决于交通运输内外部成本的共同下降。

轨道交通的外部性是外部性问题在运输活动中的具体化，其核心是运输经营活动对经济社会发展的影响，轨道交通是社会经济发展的基础产业，也是基本物质载体，是社会生产过程的重要组成部分，具有重要的政治、经济和社会意义。轨道交通的正外部性包括：带动沿线地区的经济和社会的发展，包括拉动沿线地区的房地产业发展，促进区域经济、文化等方面交流等。然而，轨道交通在满足人们生产和生活需要的同时，也会给经济和社会发展带来负面影响，如噪声、污染、拥挤、交通事故等，这些都是轨道交通(负)外部性的具体表现。衡量轨道交通的负外部性可以用外部成本这一概念。轨道交通外部成本可分为两个不同的层次：第一层次是运输系统与非再生资源(如环境系统、非再生的人)作用所产生的外部性，如环境污染、交通事故等，轨道交通与环境之间产生的外部不经济是由于轨道交通行业在利用环境资源从事运输服务时，没有考虑它应当对环境的影响进行相应的补偿；第二层次是运输系统内各部分相互作用产生的外部性，如交通拥挤。

三、外部成本的构成与估算

交通运输外部成本是运输经营活动中所产生的环境污染、交通事故、交通拥挤等对社会财富的扣除。在现实的经济系统中，上述运输活动的外部性并没有产生真实的账面扣除。

交通运输(包括轨道交通)的外部成本包括以下几方面：

1. 空气污染

随着交通运输的发展以及汽车(特别是私人小汽车)的急剧增加，交通运输对人类生活和生态环境的危害和影响越来越严重。人们在享受交通运输发展所带来的利益的同时，不得不承受它给人们带来的负面影响。据统计，CO_2的排放主要来自于：工业生产(加热、冷却)、建筑、电力和交通运输。在一些经济发达国家，大约85%的CO_2排放来自交通运输。政府气候变化专家委员会(IPCC)认为，要使全球变暖减小到可以忍受的程度，应当在40～50年内使温室气体(主要是CO_2)排放量削减60%左右，而且此后还要继续削减。但世界能源会议及其他资料来源的预报表明，如果要使合理的需要得到满足，到2020年温室气体排放量将增加50%～70%。此种情况迫使人们必须重视交通运输业的外部成本。

近年的分析表明，欧盟国家各种运输方式的环境成本所占比例明显不同(见图2—8)。

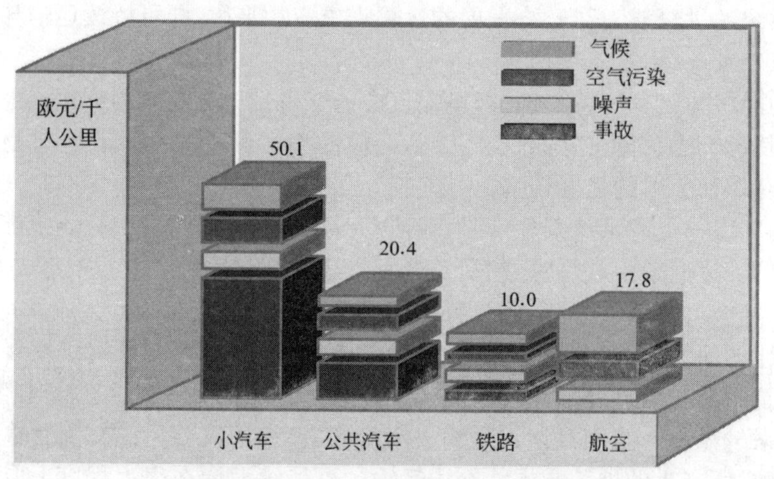

图2—8 不同运输方式外部成本比较

资料来源：《欧盟铁路运输政策》，工作报告，武剑红。

有关研究对我国不同运输方式的空气污染分析见表2—3。

表2—3 各种交通运输方式的污染排放 单位：mg/m^3

交通工具	能源种类	烟尘	SO_2	CO	NO_x	C_nH_m
铁路	煤电	8.02	152.8	0.879	34.7	0.348
	燃料油	2.27	7.56	0.009 5	23.6	0.72
公路	汽油	14.45	5.235	3 000	374.6	591
民航	JP4油	78.15	30	42.03	570.3	14.82

资料来源：张矢宇，《可持续发展与我国交通运输体系结构合理化刍议》，武汉交通科技大学学报1999年12月版。

若以煤电计，烟尘的排放量中，汽车为铁路的1.8倍，飞机为铁路的9.7倍；二氧化硫的排放量中，汽车为铁路的29.2倍，飞机为铁路的5.1倍；一氧化碳排放量中，汽车为铁路的3 413倍，飞机为铁路的47.8倍；氮氧化物排量中，汽车为铁路的10.8倍，飞机为铁路的16.4倍；碳氢化合物排放量中，汽车为铁路的1698.3倍，飞机为铁路的42.6倍。若铁路用燃料油或电力机车采用核能、水能供电，其污染物总体排放量将进一步减少。从总体来说，铁路机车对大气造成的污染远小于汽车和飞机。

2. 交通事故

交通运输带动了现代经济的起飞，促进了现代经济的高速发展，但交通事故也带来很大的经济损失。据统计，在发达国家仅公路运输交通事故的经济损失一般达到其 GDP 的 1.5%～2.5%。

3. 交通噪声

交通运输负外部性的另一个表现是噪声污染。噪声是影响环境的一项重要因素，对城市居民生活能够产生很大影响。

4. 交通拥堵

交通拥挤是交通运输外部性的重要表现，它所造成的外部成本也很高。澳大利亚墨尔本市对公路外部性的统计表明，1995 年在交通运输外部总成本中，由噪声和排放污染物引起的外部成本不到 4%，由交通事故引起的外部成本大约为 30%，而交通拥挤引起的外部成本高达 66%。在拥挤造成的成本中，主要是时间损失，另外还有多次制动和启动造成排污量增加及拥挤造成的交通事故损失等。

不同运输方式的负外部性有所不同（见表 2—4 和表 2—5）。

表 2—4　美国各种交通方式部分外部成本比较

成本项目		航空	公路	铁路	水运	总数
废　气	绝对值（百万美式吨）	0.42	80.96	1.19	1.34	83.91
	比例	0.50%	96.50%	1.40%	1.60%	100%
交通事故死亡人数	绝对值（人）	785	42 301	744	872	44 702
	比例	1.80%	94.60%	1.70%	1.90%	100%
噪　声	音量（dB）	86.7	65	70	—	—
	社会成本（亿）	2.8	33.3	2.1	—	38.2

数据来源：2000—2004 年美国交通统计局数据整理。

表 2—5　英国交通运输方式外部性比较

成本项目		航空	公路	铁路	水运	总数
废　气	绝对值（千 t）	56.5	2 181.7	14.7	69.6	2 322.5
	比例	2.40%	94.00%	0.60%	3.00%	100%
交通事故死亡人数	绝对值（人）	102	3 387	79	128	3 696
	比例	2.80%	91.60%	2.10%	3.50%	100%
噪　声	音量（dB）	80～85	60～70	65～70	—	—
	社会成本百分比	26%	64%	10%	0	100%

数据来源：2002—2004 年英国交通部数据及网上资料整理。

对于城市交通而言，不同运输方式的相关指标如表 2—6 所示：

表 2—6 城市交通工具的技术经济指标比较

交通方式	客位利用率	能耗(Peg)	CO 排放量(g)	VOC 排放量(g)	NO_x 排放量(g)
小汽车	2.25 人	60	27	4.2	1.3
公共汽车	25%	25	1.2	0.25	0.80
地铁和区域快速铁道	21%～25%	19～19.5	0	0	0

注:1. Peg 为汽油克当量;2. VOC 为挥发性有机混合物;3. 小汽车以汽油车为准。

多年来,人们一直试图估算运输业所造成的外部成本,事实上要精确地评估运输活动的外部成本是很困难的。有关研究表明,西欧近年来每年交通运输所产生的(负)外部成本为 2 724 亿欧元左右,其中,公路、航空、铁路、水运等运输方式所产生的外部成本分别占 92.03%、6.02%、1.67%和 0.26%。在外部成本的构成中,交通事故、噪声、气候变化和空气污染分别占 54.37%、13.95%、16.08%和 15.60%。由此可见,在各种运输方式中,公路产生的外部成本最大,其次是航空,铁路和水运比较小;在外部成本类型方面,交通事故所占比重最大,为 54.37%,其他方面所占比重基本相当。

交通运输外部性的评估方法包括:

(1)实际发生法。

(2)替代市场法。即不是用直接的市场价格来衡量环境物品或交通服务的价值,而是用替代物来间接衡量。替代市场法主要有以下三种。

①旅行成本法,用旅行费(时间、金钱)来替代衡量人们对环境物品的价值评价。

②内涵定价法,通过可购买物品(如房产)的内涵价值来评估空气污染或噪声对物品价格的影响。

③防护支出法,用人们为保护自身不受环境损害的影响所支付的费用来衡量环境物品的价值,它是外部成本货币化评估中采用最广泛的方法。

(3)间接方法。即不直接揭示人们对环境产品的偏好,而是通过计算污染及其影响之间的剂量反应关系,然后再测定人们对所产生影响的偏好程度,又称剂量反应法。常见的剂量反应关系的例子有:污染对健康的影响、对金属和建筑物等材料设施的物理侵蚀、对水生生态系统和植被的破坏等。

(4)支付意愿法。它通过向经济行为人询问为消除环境不适而愿意支付的成本(或者是忍受某种不适对一定补偿数额的接受意愿),从而获取对环境不适的经济评价。意愿调查法分为两类:直接询问支付意愿或接受补偿的意愿;询问支付或接受意愿的商品或劳务的需求量,并从询问结果推断支付意愿。

计算方法:对交通释放出来的污染物进行统计,调查人们对污染影响的反应,以及污染所造成的人们健康损害的基本情况,采用支付意愿法,对污染所造成的损害进行量化分析。研究污染引起疾病治疗费用的数据,最终得到交通污染的外部成本,对其在不同运输方式间分配和平均计算,得到各种运输方式污染的单位外部成本。

交通拥堵的边际外部费用计算:

$$MPC = a + \frac{b}{s} \tag{2—14}$$

式中 MPC——某个公路用户驾车每多行驶 1 km 形成所能预见到的额外费用;

a——行驶每公里的固定费用；

b——乘车人的单位时间价值；

s——行驶速度。

尾气排放是交通运输对环境污染的一个重要方面。

计算尾气排放可以参照下式：

某种污染物排放＝1 km 燃料耗量×(单位燃料燃烧的该种污染物排放量＋生产单位燃料所导致的该种污染物排放量)

运输业在一定时间内完成的运输量与一定区域内的经济发展水平和人口等密切相关，同时交通运输业是能源消耗的重要产业。交通运输活动对一定时间、空间范围的碳排放量有着很大影响。见下式：

$$CO_2 \text{ 排放量}=\text{人口}\times\text{人均 GDP}\times\text{能源消费强度}\times\text{碳排放系数}$$

式中　碳排放系数——每一种能源燃烧或使用过程中单位能源所产生的碳排放数量。

碳排放率指标见下式：

$$CO_2 \text{ 排放变化率}=\text{人口变化率}+\text{人均 GDP 变化率}+\text{能源强度变化率}+\text{碳排放因子变化率}$$

可见，在人口变化率不变且保持一定经济增长速度的前提下，要降低碳排放增长率，就要降低能源消费强度(即提高能源效率)和改变能源消费结构，从交通运输业角度看，应当大力推广能源使用效率高和清洁能源的交通运输工具。

归纳起来看，交通运输外部性影响的空间范围包括：地区级、国家级、全球级。

交通运输外部性的具体评估方法有：实际发生法、物理(或生化)转换法、防护行为法、价值影响法、旅行成本法、表述性偏好法。

可以看出，交通运输是外部性比较明显的一个行业，负外部性是对交通运输在社会经济发展贡献的一个扣除。轨道交通的负外部性要小于一些运输方式，所以应当发挥轨道交通在这方面的优势。

四、外部成本的内部化

交通运输即使存在某些外部效益，但从长远的观点看，这些外部效益也是十分有限的，原因很简单，因为人们都有一种趋利的积极性，会以某一种方式将外部效益内部化。例如，在有关审美的例子中，如果有足够多的人喜欢看飞机的起飞和降落，只要技术上允许，飞机场将开辟一块观看起飞和降落的地方，向前来观看的旅客征收入场费。但人们对负的外部性内部化的积极性就要小得多，因此必须重点研究这个问题。

解决交通运输外部性的办法是将其内部化。外部性内部化的目标是使资源得到有效利用：在可行的情况下，将全部社会成本施加给造成外部性的人，使经济与环境资源的利用更有效率。应当制定政策促使业主开发新的替代能源和提高运输能源的利用率等运输技术的创新，或者使用户转移到污染更少的运输方式上。严格地说，外部性内部化只有在对资源的产权确定的情况下才会实现，如在拥挤问题上对道路空间确定产权。科斯在《社会成本问题》一文中指出，在不存在交易成本的条件下，不管产权的初始界定如何，产生外部效应和受外部效应影响的主体之间通过产权交易，总可以使资源达到最优利用。但是对环境资源使用和监测困难，以及监测过程需产生大量交易成本，使这一方案难以实现。如在交通拥挤上应用纯粹的内部化策略时就会发生这样的情况，每一位驾车者在遇到另一位驾车者时都会引发一次讨价还价行为,以决定谁让谁优先通过。

现实中用于解决交通运输外部性的办法有很多,如美国采用铅许可证交易以减少汽油中铅的含量是一个典型的例子。美国政府规定了精炼厂每年达到的含铅标准,并允许他们之间进行交易以使铅的排放量达到最优。如果精炼厂在一年中的任何时间能够以超过规定的标准进行削减,那么他们可以储存这些信用卖给其他精炼厂。有报告记录了在计划实施内发展的有活力的铅许可证市场和显著的成本节约。还可以设想这样的情况:因为汽车排放废气,生产厂商将为每一辆汽车购买排放许可权,然后将这一许可权转卖给汽车买主,如果生产厂商在他的汽车上安置净化环境的装置,他就可以购买便宜些的许可权。另一方面,如果汽车的买主自己在汽车上安装保护环境的技术设备,他也可以将昂贵的许可权卖掉,买回便宜的许可权。因此,为汽车排放尾气建立许可权而不是制定限制排污标准的优越性在于,它能在汽车厂商和使用者两方面都产生激励作用。此外还有新加坡应用的旨在控制交通拥挤的区域执照制度,以及在许多国家尤其是欧洲国家采用的旨在降低含铅汽油使用的税收差异方法。另外,政府需用交通法规来解决交通事故的外部性问题。表 2—7 列出了控制交通运输外部性可以采用的方法。

表 2—7　交通运输外部成本内部化的政策选择

成本项目	基于市场的刺激手段		行政命令手段	
	直接的	间接的	直接的	间接的
汽车	* 排污费	* 可交易的许可证 * 汽车的税收差异 * 对新汽车的税收、津贴		* 排放控制系统的强制性检查与维修 * 低污染汽车的强制性使用 * 对旧汽车的强制性报废
燃料		* 燃料的税收差异 * 高额燃料税收	* 燃料成分 * 逐步淘汰高污染燃料	* 燃料的经济标准
交通		* 拥挤收费 * 停车费 * 对低污染交通方式的补贴	* 交通的路障约束 * 限定路线	* 汽车使用约束 * 公共汽车车道优先

五、交通建设项目的次生环境影响评价

(一)关于环境

环境是针对主体而言的,人类赖以生存的环境包括自然环境和社会环境两大部分。

1. 自然环境

自然环境按其是否受到人类活动影响可分为两个层次:一是原生环境,二是次生环境。

(1)原生环境。原生环境指天然形成,并且基本上未受人为活动影响的自然环境,也称为第一环境。原生环境既包含对人类有用的自然资源,如土地、森林、矿产、水、大气、生物、植物等,也包含对人类不利的自然灾害,如地震、火山爆发、洪水、泥石流、海啸等。这类自然灾害问题是由自然力引起的,就是通常所说的原生环境问题或第一环境问题。

(2)次生环境。人类不仅能适应自然环境,而且还能开发利用自然资源,改造自然环境,使环境更加适合于人类生存。在开发改造自然环境的过程中,有时也会出现不利于人类生存的环境状况。总的来说,次生环境是指被人类活动改变或污染的自然环境,也称为第二环境。如

城市上空被污染的大气，城市周围被污染的水域和水体，城市郊区被污染的土壤（农业用地等），城区内部被破坏的林木、花木、草地或被绿化的土地等。

2. 社会环境

社会环境指由政治、经济、文化等各种社会因素所构成的人与人之间关系的总体。社会环境是人类活动的产物，是人类通过有意识的长期的劳动、加工改造了自然物质，创造了物质生产体系，积累了物质文化，产生了精神文化的综合体。它一方面是人类精神文明和物质文明发展的标志，另一方面又随着人类文明的演进而不断地得以丰富和发展。

可以说，社会环境包括了除自然环境以外的众多内容，如对自然条件的开发利用、基础设施、社会结构、经济发展、文化宗教、医疗教育、生活条件、文物古迹、旅游景观、环境美学和环境经济等众多内容。

社会环境作为人类生存环境的中心层次，不仅其质量的好坏直接影响到人类的切身利益、地区的稳定发展和国家的长治久安，而且其状况、变化趋势也影响到人与自然环境联系的方式和趋向。

（二）次生环境影响评价

1979年中国第一次颁布《中华人民共和国环境保护法（试行）》，其中规定扩建、改建、新建工程必须提出环境影响报告书，从此中国正式实施环境影响评价制度。1989年颁布的《中华人民共和国环境保护法》第十三条规定："建设污染环境的项目，必须遵守国家有关建设项目环境保护管理的规定。"该法还规定："建设项目的环境影响报告书，必须对建设项目产生的污染和对环境的影响作出评价，规定防治措施，经项目主管部门预审并依照规定的程序报环境保护行政主管部门批准。环境影响报告书经批准后，计划部门方可批准建设项目设计任务书。"

次生环境影响评价是指对拟议中的建设项目在实施后产生的次生环境影响进行的系统性识别、预测和评估。其目的是鼓励在交通建设项目规划和决策中考虑次生环境因素，最终达到更具环境相容性的人类活动。

1. 次生环境影响评价的特点

（1）总体属于间接影响评价类型。次生环境影响是一种继发性的影响，对自然环境来说，是间接的或诱发性的改变。因此，次生环境影响评价总体上属于间接影响评价类型。

（2）进行定量分析的难度大。建设项目本身产生的对环境的直接影响，已有较为规范的分析和评价方法。但次生环境影响评价要考虑由于交通建设项目的实施而诱发的社会、经济影响，在此基础上再考虑这部分社会、经济影响对相关区域自然环境的影响。而要确定这部分社会、经济效果和计算社会经济效益是很困难的，进行定量分析的难度较大。

（3）影响因素多。因为次生环境影响评价要考虑由于交通建设项目的实施而诱发的社会、经济影响，而影响社会、经济效果的影响因素很多。从理论上说，应该综合一切有关要素进行分析评价，但这样做是非常困难的，也是不切实际的。在进行次生环境影响评价时，需要针对具体的项目以及项目所在区域的社会经济状况，判断、筛选主要的、合适的、有代表性的影响因素进行分析。

2. 次生环境评价的空间范围

次生环境影响评价的空间范围与建设项目的规模、等级和标准等有关，可由目标人口来确定。凡属目标人口的范畴，都可以划为次生环境影响评价的范围。目标人口是指受拟建项目直接或间接影响的那部分人口，目标人口所在的社会范围即为次生环境影响评价的空间范围。

(1)直接影响区。直接影响区是指交通建设项目所经过的行政区域,如省、市、地区、县、乡镇等,这与建设项目可行性研究报告中所规定的直接影响区范围一致。

(2)交通建设项目沿线范围。交通建设项目沿线范围是指拟建交通建设项目两侧一定范围内的区域。交通建设项目两侧一定范围内的带状区域不仅是自然环境直接影响评价所取定的主要评价范围,也是次生环境影响评价的主要范围。由于交通项目建成后,必然会对沿线的经济布局、农林发展、资源开发、劳动就业、民众生活等产生一定的影响,这些影响直接影响着当地经济和社会发展,影响着当地的自然环境状况,范围涉及面很宽。

(3)间接影响区。间接影响区是指与直接影响区接壤的行政区域。对于建设项目,由于其在很大区域内对社会经济具有重要影响,有时需要分析它对间接影响区的影响。

3. 次生环境评价的时间范围及评价方法

次生环境影响评价不同于普通的环境影响评价。交通项目建设所诱发的相关区域社会经济发展的效果,并不能很快显现出来。一般说来,它带来的影响是比较长远的。因此,次生环境影响评价的时间边界,应延伸至未来尽可能长的一段时间。

次生环境影响评价实际上包括社会经济环境评价和自然环境评价两个互相关联的部分。因此,从指标的设置上看,次生环境影响评价指标体系应包括自然环境指标体系和社会经济环境指标体系两大部分。我们尽量让所选择的社会经济指标,与交通项目的建设和次生环境影响都有一定的关联,既能反映交通项目建设所引发的社会经济发展,又和次生环境影响有关一定的联系。在这里,交通项目建设是因,对次生环境的影响是果,社会经济发展水平是它们之间的联系纽带。次生环境质量评价指标如图 2—9 所示。

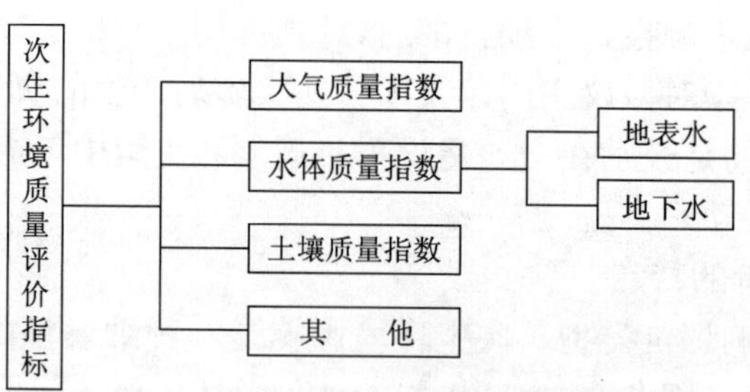

图 2—9　次生环境质量评价指标

交通建设项目的显著特点就是它是一个点线结合、以线为主的线型工程,它往往跨越几个省、市、地区,沿途经过许多城市,穿越广袤的农村地区。因为城市的社会结构、经济发展等与农村地区有所不同,一般将社会经济环境的指标体系分为城市型和农村型,以便于次生环境影响评价工作的开展。

在次生环境评价指标体系中,不论是自然环境指标体系,还是社会经济环境指标体系,对于入选的各项指标,由于它们单位的不同,不能直接相加和综合。对于次生环境影响评价来说,需要给出一个有代表性的、综合性的数值来表示次生环境的影响程度。我们知道,指数之间是可以相加的,综合指数法可以将这些不同质的指标转化成可以相加和综合的指数。

首先定义单因子指数为:

$$P_i = \frac{C_i}{S_i} \tag{2—15}$$

式中　P_i——单因子环境质量指数;

C_i——第 i 种环境因子的实测值(或预测值);

S_i——第 i 种环境因子的环境质量评价标准。

P_i 的值越大,就表示该项环境因子在实际情况中的环境质量越差。当 $P_i<1$ 时为符合标准;$P_i=1$ 时为临界状态;$P_i>1$ 时为超标。

单因子环境质量指数只代表了一种环境因子的环境质量状况,不能反映环境质量的全貌,但它是综合环境指数的基础。

综合指数法就是在各单项环境因子的评价已经完成的基础上,将各项因子综合成一个综合指数的方法。综合过程可以分层次进行,如先综合得出大气环境质量分指数、水体环境质量分指数等等,然后再综合得出总的环境质量综合指数。这些指数可以说明环境质量与评价标准之间的关系。综合指数一般分为两种:

(1)直接加和式环境质量(分)指数

$$P=\sum_{i=1}^{n}P_i \tag{2—16}$$

式中 P——环境质量综合指数;

n——参与环境质量综合指数综合计算所涉及的评价因子的数目。

(2)加权加和式环境质量(分)指数

$$P=\sum_{i=1}^{n}W_iP_i/\sum_{i=1}^{n}W_i \tag{2—17}$$

式中 W_i——各单因子评价指数对应的权重。

次生环境现状质量不是交通建设项目建设之间的自然环境质量,而是建设项目直接环境影响报告书中所预测的交通建设项目运营以后的环境质量状况,包含了建设和运营对自然环境的影响。

因此,次生环境质量的现状评价可以以直接环境影响报告书中的相关数据为基础,按照次生环境质量评价指标体系中所列的各项指标,采用直接加和式综合指数法进行计算,得出次生环境质量现状指数:

$$P_{现}=P_{大气}+P_{水}+P_{土壤}+P_{其他} \tag{2—18}$$

对于社会经济环境质量评价指标体系中各个一级指标和二级指标权数的确定,可以采取经验判定和专家意见相结合的方法。为了简便起见,假定各个指标的权数相同。在实际工作中,如果各个指标的重要程度有明显差异,可重新确定其权数。

六、建立可持续的交通运输体系

交通运输是经济发展不可或缺的经济变量,要研究运输与经济发展的相互关系就不可避免地要涉及运输与可持续发展的问题。运输发展是经济可持续发展的重要组成部分,也是影响社会经济可持续发展的重要变量。

人类社会现有运输体系在为社会经济发展做出重大贡献的同时,也产生了极高的外部成本,已经具备了一个不可持续系统的主要特征;建立可持续的交通运输体系应当全面考虑运输活动的效应,特别是它的外部性。不考虑运输的外部效应就会造成运输资源配置的扭曲,影响运输系统的可持续发展,影响整个社会经济的可持续发展。

解决交通运输外部性的办法,一是将其内部化,另外一个就是大力发展轨道交通运输。外部性内部化的目标是使资源得到有效利用,在可行的情况下,将全部社会成本施加给造成外部性的人,使经济与环境资源的利用更有效率。应当制定政策促使业主开发新的替代能源和提高运输能源的利用率等运输技术的创新,或者使用户转移到污染更少的运输方式上。然而就交通运输来说,外部性的内部化受到很多因素的影响,其政策的制定和实施在很多地方、很多时候难以实现。比较而言,发展轨道交通既符合可持续发展的要求,也不影响私人运输(小汽车拥有者)的利益,符合帕累托最优原则,是未来交通运输体系的最优选择。

在各种运输方式中,轨道交通消耗的能源以及对环境影响较小,建立可持续的交通运输体系应当以轨道交通运输为主,充分发挥轨道交通运输的优势,建立以轨道交通为骨干的陆路交通运输体系。

第八节　轨道交通运输的服务性

一、关于运输服务

轨道交通运输企业提供的运输产品是旅客和货物的位移,其本质是一种服务。对于运输业来说,能否提供优质的服务是影响其生存和发展的重要因素。

(1)关于服务的研究最早源于经济学领域。经济学家萨伊认为,凡是存在效用且能使乘客得到满足的活动,如医师给病人治病等服务都是生产性的。20 世纪 30 年代,英国经济学家费希尔在《安全与进步的冲突》一书中提出了“第三产业”的概念,这以后,人们开始对第三产业的行为和活动,特别是服务行为和活动给予高度关注。在产业划分中,交通运输属于第三产业,即属于服务业范畴。

(2)一些学者还对服务业作了进一步分析,如著名学者富特(Foote)和海堤(Hatte)将服务产业做了如下划分:

①三级产业(tertiary industry)。包括餐厅、旅馆、美容院、洗衣店、房屋维修、家庭式经营服务业等。

②四级产业(quarternary industry)。包括交通运输、通讯、金融和行政管理等。

③五级产业(quinary industry)。包括保健、教育和娱乐业等。

(3)另外还有一些划分方法,例如惠特曼(Whiteman)把服务业划分为:

①交通运输,包括轨道交通、公路、航空和水运(惠特曼所指仅是公共交通运输,不包括社会各部门、各企业的自用车辆运输);

②通信,包括邮政和电话服务;

③银行、保险和其他咨询服务;

④分销业,包括零售和批发;

⑤专业服务,如教育、保健等。

无论如何划分,交通运输产业的服务特性都是明显的。交通运输业所提供的产品本质是服务,从经济学角度看,也是一种劳务,即不以实物形式而是以提供活劳动的形式满足他人某种特殊需要的活动。

(4)很多产业都是提供服务的,服务之间也存在差别:

①按服务者与被服务者之间的接触程度,可将服务分为三大类,即高接触性服务、中接触性服务和低接触性服务。

所谓高接触性服务是指服务品乘客在服务活动中参与其中全部或大部分活动及过程，交通运输中的旅客运输是典型的高接触性服务行业。

中接触性服务是指乘客部分地或在局部时间内参与服务活动过程，如银行、律师等提供的服务。货物运输只是在承运和到站后交付时服务者与被服务者发生接触，所以属于中等程度的接触性服务。

低接触性服务是指乘客与服务提供者接触较少，他们的接触大部分要借助于特定的仪器设备，如邮电部门提供的服务。

②按提供的方式和手段，可以将服务划分为借助于机器设备（如自动售货机、自动取币机）和借助于专业人员（如咨询服务、会计服务）及二者兼顾三种类型的服务。

③根据提供服务时服务者与被服务者的空间关系，可分为乘客必临现场和非必临现场两种服务。旅客运输属于前者，而货物运输则属于后者。

④根据服务活动的特征，可划分为作用于人的服务（如旅客运输、理发等）和作用于物的运输（如货物运输等）。

二、乘客价值

理论研究以及实际经验证明，乘客是按照价值最大化的原则对运输企业及其所提供的产品进行选择的。在一定的知识水平和信息范围内，乘客在出行时通常要对其个人成本和收入进行衡量，他们是效用最大化的追求者。在他们对运输产品的选择中，首先会形成一种价值期望并按此期望值去行动。

乘客价值是一个综合性概念，要分析乘客价值，首先要了解乘客让渡价值的概念。所谓乘客让渡价值是指整体乘客价值与整体乘客成本之间的差额部分。那么，什么又是整体乘客价值和整体乘客成本呢？

所谓整体乘客价值是指乘客从运输产品和服务中所期望得到的所有利益。乘客成本是乘客在出行活动中所支付的货币成本、时间成本、体力成本和精神成本之和，也即乘客在出行活动中所付出的不仅是货币，同时还包括获得它所付出的体力和精力。

三、运输企业的乘客价值

对乘客来说，其得到的让渡价值如图 2—10 所示。

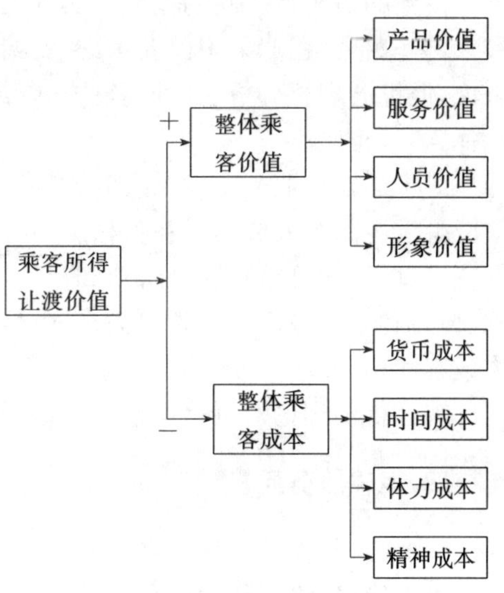

图 2—10　乘客所得让渡价值

由图 2—10 可以看到，乘客是否出行，或者选择哪种运输方式（或运输企业）出行，取决于他能得到的让渡价值的多少，乘客最终的选择会倾向能提供最大让渡价值的运输方式（或运输企业）。计算乘客所得让渡价值的方法如下：

乘客所得让渡价值＝整体乘客价值－整体乘客成本

1. 整体乘客价值包括：

(1)运输产品价值。这是乘客能够得到的核心利益，即旅客和货物的空间位移。

(2)运输服务价值。乘客在运输活动中自始至终能够得到的各项服务。

(3)运输企业人员价值。运输业是高接触性服务行业，运输企业人员的知识水平、工作责任感等能够使乘客从很多方面享受到利益，然而这种利益的大小取决于不同企业的人员价值。

(4)运输企业形象价值。良好的企业形象既是企业的财富，同时也会给它的乘客带来很多相关利益。从这个角度看，乘客更愿意选择形象好的运输企业。

2. 整体乘客成本包括：

(1)货币成本。选择不同的运输产品，乘客支付的货币成本有所不同。如轨道交通、民航、公路、水运等运价不同，对于乘客个人来说，需要支付的费用不同。货币成本的大小在很大程度上影响甚至决定乘客的出行决策。

(2)时间成本。每一项出行活动都需要付出时间。随着社会经济的发展，人们的时间价值在自然而然地提高，所以，一项出行活动如果支付时间太多，无疑就增加了乘客的成本支出。

例如，轨道交通运输在很多时候都是短缺的，在这种情况下，乘客为购买到车票(货运方面则是货主为申请到车皮)不得不把大量时间花费在与此相关的活动上，而很多行为以及花费的时间可能都是无用的。

(3)体力成本。与时间成本相似，出行活动也需要体力支出，亚当·斯密称之为"辛苦"。运输能力越是紧张，对于乘客来说，在相关环节支出的体力可能就越大。

(4)精神成本。出行行为不仅花费时间、体力，同时花费精力。从一定意义上讲，这三者是相互关联的。所以，对于乘客来说，它的成本支出可以分为两部分：一部分是货币成本，一部分是时间、体力和精神成本。对于很多人来说，在一些情况下，后者对出行的影响可能更大。

3. 乘客所得让渡价值

从上面分析可以看到，企业让渡给乘客的价值实际上是整体乘客价值与整体乘客成本之间的差额。所以，对于乘客来说，单独拿出哪一部分都不是利益最大化的最终表现，决定乘客最终得到的是两者之间的差额。实际上，改变其中任何一部分，都会改变乘客所得让渡价值。那么，运输企业在竞争中就要考虑，要给乘客以多大的让渡价值以刺激更多的需求。作为乘客来说，他也会理智分析，哪种运输方式(或哪个运输企业)能够给他更多的让渡价值，从而作出选择。

对于运输企业来说，在增加其产品价值、服务价值、人员价值、企业形象价值的同时，要尽量减少乘客的个人成本。在价格水平一定的情况下，要通过减少乘客在时间、体力和精神方面的支出，增加让渡给乘客的价值和福利，从而提高运输企业的竞争力。一些情况下乘客对于时间、体力和精神方面的节省更为重视，他们甚至愿意增加一定的货币支出来换取时间成本、体力成本和精神成本的节约。

乘客价值理论对货物运输同样适用，只不过主体由乘客转变为货主。

四、运输服务质量

1. 服务质量

可以说，运输业的性质和特征决定了运输服务质量的重要性。相对有形产品的质量来说，运输业提供的无形的服务产品质量的界定似乎更为困难，因为服务产品从实体性上不可以被感知，所以一般很难制定明确的可测量的指标对其进行检测，同一种服务即使由同一个人提供，不同的人可能也会有不同的感受，而这个人在不同时间、场合其服务水准可能存在很大差异，即由于服务的提供主体是人而不是机器，所以其提供的服务不可能永远一致。由此，对服务质量的确定首先要从感知角度出发。可以说，服务质量是一种衡量服务水平能够满足乘客期望程度的工具。

服务质量是一个主观范畴，它取决于乘客对服务质量的预期同他真实感知到的服务水平的对比。

服务质量的测度可以从技术和职能两个方面进行。运输企业向乘客提供服务的技术手段和技术设备是它的技术服务质量，如轨道交通机车车辆类型、线路类型、运输速度等。而乘客在与运输部门人员接触中所得到的服务则是它的职能服务质量。显然，职能服务质量更多地取决于乘客的主观感受。

2. 服务质量的测度

通常情况下，运输服务水平和服务质量决定于以下几方面要素：

(1)可靠性。这是指企业能够完全、准确地履行预先承诺服务的能力。对于运输企业来说，“可靠性”是其服务的最基本内容，在服务过程中，最令乘客接受不了的莫过于企业失信。运输的正点率，货物按时、完好地送达目的地，都是可靠性的具体表现。轨道交通的货主在很多情况下都不知道自己的货物何时能送达目的地，这是可靠性不够的表现，也是货主感到失望的重要原因。

(2)迅速反应性。这是企业随时准备为乘客提供快捷、有效的服务。运输企业对于乘客的各种要求能否及时满足，既表明企业的服务导向(即是否把乘客的利益放在第一位)，同时也反映企业服务的传递效率。

(3)可信性。这是运输企业工作人员的礼仪以及对工作的胜任能力。可信性好的企业能提高乘客对企业服务质量的信心和信任。工作人员态度不好或仪表不整会使乘客感到不快，如果他们对专业知识又懂得太少，自然会使乘客大失所望。

(4)移情性。这是指企业对乘客要关注和真情关心，了解他们的实际需要，并给予满足，使运输服务具有“人情味”。

(5)有形性。这是指运输产品的“有形部分”，如各种设施、设备以及工作人员的服装、仪表等。运输产品是“位移”，而不是实物，乘客通常只能借助这些有形的、可感知的部分来把握服务的实质，感受服务的质量。例如，宽敞、整洁、明亮的候车(机)大厅会给乘客一个良好的初始印象，提高乘客对服务质量的良好感知。

思　考　题

1. 轨道交通产业的特征是什么？
2. 综述不同经济学家关于自然垄断的理论或观点。
3. 什么是规模经济和范围经济？
4. 如何理解和认识垄断对效率的影响？
5. 分析轨道交通产业的外部性。
6. 分析运输企业的乘客价值。

第三章 铁路的意义、规模与管理体制

第一节 铁路的产生与发展

1825年,英国在斯托克顿至达林顿之间修建了世界上第一条铁路,从而揭开了铁路运输发展的历史,同时,也标志着铁路运输时代的到来。实际上,在这条铁路开通以前,铁路就已经出现,不过它不是用蒸汽机车牵引,而是使用骡马拖拽。在蒸汽机车发明之前,这种铁路也曾是陆路运输的一种改善,因为它利用了一个重要的机械原理,就是有轮车辆运行于平滑的轨道上,其阻力会大大减小。当利用蒸汽机车牵引车辆在轨道上运行的技术出现后,铁路运输在技术上产生了一个质的飞跃。

铁路运输产生以前,陆路运输的艰辛以及高昂的运费是它最突出的特征,这在很大程度上制约了没有天然水域的地区与其他地区的商品交易和文化交流。铁路运输出现之后,其运量大、速度快、成本低的特点明显地表现出来,修建铁路能够大大提高客货运量,降低运输成本,给商人带来巨大利润,于是修建铁路就几乎成为资本主义发达国家的头等大事。在世界上第一条铁路在英国出现后不到5年的时间里,法国、美国相继开通了本国的第一条铁路,随后德国、比利时、加拿大、日本等国也纷纷建起本国的铁路。

铁路的使用是人类在运输技术史上的一次突破和飞跃,它大大增强了人类克服空间障碍的能力。各国在铁路建成投入使用以后不久,就为它的高效率、低成本所强烈吸引,于是纷纷加大了发展铁路的力度。目前,全世界117个国家和地区拥有铁路约120余万km。它们分布在各洲的比例大约为:美洲36.8%,欧洲34.2%,亚洲17.5%,非洲7.5%,大洋洲4.0%。

一、美国

美国是资本主义发达国家的后来者,从一定意义上说,正是铁路运输的快速发展才促进了美国综合国力的后来居上。美国1830年开通了国内第一条铁路,当时只有35.4 km,到1900年铁路里程已经达到311 152 km,在短短的70年里,铁路运营里程增加约8 790倍。铁路的建设与发展极大地方便了人们的出行,加强了商业交往和贸易往来,促进了经济的发展。在铁路快速发展的19世纪60年代,美国出现了历史上第一次经济高涨期,其工业总产值比1810年增长了39倍,国内生产总值(GDP)比1830年增加了5倍。这一结果在很大程度上应归功于铁路的增长。在美国铁路的发展中,联邦政府给予了极大的支持和援助,如无偿赠送土地,将大量贷款用于修建铁路,允许铁路公司出售债券和股票等。大规模的铁路建设极大地促进了冶金、采煤、机器制造等行业的发展,促进了农业生产的增长,从而带动了经济的全面发展。1900年,美国出现了第二次经济高涨期,其工农业产值增长率超过了历史上的任何一个时期,煤、铁产量分别比1830年高出306倍和82倍,钢产量是1860年的1 035倍。在1860—1900年的40年间,美国铁路营业里程由近5万km增加到31万多km,1916年美国铁路的营业里程达到历史最高点——超过40万km(见图3—1)。由铁路发展而带动起来的钢铁、煤炭、机器制造、电器等行业在此时都已跃居世界首位。可以说，铁路建设是带动19世纪美国经济发展的重心。

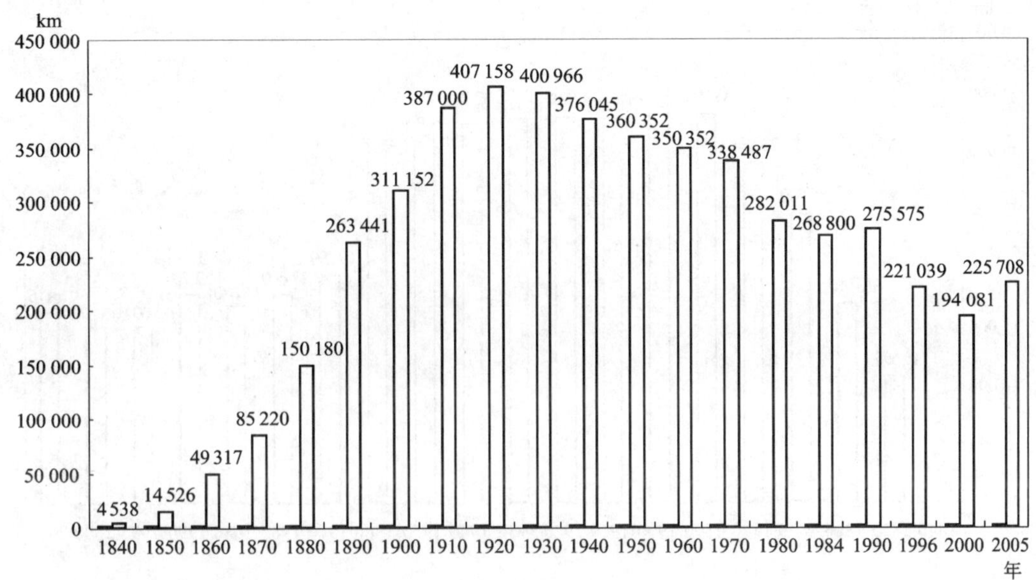

图 3—1 美国铁路里程变化图

数据来源：1. 美国交通统计局 Bureau of Transportation Statistics，网址：http://www.bts.gov。

2. 联合国统计司，网址：http://unstats.un.org/unsd/default.htm。

美国铁路的建设几乎是完全的市场化行为，没有政府干预，也没有一个全国统一的铁路发展规划，这导致历史上美国铁路修建中很大程度上出现了"无政府"状态。私人资本在他们认为市场前景乐观的地方大量修建铁路，很多铁路是具有相同起讫点的平行线路。在技术、服务内容没有差别的平行线路间，不同铁路公司的竞争是显而易见的。在运输市场不景气的时候，有些竞争甚至是"毁灭性"的。在20世纪30年代后，由于其他运输方式的快速发展以及铁路历史上的过度膨胀，导致很多铁路运量不足，不得不通过降价吸引客户，最严重的时候将运价降到了变动成本以下。其他运输方式的快速发展以及铁路自身的一些原因导致铁路运营里程规模在后来的几十年中不断下降，2000年以后开始趋稳并略有回升。

二、英国

英国是最早出现铁路的国家，从1840年到1900年的60年间是英国铁路的快速发展时期，铁路营业里程由1 350 km增加到35 165 km，增加约26倍（见图3—2）。铁路在速度、运量、成本等方面的技术经济优势使英国的内河航运失去了往日的光彩，铁路在运输市场中的"霸主"地位很快确立。铁路的发展极大地带动了其他行业和经济的发展，1840年英国煤产量为3 600万t，铁的产量为142万t，到1900年，煤产量达到22 880万t，而铁的产量则达到910万t；国内生产总值1840年为353亿美元，到1900年达到1 435亿美元。

英国铁路在20世纪初以后就开始有所减少，20世纪60年代以后尤其明显。不过，包括英国在内的一些发达国家很快重新意识到铁路在综合运输体系中的地位以及它对经济和社会发展的重要作用，于是开始采取相关政策鼓励铁路的发展。20 世纪 80 年代以后英国铁路基本上保持大体稳定的水平。

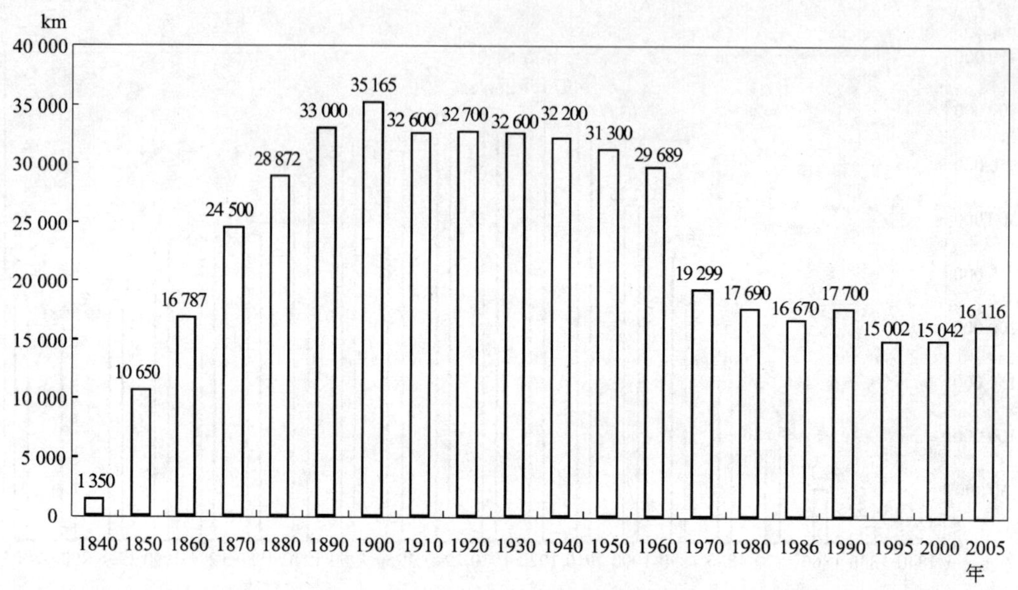

图 3—2　英国铁路里程变化图

数据来源：1. 英国国家统计局网站 national statistics，网址：http://www. statistics. gov. uk/。

2. 联合国统计司，网址：http://unstats. un. org/unsd/default. htm。

三、德国

德国是后起的经济发达国家，在 19 世纪 30 年代，当英国的工业革命即将完成的时候，德国的工业革命才刚刚开始。然而，经过 19 世纪后期的迅速发展，德国工业很快赶上了法国和英国成为欧洲的头号工业强国。与 1870 年相比，德国 1900 年煤、炼铁、钢的产量分别增加了 4. 4 倍、6. 1 倍和 39 倍，国内生产总值(GDP)则比 1870 年增加 2. 2 倍。德国在 19 世纪的最后 30 年，出现了全境范围内的筑路高潮，铁路里程由 1870 年的 19 575 km 增加到 1900 年的 49 878 km，净增了 3 万多 km(见图 3—3)。铁路的发展得益于工业快速发展所引发的巨大运输需求，同时，铁路的快速发展也为工业和整个经济发展提供了必要的运输保证。

德国目前的铁路里程相比高峰时期也有减少，这和其他经济发达国家情况相似。不过近些年德国和其他欧洲国家一样开始高度关注发挥铁路在综合交通运输体系中的作用。铁路部门不断研究和实施新的运营组织模式，提高铁路的效率和市场占有率。

四、法国、俄国、日本等

在 19 世纪下半叶的几十年当中，法国铁路也有了迅速的发展。1870 年，法国铁路营业里程约为 1. 6 万 km，到 1937 年，铁路营业里程已达 4. 2 万多 km(见图 3—4)。

在这一时期，俄国、日本等国也都加紧了铁路建设的步伐。俄国是 1837 年才有了第一条铁路，但到 1870 年，铁路里程已达 6 400 km，到 1900 年则猛增到 5. 3 万 km。日本建设铁路的历史更晚，1872 年日本开通第一条铁路，1900 年铁路里程也已增加到 6 000 km。

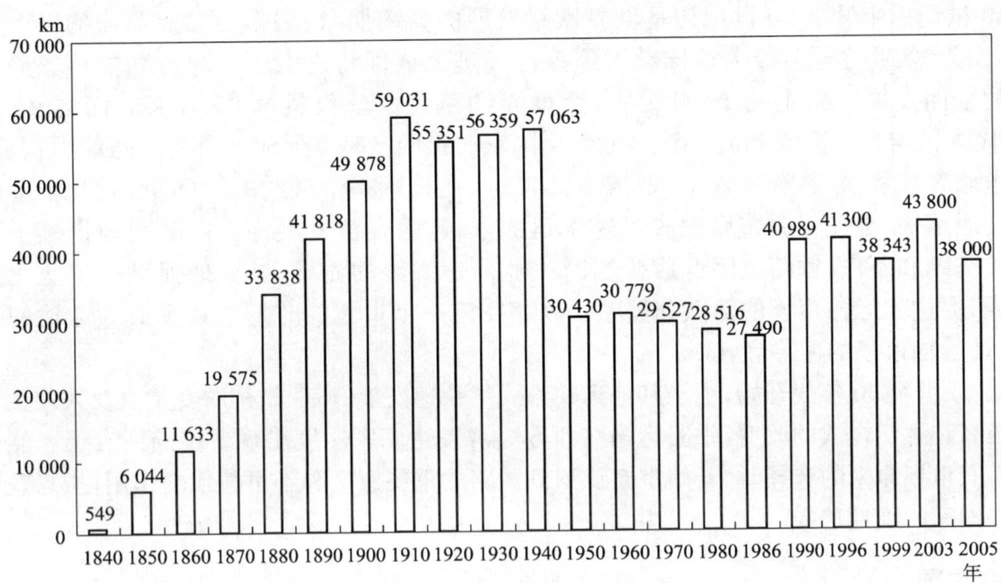

图 3—3　德国铁路里程变化图

数据来源：1. 德国国家统计局网站，Federal Statistical Office Germany，网址：http://www.destatis.de/e_home.htm。

2. statistical offices of the Länder，网址：http://www.statistik-portal.de/Statistik-Portal/en/home.asp。

3. 联合国统计司，网址：http://unstats.un.org/unsd/default.htm。

注：1950—1986 年为原联邦德国铁路数据。

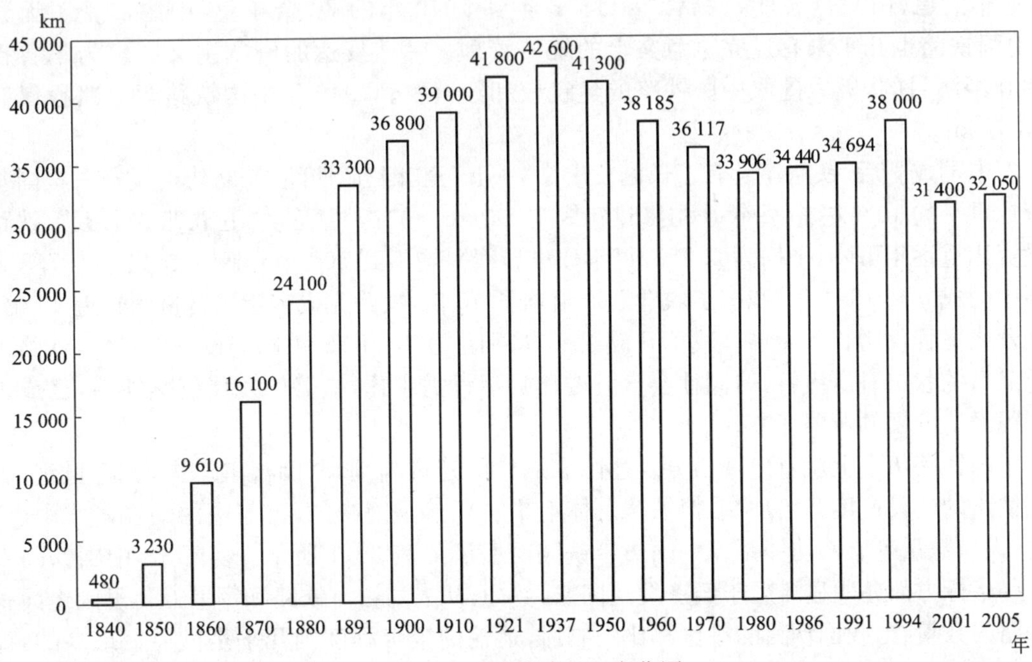

图 3—4　法国铁路里程变化图

数据来源：1. 法国国家统计局网站，INSEE－National Institute for Statistics and Economic Studies，网址：http://www.insee.fr/en/home/home_page.asp。

2. 联合国统计司，网址：http://unstats.un.org/unsd/default.htm。

3. 期刊：(1)薛新功，冉理，《法国铁路的启示》，科技交流，2003：33(1)-147-153。

(2)中国铁路赴法考察团，《法国铁路改革考察》，中国铁路，2001(3)-51-53。

(3)马伟三，《法国铁路的基本概况》，上海铁道科技，1994(4)-34-35。

19 世纪后半叶到 20 世纪初是世界铁路发展的高潮期，铁路作为工业革命的一个重要产物，作为“实业之冠”，极大地推动了那些已经进入或即将进入工业化行列的国家经济和社会的全面发展。截止到 19 世纪末，全世界铁路营业里程超过 65 万 km，而到 20 世纪 20 年代则已增至 127 万 km。至此，工业化国家铁路网已基本形成。由于铁路能够快速、大量运送旅客和货物，具有高效率、低成本的特点，在长达一个世纪的时间里，它几乎垄断了陆路交通运输，也使工业布局摆脱了对水运的依赖，为经济发展深入内陆腹地提供了基本的物质基础和条件，铁路也因此成为当时工业高速发展的先导，极大地促进了工业化进程的步伐，促进了运输市场的活跃和繁荣。铁路在近一个世纪的时期内几乎成为运输的一种标志，是运输市场的主导者。

从 20 世纪 30 年代开始，由于其他运输方式的快速发展、产业结构的变化以及人们生活水平的提高和生活模式的改变，铁路运输在西方经济发达国家一度出现了停滞或衰退。然而多年后人们审视原来的选择时，开始重新认识到铁路的重要意义和不可替代的作用，振兴铁路成为一些国家的理性选择。

五、中国

与美英等发达国家不同，中国铁路起步晚，基础差。中国的第一条铁路——吴淞铁路上海至江湾段(8 km)1876 年 7 月 3 日正式通车，这比发达国家晚了近半个世纪，这条铁路是在未经中国政府允许的情况下由英国人修建的。中国人自办的第一条铁路是 1881 年 11 月 8 日通车的唐(山)胥(各庄)铁路。从 1876 年到 1949 年的 70 余年里，中国遭受了无数劫难，中国铁路也几乎未有过完全意义上的统一管理。一些发达的资本主义国家为了各自的政治和经济目的，极力攫取中国铁路的建筑权和经营权。1949 年中国铁路营业路程仅有约 2.18 万 km。

新中国成立后，铁路建设有了长足发展。“一五”至“四五”期间，铁路建设投资占全国基建投资比重平均 10%左右，每年平均修建新线 1 000 km 左右。但是从“五五”到“七五”，铁路建设投资比重逐年下降，平均为 6.7%，每年建设新线平均不到 500 km，1991 年只有 197.5 km。从新中国成立到 1991 年，我国工农业总产值增长 40 倍，铁路完成客货周转量增长近 43 倍，而铁路营业里程仅增长 1.4 倍。改革开放以来，特别是近 10 年来，铁路建设速度加快，铁路运输严重滞后的状况有所缓解，但同社会日益增长的运输需求比，铁路的发展仍然滞后，已成为制约国民经济发展的薄弱环节。

中国铁路历史上没有出现西方发达国家那样的建设高潮，原因很多。进入 21 世纪以后，中国铁路的建设速度开始加快，但铁路总体上来看仍然是短缺的，这与中国的经济水平、产业结构、人口数量等有密切关系。中国历年铁路网密度如表 3—1 所示。实际上，中国铁路发展在一些指标方面还明显滞后于经济发达国家，例如，从人均占有铁路和每平方公里国土面积拥有铁路的数量看，我国铁路的排位都比较靠后，运输的繁忙程度则几乎是世界上最高的，如表 3—2 所示。

中国铁路营业里程约占全世界的 6%，但却完成了全世界铁路工作总量的 1/4 左右，运输密度为世界之最。这一方面说明我国铁路运输效率比较高，但另一方面也说明我国铁路网整体能力严重不足，对国民经济和社会发展的保证能力还比较脆弱。

表 3—1　中国历年铁路网密度

年份	路网密度（km/万人）	路网密度（km/万 km²）	年份	路网密度（km/万人）	路网密度（km/万 km²）
1950	0.40	23.13	2004	0.57	77.51
1960	0.51	35.31	2005	0.58	78.58
1970	0.49	42.71	2006	0.59	80.30
1980	0.54	55.52	2007	0.59	81.20
1990	0.51	60.21	2008	0.60	83.01
2000	0.54	71.56	2009	0.65	89.60
2001	0.55	73.02	2010	0.68	94.98
2002	0.56	74.90	2011	0.70	97.14
2003	0.57	76.04	2012	0.73	101.69

资料来源：1.《中国交通年鉴》；2.《中国铁道年鉴》；3. 国家统计局网站；4. 原铁道部网站。

表 3—2　中国与一些国家铁路路网密度和运输负荷指标的对比

国别	路网密度		运输负荷		
	按国土面积计算（km/万 km²）	按人口计算（km/万人）	换算密度（万换算吨公里/公里）	客运密度（万人公里/公里）	货运密度（万吨公里/公里）
中国	101.69	0.73	3 994.82	1 005.10	2 989.72
美国	291.07	9.63	837.42	23.10	834.29
俄罗斯	50.10	5.92	1 944.19	178.74	1 765.45
印度	192.07	0.63	1 309.34	781.58	527.76
日本	531.92	1.58	1 299.49	1 190.52	108.98
德国	1 004.71	4.35	400.97	194.74	206.23
英国	698.85	2.85	350.15	235.43	114.71
法国	536.60	4.96	419.95	249.48	170.47
加拿大	49.95	16.18	632.01	3.20	603.17

注：1. 中国为 2012 年数据（不含港澳台）；2. 日本和加拿大少部分数据为 2000 年，大部分数据为 2001 年；3. 美国铁路客运数据为 Amtrak 公司数据，货运为全美数据；4. 其他国家均为 2002 年数据。

资料来源：1.《中国铁道年鉴》；2. 2012 年铁路统计公报。

新中国成立以来，我国铁路的运输负荷增长很快，铁路运输负荷增加的速度明显快于铁路营业里程的增长速度。中国铁路客运、货运、换算密度变化趋势如图 3—5 所示。

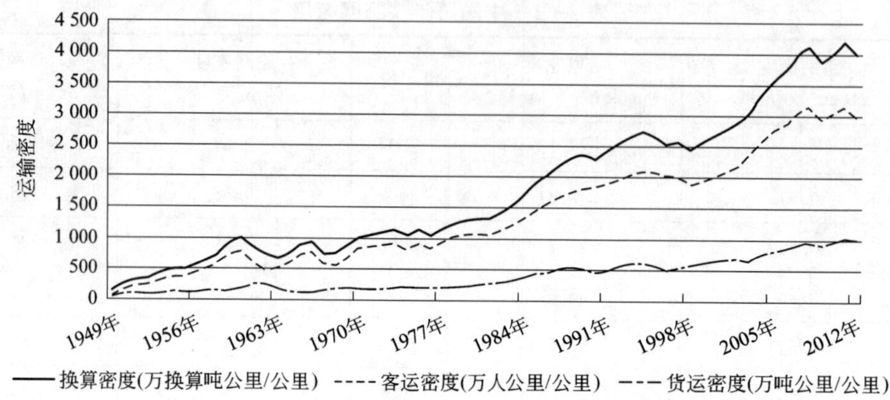

图 3—5 中国铁路客运、货运、换算密度变化趋势图

资料来源:1.《中国铁道年鉴》;2. 历年铁路统计公报。

六、世界铁路发展概况

目前,全世界约有 130 多个国家和地区拥有铁路 110 多万 km。拥有铁路最多的国家是美国,拥有铁路 22 万多 km,铁路最少的国家是老挝,2009 年只通车几千米。铁路在各大洲的分布不是很均衡,截至 2012 年,欧洲(含俄罗斯)铁路里程最长,为 37 万多 km,欧盟国家拥有铁路23 万多 km,与美国大体相当。北美洲国家拥有铁路约 29 万 km,南美洲国家拥有铁路10 万余 km,由此可见,美洲国家的铁路里程与欧洲差不多。亚洲国家拥有铁路超过 26 万 km,非洲国家拥有铁路 8 万余 km,大洋洲国家拥有铁路 4 万余 km。可以看出,经济相对发达的国家和地区,铁路的营业里程也相对较长。相关国家和地区的铁路规模见表 3—3。

表 3—3 世界各国和地区铁路里程

序号	国家(地区)	铁路里程(km)	资料日期	序号	国家(地区)	铁路里程(km)	资料日期
1	美国	227 058	2008	16	墨西哥	17 166	2008
2	中国	103 000	2013	17	英国	16 454	2008
3	俄罗斯	87 157	2006	18	哈萨克斯坦	15 333	2012
4	印度	63 974	2009	19	西班牙	15 293	2008
5	加拿大	46 552	2008	20	土耳其	12 008	2012
6	德国	41 981	2008	21	瑞典	11 633	2008
7	澳大利亚	38 445	2008	22	罗马尼亚	10 777	2012
8	阿根廷	36 966	2008	23	捷克	9 469	2008
9	法国	29 640	2008	24	伊朗	8 442	2008
10	巴西	28 538	2008	25	古巴	8 203	2011
11	日本	27 182	2009	26	匈牙利	8 057	2009
12	乌克兰	21 619	2012	27	巴基斯坦	7 791	2007
13	意大利	20 255	2008	28	智利	7 082	2008
14	南非	20 192	2008	29	奥地利	6 399	2008
15	波兰	19 627	2008	30	苏丹	5 978	2008

续上表

序号	国家(地区)	铁路里程(km)	资料日期	序号	国家(地区)	铁路里程(km)	资料日期
31	芬兰	5 944	2013	67	拉脱维亚	2 239	2008
32	白俄罗斯	5 537	2008	68	突尼斯	2 165	2011
33	朝鲜	5 242	2009	69	赞比亚	2 157	2008
34	埃及	5 083	2009	70	摩洛哥	2 067	2008
35	印度尼西亚	5 042	2008	71	肯尼亚	2 066	2008
36	缅甸	5 031	2008	72	叙利亚	2 052	2008
37	瑞士联邦	4 876	2008	73	蒙古	1 908	2010
38	莫桑比克	7 787	2008	74	秘鲁	1 907	2012
39	挪威	4 237	2012	75	马来西亚	1 849	2010
40	保加利亚	4 152	2011	76	立陶宛	1 767	2011
41	新西兰	4 128	2008	77	乌拉圭	1 641	2010
42	泰国	4 071	2008	78	格鲁吉亚	1 612	2008
43	刚果(金)	4 007	2008	79	中国台湾	1 580	2009
44	阿尔及利亚	3 973	2008	80	斯里兰卡	1 449	2007
45	塞尔维亚	3 809	2010	81	沙特阿拉伯	1 378	2008
46	坦桑尼亚	3 689	2008	82	喀麦隆	1 245	2008
47	玻利维亚	3 652	2010	83	乌干达	1 244	2008
48	乌兹别克斯坦	3 645	2008	84	斯洛文尼亚	1 228	2007
49	斯洛伐克	3 622	2008	85	爱沙尼亚	1 196	2011
50	尼日利亚	3 505	2008	86	摩尔多瓦	1 190	2008
51	津巴布韦	3 427	2008	87	几内亚	1 185	2008
52	韩国	3 381	2008	88	菲律宾	995	2010
53	葡萄牙	3 319	2008	89	以色列	975	2008
54	爱尔兰	3 237	2008	90	厄瓜多尔	965	2008
55	比利时	3 233	2008	91	加纳	947	2008
56	荷兰	3 013	2012	92	塞内加尔	906	2008
57	土库曼斯坦	2 980	2008	93	博兹瓦纳	888	2008
58	阿塞拜疆	2 918	2009	94	刚果	886	2008
59	安哥拉	2 764	2008	95	哥伦比亚	874	2008
60	克罗地亚	2 722	2011	96	亚美尼亚	869	2009
61	丹麦	2 667	2008	97	马达加斯加	854	2008
62	越南	2 632	2008	98	委内瑞拉	806	2008
63	纳米比亚	2 626	2008	99	马拉维	797	2008
64	孟加拉	2 622	2008	100	马其顿	699	2012
65	希腊	2 548	2008	101	柬埔寨	690	2010
66	伊拉克	2 370	2012	102	埃塞俄比亚	681	2008

续上表

序号	国家(地区)	铁路里程(km)	资料日期	序号	国家(地区)	铁路里程(km)	资料日期
103	塔吉克斯坦	680	2008	118	危地马拉	332	2008
104	科特迪瓦	660	2008	119	厄立特里亚	306	2008
105	加蓬	649	2008	120	斯威士兰	301	2008
106	布基纳法索	622	2008	121	萨尔多瓦	283	2008
107	波黑	601	2009	122	哥斯达黎加	278	2008
108	斐济	597	2008	123	卢森堡	275	2008
109	马里	593	2008	124	黑山	250	2010
110	多哥	568	2008	125	多米尼加	142	2008
111	约旦	507	2008	126	吉布提	100	2008
112	吉尔吉斯斯坦	470	2008	127	巴拿马	76	2008
113	贝宁	438	2008	128	马恩岛	63	2008
114	科索沃	430	2007	129	尼泊尔	59	2008
115	利比里亚	429	2008	130	圣基茨和尼维斯	50	2008
116	黎巴嫩	401	2008	131	洪都拉斯	44	2012
117	阿尔巴尼亚	339	2009	132	巴拉圭	36	2008

资料来源:https://www.cia.gov/library/publications/the-world-factbook/rankorder/2121rank.html。

七、中国铁路发展规划

(一)规划的意义和模型

交通运输业和国民经济的关系基本上可以分为三种类型:一是运输业滞后于经济发展,运输能力紧张;二是运输业超前于经济发展,产业内存在供给过剩的情况;三是运输业的发展同经济发展步伐基本保持同步,运输能力基本适应经济发展的需要。交通运输规划是一定时期一个国家或地区指导和协调社会经济发展与交通运输之间关系的重要纲领,是交通运输发展的基本蓝图。

交通运输规划是指不同运输方式基础设施建设与管理的发展规划,是运输系统建设与管理科学化的重要环节,是国土规划的重要组成部分,是交通运输项目建设的重要依据,是确保运输系统建设合理布局、有序协调发展的重要基础。

铁路是综合交通运输系统的重要组成部分,在我国的经济和社会发展中具有重要的作用。研究和制定铁路发展规划是通过深入的调查研究、科学的运量预测,根据客货流分布特点和发展态势以及运量的生成和演变特征,提出铁路发展的总体目标和战略布局,拟定主要线路的走向和节点,列出分期实施的建设时序,提出确保规划实施的政策和措施。

铁路网规模与国土面积、人口、生产力布局和国家运输政策等密切相关。伟大的民主革命先行者孙中山在1919年所著《实业计划》中曾提出修建10万英里铁路的“大铁路计划”。新中国成立以来,在历次编制铁路五年计划过程中,均曾研究过较长时间的铁路网规划。中长期铁路网规划要立足于当前实际,高度重视各种运输方式的协调发展,充分发挥科技进步对路网建设的推动作用。

规划路网规模有多种方法，国土面积节点法是其中一种重要方法，它是综合考虑经济和社会发展并按照一定原则选择需要铁路通达的城市作为节点，并用一定的连通方式将这些节点连接起来以此预测铁路网规模的方法。

采用国土面积节点法对铁路网规模进行预测，其模型为

$$L = C\sqrt{AN} \tag{3—1}$$

式中　L——铁路网长度，10^4 km；

A——节点分布地域的面积，10^4 km^2；

N——节点数，万个；

C——连接系数。

这个模型阐明了路网规模和地域面积、节点城市数量的关系，具有一定的科学性。同时考虑到铁路线路的分布和区域社会经济发展水平有极大相关性，因此该模型可以改进为：

$$L = r_i \cdot C\sqrt{AN} \tag{3—2}$$

其中，r_i 是区域国民经济发展指数，是区域人均 GDP 与全国人均 GDP 的比值。

节点选择原则：

(1)城镇人口已经达到一定规模的城市。

(2)能够产生大宗运量的资源型城市。

(3)港口城市和公路主要枢纽城市以及在国家战略地位重要的城市。

(4)主要旅游景点所在地。

(5)边境口岸及具有国防战略意义的城市。

在模型(3—2)中，关于连接系数 C 的确定对于路网规模的预测精度有重要影响。美国经济学家伦斯基(R. J. Ranskey)早在 1963 年就选择了法国等 18 个国家，对其铁路网的网络特征进行研究，他用 β 值来说明节点(都市)间的交通直达水平，并定义：

$$\beta = \frac{e}{y} \tag{3—3}$$

式中　β——铁路网络连通指标；

e——路网节点间路线数；

y——路网节点数。

（二）铁路中长期规划

铁路中长期规划指出，为适应我国经济和社会发展的需要，铁路网要扩大规模、完善结构、提高质量、快速扩充运输能力，迅速提高装备水平。到 2020 年，全国铁路营业里程达到 12 万 km 以上，复线率和电化率分别达到 50%和 60%以上，主要繁忙干线实现客货分线，基本形成布局合理、结构清晰、功能完善、衔接顺畅的铁路网络。

客运方面将建设“四纵四横”等客运专线以及经济发达和人口稠密地区城际客运系统。建设客运专线 1.6 万 km 以上(见图 3—6)。

1.“四纵”客运专线

(1)北京—上海客运专线，包括蚌埠—合肥、南京—杭州客运专线，贯通京津至长江三角洲东部沿海经济发达地区；

(2)北京—武汉—广州—深圳客运专线，连接华北和华南地区；

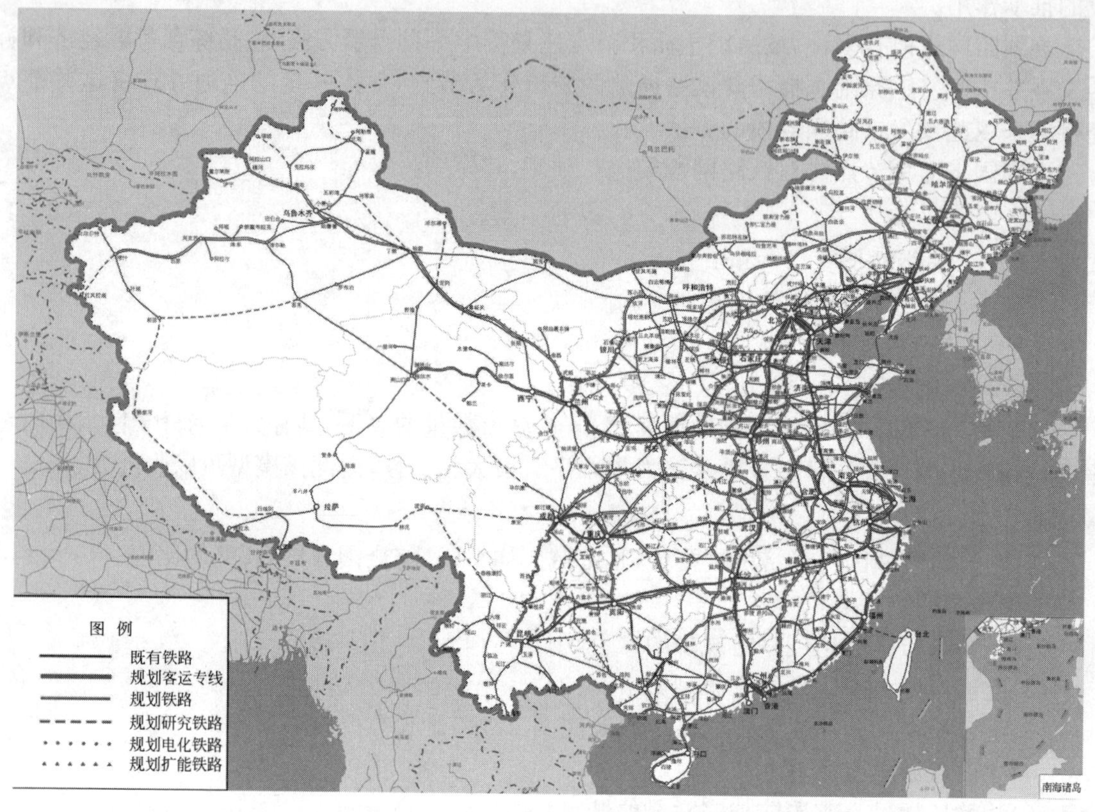

图 3—6 中长期铁路网规划图

(3)北京—沈阳—哈尔滨(大连)客运专线,包括锦州—营口客运专线,连接东北和关内地区;

(4)上海—杭州—宁波—福州—深圳客运专线,连接长江、珠江三角洲和东南沿海地区。

2."四横"客运专线

(1)徐州—郑州—兰州客运专线,连接西北和华东地区;

(2)上海—杭州—南昌—长沙—贵阳—昆明客运专线,连接西南、华中和华东地区;

(3)青岛—石家庄—太原客运专线,连接华北和华东地区;

(4)上海—南京—武汉—重庆—成都客运专线,连接西南和华东地区。

另外,在环渤海、长江三角洲、珠江三角洲、长株潭、成渝以及中原城市群、武汉城市圈、关中城镇群、海峡西岸城镇群等经济发达和人口稠密地区建设城际客运系统,覆盖区域内主要城镇。

对既有线进行扩能改造,在大同(含蒙西地区)、神府、太原(含晋南地区)、晋东南、陕西、贵州、河南、兖州、两淮、黑龙江东部等十个煤炭外运基地和新疆地区,形成大能力煤运通道。重点强化"三西"地区煤炭下海和铁路直达中南、华东内陆地区通道,以及新疆地区煤炭外运通道等(见图 3—7)。

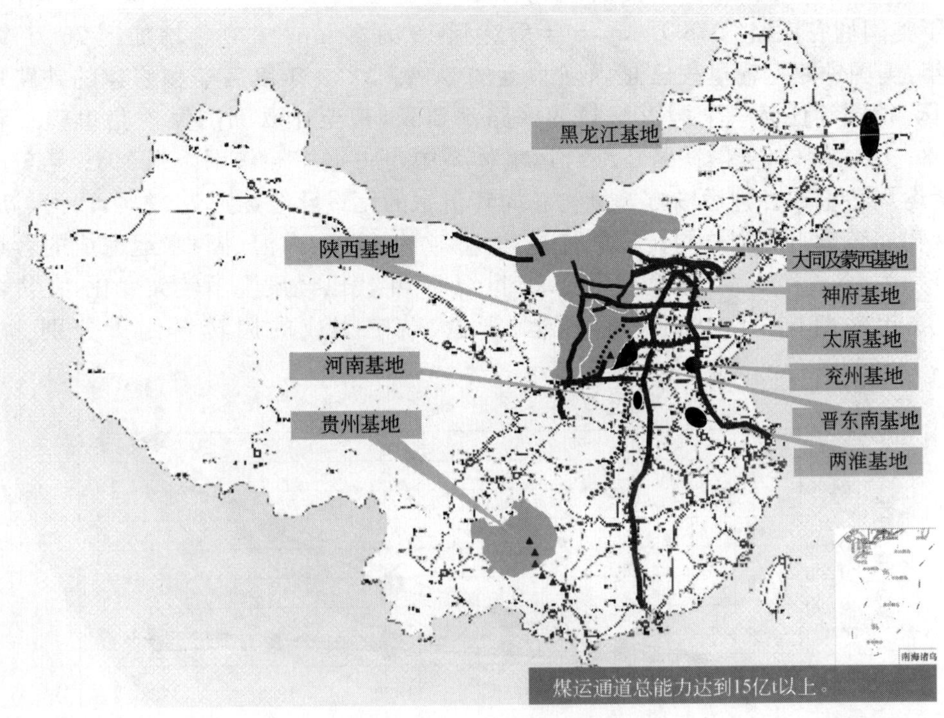

图 3—7　煤运通道规划图

第二节　铁路的意义与作用

作为交通运输的重要方式，铁路自产生后，在人类社会的发展中发挥了十分重要的作用。铁路是工业化的重要成果，蒸汽机车在运输活动中的使用大大提高了人类克服空间障碍的能力，提高了运输效率，促进了生产、交换和消费。

关于铁路与经济增长的关系一直是经济学家高度关注和讨论的问题，获得诺贝尔经济学奖的库兹涅茨认为蒸汽火车使美国开始出现了一个新的经济时代①；罗斯托也指出铁路对美国经济起飞具有决定性的作用②。直到今天，铁路在国民经济和社会发展中的重要作用仍然被高度关注。

一、发达国家铁路对其社会经济发展的影响

美国是当代经济最发达的国家，历史上美国铁路的发展对当时的美国经济和社会发展产生了极其深刻的影响，这种影响直到今天仍然可以看到。虽然世界上第一条铁路产生于英国，然而美国却是铁路发展速度最快、运营里程最长的国家。

美国在 1830 年以后开始进入“铁路时代”。在大规模修建铁路之前，美国的水路运输

---

① 西蒙·库兹涅茨，《现代经济增长：速度、结构与扩展》，戴睿等译，北京经济学院出版社 1989 年版。

② W·W·罗斯托，《经济成长的阶段》，郭熙保，王松茂译，中国社会科学出版社 2010 年版。

比较发达，直至19世纪60年代以后，铁路的重要性日渐显著并逐渐取代了运河的地位。1880年美国拥有铁路约15万km，5年后达到19万多km，1890年增加到26万多km。到1889年，美国铁路运输里程已是内陆水运的5倍。1880年以后美国修建的铁路里程比英国、法国、德国等任何一个国家修建的铁路都要长，甚至比欧洲国家铁路里程总和还要长(见图3—8)。此外，美国铁路在综合运输体系中也占据主导作用。到1916年美国铁路完成的货运周转量在各种运输方式货物总周转量中的比重已经达到77.2%，内河(湖)水运完成的货物周转量占货物总周转量的比重为18.4%，铁路、内河(湖)水运完成的客运周转量比重分别为98%和2%。这个数字到20世纪50年代已经发生了较大变化，在货物运输方面，1955年铁路、公路、内河(湖)水运、管道、航空完成的周转量比重分别为49.5%、17.5%、16.96%、16%和0.04%①。

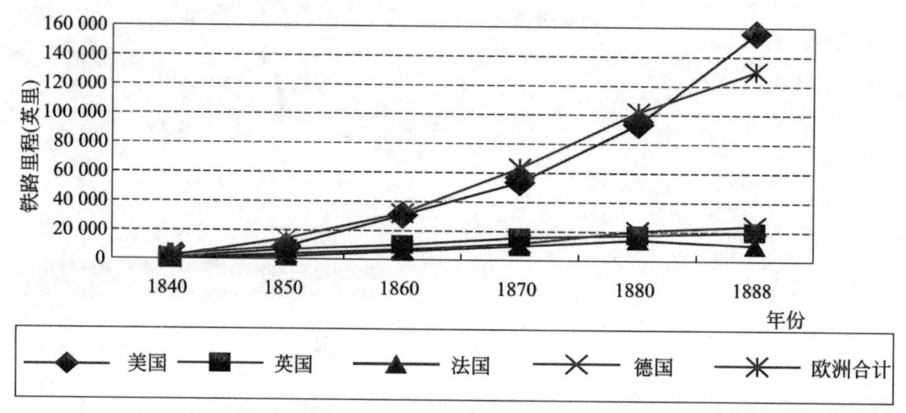

图3—8 1848—1888年欧洲主要国家和美国铁路里程对比(1英里≈1 609.344米)

数据来源：沃尔特·W·罗斯托，《世界经济史：历史和展望》，得克萨斯大学出版社1978年版。

美国大规模修建铁路成为促进其国民经济增长的一个重要因素。1870—1913年间，美国交通运输业的发展速度一直快于工业生产的增长速度，到1913年已超过33%。经济史学家认为，铁路运输的发展对美国经济增长的促进作用是一些数据无法准确和全面反映的：首先，铁路运费低，而铁路运费本身也在不断下降(1868—1900年期间，美国铁路运输吨英里和人英里平均收费标准下降了62%)，从而促进了地区间人员和物资的流动；其次，铁路运输为美国各地区间的生产，尤其是农业生产的区域专业化创造了必要的流通条件，推动了中西部以及中西部边远地区农产品的出口；第三，铁路建设相应地带来了对钢铁、煤炭、机器制造等的巨大需求，促进了这些行业的发展。

美国新经济史学家沃尔特·罗斯托将世界各国的经济发展分为5个阶段，在经济发展的不同阶段，交通运输所起的作用并不相同。罗斯托高度评价了铁路在经济发动阶段所起的作用，认为铁路促使了美国经济的起飞。“历史上，创办铁路是发动阶段的一个最强有力的发动力量，在美国、法国、德国、加拿大和俄国，铁路曾经起了决定性的作用；在瑞典、日本以及其他国家，它也曾起了极大作用”②。他认为，在西方国家早期工业化起飞阶段，铁路对经济增长有

① 参见《国外交通运输发展的总和问题研究》，铁道部科学技术司。

② 沃尔特·W·罗斯托，《经济成长的阶段》，郭熙保，王松茂译，中国社会科学出版社2010年版。

三种主要的影响:一是降低国内运输成本扩大市场;二是铁路是新兴的、迅速扩展的出口部门发展的先决条件;三是导致现代煤炭业、冶铁业、机械工业及电气设备行业的发展。此外,艾伯特·费希洛认为1830年至1860年间美国铁路网的扩张为经济增长和国家发展提供刺激①;约瑟夫·熊彼特和沃尔特·罗斯托都认为,现代经济增长和发展应归因于某些重大发现,铁路便是影响美国经济增长的重大发现之一②。

综合而言,美国铁路发展对经济和社会的作用主要表现在以下几方面:

1. 对相关产业的拉动

1850年前后,美国铁路消费铸铁占全国产量的1/4到1/2之间,1870年至1887年钢材产量中的70%是铁路钢轨,1880年至1897年,美国钢产量由127万t增加至727万t,平均每年增加约35万t,同期平均每年新建铁路约10 000 km,平均消耗钢铁150万~200万t。美国大规模改用内燃牵引以前,铁路一直是煤炭工业的最大买主,直到1940年,铁路用煤还占全国煤炭产量的1/5③。表3—4显示了1939年、1950年、1953年美国铁路运输消费煤炭、柴油、重油、电力等燃料的数量,从表中可以看出,铁路对其他产业具有比较明显的拉动作用。铁路对钢铁、煤炭产业的促进作用不仅表现在直接的大量消耗钢铁和煤炭,还表现在铁路对钢铁、煤炭消费方面的作用,因为,作为大宗物资,钢铁和煤炭的主要运输载体是铁路,没有铁路,它们的运输就会变得困难,消费也会受到严重影响。

表3—4 美国铁路运输消费其他产业产品数量

燃料种类 / 年份	煤炭(10^3 t)	柴油(10^3 t)	重油(10^3 t)	电力(10^6 kW·h)
1939	67 725	111	8 248	1 902
1950	50 305	5 210	7 969	2 260
1953	21 230	9 920	3 388	

数据来源:苏敬之,《美国铁路历史与现状的分析》,北京交通大学学报1978年版。

2. 促进生产要素流动,增加就业

铁路运输的发展能够促进各项生产要素的流动,方便人们在不同区域间的出行和交流,也加快了城市化发展的步伐。铁路承运的货物几乎囊括了社会各个领域的产品,铁路的发展在拉动相关产业的同时也增加了相关产业的就业机会。实际上,随着铁路的发展,铁路产业本身就吸纳了大量就业者。1950年美国铁路运输职工达到138.7万人,占各生产部门就业人数的4.8%。

3. 降低商品流通成本和居民出行成本

随着铁路网络上运输总产出的扩大,平均运输成本不断下降。例如,铁路从开始修建时的单线到复线以至多线,牵引动力也从蒸汽机车到内燃机车再到电力机车,加上行车指挥技术的不断进步,其通过能力也从起初的几百万吨增加到几千万吨甚至上亿吨,运输能力越来越大,效率越来越高,平均成本不断降低。1860—1870年以后,随着铁路路网的扩大以及运输密度

---

① 艾伯特·费希洛,《拉美经济学状况》,1985年拉丁美洲的经济与社会进展1985年版。

② 沃尔特·W·罗斯托,《世界经济史:历史和展望》,得克萨斯大学出版社1978年版。

③ 苏敬之,《美国铁路历史与现状的分析》,北京交通大学学报1978年版。

的提高，使得它具有比水运更低的边际运输成本，因而在美国运输网中的贡献程度更大①。铁路运输成本的降低大大降低了商品流通成本和居民出行成本，是对社会经济的巨大贡献，它几乎涉及经济发展的各个领域，也对人的出行产生重要影响。

铁路对经济和社会发展的作用在其他经济发达国家也有同样的表现。

二、铁路对我国经济和社会发展的意义与作用

我国是一个人口众多、产业结构水平相对较低的国家，在这样一个国情背景下，铁路的意义和作用则十分明显。目前，我国无论在人均拥有的铁路里程和每平方公里国土面积所拥有的铁路里程方面都还比较滞后。人口特征（人口规模、人均收入等）、产业结构特征（产业结构水平、产业升级速度等）、经济发展速度、区域经济发展状况等都决定了铁路在中国经济和社会发展中的重要意义和作用。与经济发达国家不同，中国铁路还未达到应当有的、合理的规模和水平，运输结构也需要优化。中国铁路目前仍然是短缺型的（总量的短缺和结构性的短缺）。在旅客运输方面，中国由于人口基数庞大，而且人均收入（特别是农村人口的人均收入）水平较低，因此，对大众化的、票价水平相对较低的铁路运输需求相对较高。目前，中国人均铁路旅行次数还比较低，随着经济和社会的发展，特别是城市化进程的加快，人均使用铁路的次数还有明显的上升空间。在货物运输方面，中国目前的产业结构水平与经济发达国家相比还比较低，中国是世界重要的制造业基地，大量的工业原材料、产成品的生产和销售导致对交通运输，特别是铁路运输的巨大需求。中国的产业结构特征决定了运输产品的结构，很多大宗货物运输、对铁路依赖程度很大的电煤运输需求在短时间内不会有明显的变化，因此，未来很长一段时间内，铁路货物运输需求仍将是居高不下的。

与公路和民航相比，铁路在节能减排方面具有十分明显的优势，这也是应当大力发展铁路的重要原因，同时也是铁路对社会和经济发展的另一个重要贡献。

随着铁路技术水平的不断提高，高速铁路、重载运输以及电气化铁路等技术不断发展，使得铁路在运能、用地、节约能源、安全性、环保等方面展现出一些新的特征，对经济和社会发展产生新的影响。

综合来看，铁路对我国经济和社会发展具有以下影响和作用。

1. 铁路运输对经济增长的直接作用

铁路运输对国民经济的直接作用可分为两部分：一是铁路投资建设活动本身对增加国民生产总值、拉动经济增长的作用；二是铁路建成通车后，因通行能力增加和行车条件改善，带来的运输费用降低、客货在途时间节约、交通事故减少等由铁路使用者直接获得的经济效益，以及因缓解交通“瓶颈”制约、改善投资环境而对其他产业和地区经济发展产生的促进作用。铁路建筑活动中直接消耗了大量钢材、木材、水泥等物品，这些消耗品的生产企业在生产过程中也创造了一定数量的增加值，同时在生产过程中也有各种物品的消耗。从一定程度上来说，铁路运输对国民经济的促进作用毋庸置疑，美国西北大学博士理查德·索斯塔克也认为人们对于交通运输的重要性的认识不够，很多历史学家和经济学家对运输的作用关注太少②。

---

① 福格尔，《关于社会节约量的笔记》，经济史学报 1979 年版。

② Richard W. Szostak，《The Role of Transportation in the Industrial Revolution：A Comparison of Eighteenth Century England And France》，UMI Dissertation Information Service1985 年版。

2. 铁路是旅客和货物的主要运输方式，是影响经济增长的重要因素

铁路旅客运输在满足旅客交通需求，促进城市化发展方面具有十分重要的作用。我国人口众多，地域辽阔，内陆面积较大，铁路运输以其运能大、价格相对低廉的优势，成为百姓中长距离出行所选择的重要运输工具。

铁路货物运输在我国综合运输体系中占有重要地位，是影响经济增长的重要因素。多年来，我国铁路完成的货物运输量、换算周转量、运输密度均居世界第一。我国铁路以占世界铁路 6%的营业里程，完成了世界铁路约四分之一的换算周转量①。铁路已经成为我国经济发展和居民出行不可或缺的交通工具，促进了经济发展，也在很大程度上带动了社会进步。

3. 铁路产业可以吸纳大量劳动力，铁路建设可以促进就业，带动消费

我国是人口大国，促进就业是确保社会稳定和经济发展的基础。铁路建筑业属于劳动密集型产业，吸纳劳动力的能力很强，每亿元铁路建设投资创造的经济增加值所能提供和带动的就业岗位数大大高于各行业平均水平。从图 3—9 中可以看出，我国铁路运输产业在不同历史时期吸纳了大量的劳动力，职工人数均有不同程度的涨幅，运输全员劳动生产率也在逐渐提高。吴卫平经过投入产出计算，得出“每亿元铁路建设投资为铁路建筑业创造或保留1 140个就业岗位，每亿元铁路建设投资关联带动为铁路建设直接和间接提供产品的各部门所能增加的就业岗位数为 5 359 个，是铁路建筑业自身的 4.7 倍。平均每年铁路建设投资 540 亿元，每年为铁路建设队伍提供 6 156 万个就业岗位，还可以为社会其他部门提供 28 939 万个就业岗位”的结论②。可以说，铁路建设在促进就业，增加居民收入，带动消费上具有十分重要的作用。

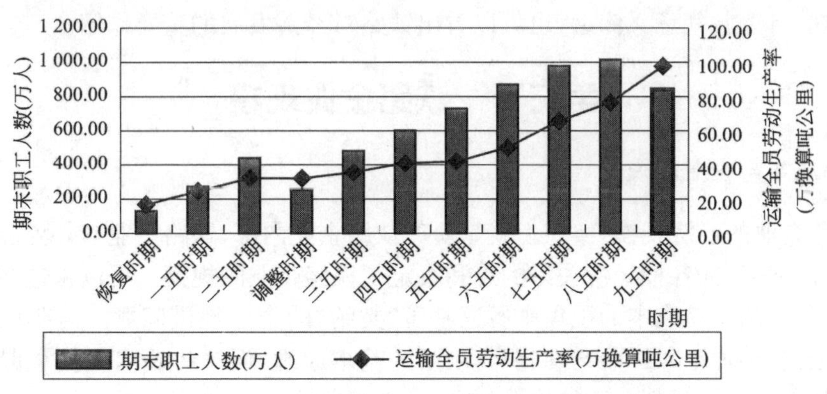

图 3—9　我国铁路运输职工人数与劳动生产率变动

数据来源：历年《全国铁路统计资料汇编》。

4. 铁路可以改善地区间经济社会发展不平衡，促进区域经济均衡增长

铁路对资源配置和区域经济协同发展具有重要作用。作为一项重要的交通资源，铁路对处于不同梯度的区域经济发展具有重要的意义和作用，它能够使得生产要素在不同区域顺畅流动，改善地区间社会经济发展的不平衡，促进区域经济的辐射和均衡增长。

5. 铁路运输负外部性小，符合可持续发展要求

---

① 参见中央政府门户网站 www.gov.cn。

② 吴卫平，《跨世纪铁路建设投资的贡献分析》，铁道经济研究 2002 年版。

可持续发展是21世纪人类社会发展遵循的基本原则。我国资源相对短缺，石油、耕地等人均占有量大大低于世界平均水平，存在着严重的人口及资源压力。我国实施可持续发展战略，走新型工业化道路，必须选择资源节约型、环境友好型的经济发展模式，使能源、土地等资源得到合理利用。与其他运输方式比，铁路在能源消耗、土地占用、运输成本等方面具有明显的比较优势。在能耗方面，按单位运输量计算，公路是铁路的6倍，航空是铁路的30倍。在土地占用方面，按单位运输量计算，公路是铁路的5～6倍。铁路运输尾气排放远远低于汽车运输和航空运输。铁路运输的规模优势、安全优势、价格优势、环保优势决定了铁路在综合交通运输体系中的重要地地位和作用。

6. 发展铁路对经济的刺激和拉动作用十分明显

2008年，金融危机导致世界各国普遍出现了明显的经济衰退，发达国家的银行、金融机构纷纷倒闭，金融危机也直接冲击了实体经济，一些大型的、世界顶级的企业也被迫宣布破产或者破产保护。很多国家的经济出现了负增长。这时，挽救经济，尽快走出金融危机的阴影，使经济重新步入健康发展的轨道成为各国政府需要着力解决的问题。

在这种背景下，中国政府出台了拉动经济4万亿元规模的投资计划，其中，基础产业占了相当大的比重。根据前期出台的《铁路中长期发展规划》以及金融危机出现后所进行的调整，铁路建设的投资规模就将达到4万亿元。从投资乘数效应角度看，铁路建设对经济的刺激作用十分明显。

有意思的是，金融危机后，美国奥巴马政府表示将在美国修建高速铁路，在美国不同地区建设10条高速(铁路)走廊。多少年来，美国政府从未对修建高速铁路表现出兴趣，金融危机背景下宣布这一计划，其意义深远，也可以看出铁路对经济发展的重要作用。

第三节　铁路企业规模

一、交易成本与企业规模

研究铁路企业的经济规模，实质上就是研究铁路企业内部、铁路企业与外界部门的各种经济关系，这种内部、外部各种经济关系的总和决定了铁路企业的规模。可以将这些经济关系看做一种“契约”，并从交易成本的视角来研究基于“契约”的企业规模问题。需要探究一种新的微观经济理论，这种理论“必须研究组织与制度的基本原理，而这将要求我们掌握信息经济学以及对交易技术的更加深刻精细的论述(弗农·史密斯)”。

交易成本在经济学中被认为是市场交易中发生的“摩擦”和损失。从交易成本角度研究企业规模(包括企业边界)，考察和分析的是在各种可供替代的治理结构下企业运行的比较成本，以此取代单纯从生产函数角度对企业的分析。企业规模的大小应当是由企业外部交易成本与内部管理成本的大小决定的，定性地分析所给出的结论是，企业边界应当是边际外部交易成本和内部边际管理成本恰好相等的地方。

科斯认为，有两种可以相互替代的制度来协调和配置资源，他指出，在企业外部，价格运行指挥生产，并通过一系列在市场上的交易来协调。在企业内部，这些市场交易被取消，而且市场交易的复杂结构由厂商内部的协商人来替代，由他来指挥生产。显然，这些是协调生产的不同方式。

无论是市场交易还是企业组织协调都是有成本的。当企业内部用于组织协调的管理费用低于市场交易的各项费用，那么采用企业组织的方式将更有利，于是，相关活动便会在企业内部进行，企业组织协调的方法便会被采用。企业制度的发展史，就是现代公司制度取代古典的、老板占有和管理企业的历史，是管理协调这只“看得见的手”替代市场协调这只“看不见的手”的历史。钱德勒指出，现代工商企业的成熟过程，就是市场内部化的过程。他认为，现有的需求和技术将创造出管理协调的需要和机会。

威廉姆森从契约人的角度研究了经济组织，他认为，治理结构的主要形式是企业和市场，选择企业还是选择市场，取决于这两种治理结构中哪一种成本更低，效率更高。企业边界的扩张与收缩都是服务于最大限度节约成本的目的，这里的成本既包括治理成本（其中主要是交易成本），也包括生产成本，但企业和市场在节约成本方面的效应是有区别的，那就是市场在生产成本控制方面占有优势，企业组织在交易成本控制方面占优势。

对交易成本的理解和认识是研究企业规模的关键所在。科斯虽然把交易费用看成市场交易的“摩擦”，但他也意识到，交易费用和产权的界定有着密切的关系。科斯认为：在交易费用为零，对产权充分界定并加以实施的条件下，外部性因素不会引起资源的不当配置。但是，交易费用为零的假设是不现实的，科斯定理更直观的意义在于它的逆命题中，即“在交易费用不为零的条件下，产权制度的安排将最终决定效率的高低”。那么，如果将产权造成的效率损失也视为一种交易费用带来的成本的话，则产权制度的安排将影响交易成本。

张五常认为，交易成本包括那些在鲁宾逊·克鲁索经济中不可能存在的成本，在这种经济中，既没有产权，也没有交易，亦没有任何种类的经济组织……简言之，交易成本包括一切不直接发生在物质生产过程中的成本。张五常对交易成本的这种定义扩展了狭义的市场交易成本概念，他的交易成本概念不仅包含了企业组织成本的内容，而且也涵盖了政府组织成本的内容。张五常把交易成本看做是一系列制度成本，其中包括信息成本、谈判成本、起草和实施合约成本、界定和实施产权的成本、监督管理的成本等。

广义的交易成本概念获得了众多经济学家的赞同，尤其是研究产权和制度经济学的学者们。有的学者将产权安排等带来的效率损失称为“无形的交易成本”，而将实际的交易“摩擦”费用称为“有形的交易成本”。这些对交易成本的广义解释无疑是为研究产权和制度变迁服务的。

二、铁路企业的规模与边界

不同的企业制度和企业治理结构有不同的市场交易成本和内部组织管理成本，企业的规模和边界正是由两者之间的关系所决定。任何一种企业制度也都有其运行成本，企业的制度和治理结构也在不断发生变化，变化的目的在于降低企业本身的运行成本。从这个角度看，企业的边界似乎永远处于动态的变化之中。在市场经济社会中，一个自由的企业以一定的规模和形式得以存在，它的效率边界是与市场和组织的边际成本相关联的。

然而，实际的情况是，企业合理的经济规模和边界并不十分容易找到，原因在于，交易成本和内部组织管理成本的量化是一个比较困难的问题，尤其是交易成本的计算，有时几乎是无法实现的。这也导致研究和确定铁路企业合理的经济规模存在困难。实际上，直到现在，从理论和实证方面准确指出铁路企业合理经济规模和企业边界的文献几乎没有。一般认为，铁路是规模经济比较明显的产业，因为在相同的条件下，随着运量的增加，运输成本是呈现下降趋势的。卡乌斯（Caves，1985 年）等人通过建立数量经济模型对北美铁路行业是否存在规模经济问题进行了研究，其结果是“除了最小的铁路公司外，铁路企业规模的大小与经济效益存在着规模报酬恒定的关系”(武剑红，2001 年)，克雷恩(Klein)的研究则表明，对于较小的铁路企业来说，确实存在着规模报酬递增的情况。就欧洲而言，斯弟克(Vigouroux Stike)在 1989 年运用弹性成本函数对欧洲 13 个国家的铁路公司进行了分析，结果显示，仅就规模而言，最大的铁路公司规模太大，最小的铁路公司规模太小，规模最优的铁路公司，其路网规模小于 6 000 km。

铁路产业的复杂性决定了确定铁路企业合理经济规模的难度。实际上，直到今天，世界各国的铁路企业在规模上相差很大。以美国为例，既有规模非常大的铁路公司(有的横贯美国南北)，也有一些很小的铁路公司，这些公司一般只是为大的铁路公司集散运量。

铁路企业规模的大小也与其管理体制有着密切的联系。国有化条件下的铁路企业，其规模大小与行政控制有着密切关系。此时的铁路企业市场主体地位并不明显，因此，企业规模和边界的合理性也难于确定。

理论上讲，当社会上多数的铁路运输需求能够由一个铁路企业完成，或者说，一个完整的运输活动能够由一个铁路企业完成，在经济上可能是合理的，因为它最大限度地减少了由多个运输企业完成可能产生的协调和交易费用。但事实上，铁路企业的构成，它的规模和边界还受很多其他方面的因素影响。市场机制充分发挥作用的情况下，铁路企业的规模将更多地由市场来决定。

铁路企业的规模和边界似乎也在不断变化。以美国为例，从铁路产生到现在，铁路企业的规模随着市场的变化、政策(特别是管制政策)的变化也在不断变化，美国铁路的发展史充分展示了铁路企业合并、分拆、重组的过程。

无论如何，在理论上研究和探讨铁路企业的规模和边界是一件非常有意义的事情。应当建立和发展机制完善的运输市场，使铁路企业置于市场之中，让市场机制发挥应有的作用。

第四节 国外铁路运营管理体制及其改革

铁路是国民经济的基础产业，同时也是典型的网络型产业。铁路运输业的生产过程也是向社会提供服务的过程。完整的铁路运输服务过程需要铁路部门各个环节的协调配合。运输生产过程是铁路运输工具(机车、车辆等)作用于基础设施(线路)实现的，因此研究和解决好“轮轨”关系问题(移动设备与基础设施的关系)也是铁路产业需要认真面对的。

铁路的运营管理体制是一个是十分复杂的问题，也是一个经济学家们高度关注但仍然没有达成共识的问题。不同国家铁路的发展路径不同，在铁路运营管理体制上也存在较大差异。铁路的运营管理实际上是企业组织问题，然而，一般的企业理论，对铁路的企业组织及运营管理的解释力十分有限，原因在于铁路企业运行、产业构成的复杂性。实际上，铁路运营管理体制既与铁路自身的产业属性有关，同时与国家在一定时期内的经济发展政策、管制政策等有关。以下介绍的是一些国家铁路的运营管理体制及其变化，从中可以思辨一些问题。

一、有关国家的铁路运营管理体制及其改革

(一)美国

美国铁路营业里程居世界第一位，现有铁路 22 万多 km。美国于 1830 年第一条铁路建成通车，全长 21 km，从巴尔的摩至埃利州科特。19 世纪 50 年代，铁路建设规模开始扩大。在

1850—1910 年的 60 年间，共修建铁路 37 万余 km，平均每年修路 6 000 余 km。20 世纪初的 1910—1920 年年间，美国铁路营业里程达到了历史上最高峰的 40 余万 km。但此后，由于其他运输方式迅速崛起和产业结构的变化等原因，美国铁路开始逐渐减少。

美国铁路网由 6 条横贯东西、10 多条联络南北和 10 多条由东北向西南的主要干线以及大量的支线和地方线路组成。美国铁路基本上是私营的。私营铁路公司最多时有 6 000 多家，而后在竞争中或合并或破产，减少到几百家。19 世纪初，铁路旅客运输吸引了全美约 95% 的长途旅行客流，1912 年达到顶峰，运送旅客约为 12 亿人次。然而，随着其他运输方式的快速发展，铁路旅客运输运量逐渐下滑，旅客运输业务逐渐变得惨淡。在这种情况下，私营铁路公司不再愿意经营旅客运输业务，于是，铁路旅客运输面临完全消失的局面。1970 年 10 月，美国政府和国会分别批准了《1970 年铁路客运服务法》，同意组建半公共性的企业来承担铁路客运业务。1971 年，美国全国铁路旅客运输公司(先期叫 Railpax，后改为 Amtrak)成立，由政府对其经营亏损进行补贴。

美国铁路以货运为主，货运公司拥有铁路的基础设施(线路)。全国唯一一家客运公司——Amtrak 公司使用货运公司的线路是需要付费的。从这个意义上讲，铁路货运公司的运营是上下一体化的，而客运公司则基本上是上下分离的。

历史上美国铁路曾经受到程度不同的管制，管制的内容和侧重点在不同的时期也有所不同。20 世纪 80 年代以后，美国政府开始放松铁路管制，美国铁路的重组也开始进入一个新的阶段。美国铁路改组过程中一个最重要的特征是企业规模的变化。在铁路制度变迁过程中，美国铁路企业分解为两种不同类型的运输公司，一种是跨地区的大公司，一种是地方性的小公司。铁路行业结构的变化主要是私人部门在铁路重组的规章框架下开创和推进的。

20 世纪 80 年代以后的放松管制降低或消除了铁路提供非经济性服务的要求，于是那些过去不经济、客货运量小的线路(包括支线)开始了以“小铁路”(地方性铁路和枢纽铁路，运营线路长度不超过 563 km，收入不足 4 000 万美元)为特点的运营。

美国铁路大致可分为地区铁路、地方铁路和枢纽铁路。地区铁路是在 563 km 或更长的线路上运营铁路。地方铁路是地区铁路标准以下的正线承运者，其运营线路在 563 km 以下，运输收入在 4 000 万美元以下。美国大多数铁路属于这种类型。枢纽铁路主要是为其他铁路或其他工业部门提供调车编组和终到服务，并不直接向托运人出售承运服务，而是通过向其他铁路公司出售服务而得到收入。

美国铁路的私营化程度非常高，铁路运输企业(公司)是完全的市场主体，铁路的竞争机制比较完善。铁路竞争主要表现在有平行线区域的铁路公司间的竞争以及铁路与其他运输方式的竞争。

铁路是国民经济的重要行业，也具有自然垄断性特征，所以，直到今天，它仍然是受管制的产业之一。监管部门对铁路的监管主要体现在经济和安全方面。

经济管制主要由美国地面运输委员会(STB)承担。STB 是在原美国州际商务委员会(ICC)撤销后，于 1996 年 1 月 1 日成立的一个独立监管机构，与运输部没有直接隶属关系。STB 机构设在运输部内，决策机构是理事会，由 1 名主席、1 名副主席、1 名专员组成，由总统提名，参议院审议通过，任期 5 年。STB 拥有对铁路、公路、水运、管道等州际地面运输方式的经济监管权，但主要监管对象是铁路。对铁路的经济监管主要涉及以下内容：负责审批铁路公司的联合、兼并等事宜；运价监管，如核定铁路公司的运价是否合理，受理有关运价问题的投诉等;监督各铁路公司枢纽、线路及相关设施的公平开放;审批铁路公司提出的新建或废弃线路申请。

铁路安全管制采取行业主管部门直接监管方式,主要由隶属于运输部的联邦铁路署(FRA)负责。安全管制是联邦铁路署(FRA)最主要的职责之一,FRA 内设安全处、法律事务处、政策规划处、铁路发展处等。安全处负责具体的安全监察业务,主要采用日常抽查和轨车检测方式,对铁路机车车辆、线路、信号、桥梁等设施设备及列车运营状况,对危险货物运输的安全保障情况进行检查并参与事故调查。

(二)欧洲国家

1. 瑞典

瑞典铁路在 1985 年完成改组之前,是国有垄断企业,其基础设施与列车运营是一体化的。在其他运输方式迅速发展的时代,瑞典铁路受到来自其他运输方式的竞争和挑战,出现了严重的市场和财务危机。

基于铁路的实际情况以及社会发展对铁路的需求,1985 年,瑞典完成了对铁路部门的改组,运营的基本模式是"上下分离"。通过改革,原瑞典国家铁道公司(SNR)一分为二,改组为瑞典国有铁道有限公司(SJ)和瑞典国家铁道署(BV)两大机构。通过改组,原有铁路结构发生了两个明显变化:基础设施与列车运营分离,列车运营走向商业化。

SJ 负责干线客货运业务以及支线的货运业务,是独立核算、自主经营的企业。近些年来,管理部门积极开发企业内部商业文化,并且重新占领被其他运输方式占领的市场。

BV 通过政府拨款主要负责铁路基础设施的投资及主要干线和地方线路的维修养护。BV 在得到政府拨款后,按照成本—收益原则分配使用资金。SJ 及铁路网上其他业务经营者需要按一定标准支付铁路线路使用费,这些费用上交国库。使用费包括两部分,一部分是与线路磨损有关的可变费用,一部分是每个机车车辆需交纳的固定费用。可变费用包括 5 项内容:(1)不同类型的车辆支付不同的吨公里费用以反映各种车辆对基础设施不同程度的磨损;(2)考虑到接触网系统的磨损和折旧,对电动列车每运营公里加收一定的附加费;(3)考虑到可能出现的与运输事故有关的社会费用,每列车公里加收一定的事故费;(4)为处理污染,对燃油消耗收取一定的环境费;(5)编组站每次解编作业要收取一定的基础设施使用费。

瑞典铁路的组织结构如图 3—10 所示。

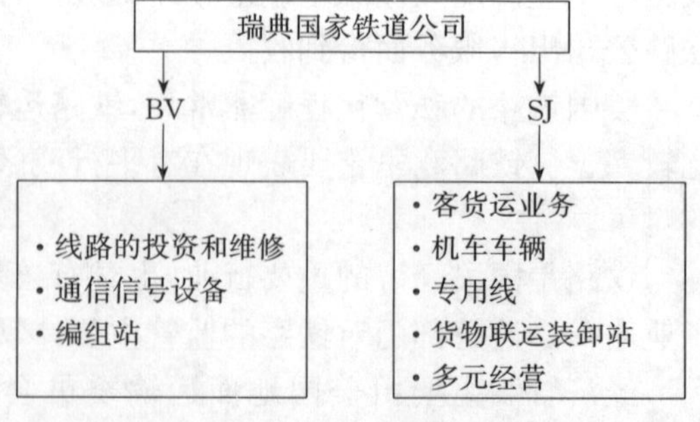

图 3—10 瑞典铁路的组织结构图

自铁路改组以来,BV 一直负责铁路基础设施建设,法律规定 BV 要根据社会需要,在严格定量评价的基础上分配维修资金和其他投资,在经济评价时,要通盘考虑地方和国家的利益。

BV 的业务内容包括 4 个方面:(1)工务,包括路基和上部建筑,如轨枕和钢轨;(2)供电,包括变电站和变压器,高压输电网及辅助设备;(3)铁路电话网;(4)铁路信号系统。

根据 1988 年议会通过的运输政策法案,SJ 按照商业性的自由企业运作,在法律上仍然保留商务管理机构的形式。尽管 SJ 是国有的,但享有私营公司大部分的自主经营权和竞争与激励机制。

SJ 主要包括以下独立核算的部门:

(1)客运部。客运部的业务内容主要包括一般运输、合同运输、首都市郊运输等。不同的业务又由不同的独立核算的部门完成。例如,一般运输业务由8个独立核算(利润中心)的运营线组成,合同运输由11条独立核算的运营线组成。

(2)货运部。货运部的业务内容主要包括铁路整车货运业务,专列及单元列车货运业务,多种运输方式的联运以及货运市场的开发。货运市场的开发以及货运产品的销售由市场营销人员负责。市场营销处设8个业务组,每个组均为利润中心,对外承揽货运业务。

(3)机械工程部。机械工程部负责客运和货运的车辆维修工作,负责设计和研制新的机车、客货车辆,为机车车辆的改进和技术发展提供支持。

(4)房地产部。房地产部负责开发和销售SJ控制的房地产。

以上各部都有独立的资产负债表和相关的财务统计,它们根据内部的商业协定进行生产经营合作。

除了上述部门外,SJ还有其他一些相关部门。

瑞典国铁的改组按照商业化原则进行,其经营规则也较原来发生了重大变化。在完成“上下分离”以后,SJ仅向政府支付与公路使用费相似的线路使用费;而BV所需资金则来自政府拨款。在企业重组过程中,对铁路运输的管制也大大放松。政府批准,从1996年7月1日起,任何符合国家规定的运营者均能在国家铁路网上经营货运业务,线路能力分配以及运输控制由一个独立于运营者和基础设施管理者的新机构负责。这个决定使得进入铁路更加容易,竞争机制更加明显。

2. 英国

英国国铁的重组是欧洲铁路改革中的一个突出范例。在1948年后至改革之前,英国铁路一直是由国家控制并且是独家经营的。1982年,英国对铁路组织机构进行了重大调整,变块块(区域)管理为条块(专业部门)管理相结合。

20世纪50年代初,英国铁路在客运市场上的比重约占20%,在货运市场上的比重约占40%,到了90年代中期,铁路在客货运市场上的比重下降到只占6%左右。竞争能力一直处于下滑状态,虽然铁路部门采取了种种措施,降低成本,提高劳动生产率,但并没有遏止铁路市场份额下滑的趋势。

英国铁路改革的一个重要方案是铁路私营化。1979年以后,铁路私营化就成为政府工作的主要目标。然而,铁路私营化不是一蹴而就的,实施的难度很大。铁路私营化作为政治目标首次公开是在1987年,是由当时的运输大臣保尔·凯农(Paul Channon)在保守党会议上提出的。这一政策在5年以后保守党竞选宣言中进一步得到肯定和支持。

铁路私营化方案在英国运输部内部进行了广泛深入的酝酿和讨论,这是由铁路在管理和运营方面的复杂性所决定的。例如,铁路私营化会改善服务还是导致服务水平下降,私营铁路是否会形成垄断,铁路企业的竞争如何做到公平而有效等等。

在充分研究和酝酿的基础上,英国铁路改革提出了4种基本思路,这就是“上下分离”、“专业分工”、“特许权经营”和“公司出售”。1994年4月开始实施改革。通过改革,英国国铁原有体制被彻底打破,改革后的铁路组织被分为“上”、“下”两大部分。

对于“下”部,改革的基本手段是创立一个独立的国家线路管制机构,定名为“铁路线路公司”(Railtrack)。铁路线路公司是国有公司,负责所有线路及基础设施的管理与维护。

对于“上部”则针对不同业务实行了不同的改革方案。

在货运方面，为了提高货运效率和对货主要求的迅速反应，货运业务的私营化是改革的核心。在客运方面，铁路通过特许权经营(Franchising)方式交由民间经营。英国铁路一共确定了25个特许权经营单位。特许权经营包括市场经营和客车运营，提供售票、运营谋划和制定旅客列车时刻表，提供列车乘务员、车站人员配备和操作，提供和维修车辆和机车以及对这些业务的管理。

为了监督线路使用权的分配与使用费收取标准，成立"铁路督察"单位。铁路督察的工作责任有：(1)监督线路公司对不同经营者进行的线路能力分配与收费标准，以确保公平竞争；(2)促进竞争，防止滥用市场主导地位的行为；(3)保护铁路旅客利益。

为了减少进入的障碍，使更多的人能够经营铁路，参与竞争，成立了3个车辆出租公司(ROSCOS)。车辆出租公司为承包者提供客车机车和车辆，供其承租，租金按商业条款来确定，车辆出租公司是实体性公司，它们拥有自己的法律地位和权利，可以被出售。

组建1个全国性路网公司(Railtrack)。路网公司拥有1.6万km线路及其信号、供电设备，2 500个车站(包括客运站，不含货运站、编组站)。负责编制全国列车运行图和客、货列车的调度指挥；出售列车运行线，收取线路使用费；委托专业修理公司负责线路及相关设备的维修。1996年5月20日在伦敦证券交易所上市，国家出售全部股权，成为全部股份为公众持有的上市公司。

英国铁路在私有化初期，基础设施公司经营状况尚好，政府补贴减少到改革前的一半。但1999年后，经营每况愈下，最后资不抵债，靠政府补贴度日。英国铁路的运营管理体制有一些值得反思的地方：

(1)客运公司数量过多，规模较小。把1.6万km线路的客运业务，分成25个特许经营权，每个客运公司的经营空间较小，铁路规模经济效应的发挥受到影响；另外，客运特许经营权期限对客运公司长期投资的积极性也会产生影响。

(2)私人企业重短期利益，忽视对基础设施的长期投资。由此导致设备的老化、超负荷运转，设备更新缓慢。另外，安全管理方面的疏漏也比较多。

3. 法国

法国国营铁路公司成立于1837年，它是由东部、北部、西部、西南部和东南部等五大私营公司组成的。到1982年，铁路公司的资产全部收归国有。

1997年2月，法国政府出台改革铁路运输业，成立"法国铁路网公司"公共机构的政令，宣布对法国铁路实行重大改组。法铁改组的重要内容包括，将国家铁路网的建设、投资、管理职能与相应的资产和负债从法铁公司中分离出去，移交给新成立的法国铁路网公司。法国铁路网公司作为国家铁路网的所有者，对其投资及其他有关业务承担责任。

重组以后的法国铁路具有以下特征：

(1)法国铁路路网公司成为具有企业性质的国家公共机构。法国铁路路网公司的资产包括线路及其相关的固定设备，通信信号、电力牵引以及安全设备，结构工程物和平交道口，客货运站台，调车场和混合作业场，用于基础设施运作和维修的建筑等。

重组后的路网公司不是一个单纯以盈利为目的的商业性企业，它是国家公共机构，并受到有关法律和行政法规的制约。路网公司需要依照公用事业的原则，开发建设国家铁路网。路网公司根据基础设施投资成本、运输市场供需状况、各种运输方式的竞争情况等因素合理确定国家铁路网的收费水平。

(2)法国铁路公司成为运输业务经营者和基础设施维护者。在“上下分离”后,法国铁路公司的职能发生了变化,它需要依据市场原则在铁路网上从事客货运输业务,同时,它将受路网公司委托,按照经济原则承担铁路基础设施的养护维修业务。这等于在铁路内部“上下”之间建立了一个市场,从而将市场机制引入铁路基础设施的养护与维修上来。

法国铁路在欧洲铁路“上下分离”的改革中独具特色。在企业重组过程中,更加强调基础建设投资与客货运输业务的分离,并将市场机制引入铁路企业内部,为使运输企业进行市场化经营打下了基础。

4. 德国

德国铁路的改革始于 1986 年,进入 20 世纪 90 年代以来,改革进程逐步加快。同其他一些国家相似,德国铁路曾经长期国有国营,铁路一直作为国家的特殊财产,按照国家的特殊机构进行编制。十分有趣的是,在德国,火车司机曾经被纳入公务员系列进行管理。

1992 年 4 月德国交通部提出了一份关于铁路改革的建议,建议的内容包括:(1)把铁路的专用资产分成 3 部分,即基础设施、货运和客运;(2)建立运输股份公司,同时保留“基础设施”专用资产;(3)建立包括货运部门、客运部门和基础设施部门在内的德国铁路公司;(4)建立铁路控股公司,负责管理一个运输公司和一个基础设施公司;(5)建立独立的基础设施公司、货运股份公司和客运股份公司。

政府在 1993 年 2 月批准了交通部关于铁路改革的一系列方案,从而成为德国商业史上最大的公司复兴方案,同时也启动了铁路改革和重组的实际立法程序。德国铁路改革的目标是保证铁路足够的灵活性,能够在同等条件下与其他运输方式开展竞争,赋予铁路独立的自主经营权,使其不受行政方面的干扰和影响,提高铁路竞争力,使其在国内和国际运输市场上获得更大的市场份额。1993 年 12 月,联邦参议院通过了铁路重组议案,1994 年 1 月铁路重组法生效。

根据铁路重组法重组以后的德国铁路股份公司是一个由法律确定下来的企业实体,其最高权力属股东大会,国家代表和雇员代表各占 50%,内部分为综合部门(内设法律、人事、发展、财务等)和经营领域。经营领域原则上实行商业化,内设客运部、货运部、路网和维修部。

路网和维修部负责线路、站场、供电网、信号设施的管理、养护和维修,它的直接用户是铁路运输企业。宪法规定,国家负有对基础设施投资的责任,投资以无偿补贴和无息贷款以及折旧还本两种形式进行。

货运部、客运部需要按商业化、市场化原则经营。德国铁路重组的目标是要将铁路股份公司分解为基础设施公司、货运公司、长途客运公司和短途客运公司,1998 年开始实施此项工作,成为独立经营的股份公司。

根据《通用铁路法》的规定,在德国提供铁路运输服务和基础设施的铁路公司,其运营和基础设施活动在财务方面是分开的。《通用铁路法》同时规定了第三方进入德国铁路网的细节。在德国境内的铁路运营公司,在一定条件下可以合法平等地使用德国铁路基础设施,从事国际多式联运服务的国际集团和铁路运营者也能够充分享受合法权利。线路能力分配机构和线路基础设施公司的功能是统一的,不存在单独的官方机构来分配线路能力。

(三)日本

日本铁路产生于明治维新时期。1872 年,日本第一条铁路(新桥—横滨)开通,此后,日本铁路获得了较快发展。目前,日本铁路总长已经达到 2 万余 km。

在管理方面,1906 年,日本将 17 条铁路收归国有。二次大战后的 1949 年,日本通过了《日本国有铁路法》,对铁路实施了完全国有化,日本国有铁路成为"公企业",政府直接控制包括运价、投资、工资等方面的决策权。从 20 世纪 50 年代末起,与有竞争力的私有铁路和其他运输方式相比,日本国有铁路开始逐渐丧失其在运输市场中的份额,国有铁路的僵化管理体制使得铁路部门面对市场竞争显得束手无策。1964 年,日本国铁第一次出现运营亏损,这种状况在以后的时间里逐年增加,到 1987 年,累计债务已达 37.5 万亿日元,企业已无力筹措足够的资金来处理这些债务,政府也不可能进行无限制的补贴。于是,对铁路进行改革成为迫在眉睫的事情。

从 1964 年日本铁路亏损后,日本政府就开始酝酿对铁路进行改革,到 1987 年大规模改组之前,共进行了 4 次微调,由于这些改革未涉及企业深层次问题,所以,改革无法从根本上解决问题。1981—1982 年,由当时的首相任命的一个高层委员会(行政改革临时委员会)在研究采取何种措施缓解国库危机时指出,日本国铁必须改组,并要求成立一个委员会——日本国有铁路改组监督委员会专门负责这项工作。该委员会于 1983 年开始履行职责。经过 4 年的深入研究,1987 年出台了铁路改革方案。改革后的日本国铁被拆分,重组为 1 家全国性的货运公司和 6 家区域性的客运公司。6 家客运公司分别是:JR 东日本、JR 西日本、JR 东海、JR 九州、JR 四国、JR 北海道。改组后的日本铁路在债务分配上采用这样一种方式:总计 37.5 万亿日元的债务由本州三家 JR 公司(预计赢利状况比较好)承担 14.5 万亿日元,约占债务总额的 1/3,其余的 23 万亿日元由政府设立的特殊法人机构——国铁清算事业团来承担。JR 九州、JR 四国、JR 北海道由于所处地理位置比较偏,预计客运量少、营运收入低(后来的事实证明了这一点),所以不仅不承担债务,还获得 1.3 万亿日元的经营安定基金,以其利息弥补经营亏损。

1987 年,日本国铁开始了私有化改组进程。原来作为公共企业的国铁被解散,取而代之的是 7 个股份制公司(JR),每一个公司重点负责某一地区或某一方面的业务。7 个公司中有 6 个是以地区划分的铁路客运公司,1 个是全国性的铁路货运公司(见图3—11)。

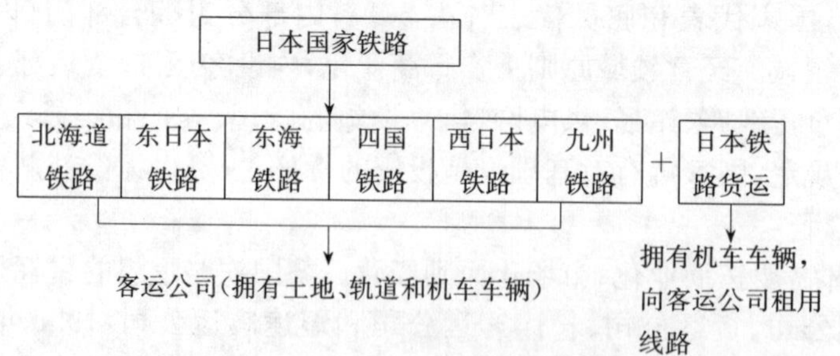

图 3—11 日本铁路重组结构图

与其他许多国家相类似,日本铁路重组也是通过制定相关法律实现的。1986 年,日本国会通过了一系列法律,为国家铁路私有化提供法律依据。这些法律主要包括:"日本国家铁路重组法"、"日本铁路客运公司和货运公司组建法"、"铁路商务法"。

日本国铁在改组过程中,对主营业务、资产、运营、组织机构、人力资源、管理、债务等进行了重新调整。

从 1987 年 4 月开始,日本铁路公司作为一个商业化的股份公司开始运营。改制后的 7 家日本铁路公司都显示了较好的经济效益。1993 年 9 月,东日本铁路公司的股票上市,引起社会普遍响应,购买者十分踊跃。

改革以后的日本铁路在以下方面成绩比较明显:

(1)政府职能发生了根本转变,企业经营体制和经营格局得到了改善。日本国铁民营化后,政府不再负责 JR 各铁路公司的生产经营,运输省依据“铁道事业法”和“铁路经营法”对铁路进行管理。在铁路建设方面,主要负责审查新建铁路的勘测设计报告、线路运行速度、建设主体工程及概预算等,负责审批工程计划。在铁路运营方面,主要负责制定铁路技术标准,检查监督运输安全情况,审批运输价格,防止不正当竞争。民营化改革后,JR 各公司在实行股份制方面取得了重大进展。1993 年 JR 东日本公司股票上市,此后,东海和西日本公司股票也相继上市。三家公司卖出 2 万亿日元股票,其中,东日本公司卖出了 87.5%的股票。国铁改组后,各铁路公司的经营格局也得到了改善。日本铁路以客运为主,改组后 JR 各公司在区域划分上比较合理,体现了客流产生、变化的规律以及路网结构的特点,各公司之间直通运量比例较小(约占总运量的 5%),因此,各公司之间的清算分配简单明晰。对于直通旅客运输,发送公司收取本公司管内票价部分,剩余按相关公司运送里程分配,发送公司再收取这部分票价 5%的手续费。对于公司间的过轨运输,由有关公司协议,原则上实行过轨列车数量对等,在不对等的情况下,按照车辆公里确定成本,进行清算。由于路网分割比较合理,各公司独立完成的运输收入占相当大比例,基本上不存在运输组织和收入清算方面的矛盾。

(2)运输量明显增加,运输效益显著提高。改革后的 1987—1990 年间,铁路公司的运输绩效十分明显,这部分得益于当时的国民经济增长。这期间,客运量年均增长 5%,货运量年均增长 10%,需求增加但成本又有所降低。1991 年开始的经济衰退对铁路运输有所影响,但总体上各公司的客运量还是增加的。1996 年,JR6 家铁路客运公司共发送旅客 89.9 亿人次,旅客周转量 2 517 亿人公里,比 1985 年增长了 27.4%。运输量的增长带来了运输收入的提高,6 家客运公司在运价未涨的情况下,运输收入 1997 年比 1987 年增长了 24.2%。

(3)妥善安排富余人员,搞好劳资关系。改革之初的 1987 年,日本国铁拥有员工约 27 万人,改革开始,有约 5.3 万人自愿离岗,2.3 万人在政府组织的培训机构中进行再就业培训,培训结束实现了转岗。改组计划为富余人员制定了专门的条款,包括为 2 万名自愿提前退休的职员设立专项基金,为年逾 55 岁的职员提供 10 个月的经济补偿;客运公司的 3.2 万名职员转到改组后的国铁其他部门;4.1 万名冗员被转到清算事业团,由其解决重新聘用问题。在解决富余人员安置问题上总的来说比较平稳。

(4)运输安全好,服务质量高。铁路服务质量明显改善,旅客购票、乘车十分便捷,铁路站内、车内环境整洁,服务设施齐全,列车的正点率高,铁路运价稳定。日本国铁 1987 年民营化以来,客运票价没有上调。稳定的票价为铁路树立了良好的形象和信誉。

二、铁路运营管理体制改革的动因及特征

(一)改革的动因与特征

20 世纪 70 年代末以来,在整个世界范围内出现了铁路企业改组的浪潮。这实际上是铁路在人类历史上经历了大发展和大衰落以后的又一次重大变革,是铁路运输在制度方面的重大变迁与创新。

为什么世界各国会在相近的时间里进行着目标几乎完全一致的铁路改革?这看似巧合,但实际上它反映了世界范围内运输市场结构的重大变迁以及铁路在运输市场中的地位变化。

发达国家铁路在经历了近100年的辉煌之后，开始逐渐走向衰落。铁路衰落的原因很多，各种运输方式的迅速发展加大了铁路的竞争压力，现代科技高效地运用于公路、水运和航空运输等竞争对手，货主和旅客对运输服务水平期望值的不断提高等都加速了铁路危机的出现。从全球范围看，市场环境和竞争环境的变化正在缩减铁路所拥有的竞争优势，对许多国家铁路发展造成不利影响。大型飞机的普遍应用，高速公路的迅速发展，汽车的普及以及在客货运输当中作用的不断提高等等，动摇了以轨道为基础的交通运输技术的主体地位。

铁路衰落的另一个原因是对其实施的严格管制。在过去相当长的一段时期内，各国政府都对铁路实施了程度不同的管制措施。管制造成了铁路运营的僵化。在很多情况下，铁路几乎失去了在市场上行动的自由。在有些国家，铁路被纳入政府所属部门，铁路职工被定为国家公务员，铁路成为政府调剂经济、解决社会问题的重要手段。政企不分一度成为铁路具有的顽症。

铁路衰落的第三个原因是铁路运营体制在制度层面的不均衡。历史上，铁路一度是先进技术的代表，是否拥有铁路曾是衡量一个国家发达程度的标志。在先进技术的背后，铁路也拥有一套严格的管理制度。然而，在发展了一个世纪后，铁路运输制度并没有随着它的规模和整个市场制度的变化同步变化。制度上的不均衡在铁路危机当中充分暴露出来。铁路危机说明"经营一贯制"是行不通的。

铁路危机导致了铁路改革。世界铁路改革的一个共同取向是对铁路进行战略性重组。各个国家铁路危机严重程度不同，市场环境条件不同，因而，改革的措施和路径也有所不同。然而，所有国家铁路改革都要涉及一个根本问题，那就是对既有运输制度的改革与创新。在既有的市场环境和运输技术条件下，铁路要想恢复其原有的竞争优势，必须对自身进行改组。

从上面谈到的不同国家铁路改革情况来看，铁路重组实际上是铁路运输在制度上的一种变迁与创新。虽然各国铁路重组模式不尽相同，但改革都是为了寻求建立一种更有效的、能够为铁路带来更大收益、使铁路更具竞争力的制度。

20世纪后期世界范围内的铁路改革具有以下几方面特征：

1. 铁路重组是不同类型的制度变迁

在欧洲、日本等国，铁路企业重组是一种"自上而下"的制度变迁过程，这与这些国家铁路管理制度方面的国有化有着十分密切的关联。在这些国家铁路重组中，政府往往成为第一行动集团。这并不奇怪，因为国有铁路使这些国家背上了越来越重的财政负担。政府每年对铁路的补贴少则几十亿美元，多则上百亿美元，国家财政不堪重负。于是，政府越来越感到铁路管理制度上存在着巨大弊端。然而，在政府感到压力越来越大的同时，企业却并没有太大的危机感，因为作为国有企业领导者和职工，他们的个人利益并没有受到很大影响。在德国，铁路职工属于国家公务员，生活稳定、有保障，因而，变革的动力不可能来自于他们是十分自然的。在一些国家，铁路企业不仅没有成为铁路运输制度变迁的推动者，相反，由于铁路重组会影响铁路职工的切身利益，所以，他们完全有可能成为改革的阻碍者。从经济补贴的角度来看，政府推动铁路改革能够减轻巨额的财政负担，运输制度变迁对于政府来说存在明显的潜在利润，于是，这些国家政府自上而下推动了这一变迁进程。

美国铁路的重组与上述国家有所不同。美国铁路大部分是私营铁路，政府与铁路的关系不像上述国家那样密切，美国运输市场发育比较完善，铁路盈亏与否基本上是铁路企业自己的事情。由于铁路在与其他运输方式的竞争中逐渐失去了市场，于是，对铁路进行重组，提高市场竞争力，增加铁路收益就成为铁路企业的自身要求。美国铁路企业重组过程中的特征主要体现在企业规模的变化，美国铁路改组是市场作用的结果。当然，政府从政策框架上支持了铁路的重组，重组的结果是数以百计的小型铁路企业的产生和大规模铁路公司的出现。

2. 铁路企业重组主要表现为正式规则的变迁

从欧洲、美国、日本铁路企业重组过程来看，重组本身伴随着周密而详细的立法。所以，铁路制度的变迁主要体现在正式规则的变化上。

铁路是一个比较特殊的行业，虽然在欧、美、日等国家铁路的市场份额逐渐减少，但它在社会经济中的地位和作用还是相当明显和突出的。铁路的改革和重组是受到社会广泛关注的话题。因此，铁路的改革必须要有明确的法律边界（正式规则），保证改革按照设计的步骤来完成。由于铁路重组是一个十分复杂的制度变迁过程，新的制度框架的创立也要求必须有一套完整而详细的正式规则的制约，否则，制度的边界将会模糊不清。

3. 铁路重组模式不尽相同

在欧洲，铁路企业重组的核心和关键是"上下分离"，目前，这种模式也被一些非欧洲国家，如澳大利亚所采用。"上下分离"的改革将铁路的基础结构与线上运营业务分成两大系统，使线上列车运营业务市场化、商业化。"上下分离"的突出特点是允许更多的运营者共同使用相同的线路（在不同的时间内），而其中所有的运营者对线路都没有控制权。不同的运营者可以在相同或不同的线路上（如平行线）竞争，也可以为获得某一特定的运输业务而展开经营权的竞争。

美国铁路的重组主要以放松管制和大量小铁路的出现为主要特征。小铁路的出现是企业制度的一种变迁，它的经营机制更加灵活。一些支线（连接大铁路）和一些运输密度较低的线路是小铁路产生的主要来源。

日本铁路重组与欧、美情况不同，它是对原有"上下一体化"的国有铁路实行了私有化，在客运方面设立了不同的区域性公司，在货运方面则成立了一个单独的货运公司。私有化的结果是赋予各个私有公司更大的商业自由和竞争空间，鼓励通过竞争提高效率和服务水平。

4. 铁路重组的经济绩效比较明显

上述主要国家的铁路重组是由于铁路在运输市场中地位的变化以及其内部制度不均衡所造成的。铁路重组从本质上说是一种制度变迁过程，推动这种制度变迁的目的在于能够获得大量的潜在利润。

上述国家在铁路重组以前，铁路企业普遍受到来自其他运输方式的竞争压力，大量亏损、破产或倒闭。重组以后的铁路企业，从制度安排上更加适应运输市场的发展和变化，虽然各国铁路重组的模式不同，例如私有化、上下分离、整体出售、特许权经营等等，但所有模式都更加贴近市场，从而使铁路企业在市场竞争力方面又得到了极大的恢复。

重组以后的铁路企业经济效益普遍提高。瑞典铁路 1988 年以后财务状况明显好转。1987 年总收入为 89 亿克朗，毛利为 0.36 亿克朗，1993 年总收入为 95 亿克朗，毛利约为 8 亿克朗，1994 年毛利又增加到 10 亿克朗。铁路重组后，SJ 的净收入每年都是正数（1989 年除外）。现在，SJ 不但还清了债务，而且还有节余。

美国铁路改组过程中众多小铁路企业的诞生使铁路在市场中找到一种新的定位和存在方式：很多小铁路为农村提供了唯一的铁路运输服务，它的价格低廉而服务优质。大铁路在小铁路引发的运量中也明显获益，政府在税收中也得到了好处。

小铁路的市场生存力是很强的，据调查，共有184个新的小铁路企业接管了由大铁路公司从1984年至1993年放弃的铁路。1984年以来组建的小铁路公司几乎没有失败的，即使是在美国国内经济衰退时期也是这样。小铁路公司运营成本更低，他们能够建立本地需要的各种特殊业务，在低运输密度的线路上，小铁路公司比大铁路公司运营成本更低。

日本铁路在重组(私有化)后，客货运量增长迅速。从1986年到1990年，客货运量分别平均增长5%和10%，1989年的利润比1986年增加250亿美元。1985年日本铁路亏损83亿美元，1992年盈利69亿美元。

在营业收入和利润增长的同时，服务质量也大大改善。铁路重组后，推出了多种新的营销措施，极大地满足了不同顾客的需求，从而使日本铁路的声誉得到了改善。

（二）欧盟一体化与铁路运输市场开放

欧洲国家铁路改革的一个最主要特征是“上下分离”。所谓“上下分离”是对铁路改革中一种特定模式的非正式形象化描述，其意义为“铁路基础设施管理与运输经营的分离”（separation between infrastructure management and transport operation）。如前面谈到的，“基础设施”不仅指铁路线路，同时也包括相关的通信信号设施、电力接触网、编组站和其他路网设备。“运输经营”是指铁路客货运输生产与经营。欧洲国家在“上下分离”当中提出了3种具体操作方式，即在财务核算上分账管理的“会计分离”（separation of accounts），在企业内部重新设置部门的“组织分离”（organizational separation）和完全分立为若干独立机构的“机构分离”（institutional separation）。

欧洲国家铁路实行上下分离的一个重要原因是欧盟的一体化进程。在此之前，欧洲国家达成的共识是：铁路复兴是实现运输体系可持续发展的重要基础，同时，欧盟要实现经济和社会的一体化，实行欧洲铁路网的一体化是十分重要的内容，也是十分重要的基础。欧洲经济一体化在很大程度上促进了欧洲运输市场的一体化。1991年，欧洲议会发出指导性文件91/440/EEC，推动欧洲国家铁路的上下分离改革。

《2010年欧洲运输政策白皮书》是对欧洲交通运输发展的战略构想和部署，包括改进公路运输质量，振兴铁路运输，控制航空运输的增长，适应海上运输和内河航运的系统，各种运输方式的连接等。涉及建立一体化运输市场的内容主要包括：(1)逐步开放欧洲铁路运输市场。开放各国货运市场，建立相应规则和条例，使每个参与者的责任都明确、清楚，从而保证铁路网络和运输经营更加安全；不断改进所有的高速铁路和普通铁路运输网络的互联互通性及其相关规则；逐步开放国际客运市场；采取积极措施保障铁路运输服务质量和用户权利，特别是需要建立规则，规定对运输服务的延迟或者其他相关损失予以补偿，同时也要提出与服务质量指标相关的其他措施、合同条款、旅客信息透明性以及争端的庭外和解机制；(2)通过建立铁路互联互通、安全性等方面的相关规则，建立一个欧洲范围的共同体结构，保障铁路运输的安全和通畅。

欧洲国家推动铁路的“上下分离”实际上是要建立一个完整的欧洲铁路网，为欧洲的经济和社会一体化服务。

欧洲各国在铁路“上下分离”的改革当中，无论是在上部“运输经营”还是在下部“基础设施”的机构设置、权责关系界定、利益分配方式、管理方法和手段等方面都没有统一固定的模式，可以说，各国都有各国的特点。

为衡量和推动各国铁路的开放进程，欧洲有关机构专门对此进行研究，并建立了铁路自由化指数的指标。铁路自由化指数是反映铁路市场开放程度信息指标，旨在揭示在欧洲不同国家市场的开放程度的相对差异，以提供一个良好的实证基础来讨论持续的市场开放进程。铁路自由化指数也旨在进一步激发和提高欧洲铁路运输市场的开放进程。在多式联运业务的竞争中，铁路将在市场开放中获得好处。开放国内铁路市场将有可能创造欧洲和更大范围的国际市场，铁路运输的优势将会在更大的范围内展现。此外，开放铁路运输市场将提高运输企业的竞争压力，从而提高运输服务质量并保持合理的运输价格。有关研究机构关于欧洲铁路自由化指数的研究，目的是能够反映有关国家铁路运输市场的开放程度。相关的研究包括有关法律、行政、市场结构等方面内容，也包括对其他方面因素的分析，包括：价格趋势，服务质量，客户满意度，债务状况，生产状况和安全因素等。

从 2002 年由一些大学和研究机构开始进行铁路自由化指数的研究与分析，并出版了第一部研究报告，2004 年出版了第二部。第三部研究报告于 2007 年 10 月 17 日在布鲁塞尔公布。

LIB Index—Liberalisation Index（铁路自由化指数）提供了一些关于扩大的欧盟内部的欧洲铁路交通市场（包括挪威和瑞士）的市场开放相关程度的信息，它是基于法律和实际市场准入壁垒进行分析和研究的。其中包括：

ACCESS Index：市场的可进入指数，反映信息、行政和业务等方面的壁垒。

(1)信息障碍：获取信息的期限，与准入相关的个人和非个人信息的质量及其他；

(2)行政壁垒：执照，发放安全证书等；

(3)业务障碍：路网进入条件（路网的可进入性、车辆的可进入性、安全许可证等），基础设施的收费制度（过轨收费系统），其他设施和服务，以及可得到的市场、线路分配等。

LEX Index：LEX 词本身的含义是“法，法律，法律体系，罗马公法，罗马私法”。LEX 指数是衡量一国法律方面市场开放度的指标。市场进入的法律条件含有监管机构的权力和市场准入制度等。2007 年增加了标准方面的内容以更好地衡量铁路管制效率。

COM Index—Competitive Index：COM 指数，显示竞争状况，反映铁路的市场结构和不同运输企业的数量和市场份额。COM 指数用来反映自由化过程中的效果。

铁路自由化指数可由(3—4)式表示。

$$\begin{aligned}\text{LIB Index} = {}& 0.2\times \text{LEX Index} + 0.8\times \text{ACCESS Index} = \\ & 0.2\times\sum_{i=1}^{3}G_{L\cdot i}L.i + 0.8\times\sum_{i=1}^{3}G_{A\cdot i}A.i = \\ & 0.2\times\sum_{i=1}^{3}G_{L\cdot i}\times\sum_{j=1}^{x}(G_{L\cdot i\cdot j}\times\sum_{k=1}^{y}(G_{L\cdot i\cdot j\cdot k}\times L.i.j.k)) + \\ & 0.8\times\sum_{i=1}^{4}(G_{A\cdot i}\times\sum_{j=1}^{x}(G_{A\cdot i\cdot j}\times\sum_{k=1}^{y}(G_{A\cdot i\cdot j\cdot k}\times A.i.j.k)))\end{aligned} \tag{3—4}$$

原则上，在每个国家都可能存在本国的和其他国家的铁路货运公司，大多数国家都批准了非本国铁路货运公司参与本国铁路货运，但在一些情况下，仍然会遇到限制或障碍。客运方面的差距比较明显。

欧盟的法律在 2007 年 1 月 1 日对所有的欧盟铁路货运运输公司都提供了开放的进入条件。但是仍然有 6 个国家对本国铁路货运公司开放路网存在限制。

第五节 高速铁路的特征及其发展

铁路的产生是工业革命的重要标志之一，蒸汽机车曾经作为一种新技术使铁路运输成为最具竞争力的运输方式。然而，20 世纪以后，公路、航空等运输方式快速发展，它们或者更加便捷、或者速度更快，使铁路受到强有力的挑战。其他运输方式的快捷发展使得经济发达国家的交通运输结构开始发生变化，铁路的霸主地位开始动摇，公路运输、民航运输的市场份额不断增加。

交通运输的本质是提供一种位移服务，它体现克服空间障碍的能力和水平，实现服务对象在空间效用和时间效用方面的要求。与公路、航空等运输方式相比，传统铁路运输在提供运输服务、满足用户空间效用和时间效用方面都存在许多不足，如无法实现公路运输所能达到的门到门服务，也无法达到航空运输的速度。为了应对来自其他运输方式的竞争，对传统铁路在技术等方面进行创新，使其产品在空间效用、时间效用等方面更加适应用户的需求，贴近市场，成为铁路发展的重要课题。高速铁路在这样一个背景下产生并逐步发展起来。

根据 UIC(国际铁路联盟)的定义，高速铁路是指营运速率达 200 km/h 的铁路系统(也有 250 km/h 的说法)。1964 年日本建设通车的东海道新干线(东京至大阪)是史上第一个实现营运速率高于 200 km/h 的高速铁路系统。这条铁路的建设运营拉开了高速铁路发展的序幕。20 世纪 80 年代后，法国、意大利、德国、西班牙、韩国、中国台湾等国家和地区先后开始建设高速铁路，并相继投入运营，目前还有很多国家也在积极研究筹建高速铁路。高速铁路已经成为现代交通运输的重要组成部分，推动运输技术的发展和服务水平的提高，同时也成为经济和社会发展的重要助推器。可以预见，21 世纪的铁路运输业将会出现轮轨系高速铁路的全面发展，高速铁路的规模将不断扩大，在社会经济发展中的地位和作用也将越来越明显。

根据速度不同，通常又将高速铁路划分为准高速铁路(时速为 160～200 km)，高速铁路(时速为 200～400 km)和特高速铁路(时速在 400 km 以上)。西欧一些国家把旧线改造后时速达到 200 km 的铁路也划为高速铁路。1985 年联合国经济委员会在日内瓦签署的国家铁路干线协议规定，新建客运列车专用型高速铁路时速为 300 km；新建客货运列车混合型高速铁路时速为 250 km。

一、不同国家的高速铁路

1. 日本的高速铁路

世界上第一个建设和运营的高速铁路是日本的新干线(Shinkansen of Japan)高速铁路，全称是“高速铁路运输系统新干线”，其车头是流线型的，形状很像一颗巨型的子弹，所以又有“子弹列车”之称。1964 年 10 月 1 日东海道新干线正式开通营业，高速列车运行速度达到 210 km/h，从东京至大阪间旅行时间由原来的 6 h 30 min 缩短到 3 h。这条铁路代表了当时世界一流的高速铁路技术水平，标志着世界高速铁路由试验阶段跨入了商业运营阶段。

东海道新干线以其安全、快速、准时、舒适、运输能力大、环境污染轻、节省能源和土地资源等优越性赢得了社会公众的广泛欢迎和支持。东海道新干线投入运营后，高速列车的客运市场占有份额迅速上升，每天平均运送旅客约 36 万人次，年运输量达 1.2 亿人次，使包括东京、横滨、名古屋、大阪等大城市在内的东海道地区的旅客运输紧张状况得到了缓解，也取得了预期的经济效益。

1971 年日本国会审议并通过了《全国铁道新干线建设法》，促进了高速铁路的进一步发展。1975 年山阳新干线通车营业，列车最高时速 270 km；1985 年东北新干线通车营业，列车最高时速 240 km；1982 年上越新干线通车营业，列车最高时速 240 km；1997 年长野新干线通车营业，列车最高时速 260 km(见图 3—12)。

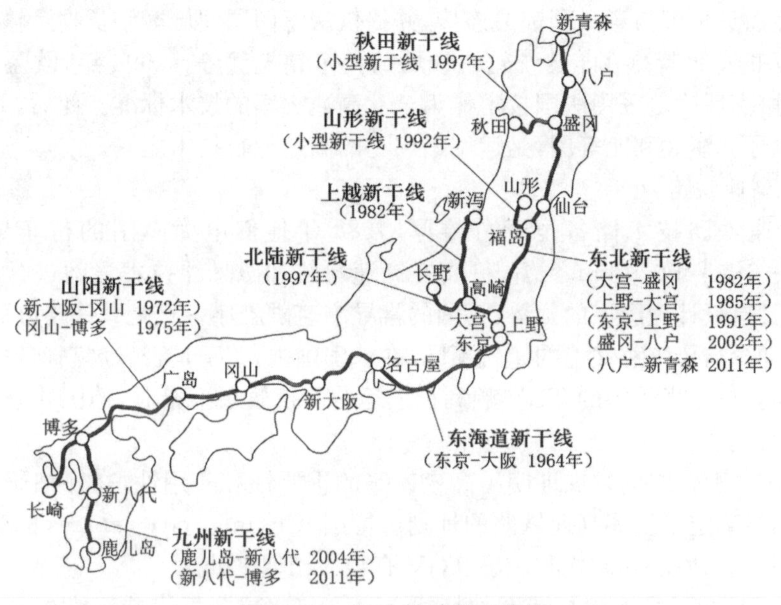

图 3—12　日本铁路新干线图

2. 法国的高速铁路

TGV 是 Train a Grande Vitesse(法语“高速铁路”)的简称。1971 年，法国政府批准修建 TGV 东南线(巴黎至里昂，全长 417 km，其中新建高速铁路线 389 km)，1972 年的试验运行中，TGV 创造了当时的 318 km/h 的高速轮轨速度。1976 年 10 月正式开工，1983 年 9 月全线建成通车。TGV 高速列车最高运行时速 270 km，巴黎至里昂间旅行时间由原来普通列车的 3 h 50 min 缩短到 2 h。高速列车开通后，旅客运量迅速增长。TGV 东南线的成功运营，证明高速铁路是一种具有竞争力的现代交通工具。1989 年和 1990 年，法国又建成巴黎至勒芒、巴黎至图尔的大西洋线，列车最高时速达到 300 km。1993 年，法国第三条高速铁路 TGV 北线开通运营，由巴黎经里尔，穿过英吉利海峡隧道通往伦敦，并与欧洲北部比利时的布鲁塞尔、德国的科隆、荷兰的阿姆斯特丹相连，是一条重要的国际通道。

由于在修建高速铁路之初，就确定了 TGV 高速列车既可以在高速铁路上运行，也可以在普通铁路上运行的技术政策和组织模式，所以目前法国高速铁路虽然只有 1 282 km，但 TGV 高速列车的通行范围已达 5 921 km，覆盖了大半个法国。根据交通规划，法国将把东南线延伸至马赛，还要修建通向意大利和西班牙的南部欧洲线以及巴黎至德国斯特拉斯堡的东部欧洲线。

1981—1991 年，整个 TGV 东南线的旅客运量增加了 90%，列车的座位平均利用率为 80%，这些指标明显高于同期的航空运输。目前，这些指标仍然稳定在一个较高的水平。从 1997 年起，法国高速铁路客运量年增加 35%，年收入增加 62%。在某些地区，航空运输已让位于高速铁路。1991 年，巴黎和里昂间的航空运量为 55 万人，仅相当于 1972 年的运量水平。

而法国其他国内航线与同期运量相比却增长了3倍。预计法国高速铁路近几年完成的旅客周转量将保持10%左右的增长速度。法国高速铁路网计划向法国东南部扩展,连接马赛、夏纳和尼斯。同时,计划由马赛向西延伸,经尼姆、蒙彼利埃和佩皮尼昂与西班牙铁路网接轨。这样,由巴黎至巴塞罗那仅需要4 h 30 min。计划由第戎经贝桑松、贝尔福和米卢斯进而与瑞士联网,由里昂经尚贝里可与意大利都灵连接,并提供法意两国间旅客和货物运输。

法国TGV的最大特点在于传统轮轨领域的技术领先优势。1996年,欧盟各国的国有铁路公司经联合协商后确定采用法国技术作为全欧高速火车的技术标准。此后,TGV技术被出口至韩国、西班牙和澳大利亚等国,是运用最广泛的高速轮轨技术之一。

3. 德国的高速铁路

德国的高速铁路技术储备也十分雄厚,1988年他们电力牵引的行车试验速度突破400 km/h大关,达到406.9 km。德国一直在高速轮轨和磁悬浮技术之间进行两线作战。由于磁悬浮方面具有设计理念上的优势,德国的常导高速磁悬浮一直是其铁路方面科研的重点。磁悬浮的设计理念与传统意义上的轮轨不同,在德国国内,关于是否发展高速铁路的争论还是持续了很长时间,只是当法国的TGV顺利投入运营而且效果不错时,德国才开始在高速轮轨方面给予更多关注。

日本和法国高速铁路的发展证明了高速铁路的重要性和实用性,在仔细研究和反复论证基础上,德国最终确定了发展高速铁路的计划。德国ICE(inter city express的简称)的研究开始于1979年,其制造原理和制式与法国TGV有很大相似之处。

1991年德国建成了曼海姆至斯图加特线;1992年建成了汉诺威至维尔茨堡线。德国的ICE城际高速列车,时速达到250 km。1993年后,ICE高速列车进入柏林,ICE也穿过德国与瑞士的边界,实现了苏黎世至法兰克福等线路的国际直通运输。随着高速铁路的不断延伸,受益地区越来越多,例如,慕尼黑至柏林的行程时间仅需要2 h,法兰克福至柏林的时间比以前缩短了1 h。同时,汉诺威—法兰克福线也延伸到卡尔斯鲁厄和瑞士苏黎世。

在德国,高速铁路通车运营后,旅客运量持续增加。德国高速铁路的目标客户群是长途旅客。多年运行经验表明:高速铁路的旅客平均行程比一般铁路高出许多。

4. 西班牙高速铁路

西班牙高速铁路简称AVE(西班牙语:alta velocidad,意思为鸟),目前由西班牙国家铁路来营运。与西班牙其他铁路系统采用宽轨不同,高速铁道使用标准轨。1992年4月,西班牙在巴塞罗那奥运会前夕开通了从马德里至塞维利亚的高速铁路。1994年,西班牙高速铁道开始以时速300 km运行,全段471 km只需2.5 h完成。在第一条高速干线成功运营以后,西班牙继续加快高速列车的发展,经过新建和改建以后,西班牙铁路形成一个现代化的高速路网,跻身于世界铁路的先进行列。

目前AVE有马德里—塞维利亚、马德里—巴利亚多利德、马德里—韦斯卡、马德里—马拉加、巴塞罗那—塞维利亚、巴塞罗那—马拉加等8条营运路线。

另外,还有一些在建线路,如:巴塞罗那—哲罗纳—菲格列斯(Figueres)—佩皮尼昂(Perpignan)、毕尔包—维多利亚—圣塞瓦斯提安、马德里—潘普洛纳、大西洋线等。

5. 中国的高速铁路

(1)台湾高速铁路

台湾高速铁路是台湾西部重要的长途交通动脉之一,于2007年1月5日通车,它连接台北、高雄两大都市与台湾西半部各主要县市，路线全长 345 km，最高营运速度 300 km/h，最高加速度 0.56 m/s²，列车编组为 12 节（1 节商务车厢，11 节标准车厢），其中 9 节动力车及 3 节无动力车，乘客座位数共 989 席。

台湾兴建高速铁路的提议始于 20 世纪 80 年代，主要是为了解决日益增加的城际运输需求而提出的。台湾高速铁路是台湾第一个，也是迄今为止全世界最大规模采用 BOT 模式，并将于特许营运期满后移转给政府的公共工程，建设总成本估计约达 5 000 亿元新台币。台湾高速铁路由台湾高速铁路股份有限公司负责兴建、营运阶段的工作，特许期限自 1998 年起算，为期 35 年，事业发展用地为 50 年，期限过后将以有偿或无偿的方式交还政府经营管理。

台湾高速铁路联通台湾西部走廊，不仅促进台湾的南北交流，而且促进构建全新的商旅模式，打造台湾的“一日生活圈”，对于台湾经济和社会发展具有重要的意义。

(2)中国内地高速铁路

根据铁路发展规划，到 2020 年，中国内地将建设包括哈大线、武广线、郑西线、京石线、汉宜线、港深广、京津城际、京沪线等在内的多条高速铁路（见图 3—13）。

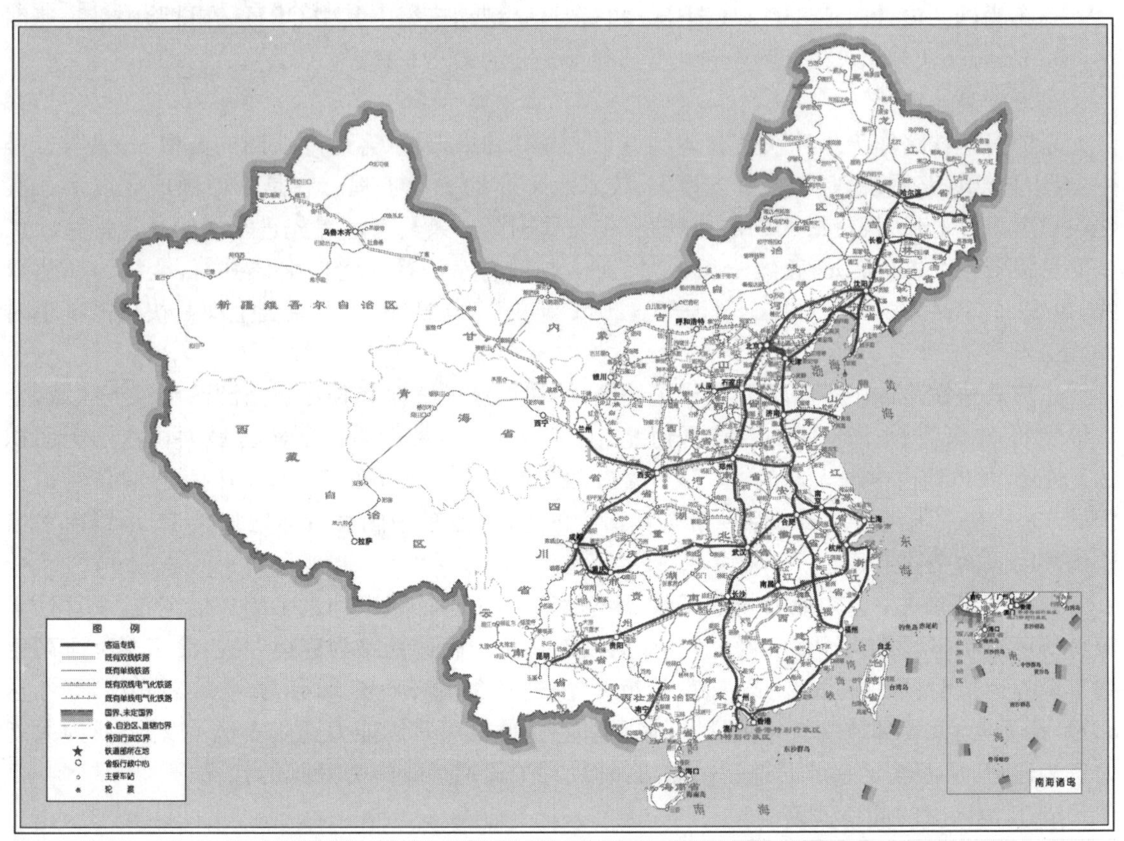

图 3—13　中长期铁路客运专线网规划（2008 年调整）

根据《中国铁路中长期发展规划》，到 2020 年，为满足快速增长的旅客运输需求，建设省会城市及大中城市间的快速客运通道，“四纵四横”铁路快速客运通道以及三个城际快速客运系统。建设客运专线 1.6 万 km 以上。

在广州至南宁、广州至贵阳、成都至兰州等重要省会之间或重大城市之间，将来随着社会经济的发展和旅客运输需求的增加，也可能修建速度在 200 km/h 及以上的客运专线或城际铁路。目前已经通车的有京津城际、石太、京广、郑西等高速铁路。

①京津城际铁路

京津城际铁路于 2005 年 7 月开工，2008 年 8 月 1 日开通运营，连接北京、天津两大城市，全长 120 km，沿线车站包括北京南站、亦庄站(预留)、永乐站(预留)、武清站、天津站全程运行时间 30 多 min，列车最高速度:350 km/h。

京津城际铁路提升了北京、天津两城市间的交通能力，让往返两地变得更加容易。北京亦庄站为预留车站，计划与首都机场实现对接，乘客可从该站直达首都机场。

京津城际铁路把中国两大直辖市连为一体，打造以北京为中心的都市圈，强化了北京、天津的经济和社会往来。

京津城际铁路是中国第一条采用先进的无砟轨道技术铺设的铁路，轨道运用了世界上最先进的长钢轨焊接工艺，经过多次焊接后铺设的钢轨，没有连接缝隙。信号系统使用 ETCS-1 级和 CTCS-2 级信号系统。

列车为国产设计时速 350 km CRH_3 和 CRH_{2C} 型动车组。其中 CRH_3 在试验中最高速度达 394.3 km/h，CRH_{2C} 在试验中跑出了 383 km/h 的最高车速。

②京沪高速铁路

京沪高速铁路作为京沪快速客运通道，是中国“四纵四横”客运专线网的其中“一纵”，也是中国《中长期铁路网规划》中投资规模大、技术水平高的一项工程。它是新中国成立以来一次建设通车里程最长、投资最大的高速铁路，也是我国第一条具有世界先进水平的高速铁路。该铁路总投资约 2 209 亿元，正线全长 1 318 km，与原有京沪铁路走向大体并行，全线为新建双线，设 23 个车站，2008 年 4 月 18 日开工，2011 年 6 月 30 日通车，北京到上海最快只需 4 小时 48 分。

京沪高速铁路位于中国华北和华东地区，两端连接环渤海和长江三角洲两个经济区域，全线纵贯北京、天津、上海三大直辖市和河北、山东、安徽、江苏四省。所经区域面积占国土面积的 6.5%，人口约占全国人口的 26.7%，人口 100 万以上的城市有 11 个，国内生产总值约占全国的 43%，是中国经济发展最活跃和最具潜力的地区，也是中国客货运输最繁忙、运输需求增长潜力巨大的交通走廊。

已有的京沪铁路运输能力长期紧张，运输密度是全国铁路平均水平的 4 倍左右，一直处于超负荷运行状态，影响了沿线的经济和社会发展。京沪高速铁路为客运专线，北京至上海高速列车全程运行时间约 5 h，比既有京沪间特快列车缩短 8～9 h，年输送旅客单方向可达 8 000 余万人，大大释放既有京沪铁路的货运能力，使其年货运能力达 1.3 亿 t 以上，成为大能力货运通道，从而满足京沪通道运输需求，解决京沪通道运输能力紧张的状况。

6. 其他国家的高速铁路

(1)美国

2009 年奥巴马上台后不久，开始启动美国高速铁路建设规划，宣布了兴建 10 条高速铁路的计划，总投资 130 亿美元，前两年 80 亿美元的费用由刺激经济法案支出。其后 5 年内，每年将追加 10 亿美元的经费。

美国政府兴建高速铁路的规划是在经济危机的背景下提出，显然有通过建设高速铁路拉动经济的意图。同时，奥巴马政府也强调，美国的高速铁路“早就该建”，因为中国、日本、法国与西班牙的高速铁路发展都超越美国。奥巴马说：“试想，能以每小时 100 英里的速度飞驰通过城镇，只走几步路就能到达公共运输车站，下车后只走几个街口就是目的地，该有多好。这种事情已经办得到，相关科技数十年前即已存在。但它发生在其他地方，不在美国。”

从 19 世纪上半叶到 20 世纪上半叶，美国的铁路发展最为迅速，在世界范围内遥遥领先，为经济和社会的发展奠定了坚实的基础，也创造了大量的就业机会。20 世纪 30 年代以后，美国的铁路运输的霸主地位逐渐被汽车和飞机取代，铁路的营业里程也由最高的 40 余万 km 降到了现在的 20 余万 km。铁路旅客运输十分不景气，全美只有一家客运公司（Amtrak 公司），由于经营状况不好，需要政府补贴。由于大量使用汽车和飞机，美国在交通领域的能源消耗非常高。由此，奥巴马认为，美国人不能继续依赖汽车和航空，不能太依赖石油。他说，美国的高速公路壅塞难行，每年浪费价值 800 亿美元的生产力和燃料。飞机场也拥挤不堪，负荷太重。奥巴马表示，美国需要适应 21 世纪社会经济发展所需要的智能运输系统，缩短旅行时间、增加流动性。这套系统将减少交通堵塞、提高效率、减少废气排放，并创造工作机会。他认为，高速铁路带来的创新将改变美国人的出行方式。

美国政府规划的 10 余条高铁路线为（见图 3—14）：一是新英格兰北部线；二是横贯纽约州东西部的帝国线；三是宾州走廊线；四是东南网路线（连接华府与佛罗里达州和墨西哥湾地区）；五是芝加哥枢纽网路线；六是墨西哥湾线（得州东部到阿拉巴马州西部）；七是佛罗里达州线；八是中南部走廊线（得州至俄克拉何马州）；九是加州走廊线；十是西北部太平洋沿岸走廊线。高铁列车的速度超过 160 km/h。

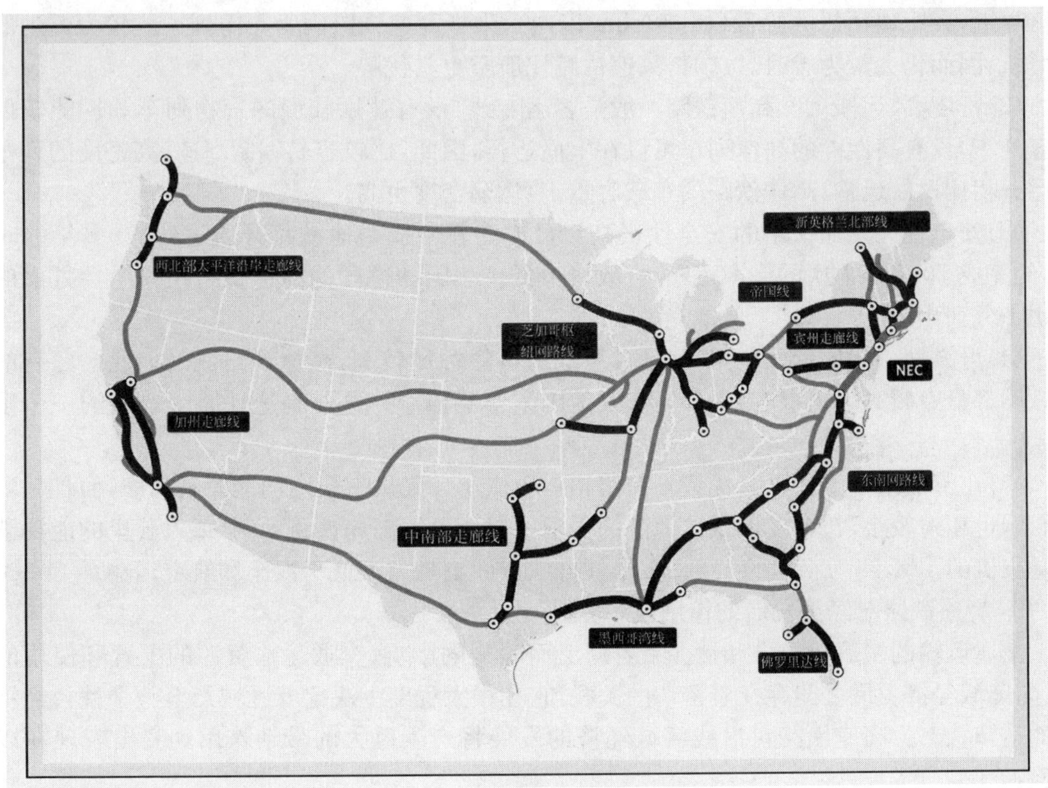

图 3—14　美国高速铁路规划图

(2)捷克

在 2006 年,捷克交通部向政府提交了 2020 年高速铁路建设规划。根据规划,将建设贯通捷克并连接柏林和维也纳的高速铁路走廊,列车设计速度将达到 300 km/h。

按照规划设计,在 2006—2013 年间主要进行路基建设和铺设铁轨,同时计划在布拉格和贝隆之间修建总长 20 km 的高速铁路隧道,这一隧道成为世界上 10 大最长铁路隧道之一。作为高速铁路建设规划的前期准备工作,政府计划投入 1 600 亿克朗(约合 67 亿美元)首先完成目前国内现有 4 条主要铁路干线的现代化改造。捷克国内各党派都十分支持加大对交通基础设施建设的投资力度。

二、高速铁路的技术经济特点

交通运输的基本效用是空间效用和时间效用。时间效用是完成位移所花费的时间代价,它是衡量运输产品质量和运输服务水平的重要指标。在其他条件不变的情况下,克服一定空间障碍(位移)花费的时间越少,运输时效性越明显,竞争力也越强。随着人类社会技术水平、生产力水平不断提高,人类克服空间障碍的能力不断提高,而这种能力更多地体现在同样的位移所花费的时间在不断缩短。

1. 高速铁路的特点

高速铁路具有以下特点:

(1)速度快。高速铁路的速度都在 200 km/h 以上,有的高速铁路速度在 300 km/h 以上。速度快使得人们的旅行时间大大缩短。虽然高速铁路的速度比不上飞机,但由于铁路车站离城区更近,在距离稍短的旅程(如 800 km 以内),乘坐高速铁路因为无需到一般较为遥远的机场登机,因而仍会较为省时。这时,高速铁路比航空更具优势。

(2)密度高,运能大。高速铁路一般是客运专线,没有速度较慢的货物列车和性能较低的旅客列车,只有高性能的高速列车可以在上面运行,因此,比较容易编制高速、高密度的列车运行图。相比民航运输,高速铁路列车载客量大,运输密度也高。

(3)安全性。高速铁路的安全性很高。日本的新干线高速铁路开通运营 40 多年的时间里,约完成 70 多亿人次的旅客运输,事故率很低。法国和德国的高速铁路在安全性方面的表现也十分突出。

(4)可靠性。相比较而言,铁路运输系统的可靠性比较高,高速铁路也是如此。已有的高速铁路都具有较高的正点率,受环境和其他因素影响较小。这是高速铁路受欢迎的一个重要因素。

(5)在节能减排方面具有优势。铁路相对于汽车和飞机有较高的能源利用率,而且对环境的影响也相对较小,符合发展低碳经济的要求。以新干线高速铁路为例,每人公里的能源消耗量是飞机的 1/3,约为汽车的 1/5。在尾气排放方面更是大大低于汽车和航空运输。

2. 高速铁路对经济发展的作用

交通运输的发展对经济和社会有着广泛而深刻的影响,交通运输资源的配置和使用的效率,与区域经济发展之间存在着密切的关联,它在很大程度上决定着区域乃至整个社会经济体系的运转状态。高速铁路对沿线区域经济的发展将产生巨大的带动作用。突出表现在以下方面:

(1)实现区域经济互补,促进区域经济协调发展。不同区域间经济发展是不平衡的,根据区域经济发展的梯度理论，处于不同梯度的区域经济，由于资源禀赋不同，经济特性各异，因此存在着明显的差异。高速铁路的建设和运营能够强化所经区域的人流、物流、资金流和信息流，促进区域间各项要素流动、产业合理分工、资源合理配置，拉动沿线区域的经济增长和社会发展，推动区域经济的聚集效应、溢出效应和扩散效应，实现区域间优势互补，优化资源的配置，促进区域经济均衡增长。

(2)提高区域经济的辐射效应。区域经济发展具有辐射效应(包括点辐射、线辐射和面辐射)，交通运输是产生区域经济辐射效应的基本载体和媒介。高速铁路能够大大强化区域经济的辐射效应，使得相关经济区域的内在能量能够向外释放。这种效应既表现出依托沿线大城市向外扩张的点辐射效应，贯穿铁路全程的线辐射效应(沿线的纵向辐射效应和对线路两侧的横向辐射效应)，也有两者结合可能产生的面辐射效应。因此，高速铁路对沿线经济和社会的发展具有重要的推拉作用。

交通资源是区域经济发展的主要影响因子，高速铁路的建设和运营在促进沿线经济量变的同时，也能够促进区域经济的"相变"(使区域经济系统在生产、消费、贸易等方面产生结构性的变化)。

(3)促进区域经济与交通运输协同发展。交通运输与区域经济发展相互影响，相互促进。区域经济是具有一定自组织性的系统，各子系统在动态运行过程中形成一定的功能和结构比例。交通运输是区域经济发展的重要资源，作为一个相对活跃的因子，对区域经济系统内的各子系统的功能和结构有较强影响。例如，当区域内交通资源匮乏(成为木桶的短板时)，区域其他子系统(如生产系统、销售系统等)的功能就会受到影响，它们的实际产出结果也会发生变化。高速铁路的建设将促进沿线区域经济从交通资源约束型向适应型转变，促进两者之间的协同发展。

(4)促进区域社会经济的可持续发展。我国资源相对短缺，石油、耕地等人均占有量大大低于世界平均水平，存在着严重的人口及资源压力，尤其石油资源将成为我国经济增长的重要制约因素。实施可持续发展战略，必须选择资源节约型、环境友好型的经济发展模式，使能源、土地等资源得到合理利用。铁路与其他运输方式相比，在能源消耗、土地占用、运输成本等方面具有明显的比较优势。在能耗方面，按单位运输量计算，公路是铁路的 6 倍，航空是铁路的 30 倍。在土地占用方面，按单位运输量计算，公路是铁路的 5～6 倍。铁路运输费用仅为汽车运输费用的几分之一到十几分之一。高速铁路对于沿线区域社会经济的可持续发展具有十分重要的意义。

思　考　题

1. 如何认识铁路的意义和作用？论述铁路与经济发展之间关系。

2. 谈谈你对交易成本与企业规模之间关系的认识。

3. 铁路运输企业规模受什么因素影响？

4. 谈谈欧洲、美国、日本等一些国家铁路运营管理体制的特点和差别，并分析造成这种差别的原因。

5. 结合实际分析高速铁路对经济、社会发展的影响。

第四章　铁路运输需求

第一节　运输需求的特征及规律

一、运输需求的含义

运输需求是购买运输产品的前提条件，是研究运输市场变化的核心内容之一。

经济学理论认为，需要是一种要求，是人们在没有得到某些方面满足时的一种感受状态。人的需要多种多样，但总的来说可以分为两大类：一类是生理上的需要，比如解决饥饿、饥渴问题；一类是精神上或情感上的需要，如得到尊敬、社会承认等。

按照经济学的理论，需求与需要是不同的，需求是指有能力购买并且愿意购买某个产品的欲望。对某种商品需求的认可必须同时具备两个条件：第一，消费者愿意购买；第二，消费者有能力购买（即必须有支付能力）。如果给需求下一个定义的话，就是指消费者在一定时期内，在不同价格水平下愿意并且能够购买的商品或劳务数量。

不难看出，需要是一种主观愿望、欲望和要求，它是无限制的；需求则是有支付能力的欲望和要求，它受条件限制，是由支付能力约束的需要（见图4—1）。

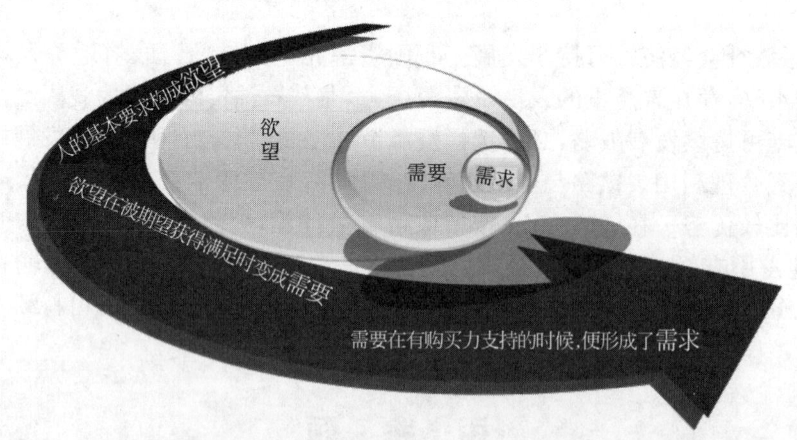

图4—1　欲望、需要、需求三者之间的关系

根据经济学的一般理论我们可以推导出，运输需求与运输需要也是不同的。运输需求是由于社会经济发展对人与货物在空间位移方面所提出的有支付能力的需要。具有实现位移的愿望，同时具备支付能力是形成运输需求的两个必要条件。

然而，对运输需求的认识不能到此为止，因为交通运输的基础性和普遍服务义务决定了运输需求的多样性和复杂性，这一点是过去相关领域的学者所忽略或者没有意识到的。运输产品有公益性的一面，对于一个国家或地区，交通运输具有基础性，同时政府也需要通过各种方式向相关地区（如贫困或边远地区）提供交通运输的普遍服务，满足这些地区对交通运输的需求。在一些特定的时候，如向遭受自然灾害的地区运送救灾物资，抢运受灾人员等，都需要交通运输部门提供强有力的支持与服务，而此时支付能力不应当再是约束条件。与此相类似的还有军事、扶贫等一些特定运输。正因为如此，运输需要与运输需求之间的关系比一般产品的需要与需求之间的关系更加复杂(见图 4—2)。

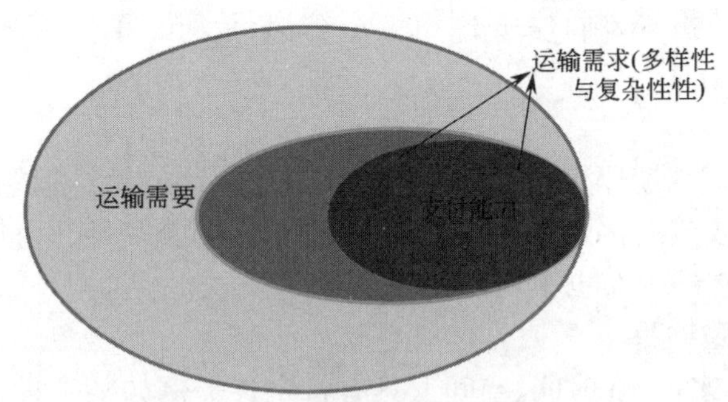

图 4—2　运输需要与运输需求的关系

二、运输需求的特征

运输需求是一个矢量，具有大小、方向、空间分布和时间分布等特性。运输需求由 4 个要素构成，即流量(运量需求)、流时(所需运输时间)、流向(运输方向和目的地)、流程(运输距离)。与其他商品需求相比较，运输需求有以下几方面特征：

1. 派生性

从需求产生的角度来分析，它可以分为本源需求和派生需求，运输需求是一种派生性需求。所谓派生性需求是指对一种商品或劳务的需求是由对另一种或几种商品或劳务的需求衍生出来的。引发派生需求的那种需求即本源需求。

运输需求的派生性十分明显。首先我们看货物运输需求。社会对货物运输需求的产生并不是源于货物运输本身，货物运输“是社会生产在流通领域的继续”，是实现工农业生产及产品交换的必要条件。因此，社会对货物运输的需求源于社会生产、产品交换及产品消费。

货物运输需求的变化受制于生产及交换的规模、范围和结构。整个生产和交换的规模扩大以后，货物运输需求会随之扩大，否则将会相应减少，它们之间是一种正相关关系。货物运输需求既有生产性派生需求，也有消费性派生需求。

旅客运输需求也是一种派生性需求，如出差、旅游、探亲、访友所产生的运输需求。旅客运输需求既有私人消费性派生需求，如旅游、探亲访友等所引发的需求；也有公务活动性派生需求，如公务出差等引发的需求。

运输需求派生于本源性需求，因此受本源性需求影响较大。例如在时间方面，很多货物的生产和消费季节性变化比较明显，因此相关货物运输需求的季节性变化比较明显；在空间方面，产业布局对货物运输的空间分布影响较为明显，很多货物运输的区域性和方向性很强，主要是资源配置和生产力布局的原因。旅客运输需求源自于各类人员的出差、旅游、探亲访友等方面的需求，这些本源性需求的特性决定旅客运输需求的特征，如空间分布、时间分布、方向、规模等。

2. 多样性

社会生产、交换以及经济生活的复杂性，决定了运输需求的多样性。从货物运输来看，货物种类千差万别，它们在重量、体积、形状、性质、包装等方面各不相同，对运输条件的要求也各异，因此，运输当中需要采取不同的技术措施和手段。例如，危险货物运输、长大货物运输、冷藏运输等。

旅客运输方面，由于每个人的社会阶层、收入水平、个人爱好和出行目的不同，决定了他们在交通工具、运输服务质量等方面存在不同的要求，出行动机、消费需求等方面存在着多样性和差异性。

3. 分散性

交通运输的生产和消费遍及的空间很广泛，且具有网络特性。运输需求产生于交通运输网络的各个区域、线路或节点，个别的运输需求具有相当的分散性。由于产业布局、区域经济发展的不均衡，运输需求的分布也不均衡。

4. 时空特定性和规律性

对于个别运输需求来说，在时间、空间上具有特定性。例如某一批货物，货主需要运输企业在要求的时间内从一地运到另一地，时间性和方向性都很具体、明确，这些要求在很多时候是比较苛刻的，因为无论在时间上还是在方向上出现错误，对货主来说都可能造成巨大的经济损失。旅客运输方面，出行的时间和空间是既定的，即时间、方向、目的是明确的。

单个的运输需求具有时空特定性，而它们的集合在时间和空间方面往往也表现出明显的规律性，在货物运输和旅客运输方面均是如此。我国春节期间，客流达到高峰已经成为一种规律。空间上的规律性也同样十分明显，以铁路为例，京广、京沪、京哈三大干线的客货流量明显高于其他线路，我国东部地区的客货运量明显高于其他地区。

5. 可替代性与协同性

和其他很多产品一样，运输产品也具有可替代性。在两地之间存在两种或两种以上运输方式的情况下，不同运输方式之间存在着替代关系和替代效应，这也是运输市场存在竞争的基本条件。虽然不同运输方式间的替代关系导致它们之间可能存在竞争性，但它们之间的协同和协作关系同样是综合交通运输发展的重要趋势。一个高效的综合运输体系一定是各种运输方式一体化协同程度较高的体系，也是交通运输部门竭力打造的体系。

可替代性既表现在运输业内不同运输方式之间，也表现在运输业与相关产业之间。此时，不同产业提供的产品虽然不同，但效应有时是相近的。例如，电话、互联网以及快递业的快速发展和高质量的服务使得一些原本需要人员亲自前往（借助交通）的业务可以减少甚至完全取消，通信和视频技术的发展和使用使得原来必须聚集召开的会议或其他活动变成可以不再集中进行，也减少了对交通的需求。

第二节 影响运输需求的因素

一、影响旅客运输需求的因素

影响运输需求的因素很多，在旅客运输方面包括以下几点：

1. 社会经济发展水平

派生性需求的一个重要特征是它与本源性需求呈现密切的关联性，当本源性需求发生变化后，派生性需求也将随之变化。旅客运输需求（包括生产性派生需求和消费性派生需求）与社会、经济发展以及市场繁荣程度密切相关。经济和社会的发展能够明显促进社会交流与人员流动，从而促进旅客运输需求的上升。反之，在经济和社会的发展衰退时，社会活动和人员交流将趋弱，旅客运输需求也将下降。经济不景气时，生产性活动和消费性活动都会受到影响，通常情况下旅客运输需求会大大减少，减少的原因是生产要素的投入和流动减少，相应的生产性（公务性）出行减少，更换工作、寻找就业的出行频率同样减少（就业机会减少）。由于经济不景气也会影响休闲类出行消费的需求。

中国改革开放以来经济平稳迅速的发展导致多年来旅客运输需求持续上升，随着城市化进程的加快，整个社会的流动性越来越明显。

2. 城市化进程和居民收入水平

一般来说，城镇居民由于工作和生活的需要，其出行需求要高于居住在农村的人。城市化进程的加快使得越来越多的农村人口进入到城镇，派生出大量的旅客运输需求。在我国，近年来越来越多的农村剩余劳动力外出务工，也衍生了对客运的旺盛需求。

居民收入水平的高低影响其消费水平，而消费水平又将直接影响出行需求。我国经济的稳步快速发展使人们收入水平有比较明显的提高，从而也引发了由此派生的较为旺盛的私人消费性出行，如旅游等。在我国旅客运输需求中，私人消费性出行比重越来越大。

3. 人口数量、分布与构成

旅客运输的对象是人，所以人口数量是形成客运需求的基础，在其他条件一定的情况下，人口数量越多，可能的旅客运输需求就会越大。人口对客运需求的影响还表现在人口的分布和构成上。人口的分布包括不同区域人口数量的比例、城市和农村人口数量的比例等。同样的人口数量，由于分布不同也会产生不同的客运需求。人口的构成是指不同人所处的社会阶层、职业、收入水平等，人口的构成对客运需求也有明显的影响，不同人的出行需求差别较大（包括公务出行和私人消费出行）。

4. 旅客运价

价格是经济活动的杠杆，旅客运价是旅客运输产品的销售价格，旅客运价的高低直接影响客运需求的多少。和其他产品一样，一般情况下，运价上涨，客运需求下降，运价降低，客运需求上升（见图 4—3）。

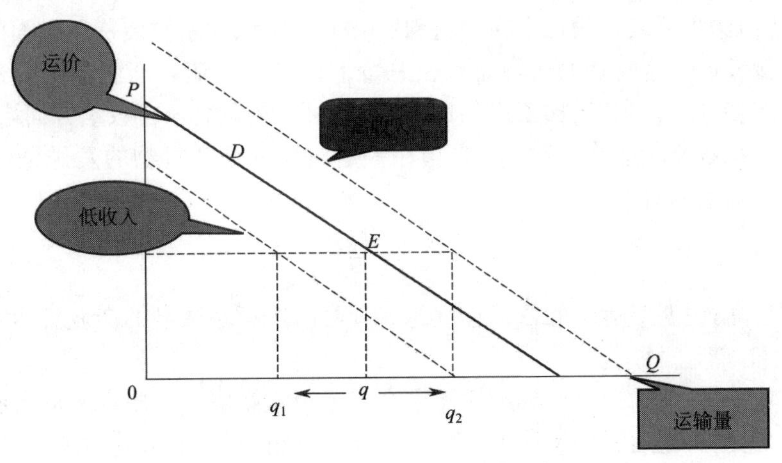

图 4—3　收入、运输与运输需求

如图 4—3 所示，不同收入的人对运输的需求也不相同，即在价格不变的情况下，不同收入的人的运输需求曲线是不同的。

然而，由于交通运输产业的特殊性，价格对旅客运输的影响程度以及内在的规律性与一般产品存在区别。例如，在一些特殊时期（如中国的春运期间），价格对需求的影响程度明显降低。另外，一些交通运输行为（如城市交通）具有比较明显的公益性，因此通过价格来影响运输需求的做法是需要慎重考虑的，往往也存在比较明显的政府管制。

5. 运输服务质量

比较而言，服务质量对运输需求的影响是属于较高层次的因素，因为满足出行需求是旅客的基本要求，当满足这项要求不再是问题的时候，其他与出行相关联的需求同样也就衍生出来了，而且随着运输业的不断发展，这些要求也越来越高。这些要求概括起来就是服务质量。

服务质量对运输需求的影响更多的是决定运量在不同运输方式间的分配。服务质量本身一般不会导致运输需求的产生，然而对已经存在的运输需求，服务质量将在很大程度上决定它将由谁（运输企业）满足。服务质量好的运输方式和运输企业将获得更多的“订单”（购买意愿）。衡量运输质量的指标很多，通常有安全、迅速、准时、舒适、便捷等。

二、影响货物运输需求的因素

影响货物运输需求的因素和影响旅客运输需求的因素有些相似，主要包括以下几方面：

1. 经济发展的速度和结构

派生于生产和生活消费的货物运输需求，受经济发展的影响同样十分明显，这种影响不仅取决于经济发展的速度，还取决于经济发展的结构和水平。首先，经济发展的速度对货运需求产生重要影响，经济发展的速度越快，生产要素流动越快，社会产品的生产和销售越多，对货物运输的需求越大；反之，当经济发展放慢或停滞时，货物运输需求也会随之减少。在经济快速发展过程中，无论是固定资产投资带动的经济增长还是消费需求增加拉动的增长都会产生较大的货运需求，原材料的运输或者产成品的运输会相应增加。一定时期内，物质产品的产出数量及交换频率决定这一时期的货物运输需求量。其次，经济结构对货运需求同样具有明显的影响。经济结构水平决定生产结构和消费结构，进一步决定生产的投入和产出。经济结构水平较低时，产业结构主要表现为社会在原材料、粗加工产品、大宗散装货运方面的需求较大，高附加值产业比例较低。这时货物运输需求在总量上比较大。随着产业结构的升级，高、精、尖产品比例不断增多，原材料和粗加工产品比例不断减少，货运需求在数量方面增速减慢。

货物的产运系数又叫运输系数 $\alpha_{运}$，是指在一定时期内某类货物的发送量（$H_{发}$）对该种货物生产量（$H_{产}$）的比值，即：

$$\alpha_{运} = \frac{H_{发}}{H_{产}} \tag{4—1}$$

产运系数越高，说明对运输的依赖程度越大，因此，产运系数高的产业货运需求也必然大。

2. 货物运价

同旅客运输一样，货物运价对其运输需求会产生很大影响。与旅客运输有所不同的是，货物运输的对象是货物，托运者的运输诉求基本上是一种组织（企业或其他组织机构）行为，而非个人行为。货物运价的承担者也是企业或其他类型的组织，它们的运输需求基本上是基于经营活动而衍生的，所以，相对于旅客运价而言，货物运价的形成将更接近于市场，运输企业也会更多地运用价格杠杆来适应运输市场的变化。

3. 运输服务质量

同旅客运输一样，货物运输也存在服务质量问题。与旅客运输稍有不同的是，货运服务质量更多地体现在对承运货物运输的便捷、迅速、安全、准时等方面。作为一项商业活动，托运人希望运输企业能够在办理相关业务手续时更便捷，作为生产和流通的重要环节，他们希望运输企业能够将货物安全、准时送达目的地。

第三节　运输需求弹性

一、运输需求弹性

在经济学中，弹性的概念是指一个变量对另外一个变量敏感度的测量。当经济变量之间存在函数关系时，弹性被用来表示作为因变量的经济变量的相对变化对于作为自变量的经济变量的相对变化的反应程度。在需求分析中，弹性意味着需求量对价格、收入等因素的敏感程度。

需求弹性包括需求的价格弹性、需求的收入弹性和需求的交叉弹性。运输需求弹性同样包括运输需求的价格弹性、运输需求的收入弹性和运输需求的交叉弹性。

1. 运输需求的价格弹性

运输需求的价格弹性表示运输需求量的相对变动对于相应运价相对变动的反应程度，它是运输需求量的变动率与相应运价的变动率之比。

$$\text{运输需求弹性系数} = \frac{\text{运输需求量变动率}}{\text{运价变动率}} \tag{4—2}$$

当需求曲线上的两点之间的变化量趋于零时，需求弹性要用点弹性来表示。假定运输需求函数为 $Q=f(P)$，则点弹性的计算公式如下(其中 e_{d} 表示运输需求的价格弹性，见图 4—4)：

$$e_{\mathrm{d}} = \frac{\mathrm{d}Q/Q}{\mathrm{d}P/P} = \frac{\mathrm{d}Q}{\mathrm{d}P} \cdot \frac{P}{Q} \tag{4—3}$$

计算点弹性，其前提条件是需求曲线的方程已知。然而，在更多的情况下，我们不知道需求曲线方程，但却知道运价变动前后运量的数据，即知道需求曲线上运价变动前后两点的坐标，这时可以用弧弹性法计算价格弹性。弧弹性的计算公式为(中点公式)：

$$e_{\mathrm{d}} = \frac{\Delta Q/Q}{\Delta P/P} = \frac{(Q_2 - Q_1)}{(P_2 - P_1)} \cdot \frac{(P_2 + P_1)}{(Q_2 + Q_1)} \tag{4—4}$$

弧弹性的计算参见图 4—5：

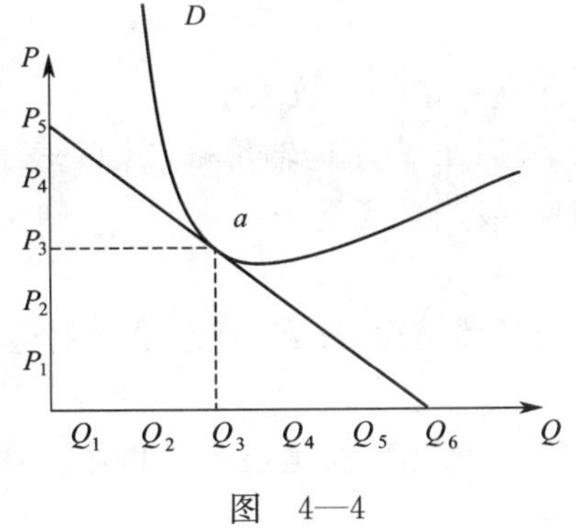

图　4—4

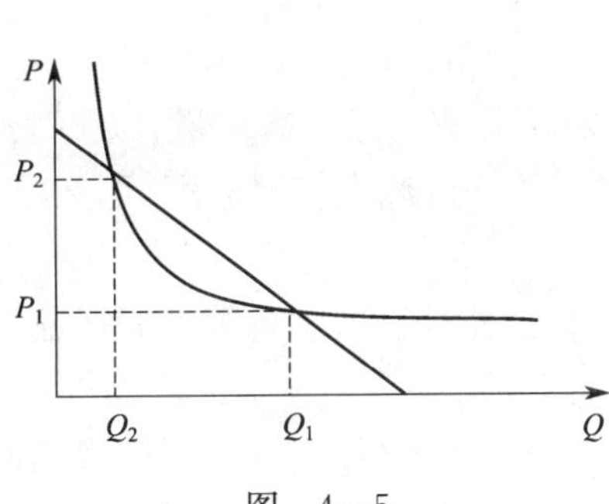

图　4—5

由于价格和需求反方向变动，需求的价格弹性一般都是负数，这使我们在计算时取其绝对值。运输需求弹性有几种不同情况，当$|e_d|>1$时，称为富有弹性；当$|e_d|<1$时，称为缺乏弹性；当$|e_d|=1$时，称为单位弹性。

2. 运输需求的收入弹性

对旅客运输而言，运输需求的收入弹性是用来衡量运输需求量变动相对于收入变动的敏感程度的一种测量方法，计算方法如下：

$$运输需求的收入弹性系数=\frac{运输需求量变动率}{收入变动率} \tag{4—5}$$

旅客运输需求在很大程度上决定于居民的收入水平，当收入水平增加时，出行的需求将会随之增加，反之亦然。伴随收入变化而变化的出行需求可以用运输需求收入弹性系数进行分析，换句话说，运输需求的收入弹性系数能够反映居民收入变化与运输需求变化的关系。

需要注意的一点是，当收入变化后，不仅运输需求量发生变化，而且，人们在出行方式的选择上也会发生变化，即对不同运输方式的需求量也会发生变化。

3. 运输需求的交叉弹性

运输需求的交叉弹性是用来衡量某种运输方式运输需求量变动相对于其他运输方式运价变动敏感程度的一种测量方法。由于不同运输方式间具有替代效应，当两点之间的运输有两种或两种以上交通工具的选择时，不同运输方式间一些经营方式和手段的调整(如价格等)，就会影响运量在它们之间的分配关系。例如，当两地间既有民航运输，也有铁路运输时，民航票价变动将对铁路旅客运量产生影响，他们之间的交叉影响可以用交叉弹性来测度。

$$运输需求的交叉弹性系数=\frac{A\ 运输方式运输需求量变动率}{B\ 运输方式运价变动率} \tag{4—6}$$

交叉弹性分析不仅可以测量运价变化对运输需求量的影响，也可以测量其他因素，如时间等因素对运输需求的影响。通过相关分析，使运输企业制定和调整经营战略和策略。

交叉弹性分析既可以用于旅客运输也可以用于货物运输。

第四节 运量预测

一、运输需求函数

(一)运输市场需求

运输市场需求实际上是指在特定地理范围、特定时间、特定市场营销环境条件下，消费者可能购买运输产品的数量。

为定量测算运输需求，需要根据有关的影响因素，建立一定的函数关系。

如果以Q表示运输需求量，以D表示经济发展水平，以P表示运输价格，以N表示人口，以M表示运输资源供应与分配，那么，运输需求函数的一般关系式就是：

$$Q=F(D,P,N,M,\cdots) \tag{4—7}$$

铁路、公路、民航、水运等不同运输方式，可根据各自具体情况，按客、货运输分别建立相应的运输需求函数。

由上面的函数可以看出，运输市场需求不是一个固定的数值，而是给定条件下的函数，受经济发展、运输价格、人口数量等多种因素影响。

运输需求也受市场营销费用的影响，在特定的营销环境条件下，运输需求是市场营销费用的函数，或者说，运输需求与企业的营销努力程度有关(见图 4—6)。

由图 4—6 可以看出，运输业在不支出任何营销费用(包括广告宣传)时，运输需求通常表现为一个基础值(市场最低值)。随着营销费用的提高，需求量逐渐上升，先以逐渐增加的比率，然后以逐渐减少的比率增加。在市场营销费用超过一定数量后，即使再增加，运输需求也不会进一步增长。市场需求的最高界限称之为市场潜量。市场最低量与市场潜量之间的距离表示运输需求的市场营销敏感度，它可以反映企业营销对运输需求的影响程度。

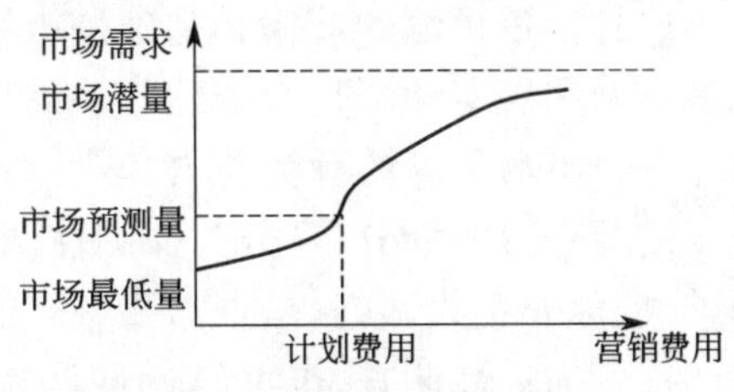

图 4—6　营销费用—需求曲线图

图 4—6 曲线只表示市场营销努力与当前运输需求的关系，它不反映时间与运输需求的关系。

(二)运输企业需求

运输企业需求是总的运输需求中不同企业所占的份额。以公式表示就是：

$$Q_i = S_i Q \tag{4—8}$$

式中　Q_i——企业 i 的需求；

S_i——企业 i 的市场份额；

Q——总运输需求。

同前面谈到的市场需求一样，企业需求也是一个函数，它依赖于它的产品、服务、价格、促销等因素。在其他因素相同的情况下，企业的市场份额则依赖于它的市场营销费用相对于竞争者而言的规模与效果。如下式所示：

$$S_i = \frac{M_i}{\sum M_i} \tag{4—9}$$

式中　M_i——企业 i 的营销费用；

$\sum M_i$——所有企业的营销费用之和。

上式只考虑了营销费用的绝对水平。实际上，营销费用也存在一个使用效率问题。如果考虑营销费用的使用效率，则有下式：

$$S_i = \frac{a_i M_i}{\sum a_i M_i} \tag{4—10}$$

式中　a_i——企业 i 营销费用的效率水平(a=1.0 表示平均有效率)；

$a_i M_i$——企业 i 的有效营销费用。

上式的建立隐含一个假定，即市场占有率同企业的有效的营销费用所占份额之间存在着一定的比例关系，但实际上，在某些情况下这种关系可能并不完全存在。由此，对上式调整如下：

$$S_i = \frac{(a_i M_i) e_{M_i}}{\sum (a_i M_i) e_{M_i}} \tag{4—11}$$

式中　e_{M_i}——企业 i 有效营销费用对其市场占有率的弹性。

二、运输市场调查

进行运量预测的前提和基础是市场调查和材料收集。市场调查是一项缜密、科学的工作，也是影响和决定预测是否准确的关键因素。

(一)市场调查的种类与内容

按调查目的划分，可分为探测性调查、描述性调查、因果关系调查和预测性调查。探测性调查，也称非正式调查，是当需要调查的问题不甚明确时，为确定调查课题及调查重点而进行的调查。描述性调查，也称结论性调查，是对某一问题的发展状况的调查，旨在说明“什么”、“何时”、“如何”等问题，并找出事物发展过程中的关联因素。因果关系调查，是在描述性调查的基础上，进一步调查、分析市场发展过程中变量的相互关系，追根溯源，解决“为什么”、“原因何在”等问题。预测性调查是对市场变量的未来发展状况的调查、分析，为预测提供依据。

按调查对象的特征划分，可分为普遍调查和抽样调查。普遍调查是以调查总体为对象进行的调查。抽样调查是从总体中按一定的标准和方法抽取部分个体作为对象所进行的调查。

市场调查的内容包括以下几方面：

1. 市场环境调查

市场环境调查主要包括：

(1)经济环境调查；

(2)社会文化环境调查；

(3)自然地理环境调查。

2. 市场需求调查

市场需求调查就是通过调查研究，估计市场需求情况，把企业产品的市场需求情况用数量表示出来。满足市场需求是企业市场营销活动的中心，因此，市场需求调查包括现实需求和潜在需求的调查。它主要有市场需求容量的调查，运输结构及其发展变化趋势的调查，国家经济政策的变化对市场需求结构所产生的影响，以及对市场需求量的影响等调查。

3. 消费者调查

消费者调查是对消费者或用户及其购买心理、购买行为的调查。调查内容主要包括消费者类别(货主、旅客，对旅客的调查又包括民族、性别、年龄、收入、职业、文化程度等)；消费者购买能力(收入水平、消费结构、消费水平等)；消费者运输需求偏好等。

(二)市场调查方法

1. 按选择调查对象的方法划分

(1)全面调查。全面调查就是指对市场调查内容有关的应调查的对象无一例外地普遍进行调查。全面调查主要是用于收集那些不能或不宜通过其他调查取得的，比较全面、精确的统计资料。

(2)典型调查。典型调查是以某些典型单位或典型消费者为对象进行调查。典型调查的主要特点在于，它是由调查者在现有总体中有意地选择若干具有代表性的典型进行调查。典型调查的关键在于正确选择典型。

(3)抽样调查。是从应调查的对象中抽取一部分有代表性的对象进行调查，然后根据抽样的结果以推断整体的性质。抽样调查具有很高的科学性和准确性，所以，在市场调查中，大多数采用抽样调查的方法。

抽样调查的方法很多，一般可分为以下几类：

①随机抽样。随机抽样就是从总体中按随机的原则抽取样本的方法。总体中的每个个体被选样的机会完全相等，完全排除人们主观的和有意的选择。

②等距抽样。等距抽样又称系统抽样或机械抽样，它是先把调查总体中的各个个体按一定标志排列，然后按事先确定的样本数 n，将总体平均分为 n 段，然后按相等的距离或间隔抽取样本。这样选取的样本，能代表各种水平的情况，误差较小。

③非随机抽样。非随机抽样是根据调查人员分析、判断和需要来进行抽样，有意地选取有一定代表性的对象作为样本，用以估计总体性质。

2. 按收集资料的方法划分

(1)固定样本连续调查法。又称固定样本小组调查，是指用抽样的方法，从总体中抽出若干样本组成固定的样本小组，在一段时期内通过对样本小组的反复调查来取得资料的方法。

(2)观察调查法。观察调查法是由调查人员到调查现场直接进行观察以收集资料的方法。

(3)询问调查法。询问调查法是最常用、最基本的一种调查方法，它是调查员用询问的方式向被调查者了解市场情况的一种方法。其特点是通过直接或间接的回答方式来了解被调查者(消费者、用户、企业)的看法和意见，询问的主要内容一般是要求被询问者回答有关具体事实、态度、动机及意见和建议等。

三、运量预测

(一)运量预测的内容

运输企业所完成的运量在很多情况下与运输市场上的需求并不一致。运输需求是旅客和货主(用户)在人与货物空间位移方面有支付能力的需要；运输量则是指这种需要的实际实现量。在运输供给大于运输需求时，运输量是运输需求的实际反映；而当运输供给不能满足运输需求时，运输量就不是运输需求的完全和充分反映。这时，运输量在多大程度上反映运输需求主要取决于运输供给的限制和约束。

运输企业进行运量预测十分必要，它是制订近期、远期发展目标和规划，落实有关营销措施的前提和基础。

运量预测的种类很多，范围也很广，从不同的角度可以把运量预测分为不同的类别。

(1)按预测的内容和对象，可分为客运量预测和货运量预测。对客运量和客运周转量的预测属客运预测范围。对货运量和货物周转量的预测属货运预测范围。两者的综合为总运量的预测。

(2)按预测的范围和层次，可分为全国运量预测、区域运量预测、不同运输企业运量预测、某方向运量预测等。

(3)按预测的部门，可分为铁路运量预测、公路运量预测、民航运量预测、水运运量预测和管道运量预测。

(4)按预测时间的长短，可分为长期、中期和短期运量预测。

(二)运量预测的方法

运量预测的方法很多，总的来说，可以分为定性预测和定量预测两大类。

1. 定性预测方法

定性预测方法又叫判断分析法，是依据人们在市场活动中获得的经验和分析能力，通过对影响市场变化的各种因素的分析、判断和推理，来预测未来的发展变化。

定性预测方法的特点是简便易行，特别是在不可控因素和不可定量因素比较多时，采用这种方法进行短期判断有其明显的优势。然而，这种方法也有其缺陷，它不能提供以精确数据为依据的预测结果，主观随意性比较大，有时易发生疏忽和失误。

定性预测方法即使在今天也是一种不可忽视的预测方法，特别是当不具备定量分析条件时就需要通过对市场发展变化进行质的分析，推测市场未来的发展趋势。使用定性预测法，挑选行家、专家非常重要，这些人一定要具有专门知识，经验丰富。

常用的定性预测方法有以下几种。

(1)经验判断法。也称主观估计预测法，是以一部分熟悉业务、具有经验和综合分析能力的人所作出的判断为基础，来进行预测的一种方法。这种方法比较简单、省时、省力，由于参加的预测者有着丰富的经验，熟悉情况，对预测项目能做出比较客观的判断。但是，预测的准确度容易受到主观因素的影响。为克服这一缺陷，预测时往往在经验判断基础上进行统计处理，然后做出最终预测。经验判断预测方法很多，最常用的有经理人员判断法、营销人员判断法、专家意见法等。

①经理人员判断法。这是由企业的经理(主管领导)把与市场有关和熟悉市场情况的人员召集在一起，请他们对未来市场的发展形势或某一重大市场变化发表意见，做出判断和估计，然后，经理人员在此基础上做出预测。

这种方法简便易行，花费的时间短，是一种常用的预测方法。例如经常性的业务碰头会，业务分析会等都属于这种方法。

②营销人员判断法。由主管负责人召集有关的营销人员预测未来一定时期内各自负责的地区或项目的市场情况，然后由企业主管人员加以综合，做出预测的方法。

营销人员判断法的优点在于，营销人员一直与市场打交道，他们了解消费者，熟悉市场情况，所提供的信息以及所作的预测往往比较接近实际。当然，这种方法也有局限性，营销人员有可能从自身利益出发，低估预测数字。

③专家意见法。这是由有关专家对市场发展趋势做出预测的方法。专家意见法既可以发挥专家的优势和作用，也可以克服企业人员进行预测可能出现的主观性和片面性。

专家意见法按其运作过程不同又分为：专家会议法、德尔菲法等。

专家会议预测法又称为头脑风暴法，一般是由预测组织者邀请有关专家有准备地参加座谈会，由专家们对预测问题进行讨论，找出问题的关键所在，得出比较接近实际的预测结果。专家会议预测方法在实际操作过程中易受到参加会议人数、与会者心理因素的影响，当面对面交换意见时，容易受到权威人士意见的影响，从而出现意见“一面倒”的情况。

德尔菲法又称专家征询法，是采用函询即调查表的方式征求专家意见，从而得出预测结果的方法。德尔菲法是美国兰德公司的研究人员在20世纪40年代末创立的一种定性预测方法，它比较适用于缺乏市场统计数据同时市场环境变化较大的预测项目。德尔菲方法的实际操作过程是，组织专家小组，由10～30位专家组成，经过反复征询，在“征询—答复—反馈—再征询—再答复—再反馈……”这样多次反复过程中，每个专家可以多次提出和修正自己的意见。由于每位专家都是独立发表意见，他们之间互不联系，所以，可以排除心理和其他因素的干扰，提高预测结果的客观性和准确性。

德尔菲方法的预测流程如图4—7所示。

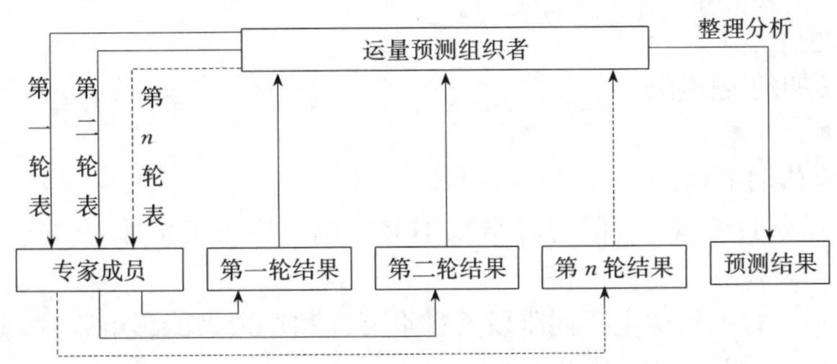

图 4—7　德尔菲法预测流程

(2)顾客意见调查法。又称用户调查法,是直接征求顾客意见,了解顾客的购买意向和心理动机,从而预测未来运量情况的一种预测方法。

顾客意见调查法一般采用抽样调查,既可以采用口头询问方式,也可以采用书面询问方式。现在,很多运输企业在车站、机场、港口等地对顾客进行调查就属于这种方法。

2. 定量预测方法

定量预测法又称数量分析法或数理统计预测法,它是根据市场调查所取得的数据资料,运用数学模型进行计算,并据此预测未来市场变化的一种预测方法。这种预测方法的一个显著特点是运用数学、统计学和计算机等方法或工具,用数据对未来进行客观描述,因此,其科学性、严密性更强。一般来说,在历史资料比较完备和准确,事物发展变化趋势比较平稳的情况下,这种方法的优势更为明显。当然,这种方法也有不足之处,它只能根据量的变化来寻找规律,当存在着复杂的社会因素变化时,这种方法就会受到局限。

20 世纪 50 年代到 70 年代初,一种叫"四阶段法"的交通运量预测方法逐步形成。美国 1962 年制定的补充联邦道路法,加速了交通规划的理论研究和交通规划的广泛实施。由芝加哥市交通规划研究中心提出的交通发生、交通分布、交通方式划分、交通分配四阶段交通预测模型以及随后开发的 UTPS 软件对今天的交通规划和运量预测有着重要的影响。

20 世纪 70 年代以后,"四阶段法"已经比较成熟,在国际上也一直是交通需求预测的主要方法之一。在预测交通生成量时,采用的方法很多,主要有增长率模型、时间序列预测法模型、回归分析模型、类别生成率模型等。

铁路供给具有慢变的特点,通常情况下,铁路运量预测会基于历史的数据,并结合现实情况进行。

铁路运量预测中常用的定量预测方法有时间序列法、回归预测法、季节性预测法等。

(1)时间序列预测法。在社会经济发展过程中,很多经济变量的发展变化都表现出与时间呈某种特定关系,运输需求也是如此。基于此,我们可以通过对运量的时间数列外推的方法预测未来运量变化趋势。时间序列预测法的特点是把预测变量看做是时间的函数。当所研究的运量时间数列变化没有大的波动时,这种方法较为理想。这种方法的缺点在于无法反映出运量变化的原因,当宏观外部因素发生变化而影响运量水平时,难以准确反映。

时间序列外推的方法很多,关键在于趋势的识别与拟合是否准确。通常包括以下方法:

①简单平均法。以观察期的算术平均数作为下期的预测值。公式如下:

$$\hat{Y}=\sum_{i=1}^{n}\frac{x_i}{n}=\overline{X} \tag{4—12}$$

式中 $\hat{Y}$——预测值；

x_i——第 i 期的观察值；

n——观察值个数；

$\bar{X}$——观察值的平均值。

简单平均法虽然计算简便，但有时结果不够准确。当市场需求比较平稳时，可采用此方法。

②加权平均法。根据历史上不同阶段资料重要性和对未来的影响程度，分别赋予不同权数然后再加以平均。计算公式为：

$$\hat{Y}=\frac{\sum_{i=1}^{n}a_i x_i}{\sum_{i=1}^{n}a_i} \tag{4—13}$$

式中 $\hat{Y}$——预测值；

x_i——第 i 期数值；

a_i——第 i 期对应的权数。

加权平均法的关键是权数的确定，目前多数情况下还是依靠经验而定。

③移动平均法。这种方法是将时间数列中的数据由远及近按一定跨越期进行平均，逐一求得移动平均值，并以最接近预测期的移动平均值作为确定预测值的依据。计算公式为：

$$\hat{Y}_{t+1}=M_t+(M_t-M_{t-1}) \tag{4—14}$$

式中 $\hat{Y}_{t+1}$——第 $t+1$ 期的预测值；

M_t——第 t 期的移动平均数；

M_{t-1}——第 $t-1$ 期的移动平均数。

$$M_t=\frac{x_t+x_{t-1}+x_{t-2}+\cdots+x_{t-n+1}}{n} \tag{4—15}$$

采用移动平均法，移动期数 n 的选择会直接影响预测结果的准确度。如果 n 大，则移动平均值对数列起伏变动的敏感性差，预测值容易滞后于可能的发展趋势。如果 n 取得小，灵敏度高，但对随机因素反应灵敏，也容易导致预测失误。

④指数平滑法。指数平滑法是用指数加权的办法进行移动平均的预测方法。所取的指数又称为平滑指数。指数平滑法的计算公式为：

$$\hat{Y}_{t+1}=\alpha Y_t+(1-\alpha)\hat{Y}_t \quad (0<\alpha<1) \tag{4—16}$$

式中 $\hat{Y}_{t+1}$——第 $t+1$ 期的预测值；

Y_t——第 t 期的实际值；

$\hat{Y}_t$——第 t 期的预测值；

α——平滑系数。

指数平滑数是在移动平均法的基础上发展起来的。运用指数平滑法的关键在于平滑系数的确定。

⑤线性趋势预测法。这是一种简单的直线外推法，它利用时间序列所确定的线性趋势数学模型来进行运量预测。其约束条件是，时间序列所体现的事物发展变化必须呈现明显的线性趋势，否则就不能应用。

一元线性趋势数学模型为：

$$Y_t = a + bt \tag{4—17}$$

式中　t——时间，为自变量；

a,b——常数项。

除上面谈到的以外，时间序列法还有鲍克斯—詹金斯(Box-Jenkins)等方法。

(2)回归预测法。回归预测方法可以分为一元回归、二元回归和多元回归。

一元线性回归是一个自变量对一个因变量的相关回归(与一元线性趋势法基本相同)。其模型为：

$$\hat{Y} = a + bx \tag{4—18}$$

二元线性回归模型为：

$$\hat{Y} = a + b_1x_1 + b_2x_2 \tag{4—19}$$

式中　a,b_1,b_2——常数项；

x_1,x_2——变量。

多元线性回归模型为：

$$\hat{Y} = a + b_1x_1 + b_2x_2 + \cdots + b_nx_n \tag{4—20}$$

式中　$a,b_1,b_2,\cdots,b_n$——常数项；

$x_1,x_2,\cdots,x_n$——变量。

(3)季节预测法。季节变动影响运输需求变动，是运输市场上十分明显的现象。当市场的变化受季节变动影响时，所用的预测方法就称为季节预测法。其模型为：

$$\hat{Y} = T \cdot S \tag{4—21}$$

式中　$\hat{Y}$——预测值；

T——长期趋势值；

S——季节指数。

季节预测法的预测步骤是：

①确定季节指数 S。

②预测趋势值。对预测期间各季的趋势值的预测，依时间序列变化趋势的不同而采取不同的方法，主要有直线趋势外推法和移动平均法两种。

③进行预测。根据确定的 S 和 T，预测运量。

(4)灰色系统预测法。灰色系统预测法是将被预测对象作为灰色系统来处理。在这里，信息完全明确的系统定义为白色系统，信息完全不明确的系统为黑色系统，而信息部分明确、部分不明确的系统称为灰色系统。灰色系统方法就是用已知的完全明确的信息，将一些灰色信息明朗化，用于运量预测。

灰色系统预测法是根据过去及现在已知的或非确知的信息，建立一个从过去引申到将来的GM模型(grey model)，从而确定系统在未来发展变化的趋势，为规划决策提供依据。其基本思路是，将已知的数据序列按照某种规则构成动态或非动态的白色模块。再按照某种变化和解法来求解未来的灰色模型。灰色系统理论中常用的是微分方程所描述的动态方程。GM(1,1)表示是一阶、单个变量的微分方程。其具体形式为：

$$\frac{dx}{dt}+\alpha x=\mu \tag{4—22}$$

建模步骤：

①对原始数据序列作 AGO 变换。设原始序列 $x(0)$共有 n 个观察值 $x^{(0)}(1),x^{(0)}(2),\cdots,x^{(0)}(n)$，对 $x(0)$做一阶累加，生成新的数列 $x(1)$，其元素表达式为：

$$x^{(1)}(i)=\sum_{m=1}^{i}x^{(0)}(m)\qquad i=1,2,\cdots,n \tag{4—23}$$

②对 $x(0)$作准光滑性检验。

$$\rho(k)=\frac{x^{(0)}(k)}{x^{(1)}(k-1)} \tag{4—24}$$

定义序列 $x(0)$的光滑比为：

若原始数据序列 $x(0)$满足$\frac{\rho(k+1)}{\rho(k)}<1$，且 $\rho(k)\in(0,0.5)$则称 $x(0)$为准光滑序列。

③ 建立模型。若 $x(0)$为准光滑序列，则其一阶累加生成序列 $x(1)$具有近似指数规律，可对 $x(1)$建立 GM(1,1)预测模型的 GM 形式方程：

$$\frac{dx^{(1)}}{dt}+\alpha x^{(1)}=\mu \tag{4—25}$$

式中，α、μ 为待求解参数，其中 α 为发展系数，反映序列 $x(0)$的增长速度；μ 为灰作用量。将导数以离散的形式展开，得到：

$$\hat{\boldsymbol{\alpha}}=(\boldsymbol{B}^{\mathrm{T}}\boldsymbol{B})^{-1}\boldsymbol{B}^{\mathrm{T}}\boldsymbol{y}_n \tag{4—26}$$

式中，$\hat{\boldsymbol{\alpha}}=\begin{bmatrix}\alpha\\ \mu\end{bmatrix}$

$$\boldsymbol{y}_n=[x^{(0)}(2),x^{(0)}(3),\cdots,x^{(0)}(n)]^{\mathrm{T}} \tag{4—27}$$

$$\boldsymbol{B}=\begin{bmatrix}-0.5[x^{(1)}(1)+x^{(1)}(2)] & 1\\ -0.5[x^{(1)}(2)+x^{(1)}(3)] & 1\\ \vdots & \vdots\\ -0.5[x^{(1)}(n-1)+x^{(1)}(n)] & 1\end{bmatrix} \tag{4—28}$$

将式(4—26)求得的 α 和 μ 代入式(4—25)，并解微分方程，得到 GM(1,1)预测模型为：

$$\hat{x}^{(1)}(k+1)=[x^{(0)}(1)-\frac{\mu}{\alpha}]e^{-\alpha k}+\frac{\mu}{\alpha}\quad(k=1,2,\cdots,n) \tag{4—29}$$

规定 $\hat{x}^{(0)}(1)=x^{(0)}(1)$，则还原值 $x(0)$的预测公式为：

$$\hat{x}^{(0)}(k)=\hat{x}^{(1)}(k)-\hat{x}^{(1)}(k-1)\quad(k=2,3,\cdots,n) \tag{4—30}$$

④检验误差。设 $X(0)=(x^{(0)}(1),x^{(0)}(2),\cdots,x^{(0)}(n))$的模拟预测序列为：

$$\hat{X}(0)=(\hat{x}^{(0)}(1),\hat{x}^{(0)}(2),\cdots,\hat{x}^{(0)}(n)) \tag{4—31}$$

残差序列为：$\varepsilon(0)=[\varepsilon^{(0)}(1),\varepsilon^{(0)}(2),\cdots,\varepsilon^{(0)}(n)]$

其中 $\varepsilon^{(0)}(k)=x^{(0)}(k)-\hat{x}^{(0)}(k)(k=1,2,\cdots,n)$

若平均相对误差 $\bar{\Delta}=\frac{1}{n}\sum_{k=1}^{n}\left|\frac{\varepsilon^{(0)}(k)}{x^{(0)}(k)}\right|<0.05$，则说明预测效果较好。

⑤模型修正。若以原始时间序列建立的 GM(1,1)模型检验不合格或精度不理想，这时要对建立的 GM(1,1)模型进行残差修正，从而提高模型的预测精度。

$\varepsilon(0)$的累加生成序列为：$\varepsilon(1)=[\varepsilon^{(1)}(1),\varepsilon^{(1)}(2),\cdots,\varepsilon^{(1)}(n)]$

对 $\varepsilon(1)$建立相应的 GM(1,1)模型，可得：

$$\hat{\varepsilon}^{(1)}(k+1)=[\varepsilon^{(0)}(1)-\frac{\mu_\varepsilon}{\alpha_\varepsilon}]e^{-\alpha_\varepsilon k}+\frac{\mu_\varepsilon}{\alpha_\varepsilon} \tag{4—32}$$

$\hat{\varepsilon}^{(1)}(k+1)$ 的导数 $\hat{\varepsilon}'(k+1)=(-\alpha_\varepsilon)\left[\varepsilon^{(0)}(1)-\frac{\mu_\varepsilon}{\alpha_\varepsilon}\right]e^{-\alpha_\varepsilon(k-1)}+\frac{\mu_\varepsilon}{\alpha_\varepsilon}$ 加上 $\hat{\varepsilon}^{(1)}(k+1)$ 修正 $\hat{X}^{(1)}(k+1)$，得修正模型：

$$\hat{x}^{(1)}(k+1)=\left[x^{(0)}(1)-\frac{\mu}{\alpha}\right]e^{-\alpha k}+\frac{\mu}{\alpha}+\delta(k-1)(1-\alpha_\varepsilon)\left(\varepsilon^{(0)}(1)-\frac{\mu_\varepsilon}{\alpha_\varepsilon}\right)e^{-\alpha_\varepsilon(k-1)} \tag{4—33}$$

其中 $\delta(k-1)=\begin{cases}1 & k\geqslant 2\\ 0 & k<2\end{cases}$ 为修正系数。

经过残差修正的原始序列预测模型为：

$$\hat{x}^{(0)}(k+1)=\hat{x}^{(1)}(k+1)-\hat{x}^{(1)}(k) \tag{4—34}$$

(5)里尔旅行规律。此方法用于两地间旅客运量的预测。

里尔旅行规律的数学模型为：

$$W=C\cdot\frac{P_A\cdot P_B}{L^\alpha} \tag{4—35}$$

式中　W——旅客运量；

C——比例系数；

L——A、B 两地间的距离；

α——变量；

P_A、P_B——A、B 两地居民的数量。

(6)重力模型。当里尔旅行数量模型中 $\alpha=2$ 时，该模型就成为一般形式的重力模型。重力模型旨在体现两地间客流量与其间距离及人口数量有关。利用重力模型需要对未来人口数量有一个准确估计，并要较精确地确定比例常数 C。

3. 运量预测方法归纳

上述运量预测方法各有自己的使用条件和适用范围，在进行运量预测时，要结合预测目标、预测对象、资料的掌握情况以及预测精确要求等，选择合适的预测方法(见图 4—8)。在预测中，既要做定性分析，也要做定量测算，将二者结合起来，以使预测结果更加客观、准确。

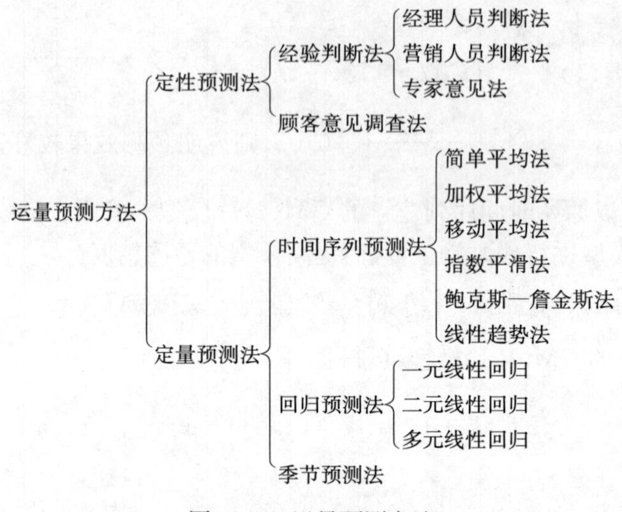

图 4—8 运量预测方法

思 考 题

1. 运输需求的含义和特征。
2. 影响旅客和货物运输需求的因素有哪些?
3. 结合实际数据计算分析某区域的运输需求弹性系数。
4. 什么是里尔旅行规律和重力模型?
5. 采用有关方法预测分析两地间铁路旅客运输量。

第五章　铁路运输指标及其分析

第一节　铁路旅客运输指标

一、铁路旅客运输的分类

关于铁路旅客运输的分类可以从多个角度进行分析。按运输距离划分，铁路旅客运输可分为短途、中途和长途运输。关于短、中、长途运输距离的界定目前还没有一个广泛认可的标准，不过多数人认为，200 km 以内公路的优势比较明显，200～500 km 是铁路与公路竞争比较激烈的区间，500～800 km 铁路的优势比较明显，而 1 000 km 以上则航空运输的优势更为明显。这似乎在一定程度上反映了短、中、长距离的概念。

近些年来，随着铁路技术的发展（如高速铁路的运用）以及全社会对节能减排的重视，铁路运输所触及的业务范围，即长、短距离的旅客运输似乎都有所拓展。国外一些经济高度发达的区域，已经形成了以铁路为主要交通方式、社会经济高度关联的城市圈（如日本的东京城市圈、大阪城市圈等）。随着铁路近年来的快速发展，特别是高速铁路的发展，我国以铁路为主要交通方式、连接不同城市的经济圈也正逐步形成，包括长三角城市群、珠三角城市群、环渤海城市群，其特点是以某个城市为中心，中心城市与其他城市间的旅行时间一般在 1 小时内。在跨区域、长途运输中，高速铁路的使用使得铁路在相同距离范围内花费的时间更少，有效扩大了运输半径，并使一些客流由航空转向铁路。

由于不同国家铁路管理体制的差异，铁路运输的分类大不相同。我国铁路基于目前的管理体制，按照旅客运输行程经由运输企业的范围，将旅客运输划分为：

1. 管内运输

管内运输是指发到站均在本铁路运输企业内，不经过其他铁路运输企业所完成的运输。

2. 直通运输

直通运输是指经过两个及两个以上铁路运输企业完成的运输。直通运输又分为：

(1)输出——指发站在本铁路运输企业，发往其他企业，或虽发往本企业，而在运输过程中需经由其他铁路运输企业的运输。

(2)输入——指发站属于其他铁路运输企业，或虽属本企业，但在运输过程中需经由其他铁路运输企业而到达本企业的运输。

(3)通过——指由相邻铁路运输企业接入，通过本企业再移交相邻铁路运输企业的运输。

进行上述分类时，将国家铁路运输企业与其管内的合资、地方铁路视为不同铁路运输企业。

二、旅客运输的主要指标

1. 发送旅客人数

对国家铁路、合资铁路、地方铁路而言，发送旅客人数有不同的含义。

(1)全国铁路发送旅客人数：指国家铁路、非控股合资铁路、地方铁路发送旅客人数之和。

全国铁路发送旅客人数＝国家铁路发送旅客人数＋非控股合资铁路发送旅客人数＋地方铁路发送旅客人数 (5—1)

(2)国家铁路发送旅客人数：包括两部分，一部分为国家铁路运输企业发送旅客人数之和，另一部分为控股合资铁路发送旅客人数之和。

①国家铁路发送旅客人数＝各国家铁路运输企业发送旅客人数之和＋控股合资铁路发送旅客人数之和 (5—2)

国家铁路发送旅客人数分管内发送旅客人数和直通发送旅客人数。

②国家铁路运输企业发送旅客人数＝国家铁路运输企业管内各车站始发旅客人数＋管内各非控股合资铁路、地方铁路运输企业始发经其与国家铁路运输企业交接站输出的旅客人数 (5—3)

③国家铁路运输企业省级行政区划旅客发送人数：国家铁路运输企业省级行政区划始发旅客人数与辖区内非控股合资铁路、地方铁路相应省级行政区划始发输出旅客人数之和。

(3)合资铁路发送旅客人数：指合资铁路运输企业始发旅客人数之和。

合资铁路发送旅客人数＝各合资铁路运输企业始发旅客人数之和 (5—4)

(4)地方铁路发送旅客人数：指地方铁路始发旅客人数和由其他铁路运输企业接运旅客人数之和。

2. 到达旅客人数

指铁路各营业站实际到达的旅客人数。

全国铁路到达旅客人数＝全国铁路车站始发旅客人数 (5—5)

国家铁路到达旅客人数＝各国家铁路运输企业到达旅客人数之和＋各控股合资铁路到达旅客人数之和 (5—6)

国家铁路运输企业到达旅客人数＝国家铁路运输企业始发管内旅客人数＋国家铁路运输企业输入旅客人数 (5—7)

合资铁路到达旅客人数＝各合资铁路运输企业到达旅客人数之和＝各合资铁路运输企业始发管内旅客人数＋各合资铁路运输企业输入旅客人数 (5—8)

地方铁路到达旅客人数＝各地方铁路运输企业到达旅客人数之和＝各地方铁路运输企业始发管内旅客人数＋各地方铁路运输企业输入旅客人数 (5—9)

3. 运送旅客人数

指国家铁路运输企业、合资铁路、地方铁路旅客运输的总人数，包括本企业车站始发旅客人数和由其他铁路运输企业接运的全部旅客人数。

全国铁路运送旅客人数＝全国铁路始发旅客人数 (5—10)

国家铁路运输企业运送旅客人数＝国家铁路运输企业始发管内旅客人数＋国家铁路运输企业始发输出旅客人数＋国家铁路运输企业输入旅客人数＋国家铁路运输企业通过旅客人数 (5—11)

合资铁路运送旅客人数＝合资铁路始发管内旅客人数＋合资铁路始发输出旅客人数＋合资铁路输入旅客人数＋合资铁路通过旅客人数 (5—12)

地方铁路运送旅客人数＝地方铁路始发管内旅客人数＋地方铁路始发输出旅客人数＋地方铁路输入旅客人数＋地方铁路通过旅客人数　(5—13)

4. 中转旅客人数

指在铁路各营业站及旅客列车上办理中转签证手续的旅客人数。分站中转和车中转两类，站中转指在车站办理签证的中转，车中转指在车内办理签证的中转。

国家铁路运输企业中转旅客人数＝各国家铁路运输企业中转旅客人数之和　(5—14)

合资、地方铁路中转旅客人数＝合资、地方铁路各车站中转旅客人数之和　(5—15)

5. 旅客周转量

是指旅客人数与运送距离的乘积。

铁路运输企业旅客周转量＝铁路运输企业各运输种别旅客周转量之和　(5—16)

国家铁路旅客周转量包括两部分，一部分为国家铁路运输企业旅客周转量之和，另一部分为控股合资铁路旅客周转量。

全国铁路旅客周转量＝国家铁路旅客周转量＋非控股合资铁路旅客周转量＋地方铁路旅客周转量　(5—17)

国家铁路旅客周转量＝各国家铁路运输企业旅客周转量之和＋各控股合资铁路旅客周转量之和　(5—18)

合资铁路旅客周转量＝各合资铁路运输企业旅客周转量之和　(5—19)

地方铁路旅客周转量＝各地方铁路运输企业旅客周转量之和　(5—20)

6. 旅客平均行程

旅客平均行程，是指平均每一旅客的旅行距离。

$$\text{全国铁路旅客平均行程}=\frac{\text{全国铁路旅客周转量}}{\text{全国铁路始发旅客人数}} \tag{5—21}$$

$$\text{国家铁路旅客平均行程}=\frac{\text{国家铁路旅客周转量}}{\text{国家铁路发送旅客人数}} \tag{5—22}$$

$$\begin{matrix}\text{铁路运输企业}\\\text{旅客平均行程}\end{matrix}=\frac{\text{铁路运输企业旅客周转量}}{\text{铁路运输企业运送旅客人数}} \tag{5—23}$$

7. 旅客运输密度

旅客运输密度是表示铁路某个区间平均每千米营业线通过的客运周转量，它反映铁路线路运输负荷的大小。

(1)区段平均旅客运输密度，是表示区段内平均每千米营业线所通过的旅客周转量，分别按上、下行计算。

$$\varepsilon_{\text{客}}^{\text{区段}}=\frac{AL_{\text{区段}}}{L_{\text{区段}}}(\text{人公里 / 公里}) \tag{5—24}$$

式中　$\varepsilon_{\text{客}}^{\text{区段}}$——区段平均旅客运输密度；

$AL_{\text{区段}}$——通过该段的旅客周转量；

$L_{\text{区段}}$——该区段线路长度。

(2)铁路局平均旅客运输密度是表示铁路局平均每千米营业线路所通过的旅客周转量。计算方法是：

$$\text{铁路局平均旅客运输密度}=\frac{\text{铁路局旅客周转量}}{\text{铁路局营业里程}} \tag{5—25}$$

(3)全国铁路平均旅客运输密度，是表示全国铁路平均每千米营业线路通过的旅客周转量。

计算方法是：全国铁路旅客周转量除以全国铁路营业里程，即：

$$\varepsilon_{客} = \frac{AL}{L_{营业}}(人公里 / 公里) \tag{5—26}$$

式中 $\varepsilon_{客}$——全路、铁路局平均客运密度；

AL——全路、铁路局旅客周转量；

$L_{营业}$——全路、铁路局营业里程。

三、客运机车车辆运用指标

(一)客运机车车辆工作数量指标

1. 客车车辆公里

客车车辆公里是指各种席别、车型别客车(包括各种旅客列车的客车，军用、货物、混合及路用列车中附挂的运用和回送的客车，不含棚代客)在各列车运行区段内产生的车辆公里。

$$客车车辆公里 = \sum(列车(客车)运行区段公里 \times 客车(席别、车型别)辆数) \tag{5—27}$$

2. 旅客列车公里

旅客列车公里是指各旅客列车在成本计算区间内的走行公里之和。

$$旅客列车公里 = \sum 各旅客列车在区间内走行公里 \tag{5—28}$$

3. 客运机车运用台数

详细计算时按各个牵引区段担当的列车对数和每对列车的机车需要系数查定，然后汇总。粗略计算时可用以下方法：

$$客运机车运用台数 = \frac{年度客运沿线机车公里}{客运机车日车公里 \times 年日历数} \tag{5—29}$$

(二)客运机车车辆工作质量指标

1. 速度指标

(1)旅客列车技术速度 $v_{技}$

旅客列车技术速度是指扣除在中间站停留时间后，旅客列车在运行区段内平均每小时运行的千米数，即：

$$v_{技} = \frac{\sum nL}{\sum nt - \sum nt_{停站}} \quad (km/h) \tag{5—30}$$

式中 $\sum nL$——旅客列车公里；

$\sum nt$——旅客列车旅行总时间；

$\sum nt_{停站}$——旅客列车在中间站停留总时间。

(2)旅客列车旅行速度 $v_{旅}$

旅客列车旅行速度是指考虑在中间站停留的时间因素，计算所得的旅客列车在运行区段内平均每小时运行的千米数，即：

$$v_{旅} = \frac{\sum nL}{\sum nt} \quad (km/h) \tag{5—31}$$

(3)速度系数 $\beta_{旅}$

速度系数是指旅客列车旅行速度与技术速度的比值,计算方法是:

$$\beta_{旅} = \frac{v_{旅}}{v_{技}} \tag{5—32}$$

(4)旅客列车直达速度 $v_{直}$

直达速度(直通速度)是指旅客列车在车底配属站和折返站之间的平均速度,即旅客列车在其运行全程中的平均速度,其算式为:

$$v_{直} = \frac{L_{客}}{\sum t_{运转} + \sum t_{中停} + \sum t_{技停}} (km/h) \tag{5—33}$$

式中　$L_{客}$——车底配属站至折返站之间的距离;

$\sum t_{运转}$——列车运转时间;

$\sum t_{中停}$——列车在中间站停站时间;

$\sum t_{技停}$——列车在区段站、客运站停站时间。

[例]　设某次旅客列车的列车公里为 1 250 km,旅客列车的旅行总时间为 12.5 h,旅客列车在中间站停留总时间为 2.5 h。试计算该旅客列车的旅行速度和技术速度。

[解]　旅客列车旅行速度

旅客列车旅行速度 $v_{旅}$=旅客列车公里/旅客列车旅行总时间

=1 250÷12.5=100(km/h)

旅客列车技术速度 $v_{技}$=旅客列车公里/(旅客列车旅行总时间－中间站停留总时间)

=1 250÷(12.5－2.5)=125(km/h)

2. 客车运用指标

(1)旅客列车车底周转时间 $\theta_{车底}$

旅客列车车底周转时间是旅客列车所用的车底自第一次由配属站发出之时起,至下一次再由配属站发出之时止所经过的全部时间,计算方法为(以天为计算单位,即结果计为整数天):

$$\theta_{车底} = \frac{1}{24}\left(\frac{2L_{客}}{v_{直}} + t_{配}^{客} + t_{折}^{客}\right) \tag{5—34}$$

式中　$t_{配}^{客}$——车底在配属站停留时间;

$t_{折}^{客}$——车底在折返站停留时间。

客车车底周转时间反映客车在使用过程中的运用效率,是考核客车运用效率最重要的指标之一。

(2)旅客列车车底需要量 $N_{车底}$

指为开行某一对旅客列车所需要的运用车底数。计算公式为:

$$N_{车底} = \theta_{车底} K_{客} \quad (列) \tag{5—35}$$

式中　$K_{客}$——平均每天开行的列车对数,如每日开行,则 $K_{客}=1$,如隔日开行则 $K_{客}=1/2$。

(3)运用客车需要量 $N_{客}$

指为开行某一对旅客列车所需要的运用客车数,计算公式为:

$$N_{客} = N_{车底}M_{客} \quad (列) \tag{5—36}$$

式中 $N_{车底}$——运用车底需要组数；

$M_{客}$——每个车底的编成辆数，辆。

客车车辆段需要的运用客车辆数为

$$m_{运} = m_1n_1 + m_2n_2 + \cdots + m_nn_n \quad (辆) \tag{5—37}$$

式中 $m_{运}$——运用客车辆数；

$m_1, m_2, \cdots, m_n$——列车中编挂的车数；

$n_1, n_2, \cdots, n_n$——车底数，列。

以运用客车为基础，用下列公式计算车辆段配属客车总数：

$$m_{总} = m_{运} \times (1+\gamma) \quad (辆) \tag{5—38}$$

式中 $m_{总}$——配属车辆段的客车总数，辆；

γ——检修、备用车所占运用客车的百分数。

3. 载客人数及客座利用率

载客人数是反映客车容量利用程度的指标，可以按旅客列车平均载客人数及客车平均载客人数分别计算。

(1)旅客列车载客人数 $A_{列}$

计算公式为：

$$A_{列} = \frac{\sum AL}{\sum NL} \quad (人) \tag{5—39}$$

式中 $A_{列}$——在一定时期内，全路或一个铁路局每一旅客列车平均载客人数，人；

$\sum AL$——在一定时期内，全路或一个铁路局完成的旅客周转量之和，人公里；

$\sum NL$——在一定时期内，全路或一个铁路局的旅客列车公里总和，列车公里。

(2)客车载客人数 $A_{客车}$

指在一定时期内，全路或一个铁路局平均每一客车公里所完成的旅客周转量(人公里)，其计算公式中为：

$$A_{客车} = \frac{\sum AL}{\sum NS_{客}} \quad (人) \tag{5—40}$$

式中 $\sum NS_{客}$——运用客车公里总数。

(3)客车平均日车公里 $S_{客}$

指每辆客车或全部客车中每辆运用车在一昼夜内平均走行的公里数，计算公式为：

$$S_{客} = \frac{\sum NS_{客}}{\sum N_{客}} \tag{5—41}$$

式中 $S_{客}$——客车日车公里；

$\sum N_{客}$——运用客车数。

(4)客座利用率 $\lambda_{客}$

是指平均每一客座公里所完成的旅客周转量(人公里)，计算方法为：

$$\lambda_{客} = \frac{\sum AL}{\sum NS_{客座}} \times 100\%$$

$$\lambda_{客} = \frac{A_{列}}{A_{定}^{列}} \times 100\%，或\ \lambda_{客} = \frac{A_{车}}{A_{定}^{车}} \times 100\% \qquad (5—42)$$

式中 $\sum NS_{客座}$——客座公里总数；

$A_{定}^{列}$——旅客列车平均定员；

$A_{车}$——车厢载客人数；

$A_{定}^{车}$——车厢定员人数。

客座利用率是以相对数字反映客车载客能力利用程度的指标。

4. 其他相关指标

(1)站车文明服务旅客满意率

这是通过调查得到的指标，是指调查中感到满意的旅客人数占被调查旅客总人数的百分比，其算式为：

$$P = \frac{a}{A_{抽}} \times 100\% \qquad (5—43)$$

式中 P——旅客满意率；

$A_{抽}$——抽样调查的旅客总人数；

a——感到满意的旅客人数。

(2)客车车辆人均占有面积

这是计算旅客在列车上占有空间的一个指标。它是指按标准坐席数计算，旅客在列车上人均占有的基本面积。在客车车辆设计规范中有明确的规定，一些发达国家在这方面的标准一般为 $0.82\ m^2 \leqslant S_0 \leqslant 1.18\ m^2$，目前我国为 $0.57\ m^2$。

(3)旅客列车开行间隔

$$I_{间} = \frac{T_{时}}{n} \qquad (5—44)$$

式中 $I_{间}$——在合理开车时间范围内开行同方向列车的时间间隔；

$T_{时}$——24 h 中适合开行旅客列车的时间段；

n——在合理开车时间范围内开出的同方向旅客列车数。

开行间隔时间越小，旅客列车开行的频率越高，旅客在站滞留时间就越短，旅客越方便。

(4)旅客旅行总时间

旅客从始发地到达旅行目的地花费的总时间。这是旅客选择某种客运方式时考虑的一个重要因素。

$$T_{总旅} = t_{站候} + t_{旅} + t_{换} \qquad (5—45)$$

式中 $T_{总旅}$——从旅客准备出发旅行开始到旅客到达目的地所花费的总时间；

$t_{站候}$——旅客上车前，在路途及车站等候的时间；

$t_{旅}$——旅客在列车运行中所耗费的时间；

$t_{换}$——旅客在旅行途中换乘中转的时间。

四、综合效益指标

1. 某车次(分席别)客座人公里收入率

$$某车次(分席别)客座人公里收入率=\frac{(分席别)票价收入}{该车次(分席别)定员\times全程运距} \quad (5—46)$$

其中，票价收入是指票价合计，即票面金额合计。客车定员按图定满轴编组和标记定员确定。

2. 客运人公里收入率

$$客运人公里收入率=\frac{客运收入}{旅客周转量}(元/万人公里) \quad (5—47)$$

3. 行包吨公里收入率

$$行包吨公里收入率=\frac{行包收入}{行包周转量}(元/万吨公里) \quad (5—48)$$

4. 行包专列收入率

$$行包专列收入率=\frac{行包专列收入}{行包专列列数}(万元/列) \quad (5—49)$$

第二节　铁路货物运输指标

一、铁路货物运输种类

铁路货物运输按组织方法可分为整车、零担和集装箱三种类型。

1. 整车运输

一批货物的重量、体积、形状和性质决定其需要以一辆或一辆以上的货车装运，则该批货物应按整车方式办理运输。一批货物只要是总重或总体积能装足一辆货车标记载重量或充满一辆货车的容积都应办理整车运输；一件货物的形状不适合进入棚车或敞车与其他货物拼装，或货物的性质决定其有特殊运输要求，或货物的件数无法清点，也应按整车办理。

按整车运输的货物，托运人要求在站界内搬运或途中装卸时（包括在不办理货运营业的车站装卸），经月度要车计划核准后，可在铁路局自局管内办理。但危险货物不得办理站界内搬运或途中装卸。

《铁路货物运输规程》规定，下列货物限按整车办理：需要冷藏、保温或加温运输的货物；规定限按整车办理的危险货物；易于污染其他货物的污秽品（如未经消毒处理或未使用密封不漏包装的牲骨、湿毛皮、粪便、炭黑等）；不易计算件数的货物；蜜蜂；未装容器的活动物（铁路局定有管内按零担运输的办法者除外）；一批重量超过 2 t、体积超过 3 m^3 或长度超过 9 m 的货物（经发站确认不致影响中转站和到站装卸车作业的货物除外）。

2. 零担运输

一批货物的重量、体积、形状和性质决定其不需要单独使用一辆货车装运则可按零担方式办理运输。

铁路相关规则规定，按零担办理运输的货物，一件体积不得小于 0.02 m^3（一件重量 10 kg 以上的除外），一张运单托运的货物不得超过 300 件。

目前，铁路零担运输量越来越少，2009 年仅完成 20 多万 t。相关货物运输已经由行包专列代替。

3. 集装箱运输

集装箱有不同的分类。

(1)按用途划分,集装箱有通用型集装箱和专用集装箱。

通用型集装箱一般用来装运普通成件有包装的货物,如仪器仪表类、小型机械类、文教体育用品类、日用品类等。

专用集装箱是用来装运特定的货物,目前我国的专用集装箱不多,它可以分为以下几种:

①集装货物箱。主要用来装运水泥、面粉、谷物、化肥工业的粉状颗粒物、盐等。

②罐装集装箱。主要用于运输液体货物,如牛奶、酒类、液体化学品、糖浆等。

③冷藏集装箱。主要用于运输鲜活易腐类货物,如鱼类、肉类、蛋类、蔬菜水果类等。

④牲畜集装箱。主要用于装运家禽、牲畜等货物。箱内需要有良好的通风设备及喂养设备。

(2)按结构划分,集装箱有开顶式、活顶式、无顶式、封闭式、两端开门式、折叠式等。

(3)按载重量划分,集装箱有大型箱、中型箱和小型箱。装载量在 20 t 以上的集装箱为大型箱(如 20 ft 箱、40 ft 箱);装载量在 5～20 t 之间的集装箱为中型箱;装载量在 5 t 以下的集装箱为小型箱。

集装箱运输是一种现代化的先进运输方式。集装箱运输按《铁路集装箱运输办法》的规定办理。符合集装箱运输条件的适箱货物,即采用集装箱装载进行运输,可按集装箱方式办理。例如贵重、怕湿、易碎货物特别适合采用集装箱运输。下列货物严禁使用通用集装箱装运:

(1)易于污染和腐蚀箱体的货物,如水泥、炭黑、化肥、盐、油脂、生毛皮、牲骨、没有衬垫的油漆等;

(2)易于损坏箱体的货物,如生铁块、废钢铁、无包装的铸件和金属块等;

(3)鲜活货物(经铁路局确定,在一定季节和一定区域内不易腐烂的货物除外);

(4)危险货物(另有规定的除外)。

集装箱运输只能在指定的办理站之间进行,自备箱还可在铁路局批准的专用线发送或到达。

二、铁路货运作业组织

(一)铁路货物发送作业

1. 货物的托运与承运

发货人向铁路托运货物时,应向发站提交规定格式的货物运单,作为托运货物的书面凭证。货物运单是铁路承运人与发货人之间签订的书面运输合同。它规定了铁路承运人、发货人(包括收货人)在货物运输过程中的权利、义务和责任。

(1)托运货物的有关手续、程序:

①整车运输。托运人向发站提交货物运输服务订单和货物运单;按车站指定的进货日期将托运的货物搬入车站接受验收;待车站组织装车后,交纳铁路运输费用,即为办完托运手续。

②零担运输。托运人向发站提交货物运单;按车站指定的进货日期将托运的货物搬入车站接受验收;待车站验收完毕,交纳铁路运输费用,即为办完托运手续。

③集装箱运输。托运人向发站提交货物运单;到车站拉运空箱并组织装箱,按车站指定日期将重箱搬入车站接受验收;待车站验收完毕,交纳铁路运输费用,即为办完托运手续。

(2)承运的有关手续、程序:

发站对货物运单审查,认为符合要求,予以受理签证。发货人交付运输费用后,发站在货物运单和货票上加盖站名日期戳，即为承运。

2. 货运票据

(1)货物运单。发站对发货人填写、提交的货物运单，在承运之后，将运单中的领货凭证交给发货人，作为到站领取货物的凭证。货物运单则随同货物运至到站，在交付货物时，将货物运单交给收货人。

(2)货票。货票是由铁路运输部门填制的具有财务性质的票据，是根据货物运单记载的内容填制的。一式四联，甲联由发站存查，乙联由发站寄交发送局，丙联交发货人作为报销凭证，丁联为运输凭证，随同货物及货物运单至到达站，由到达站存查。

3. 货物运输费用的核收

核算运费和制票工作，在铁路车站货运室办理，根据铁路货物运价规则计算运费与杂费。货票是核收运费和统计进款的根据，必须填写正确、清晰。

4. 货物装车

车站货物的装、卸车工作由铁路负责组织；其他场所由发货人或收货人负责。

(二)货物的途中作业

1. 途中货物交接

货物在运送过程中，往往需要经过多次交接才能运至到站。交接时必须由车站人员与列车乘务员或列车乘务员之间在指定的地点、时间，办理交接检查手续，以保证货物和行车安全，并便于划清责任。

2. 货物的换装整理

当货物在运输途中发现装载偏重、超重、货物撒漏、窜动、倾斜或有坠落倒塌可能时，应编制普通记录，由发现站(或指定站)及时进行整理或换装。如发现货车技术状态不良、危及行车安全时，必须进行修理或更换车辆。

3. 货物运输变更

货物运输变更，是指对铁路已承运的货物，发货人或收货人向铁路提出：发送前取消托运；变更到站；变更收货人。

对已承运的货物，原则上不得随意要求变更，但在特殊情况下允许变更。当发、收货人要求变更时，需提交货物运输变更要求书及领货凭证(或其他有效证明)。

铁路受理货物运输变更时，应按规定核收变更手续费。

4. 整车分卸

整车分卸就是对于按照规定必须按整车托运的货物，因其数量不足一车，发货人将同一径路的两个或三个不同到站的货物装在同一车内，作为一批托运时，可按整车分卸货物办理，该种运输方式需经铁路局在核定要车计划时批准，或在车站承认后方可办理。

(三)货物到达作业

1. 重车和票据的交接

货车至到站后，应按规定对现车进行检查，车长与车站办理重车和票据交接。到达货车的货运票据主要有：到达本站待卸车的票据，通过本站重车的票据，到达本站待中转的零担车票据。

2. 卸车作业

在铁路货场的卸车作业，一般由铁路负责。当货车调至卸车地点后，货运员应根据运单对货车号码、车牌及铅封记号等进行检查，确认货车及货物装载是否完好。如发现异常，应编制货运记录，并报告有关部门。

在专用线的卸车作业或按整车运输的爆炸品及罐车的卸车作业，由收货人负责。

3. 货物交付

货物全部卸完后，货运室应及时通知收货人到堆放货物地点取货。

办理货物交付手续时，收货人应向车站出示领货凭证或单位证明。车站收清应收费用，并在货票丁联上加盖交付日期戳，将运单交给收货人，然后到货场领取货物。在向收货人点交货物完毕，或发货人自装、收货人自卸的货物在重车送到交接地点，重车交接完毕，即为交付完毕。

领取货物的有关手续、程序：收货人凭领货凭证到车站办理领货手续，领取个人货物须出示身份证，领取单位货物须同时出示该单位所领货物和领货人姓名的证明文件及领货人本人身份证。如领货凭证未到或丢失时，可凭有经济担保能力的企业出具担保书领货。

三、铁路货物运输指标及其分析

（一）货物运输量

货物运输量（简称货运量）是铁路运送各种货物的数量，是铁路运输企业的一个重要的产量指标。铁路所运货物品类繁多，为了便于计划、组织、考核、分析，铁路货运量可以按品类分别计算和分析，货物品类包括煤、石油、焦炭、金属矿石、钢铁、非金属矿石等。

全路的货物运输量是指一定时期内各铁路运输企业（以下简称铁路局或局）货物发送量或到达量之和。但就一个铁路局来说，货物运送量是管内各站、段货物发送量与分界站货物接运量之和，或货物到达量与交出量之和。铁路局的货物运输，按其运输范围和作业的性质，又可分为管内、输出、输入和通过四种运输。管内运输，是指由本局车站发送（不经过他局）到达本局车站的运输，即装车、运输、卸车的全部过程，都在一个铁路局管辖范围内完成。输出运输，是由本局发送到达外局的运输。输入运输，是由外局发送到达本局的运输。通过运输，是由外局发送经由本局而到达外局的运输。四种运输如图 5—1。

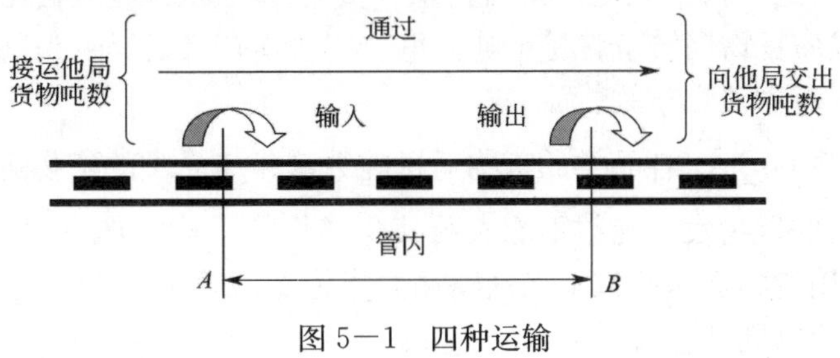

图 5—1 四种运输

在图 5—1 中 A、B 为铁路局分界站。

这四种运输与发送、到达、接运、交出货物吨数之间的关系如公式（5—50），也可以通过关系图 5—2 描述。

$$\begin{array}{ccccc} 货物运送量 & = & 发送量 & + & 接运量 \\ \| & & \| & & \| \\ 到达量 & = & 管内运输 & + & 输入运输 \\ + & & + & & + \\ 交出量 & = & 输出运输 & + & 通过运输 \end{array} \tag{5—50}$$

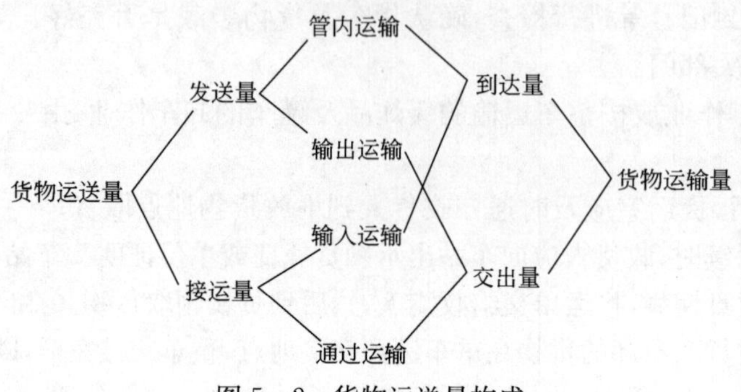

图 5—2 货物运送量构成

（二）货物发送量

货物发送量是指在铁路各营业站发送货物的重量。国家铁路货物发送量由两部分组成，一部分为国家铁路运输企业货物发送量，另一部分为国家铁路运输企业管内控股合资铁路货物发送量。

（三）货物到达量

从全路来看，货物发送量、到达量和运送量是相等的，因为发送、运输、到达的整个运输过程都是在路网内完成的。铁路局的到达量是铁路局管辖范围内所有车站到达量之和。

（四）货物接运量与交出量

各铁路局的货物接运量和交出量，可按各个分界口、品名别分别计算。各种货物的接运量是由邻局接入到达本局和通过本局的运量，交出量是由本局发往他局和通过本局的运量。

（五）货物周转量

货物周转量是指货物重量与相应距离的乘积。

运输生产的效用在于实现被运输对象的位移，但货物发送吨数和装车数都只能反映铁路运输货物的数量，未包括运输距离因素。因此，还需要有一种能全面反映货物发送量和相应运输距离的复合型指标，这个指标就是货物周转量。货物周转量的单位是吨公里。例如，将 1 t 货物运送 1 km，完成的货物周转量就是 1 吨公里。货物周转量是反映铁路运输状况的主要指标。货物周转量的计算方法如下式：

$$\text{货物周转量}=\sum(\text{各品类的货物运送吨数}\times\text{相应品类的货物运输距离}) \quad (5\text{—}51)$$

由于一个铁路局的货物发送吨数不能表明其全部货物运输工作量，所以在计算铁路局的货物周转量时，必须用货物运送吨数乘以铁路局的货物平均运输距离。

在实际工作中，货物周转量可分为：

1. 计费周转量

根据货票所记载的货物实际吨数和运价里程表中的计费里程（一般是最短距离，有时也可按发货人要求的绕道实际里程作为计费里程）相乘而得。在月末和年终要进行汇总，用以分析各铁路局和全路的货物周转量的完成情况。

2. 运行周转量

又称载重吨公里或运营吨公里，是根据司机报单上所记载的货物实际重量和实际走行距离相乘而得的。它每天都要被计算，用以考核、分析机车用燃料及油脂等支出和机车运用情况。

在实际工作中，一般运行吨公里大于计费吨公里。为便于对计费吨公里与运行吨公里进行换算，常采用差数百分率($a_{差}$)，其算式如下：

$$a_{差}=\frac{运行吨公里-计费吨公里}{计费吨公里}\times 100\% \tag{5—52}$$

$$运行吨公里=计费吨公里\times(1+a_{差}) \tag{5—53}$$

3. 换算周转量

换算周转量的单位是换算吨公里，换算周转量是以货物周转量、旅客周转量和行李、包裹周转量加总计算的，计算公式为：

$$换算周转量=货物周转量+旅客周转量+行李、包裹周转量 \tag{5—54}$$

(六)货物平均运程

货物平均运程是指每吨货物的平均运输距离。它反映货物产销之间、区域之间的经济联系情况，一般是指由装货地到卸货地的平均运输距离。

影响货物平均运程的主要因素有：

(1)铁路路网规模以及不同运输方式间运量分配状况；

(2)产业结构的调整和生产力布局的变化；

(3)货物运输构成的变化。

(七)货物运输密度

运输密度指每千米线路通过的货物重量。计算方法：

$$区段货物运输密度=\frac{\sum(站间货物运输密度\times 站间里程)}{区段里程} \tag{5—55}$$

$$线别货物运输密度=\frac{某营业线货物周转量}{该线里程} \tag{5—56}$$

$$铁路运输企业货物运输密度=\frac{铁路运输企业货物周转量}{铁路运输企业里程} \tag{5—57}$$

第三节　铁路货运机车车辆运用指标分析

一、机车车辆主要运用工作量指标及计算方法

1. 机车走行公里

机车走行公里是指运用机车实际走行或换算走行的公里。

(1)机车总走行公里：沿线走行公里及换算走行公里之和。

(2)本务机车走行公里：牵引列车的本务机车走行公里。

(3)机车辅助走行公里：单机、重联、补机及各种换算走行公里之和。

(4)机车沿线走行公里：本务、单机、重联和补机走行公里之和。

(5)机车换算走行公里：按机车台小时换算的走行公里。调车工作每小时作业时间换算20 km；其他工作每小时换算5 km；有动力停留每小时换算4 km。

2. 机车自重吨公里

机车自重吨公里是指机车沿线走行产生的自重吨公里。

$$机车自重吨公里=机车重量\times 沿线走行公里 \tag{5—58}$$

3. 载重吨公里

载重吨公里为机车牵引列车完成的货物运输量(包括单机牵引车辆完成的货物运输量)。

载重吨公里＝机车牵引列车的载重×走行公里 (5—59)

4. 牵引总重吨公里

牵引总重吨公里是指机车牵引列车(包括单机牵引车辆)完成的工作量。

机车牵引总重吨公里＝机车牵引总重×实际走行公里 (5—60)

5. 总重吨公里

总重吨公里是货物运行吨公里与车辆自重吨公里之和。

总重吨公里＝货物运行吨公里＋车辆自重吨公里 (5—61)

6. 车辆公里

车辆公里是指车辆走行的公里。

车辆公里＝机车牵引车辆辆数×走行公里 (5—62)

二、机车主要运用效率指标及计算方法

1. 机车平均牵引总重

机车平均牵引总重是指每台机车平均牵引列车的总重量。

机车平均牵引总重＝总重吨公里(不包括单机)/本务、重联、补机走行公里之和 (5—63)

2. 机车日车公里

机车日车公里是指平均每台运用机车在一昼夜内走行的公里。

机车日车公里＝机车沿线公里(不包括补机)/运用机车台日(不包括补机) (5—64)

3. 机车台日产量

机车台日产量是指平均每台机车在一昼夜内生产的总重吨公里。

机车台日产量＝该运种总重吨公里(不包括补机)/该运种机车台日 (5—65)

4. 机车全周转距离

机车全周转距离是指机车每周转一次所走行的公里。

机车全周转距离＝沿线走行公里(不包括补机)/机车周转次数 (5—66)

5. 机车平均全周转时间

机车平均全周转时间是指机车每周转一次平均消耗的时间。

平均全周转时间＝机车全周转时间之和/机车周转次数 (5—67)

6. 列车平均总重

列车平均总重是指每一列车的平均总重量。

列车平均总重＝总重吨公里/本务机走行公里 (5—68)

[例] 某铁路局某年度本务机车走行 12 350 万 km,重联机车走行 135 万 km,单机走行 1 620 万 km,补机走行 285 万 km,列车运用机车 670 台,计算该铁路局列车机车日车公里。(年日历 365 天)

[解] 不包括补机的机车沿线走行公里＝12 350＋135＋1 620＝14 105(万 km)

机车日车公里＝14 105×10 000÷(670×365)≈577(km/日)

三、货车运用指标及计算方法

1. 运用车辆公里

运用车辆公里是指运用货车走行公里的总和。

运用车辆公里统计应包括客货混合列车、路用列车、单机挂车中的运用货车。

2. 空车走行率

空车走行率是指空车走行公里与重车走行公里的比率。

空车走行率＝运用空车车辆公里/运用重车车辆公里×100％　(5—69)

3. 重车平均动载重

重车平均动载重是指平均每辆运用重车在运行中所载的重量。

重车平均动载重＝载重吨公里/运用重车车辆公里　(5—70)

4. 货车全周转距离

货车全周转距离是指运用货车平均每周转一次走行的公里。

货车全周转距离＝运用车辆公里/工作量　(5—71)

5. 重车周转距离

重车周转距离是指运用货车平均每周转一次中重车走行的公里。

重车周转距离＝重车辆公里/工作量　(5—72)

6. 货车中转距离

货车中转距离是指运用货车平均每中转一次走行的公里。

货车中转距离＝运用车辆公里/中转车数　(5—73)

7. 管内装卸率

管内装卸率是指每一工作量平均装卸作业次数。

管内装卸率＝装卸作业次数/工作量　(5—74)

8. 货车周转时间

货车周转时间是指货车自第一次装车完毕时起至再一次装车完毕时止(即运用货车平均每周转一次)所消耗的时间，计算单位为天。

9. 运用货车日产量

运用货车日产量是指平均每一运用货车每日产生的货物吨公里。

运用货车日产量＝货物周转量/运用车辆日　(5—75)

10. 工作量

全路的工作量＝全路使用车数　(5—76)

铁路局的工作量＝铁路局使用车数＋接运重车数　(5—77)

[例] 设某铁路局某月度完成货物发送量 600 万 t，接运到达量 155 万 t，接运通过量 260 万 t，货物平均运程 300 km，运行吨公里比计费吨公里多 1％，重车动载重为 35 t，空率为 25％，货车平均自重为 20 t，列车平均总重 2 200 t，机车辅助走行率 20％。计算该路局该月度货车公里、总重吨公里、列车公里。

[解] 货运量＝600＋(155＋260)＝1 015(万 t)

计费吨公里＝1 015×300＝304 500(万吨公里)

运行吨公里＝304 500×(1＋1％)＝307 545(万吨公里)

重车公里＝307 545÷35＝8 787(万车公里)

运用车公里＝8 787×(1＋25％)＝10 983.75(万车公里)

总重吨公里＝307 545＋10 983.75×20＝527 220(万吨公里)

列车公里＝527 220÷2 200＝239.65(万列车公里)

四、综合效益指标

1. 货运吨公里收入率

货运吨公里收入率是指单位货物周转量吨公里所产生的货运收入。

货运吨公里收入率＝货运收入/货物吨公里(元/万吨公里)　(5—78)

2. 发送货物收入率

发送货物收入率是指货物单位发送量产生的货运收入，可按货物品类分别计算。

(分品类)发送吨收入率＝(品类别)货运收入/(品类别)货物发送吨(元/t)　(5—79)

3. 换算周转量收入率

换算周转量收入率＝运输收入/换算周转量(元/万吨公里)　(5—80)

运输收入＝货运收入＋客运收入＋行包收入　(5—81)

货运收入＝货物运费收入＋其他收入　(5—82)

换算周转量＝客运周转量＋货运周转量＋行包周转量　(5—83)

4. 货车日产值

货车日产值指平均每一运用货车一天产生的运输收入。

货车日产值＝运用货车日产量×货运收入率(元/车辆日)　(5—84)

或　货车日产值＝货运收入/运用车辆日(元/车辆日)　(5—85)

［例］　某铁路局某年度运输工作完成情况如表 5—1：

表 5—1　某铁路局某年度运输工作完成情况

指标名称	旅客收入(万元)	货运收入(万元)	行李、包裹收入(万元)	货运吨公里(百万)	客运人公里(百万)	行包吨公里(百万)	货物发送吨(万)	运用车数(车)
数　额	292 210	515 339	22 373	160 166	47 233	652	20 248	41 529

则该路局该年度相关指标计算如下：

(1)货运吨公里收入率＝货运收入/货物吨公里

＝5 153 390 000÷16 016 600

＝321.75(元/万吨公里)

(2)客运人公里收入率＝旅客收入/旅客人公里

＝2 922 100 000÷4 723 300

＝618.66(元/万人公里)

(3)行包吨公里收入率＝行包收入/行包吨公里

＝223 730 000÷65 200

＝3 431.44(元/万吨公里)

(4)换算周转量收入率＝运输收入/换算周转量

运输收入＝货运收入＋旅客收入＋行包收入

=515 339+292 210+22 373=829 922(万元)

换算周转量=客运周转量+货运周转量+行包周转量

=47 233+160 166+652=208 051(百万吨公里)

故换算周转量收入率=8 299 220 000÷20 805 100

=398.90(元/万吨公里)

(5)货车日产值=货运收入/运用车辆日

=5 153 390 000÷(41 529×365)

=5 153 390 000÷15 158 085

=339.98(元/车辆日)

(6)发送吨收入率=货运收入/货物发送吨

=5 153 390 000÷202 480 000

=25.45(元/t)

第四节　铁路运输服务质量分析

一、铁路运输服务质量

一个完整的交通运输体系是由不同运输方式组成的,而不同运输方式的服务质量特性,包括技术质量特性和职能质量特性是不尽相同的。例如,航空运输以快速见长,在长距离运输中,其速度优势十分明显,能够带来的时间效益也相当可观;在短距离运输中,公路以灵活闻名,它可以实现旅客和货物的"门到门"运输。

铁路是一种运能大、成本低、运输过程连续性强的陆路运输方式。在不同国家里,铁路在交通运输体系中扮演的角色并不完全相同。在我国,铁路在中长距离运输中一直占据主导地位,另外,在短途和市郊运输中,也发挥着十分重要的作用。

铁路运输的作用如此之大,那么铁路运输的服务质量又是怎样的呢?我们可以从技术服务质量和职能服务质量方面加以分析。

1. 相关技术服务质量

表 5—2 列示的是中国铁路线路方面的变化情况。

表 5—2　中国铁路线路情况表

时间 \ 轨重	75 kg/m 钢轨(%)	60 kg/m 钢轨(%)	50～59 kg/m 钢轨(%)	其他类型钢轨(%)	其中:正线无缝线路(%)
1949 年	0	0	8.25	91.48	0
1952 年	0	0	9.86	90.14	0
1955 年	0	0	9.91	90.09	0
1960 年	0	0	13.41	86.59	0
1965 年	0	0	16.95	83.05	0
1970 年	0	0	24.00	76.00	6.38
1975 年	0	0	32.94	67.06	11.25
1980 年	0	0	46.48	53.52	16.31
1985 年	0.09	5.13	57.56	37.22	20.04
1990 年	0.35	22.72	54.71	22.22	27.42

续上表

时间＼轨重	75 kg/m 钢轨(%)	60 kg/m 钢轨(%)	50～59 kg/m 钢轨(%)	其他类型钢轨(%)	其中:正线无缝线路(%)
1996 年	0.13	30.92	40.80	28.78	30.00
2000 年	0.24	39.44	35.23	25.09	36.00
2005 年	0.50	51.35	28.57	19.58	53.20
2006 年	0.50	51.35	28.57	19.58	57.80
2007 年	0.53	53.68	27.64	18.18	61.70
2008 年	0.58	58.19	25.00	16.23	65.90
2009 年	0.61	59.81	24.38	15.20	71.00
2010 年	0.60	61.46	23.73	14.20	73.90
2011 年	0.62	62.69	23.29	13.41	77.10

数据来源:《铁路统计年鉴》、《全国铁路统计摘要》。

从表 5—2 可以看出,线路的技术质量水平逐渐提高;60 kg/m 以上的钢轨所占比重明显增加,无缝线路所占比重也明显上升。

在线路质量提高的同时,运输载体——车辆的质量也发生了明显的变化,以旅客运输为例,不同时期、不同席别车辆所占比重如表 5—3 所示。

表 5—3　不同类型旅客车辆所占比重表

时间＼比重	软卧车(%)	硬卧车(%)	软座车(%)	硬座车(%)	软硬座车(%)	其他(%)	备注(空调车)
“一五”期末	4.31	9.25	1.99	42.14	1.62	40.69	—
“二五”期末	4.19	10.16	0.75	48.63	1.45	34.82	—
“调整”期末	3.95	15.72	0.83	49.57	1.32	28.61	—
“三五”期末	2.81	13.41	0.61	54.41	1.28	27.48	—
“四五”期末	3.14	13.92	0.48	58.42	1.03	23.01	—
“五五”期末	4.18	14.82	1.26	59.27	0.71	19.76	—
“六五”期末	3.25	12.62	1.25	65.64	0.55	16.69	547 辆
“七五”期末	3.89	15.96	1.21	64.21	0.23	14.50	1 529 辆
“八五”期末	4.74	23.48	1.77	55.78	0.11	14.12	6 579 辆
1996 年	5.01	24.77	2.13	53.42	0.1	14.57	8 195 辆
1997 年	5.38	26.29	2.22	51.71	0.08	14.32	10 255 辆
2000 年	5.71	28.17	2.12	48.82	0.07	15.11	14 536 辆
2005 年	7.71	32.09	1.88	41.91	0.005	16.405	21 483 辆
2006 年	7.84	32.52	1.94	41.5	0	16.2	22 377 辆
2007 年	7.93	32.46	3.79	39.43	0	16.39	25 145 辆
2008 年	8.03	32.34	4.89	38.51	0	16.23	25 747 辆
2009 年	8.38	32.15	5.49	37.82	0	16.32	30 562 辆
2010 年	8.08	32.72	7.69	35.63	0	15.88	35 205 辆
2011 年	7.77	32.14	8.85	34.50	0	16.74	38 974 辆
2012 年	7.73	32.03	11.93	32.18	0	16.13	43 400 辆

数据来源:《铁路统计年鉴》、《中国统计年鉴》、《全国铁路统计摘要》。

如果我们以软卧车、硬卧车、硬座车和其他类型车为对象进行观察，就会发现它们的变化有以下特点和趋势(见图 5—3)。

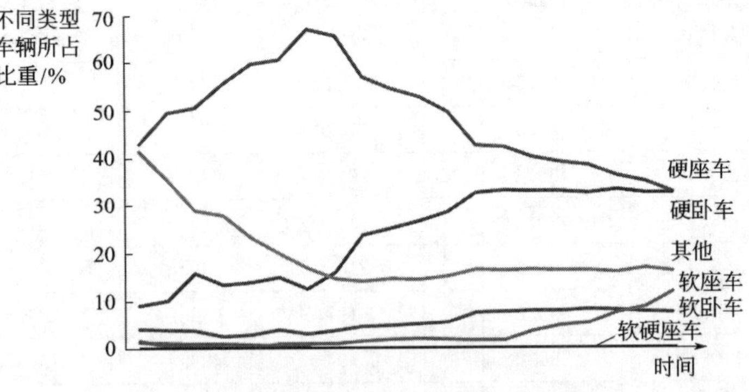

图 5—3 不同种类车型所占比重变化

由图 5—3 我们可以看到，软卧车和硬卧车的比重有所增加，特别是硬卧车，在“七五”以后，增长的速度十分明显。这极大地提高了旅客出行的舒适度。硬座车比重在“一五”至“六五”期间一直呈上升趋势。这和我国当时的旅客运输情况密切相关。我国铁路旅客运输曾在相当长的一段时间内供不应求，同时，旅客车辆严重不足。为缓解这一矛盾，铁路曾大量生产并投入使用硬座车。在“六五”以前，铁路旅客列车编组以硬座车为主。当时衡量旅客旅行舒适度的一个指标是“客座占用率”，即以旅客是否有一座位作为衡量舒适度(体现服务质量的一个指标)的内容和标准之一。“六五”以后，硬座车比重明显下降，代之以硬卧车、软卧车和软座车比重的明显上升。从客车构成来看，技术服务质量指标有明显提高。

由上面分析我们可以看到，铁路运输服务在线路、车辆等技术质量方面的提高比较明显，在其他方面，表 5—4 反映了“一五”时期以来铁路在速度、密度、正点率等方面的指标变化。

表 5—4 铁路客货运输情况表

项目 / 年份	客运旅行速度(km/h)	旅客列车运行正点率(%)	客运密度(万人公里/公里)	货运旅行速度(km/h)	货运列车运行正点率(%)	货运密度(万吨公里/公里)
1952	31.0	—	103.3	25.5	70.8	231.2
1955	33.3	94.5	104.6	25.5	87.6	383.9
1960	—	79.5	199.0	25.2	81.5	816.0
1965	41.1	97.1	146.4	28.2	94.7	790.6
1970	49.9	85.6	179.6	30.3	81.3	825.9
1975	49.1	86.4	213.6	28.5	78.6	952.1
1980	49.8	94.2	290.0	28.7	91.7	1 199.0
1985	48.4	94.8	479.4	28.1	91.3	1 612.0
1990	49.4	92.8	489.0	29.2	92.6	1 986.1
1995	49.0	92.7	648.6	30.2	94.4	2 350.2
1996	49.5	92.5	586.1	30.4	94.6	2 279.9
1997	53.3	93.5	615.6	31.4	94.6	2 266.3

续上表

项目 年份	客运旅行速度(km/h)	旅客列车运行正点率(%)	客运密度(万人公里/公里)	货运旅行速度(km/h)	货运列车运行正点率(%)	货运密度(万吨公里/公里)
2000	56.8	97.1	753.0	31.8	96.8	2 274
2005	65.2	98.4	938.0	32.1	96.9	3 140
2006	65.4	99.4	1 002.0	32.1	97.3	3 242
2007	68.9	99.1	1 084.0	33.2	97.0	3 475
2008	69.6	98.9	1 210.0	32.8	96.8	3 697
2009	70.2	99.0	1 197	32.8	96.4	3 611
2010	70.8	99.0	1 194	33.4	95.2	3 747
2011	71.5	99.2	1 235	34.0	95.3	3 929
2012	70.8	99.1	1 200	33.8	95.0	3 798

数据来源:《铁路统计年鉴》、《中国统计年鉴》。

从表 5—4 可以看到,客货运输变化基本呈相似的趋势。就旅客运输而言,1970 年客运平均旅行速度为 49.9 km/h,1997 年后,随着铁路的几次大提速,铁路客运旅行速度逐渐提高,到 2012 年已经达到 70.8 km/h;旅客列车正点率 1955 年为 94.5%,2000 年以后明显提高,到 2012 年达到 99.1%。货物运输方面,货运密度增加较快,而货运旅行速度基本上停留在 30～35 km/h 之间,没有明显变化。

2. 职能服务质量

由上面的分析可以看到,仅从线路和车辆等方面看,铁路运输服务质量中的技术质量在进入 21 世纪后普遍提高。那么职能服务质量如何呢?职能服务质量在很大程度上是顾客的主观感受,它与提供服务的人员直接相关。铁路是与社会公众高接触性的行业,职能服务是整体服务中十分重要的一部分。铁路中很多类人员,如车站售票员、值班员、检票员、列车员、货运员、行包员等,都与运输消费者有直接的接触,他们的工作对提高铁路服务水平有着直接的关联和影响。

评价职能服务质量相对技术质量来说困难一些,对职能服务质量的评价更多需要通过对乘客和货主的调查才能得到。客观判断,铁路近些年职能服务质量同样有所提高,但仍然存在大量不尽如人意之处,这需要铁路在经营机制和经营理念上不断更新和进步。

对于铁路运输业来说,提高服务质量的过程也正是提高乘客让渡价值的过程。提高乘客让渡价值可以通过两种渠道实现,即提高整体乘客价值,包括提高产品价值、服务价值、人员价值和形象价值,或者减少整体乘客成本,包括减少顾客的货币成本、时间成本、体力成本和精神成本。从这些方面考虑并入手,铁路的服务质量就会不断提高。

二、运输服务的有形展示

乘客在作出出行决策时要受到一系列因素的影响。运输产品由于其本身不具有实物形态,不能展览,不能陈列,所以,其促销形式受到了一定程度的影响。不过,虽然运输服务本身不具有实物形态,但运输企业的车辆、人员、站舍、信息资料、价目表等却是以实物形式存在的,它们是了解运输服务的基本线索。

在选择出行运输产品之前,乘客总是对上面谈到的基本线索感兴趣,这些线索在很大程度上会影响他们的出行行为。因此，对于运输企业来说，对上述有关线索加强管理是提高运输企业竞争力的重要手段。

上面谈到的有关线索问题，可称为运输服务的有形展示。

(一)有形展示的类型

按展示的要素构成情况，可将其划分为三种不同类型，即物质环境、信息沟通和运价表、时刻表(见图 5—4)。

1. 物质环境

虽然运输服务本身是无形的，然而提供运输服务的一切措施、手段却是实实在在的。乘客在消费运输产品之前，首先接触到的就是特定的物质环境，如站舍、飞机场、候车(机)大厅、车辆、飞机的状况等。

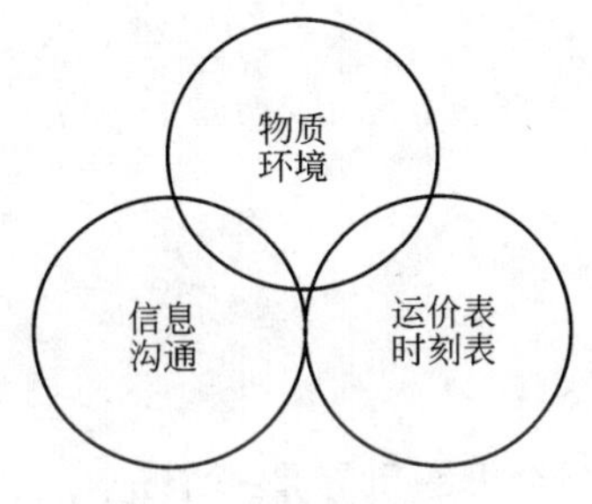

图 5—4　有形展示的类型

物质环境可以从三方面来分析：

(1)设计因素，即乘客直接感受到的环境刺激。

①美学因素：建筑、材料、颜色、尺度、结构、形状、风格。

②功能因素：陈设、舒适、标识。

设计因素可以用来美化运输企业的外在形象。例如，站舍、候车(机)大厅的设计等。设计得好，使人赏心悦目，而设计得不好，则会给乘客造成不好的印象。设计因素有利于培养乘客对企业的直接感受，并鼓励其接近企业，提高企业的吸引力。

(2)周围因素，即背景条件，包括：空气质量、噪声、气氛、卫生状况等。

乘客进入特定的环境内，对他产生影响的还有其周围环境。例如，候车(机)大厅、车厢内或飞机内的空气情况、噪声情况、周围的气氛、卫生状况等会使乘客产生对运输服务最直观的印象和感觉。显然，周围因素好，乘客对服务的第一感觉就好，否则，后期的服务再好，其总体服务水平也会被大打折扣。

(3)社会因素，即环境中的人。

①乘客：数量、行为。

②服务人员：数量、服装、形象、行为。

这类因素是指一切参与并影响运输服务的人，包括运输企业职工以及被服务人员。在这里，服务人员的外在形象(服装、行为等)成为服务水平的一个重要表现和象征，因为在一般情况下，乘客很难把服务和服务人员截然分开。一个衣冠不整的服务人员实在没有办法与高水平服务联系在一起。因此，注意外在形象是对运输企业从业人员的一个最基本也是最合乎情理的要求。

2. 信息沟通

信息沟通是另一种形式的有形展示，沟通的信息来自运输企业或其他地方。运输企业能够通过多种渠道或媒体展示企业及其产品。这些信息传送了有关运输产品及其服务的线索(见图 5—5)。

服务有形化与前面谈到的物质环境因素相关。通过强化物质环境因素，展示运输服务的外在水平。

信息有形化是将企业及其产品的信息通过特定形式传递给乘客，例如，列车时刻表、各种运价表、企业各项信息资料等。这些有形的信息是展示企业及其产品的重要手段，它可以使乘客更多地了解企业及其提供的各项服务，通过这些信息的获取，建立对企业及其产品的认知。

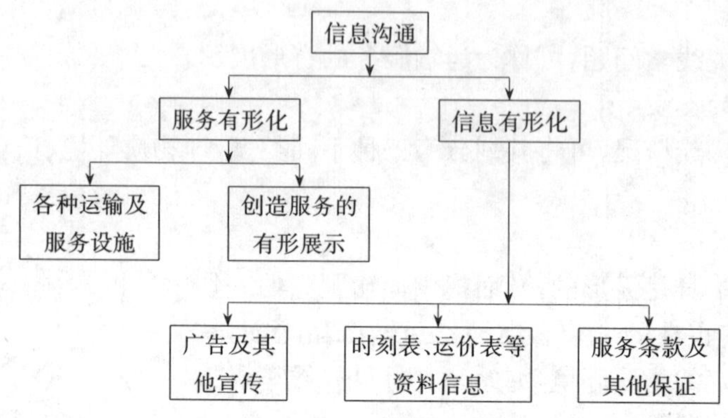

图 5—5　信息沟通

今天的世界是一个充满了各种各样信息的社会，运输企业如何将本企业及其产品的信息通过有形化的形式传递给乘客是一个非常重要的问题。

3. 运价表、时刻表

通过运价表、时刻表等，运输企业可以向社会传递运输价格(特别是旅客票价)、运输时间等方面的信息。乘客可以通过有形的运价表、时刻表等了解运输企业。

(二)有形展示的作用

(1)通过有形展示，让乘客感受到良好的服务环境。乘客接触到的有形展示会影响他对运输产品的选择。不同消费需求和消费欲望的人往往会通过运输服务的有形展示判断运输服务的标准和收费，从而确定他的选择。

(2)引导乘客对运输产品产生合理的预期。乘客是否满意，取决于运输产品给他带来的利益与其期望值之差。然而，运输产品的不可感知性使得乘客在实际消费它之前，很难作出正确的理解和描述，他们可能对整体利益的期望也是模糊的，运用有形展示，可以让乘客在消费运输产品之前能够具体地把握它的特征、功能和能够带来的利益，从而对它产生合理的预期。

(3)增强无形产品的可感知性。可感知性是影响服务质量的一项重要因素，有形展示是通过增强运输产品的“可感知性”，提升人们对服务质量的客观感受。优质的有形展示是乘客感觉优质服务的基础。

三、铁路运输服务质量指标

(一)服务质量问题分类

(1)服务质量不良反应；

(2)服务质量一般问题；

(3)服务质量严重问题；

(4)服务质量重大问题。

(二)服务质量问题性质

1. 服务质量不良反应

未构成服务质量一般问题的不良反应。

2. 服务质量一般问题

(1)旅客、货主投诉或新闻媒体曝光,在社会上造成不良影响的;

(2)站、车设备、设施、备品未达到规定标准,影响服务质量或旅客、货主提出批评意见的;

(3)站、车各项工作标准、基础管理未达到规定要求影响服务质量的;

(4)未按国家或中国铁路总公司有关规定对运价、杂费、商品实行明码标价的;

(5)站、车存在安全隐患,但尚未发生旅客、货主伤害和责任事故的;

(6)站、车治安秩序差,但尚未发生旅客、货主伤害事故的;

(7)站、车环境卫生、饮食卫生差,但尚未发生旅客伤害事故的;

(8)站、车工作人员在工作中与旅客、货主发生争执造成不良影响的;

(9)责任造成旅客 10 人以下漏乘、误乘、误降、坐过站的;

(10)责任造成旅客列车晚点的。

3. 服务质量严重问题(以下简称严重问题)

(1)旅客、货主投诉或新闻媒体曝光,在社会上造成较坏不良影响的;

(2)责任造成旅客、货主轻伤的;

(3)站、车设备、设施、备品故障、缺损,严重影响服务质量,旅客、货主反映强烈或给旅客、货主造成人身伤害或带来经济损失的;

(4)责任发生食物中毒事故未造成人员死亡的;

(5)站、车工作人员在工作中刁难、打骂旅客、货主,造成较大影响的;

(6)责任造成旅客 10 人及以上漏乘、误乘、误降、坐过站的;

(7)违反国家和铁路有关收费标准、规定,乱收费、乱加价,造成较大不良影响的。

4. 服务质量重大问题(以下简称重大问题):

(1)旅客、货主投诉或新闻媒体曝光,在社会上造成严重不良影响的;

(2)责任造成旅客、货主重伤及以上伤害的;

(3)责任发生食物中毒事故造成人员死亡的;

(4)站、车工作人员在工作中殴打旅客、货主,造成严重影响或轻伤及以上伤害的;

(5)违反国家和铁路有关收费标准、规定,乱收费、乱加价,造成严重不良影响的。

(三)铁路运输服务质量考核指标

铁路客运服务质量指标主要是站车服务考核指标。站、车服务考核指标能够反映旅客运输工作质量、效率和效益。从管理的角度出发,站、车指标体系可分为质量管理、业务及经济管理、技术管理等三方面指标。随着运输市场的不断完善,站、车服务考核指标体系将以旅客需求为中心,运输市场为导向,突出客运服务质量特性指标的考核。站、车服务考核指标可分为质量指标和数量指标。

思　考　题

1. 简述铁路旅客运输的分类。
2. 分析不同区段铁路旅客运输密度、旅客列车旅行速度、速度系数的差异。
3. 简述铁路货物运输种类和铁路货物运送量的计算方法。
4. 分析铁路货物平均运距的变化。
5. 通过实际数据分析铁路服务质量的变化。

第六章 铁路成本

第一节 铁路成本分类与构成

一、运输成本含义及其特征

(一)成本形态与含义

经济学和会计学都研究成本,并依此研究和分析利润。然而,它们的侧重点是不同的。经济学关注成本的形态和构成,会计学关注成本的计量。经济学研究如何配置资源,以使利润最大化;会计学研究通过精确计量成本,以确定利润的具体数额。经济成本和会计成本是有差别的。

以下是一些成本及其含义:

1. 机会成本与会计成本

机会成本与会计成本不同,它不是做某件事发生的实际账面支出,而是指做这件事而不得不放弃做其他事的一种代价。具体来说,机会成本是指从经济资源的稀缺性前提出发,当一定资源(A)用于某一用途时,这项资源(A)就不能用于其他用途,这种因将资源(A)用于某一用途而放弃其他用途可能带来的收益,就是资源(A)用于该用途的机会成本。

会计成本是在账面上实际记录下来的成本,是历史成本,它记录企业实际发生的支出和费用。

2. 显性成本与隐性成本

显性成本是指厂商在生产要素市场上购买或租用所需要的生产要素的实际支出,如反映在财务报表中的工资、原料等支付。

隐性成本是指厂商本身自己所拥有的,且被用于该企业生产过程的那些生产要素的总价值。会计费用表现为显性成本,而机会成本包括显性成本和隐性成本。

3. 沉没成本与新增成本

如果一项开支已经付出并且不管作出何种选择都不能收回,这类支出称为沉没成本。沉没成本是一种历史成本,对现有决策而言是不可控成本,不会影响当前行为或未来决策。因此,沉没成本是决策非相关成本,在项目决策时无需考虑。相对的,新增成本是决策相关成本,在项目决策时必须考虑。

4. 固定成本与可变成本

在一定产出数量范围内,不随产量增加而增加的投入费用,被称为固定成本(分摊成本)。无论厂商是停产还是以最大产量生产都要支付相同数量的不变成本,它是对不变生产要素支付的总费用。随产量的变动而变动的支出费用,称为可变成本,它是对可变生产要素所支付的总费用。

5. 边际成本

增加一单位产出时所增加的成本。

6. 平均成本

每生产一单位产出所消耗的总成本,即分摊到每个单位产出的总成本。

图 6—1 和图 6—2 是成本变化示意图。

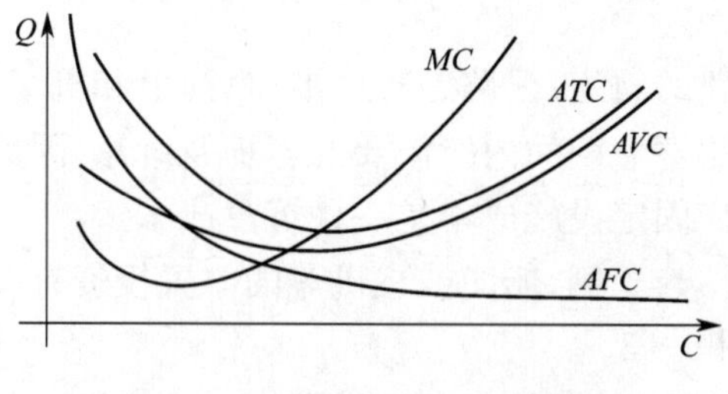

图 6—1 短期单位成本示意图

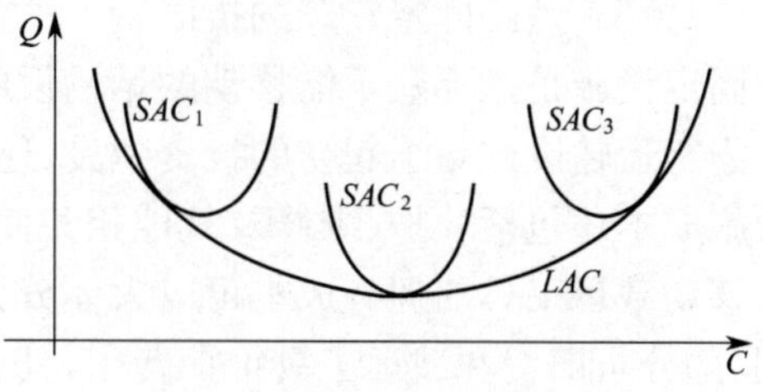

图 6—2 长期成本示意图

(二)铁路运输成本含义和特征

铁路运输成本是指企业直接为运输旅客、货物发生的耗费。费用是指企业一定期间运输生产经营管理活动所发生的经济利益的流出。铁路运输成本、费用是反映生产经营活动的综合指标,是制定运输价格、营销政策、投资决策和财务清算的重要依据。

铁路运输成本、费用管理与核算是铁路企业经营管理的重要组成部分,是企业财务会计管理的重要内容,基本任务是:通过预算、核算控制、分析、监督和检查,挖掘潜力,降低消耗,实现企业效益最大化。

铁路运输成本与一般工业产品成本相比,在内容上有以下几方面特点:

(1)一般工业产品成本中,构成产品实体的原材料的消耗占有较大比重,而铁路运输产品是旅客或货物的位移,不具有实物形态,所以铁路运输成本中没有构成产品实体的原材料支出。虽然铁路运输生产过程中也发生材料费支出,但是这部分支出主要是用于铁路线路、机车车辆和其他固定资产的修理和保养方面。

(2)铁路运输业从事旅客和货物运输,需要建筑铁路和其他建筑物,使用大量机车车辆和其他固定资产,因此,在运输生产过程中所发生的各种固定资产折旧费和修理费占运输成本的比重很大,而一般工业产品成本中这些费用所占比重较小。

(3)为了便于考核产品生产费用和销售费用的耗费,工业企业分别计算工厂成本(生产成本)和完全成本(即工厂成本加应摊的销售费用之和)。铁路运输产品不能脱离生产过程单独存在,其生产和销售过程结合在一起,不能截然分开;而且某些费用也难以区别用于生产或销售,因此,铁路运输业一般只计算产品的完全成本。

(4)铁路运输成本具有不可归依性(untrace-ability)。很多运输费用无法归依到某一位具体旅客或某一批具体货物的运输上。运输成本的不可归依性导致铁路运输成本计算上的复杂性。

二、铁路成本的类别及性质分析

铁路成本可以根据生产要素的性质和使用情况进行如下分类:

1. 资本成本

(1)固定设施成本:铁路轨道、通讯信号设备、站场等设施等;

(2)载运工具成本:机车、车辆(客货)等。

2. 营运成本

(1)作业成本:工资、水电、燃料、材料等;

(2)维修成本:铁路设备各种修理的支出等;

(3)折旧:铁路固定资产的折旧费。

固定设施是指那些不能移动的运输设施,如铁路的轨道、公路、车站、港口、河道和机场等。

固定运输设施除了起初的投资建设,还有在使用寿命期间内所需要的养护及维修,因此固定设施成本还包括养护、维修及其他相关使用成本。固定设施成本是一种沉没成本。

移动载运工具的拥有成本可以大体分为三部分:与车辆、船舶或飞机等的添置投资有关的费用、部分折旧费和载运工具维护费用,其变化见图 6—3。

在运营成本中,一类是直接运营人员的工资,另一类是运输工具消耗的燃料。运输工作量越大这些直接的运营成本也会越大(见图 6—3)。

运输企业一般还需要配备若干辅助人员和管理人员,这些人员的工资以及所需要的工作开支属于间接运营成本。间接运营成本只有部分与运输量有关。

运输平均成本是单位运输工作量所耗费的成本。平均成本又可以分为平均固定成本和平均变动成本。它们的变化特征见图 6—3、图 6—4。

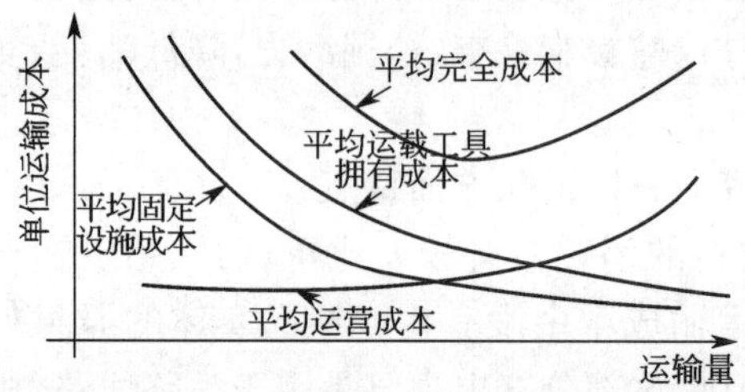

图 6—3 铁路运输成本曲线示意图

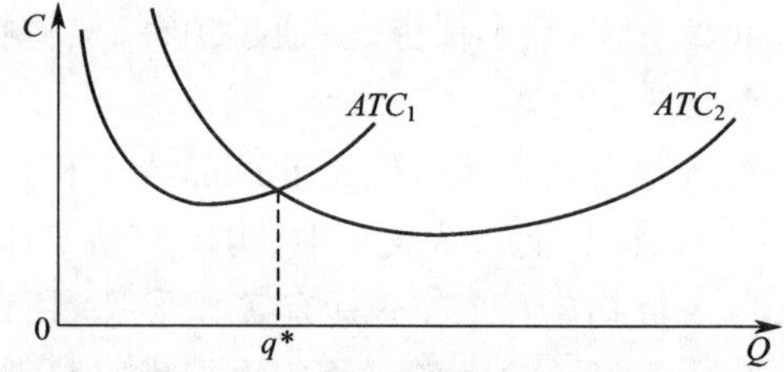

图 6—4 运输设施能力扩大时的平均成本曲线

运输总成本是指企业为提供某种运输劳务所耗费的成本总额。它是由固定成本与变动成本两部分构成的。当既有运输能力不能满足运输需求,需要通过更新改造或新建线路等方式增加运输设施时,运输成本会有一个跳跃式的上升。如图 6—5 所示,Q_1,Q_2,…,Q_n 点为成本跳跃式上升点。

铁路运输固定成本是在一定的生产规模内不随所提供的运输服务的数量变动而变动的成本,如运输基础设施(线路、港、站等)的折旧费、运输设备的折旧费、运输企业的管理费等。

铁路运输变动成本:随运输服务的数量变动而变动的成本,如燃料的支出、直接生产工人的工资等。

运输边际成本是指运输生产过程中最后增加的那个单位运输工作量所耗费的成本,或者说,是每增加或减少一个单位运输工作量而使运输总成本发生变动的数量,也就是企业在一定生产规模条件下,多生产每一单位产量所支付的追加成本。从理论上讲,边际成本是变动总成本随产量变动的变化率。

如果我们用 TC 表示运输总成本,FC 表示固定成本,VC 表示变动成本,MC 表示边际成本,Q 表示运输工作量,则各种运输成本可以用下列公式来表示:

$$\text{平均固定成本}\quad AFC=\frac{FC}{Q} \tag{6—1}$$

$$平均变动成本\quad AVC=\frac{VC}{Q} \tag{6—2}$$

$$平均总成本\quad ATC=\frac{TC}{Q}=AFC+AVC \tag{6—3}$$

$$边际成本\quad MC=\frac{\Delta TC}{\Delta Q} \tag{6—4}$$

图 6—3～图 6—6 是铁路运输成本变化示意图。

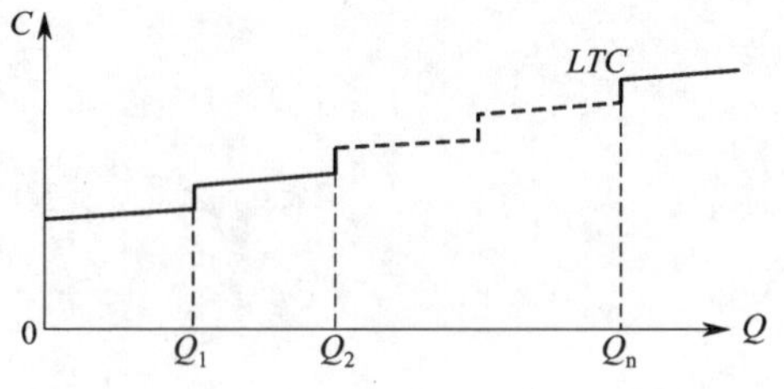

图 6—5　实际的长期运输总成本曲线

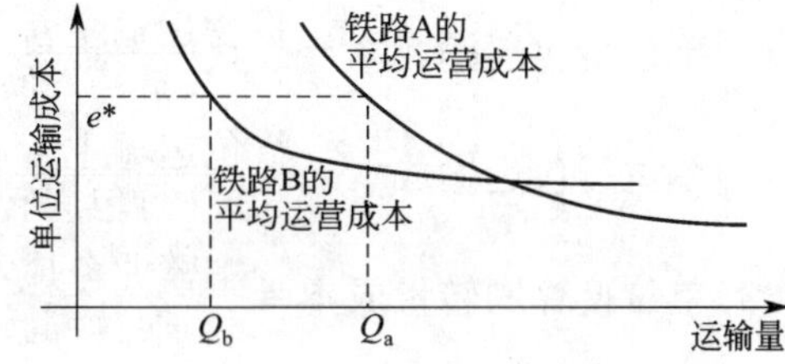

图 6—6　运量不足的两家铁路公司的运输成本示意

当不同铁路企业(公司)间存在竞争时,运量规模将决定单位运输成本的大小,如图 6—6 所示。

铁路运输过程中还存在大量的联合成本。当生产某一种产品的同时,导致以某一比例生产出另外一些产品,这种连带产品与引起它们的主产品之间保持着固定比例,这就产生了联合成本。铁路运输生产中产生联合成本的原因是提供一种服务时还必须提供另一种服务,如当为 A 至 B 方向运输需求提供服务时,同时还需要有反方向的运输服务(由 B 至 A),这种情况很普遍。很明显,任何一个方向的运输成本是另一个方向运输成本的联合成本,这主要是因为提供运输服务过程中使用设备、材料等数量上的密切关联性。

第二节　铁路运输成本计算

铁路运输成本计算是在成本、费用核算的基础上,将一定时期的成本、费用归集到不同的计算对象。为满足企业盈亏分析、经营决策、财务清算对成本信息的需求,企业应正确、合理计算各种运输成本,根据企业的特点和管理需要,主要计算客运总支出、货运总支出、行包总支出,单位旅客运输成本、单位货物运输成本、单位行包运输成本,单位客运支出、单位货运支出、单位行包支出,客、货运作业成本(包括变动成本和固定成本)、分线成本、区域平均成本等。

一、定期成本计算

定期成本计算一般是计算一定时期(一般为一年)的客运、货运、行包总支出及相应的单位成本和单位支出。

1. 客运总支出、货运总支出、行包总支出

(1)旅客运输成本、货物运输成本、行包运输成本分别直接列入客运总支出、货运总支出、行包总支出。

(2)基础设施成本的工资及工资附加费、管理费用的工资及工资附加费,按主营业务成本直接列入的工资及工资附加费的比例分摊列入客运总支出、货运总支出和行包总支出。

(3)基础设施成本的其他支出、管理费用的其他支出、财务费用、营业外支出按周转量比例分摊列入客运总支出、货运总支出和行包总支出。在计算周转量分摊比例时，旅客周转量、行包周转量需乘以系数 2.36。

2. 单位成本计算办法

单位成本是按运输产品计算的单位产品主营业务收入。

(1)单位旅客运输成本$=\dfrac{\text{旅客运输主营业务成本}}{\text{旅客周转量}}$ (6—5)

(2)单位货物运输成本$=\dfrac{\text{货物运输主营业务成本}}{\text{货物周转量}}$ (6—6)

(3)单位行包运输成本$=\dfrac{\text{行包运输主营业务成本}}{\text{行包周转量}}$ (6—7)

(4)单位换算周转量成本$=\dfrac{\text{主营业务成本合计}}{\text{换算周转量}}$ (6—8)

3. 单位支出计算办法

单位支出是按运输产品计算的单位产品运输总支出。

(1)单位客运支出$=\dfrac{\text{客运总支出}}{\text{旅客周转量}}$ (6—9)

(2)单位货运支出$=\dfrac{\text{货运总支出}}{\text{货物周转量}}$ (6—10)

(3)单位行包支出$=\dfrac{\text{行包总支出}}{\text{行包周转量}}$ (6—11)

(4)单位换算周转量支出$=\dfrac{\text{运输总支出}}{\text{换算周转量}}$ (6—12)

二、非定期成本计算

非定期成本包括各类专项成本，如分品名单位支出，分席别单位支出以及分线单位支出等。

非定期成本计算，往往是为了解决某个临时任务或问题而进行的。它所使用的资料不仅有统计和决策资料，而且还需要进行很多专门调查以及补充计算得到的资料。其计算目的是多方面的，既可作为目标成本、边际成本、标准成本的数据，也可以作为成本、产量、利润分析以及预测和决策的依据。非定期成本计算的方法主要有支出科目直接计算法、运输作业过程分项计算法、单位支出分摊法以及支出率法等。

计算运输成本，应首先确定变动支出与固定支出的划分问题。把全部运输支出划分为与运量有关的变动支出和与运量无关的固定支出，对于计算和分析运输成本以及利用成本资料进行有关技术经济决策，具有十分重要的意义。

铁路运输成本中与运量有关的支出，是指基本上随运量的增减成比例变化的费用。但在实际工作中，完全按运输周转量计算的费用并不多，一般是通过行车量和其他一些工作量指标的变化来计量。因为随着运量的增长，在其他条件不变的情况下，行车量以及与之有关的机车车辆运用指标和检修任务会相应增长，与这些工作有关的支出也会相应增加。因此，与运量有关支出和与运量无关支出，亦称与行车量有关支出和与行车量无关支出。此外，铁路有很多支出，既与运量或行车量有关，又不与其成正比例变化，这部分支出称为半变动支出，如线路、通信信号的设备、房屋建筑物的维修养护费，与运量变化有一定关系，但又不与其成正比例变化。将运输支出划分为与运量有关支出和与运量无关支出，是一个比较复杂的问题。具体划分时，主要有直接分解法、高低点分析法和最小二乘法。高低点分析法和最小二乘法前面已经介绍过，这里介绍一下直接分解法。

所谓直接分解法是根据运输支出科目逐个进行分析，先将明显属于变动支出和固定支出的科目找出来，直接列入变动支出和固定支出，然后对其余科目分别确定其中变动支出所占百分率，据此可确定列入变动支出和固定支出的数额。例如，线路维修和线路上部分建筑材料的更换费用，设其中 30％是变动支出，则 70％为固定支出，可按比例将有关费用分别列入变动支出与固定支出。

确定混合支出中的变动支出所占百分比是比较复杂的工作，因为变动支出和固定支出的划分是相对的，不是绝对的，因此不可能完全准确。这样，在划分时，对于一些支出数额不大的混合费用，从简化工作的角度，可根据其内容全部作为变动支出或固定支出，不再进行分解。

(一)支出率法

支出率法是铁路运输成本计算和分析的重要方法。支出率法(也叫支出定额法)实际上是一种计算变动成本的方法，它是按照各种运营指标的支出率计算和分析运输成本。所谓支出率就是每一单位运营指标的有关支出额。采用这种方法，把运营指标和运输效率与有关的支出结合起来，能比较全面地反映机车车辆运用质量对运输成本的影响，用来分析某项技术组织措施对运输成本的影响也比较方便，而且比较精确。因此，这种方法应用比较广泛。

采用支出率法计算和分析营运成本时，首先要在划分客运支出和货运支出的基础上，再分别划分与运量有关支出和与运量无关支出。把与运量有关支出与一定的铁路运营工作指标联系起来，并把每一项支出归纳到与其关系最密切的指标内，把同一指标的支出数额加总除以指标总数，就得到每一指标的单位支出额，如一货车公里××元，一货车小时××元，这就是支出率。也就是说，单位运营指标的支出，就叫该指标的支出率。

当计算一定周转量的人公里或吨公里成本时，可根据该周转量下消耗的各项运营指标数乘以相应的支出率，加总各项乘积，即得到与运量有关成本，再加上应分摊的与运量无关成本，就得出完成一定周转量所耗费的全部运输成本。

假定完成一定运量所消耗的指标数为 $X_1,X_2,X_3,\cdots,X_n$，各项指标相应的支出率为 A_1，$A_2,A_3,\cdots,A_n$，无关支出为 B，则铁路运输成本 C 就为：

$$C=A_1X_1+A_2X_2+A_3X_3+\cdots+A_nX_n+B \qquad (6—13)$$

当采取一定措施提高运输效率时，机车车辆运用指标发生变动，完成一定运量所消耗的指标数 $X_1,X_2,X_3,\cdots,X_n$ 也随之发生变化，根据变化后的指标数乘以各自的支出率，就能比较准确地计算出现实的运输成本，从而也能比较准确地计算出该项措施对运输成本的影响。

正确地确定计算支出率的运营指标体系，是使用支出率法的一个重要问题。确定指标体系时，应当考虑以下几方面的问题：

(1)根据研究和解决问题的不同，指标体系既要全面反映运输生产的各个主要环节，又要便于分析各种因素变化对成本的影响；

(2)选用的指标必须和与其有关的支出密切相连，即某项指标变化时与之有关的支出也应随之变化；

(3)选用指标的数量，既要考虑计算和分析成本的精确性，又要使计算工作不至于过于繁琐。

根据以上原则，一般确定的指标体系及各项指标与支出的关系见表 6—1 和表 6—2。

表 6—1　货运各项指标及其有关的支出

指　　标	与指标有关的支出
货车公里	货车维修、货车轮对修理费
货车小时	货车辅修、货车轴箱检查、货车段修、机械保温车运行及机械修理、货车基本折旧和大修费
货运内燃机车公里	货运内燃机车运行用油脂、货运内燃机车架修、定修、机车轮对修理费、货运内燃机车大修费
货运内燃机车小时	货运内燃机车基本折旧费
货车内燃机车乘务组小时	货运内燃机车乘务组工资
货运列车乘务组小时	货运列车运转乘务人员工资
货运内燃机车燃料消耗公里	货运内燃机车运转用燃料、内燃机车整备费及运输用水费
机车车辆总重吨公里	正线轴换新钢轨、轨换新木枕、轴换新钢筋混凝土枕、补充道床、更换新连接配件、更换新胶垫、道岔维修、线路中修等费用的一部分，正线大修的一部分
内燃调车机车小时	货运内燃调车机运转用燃料、油脂、内燃调车机车架修、定修、轮对修理费、大修及基本折旧费、机车乘务组、车站调车组工资及站线抽换新钢轨、木枕、混凝土轨枕、补充道床、更换新连接配件等费用的一部分，站线大修费的一部分

表 6—2　客运各项指标及其有关的支出

指　　标	与指标有关的支出
客车公里	客车维修、客车轮对修理
客车小时	客车段修、客车大修和基本折旧
客运内燃机车公里	客运内燃机车运行用油脂、客运内燃机车架修、定修、机车轮对修理、客运内燃机车大修费
客运内燃机车小时	客运内燃机车基本折旧费
客运内燃机车乘务组小时	客运内燃机车乘务组工资
客运列车乘务组小时	客运列车运转乘务组工资，随车检车员和车电员的工资
客运内燃机车燃料消耗公斤	客运内燃机车运行用燃料，内燃客运机车整备费及运输用水费
机车车辆总重吨公里	同货运内容
内燃调车机车小时	同货运内容
客运列车运行车小时	旅客列车服务

（二）运输作业过程分项计算法

采用这种方法，要先将货运支出按运输作业过程划分为始发到达作业费、中转作业费和运行作业费三部分。划分方法也是根据运输支出科目的内容进行分析，凡属于某项作业的费用，可直接列入该项支出。如车站货物运输费用属始发到达作业费，编组站的费用属于中转作业费，货物列车运行费用属于运行作业费等。而属于两种或两种以上作业共同的费用，则需要按适当指标比例在不同作业间分配。

当划分三项作业费后，可按下式计算每辆重车的始发到达作业费，每辆车的中转作业费和每一总重吨公里的运行作业费。

$$每辆重车的始发到达作业费=\frac{始发到达作业费总额}{货物发送车数} \tag{6—14}$$

$$每辆车的中转作业费=\frac{中转作业费总额}{中转作业车数} \tag{6—15}$$

$$每一总重吨公里的运行作业费=\frac{运行作业费总额}{货物总重吨公里数} \tag{6—16}$$

上述三项作业费，不包括专门为运送某类货物而发生的支出，如运送液体货物所使用罐车的洗刷费用，此类费用在计算某类特殊货物运输成本时，再另行加入。

（三）每一总重吨公里平均支出计算法和每一车辆公里、每一总重吨公里平均支出计算法

这是简略计算品类别货物运输成本的方法。计算时，先把全部运输支出划分为客运支出和货运支出。将货运支出额除以货运总重吨公里总数，求出每一货运总重吨公里的平均支出；然后各品类货物，根据其载重力利用指标、货车自重、空率等不同，分别计算出每一运行吨公里所分摊的总重吨公里数，再乘以每一总重吨公里的平均支出，即得各类货物的运行吨公里支出。由于一般货物运输单位支出是以计费吨公里为计算单位，故再乘以运行吨公里对计费吨公里的比例系数（运行吨公里/计费吨公里），就得出计费吨公里成本。其计算公式为：

$$每一总重吨公里平均支出=\frac{货运支出总额}{货运总重吨公里数} \tag{6—17}$$

$$\begin{matrix}某种货物\\单位支出\end{matrix}=每一总重吨公里平均支出\times\left[1+\frac{车辆自重\times(1+空率)}{重车动载重}\right]\times\begin{matrix}运行吨公里对计费\\吨公里的比例系数\end{matrix} \tag{6—18}$$

按每一车辆公里和总重吨公里平均支出计算法计算时，先要将货运支出总额划分为与车辆公里有关支出和与总重吨公里有关支出两部分。划分以后分别被货运车辆公里和总重吨公里数去除，求出每一车辆公里和总重吨公里的平均支出，再分别各类货物，根据其不同的重车动载重、车辆自重、空率等资料，计算出每一运行吨公里应摊的车辆公里和总重吨公里，再乘以每一车辆公里和总重吨公里平均支出，将所得乘积相加，再乘以运行吨公里对计费吨公里比例系数，就得出计费吨公里成本。计算公式如下：

$$每一车辆公里平均支出=\frac{与车辆公里有关支出}{货运车辆公里数} \tag{6—19}$$

$$每一总重吨公里平均支出=\frac{与总重吨公里有关支出}{货运总重吨公里数} \tag{6—20}$$

上式中与车辆公里有关支出和与总重吨公里有关支出均不包括特殊运送条件的支出。

$$\begin{matrix}某种货物\\运输成本\end{matrix}=\left\{\begin{matrix}每一车辆公里\\平均支出\end{matrix}\times\frac{1+空率}{重车动载重}+\begin{matrix}每一总重吨公里\\平均支出\end{matrix}\times\left[1+\frac{车辆自重\times(1+空率)}{重车动载重}\right]\right\}\times\begin{matrix}运行吨公里对计\\费吨公里比例系数\end{matrix} \tag{6—21}$$

（四）旅客运输成本计算

为制定和调整旅客票价，为进行技术经济分析以及为经营决策提供依据，需要计算各种旅客列车运输成本。

客运车辆包括硬座车、软座车、硬卧车、软卧车等，不同席别客车单位人公里支出是不同

的，这是因为不同席位的客车载客人数不同，车辆自重也不相同，从而完成同样旅客周转量所消耗的车辆公里、总重吨公里等指标以及有关支出也不相同。其次，不同客运车辆的造价和检修费也不一样，使单位旅客周转量应摊的折旧费和检修费也不一样。除此以外，旅客列车有特快、直快、普快、市郊等区分，不同类型列车的编组、重量、运行速度不同，列车服务项目和服务人员等均有差异，也使它们的成本有较大差异。

计算旅客列车成本也可采用支出率法、运输作业过程分项计算等方法进行。

（五）货运点到点成本计算

货运点到点成本是指铁路任意两点间运输一批货物所发生的成本支出。铁路要进行运输生产，不仅要对线路、机车、车辆、站场等进行投资和日常维修，而且还要消耗燃料、材料和劳动力。这些投入最终形成了运输能力，保证运输企业完成货物列车的编组、解体、装卸等工作量。所有这些中间环节被有机地组合在一起，为完成货物的位移提供了运输服务。我们通过找出投入要素与中间作业单位的成本间的联系，就可以计算出货运点到点的运输成本。

货运点到点成本的计算用公式可以具体地表示为：

$$\begin{aligned}\begin{matrix}\text{某批货物点到}\\\text{点运输成本}\end{matrix} &= \begin{matrix}\text{基于发到作业量}\\\text{计算的成本}\end{matrix} + \begin{matrix}\text{基于运行作业量}\\\text{计算的成本}\end{matrix} + \begin{matrix}\text{基于中转作业量}\\\text{计算的成本}\end{matrix}\\ &= \begin{matrix}\text{发到}\\\text{作业量}\end{matrix} \times \begin{matrix}\text{发到作业}\\\text{单位变动支出}\end{matrix} + \begin{matrix}\text{中转}\\\text{作业量}\end{matrix} \times \begin{matrix}\text{中转作业}\\\text{单位变动支出}\end{matrix} +\\ &\quad \sum\left(\begin{matrix}\text{分类的运}\\\text{行作业量}\end{matrix} \times \begin{matrix}\text{运行作业单位}\\\text{变动支出}\end{matrix}\right) \end{aligned} \tag{6—22}$$

（六）客运单列成本计算

客运单列成本是指单列旅客列车由发站至到站之间所发生的成本支出。从整体上讲，大部分旅客运输费用可由特定成本计算方法求出，剩余部分用单位成本乘以相应的工作量的方法计算。但是，当计算个别旅客业务成本时，比如计算分席别的旅客列车成本，与计算综合的旅客业务成本不同，因为某些成本组合从总体上是特定的，但从个别铁路运输业务的角度来看，就不是特定的了。客运单列成本用公式表示为：

$$\begin{aligned}\begin{matrix}\text{某次旅客}\\\text{列车成本}\end{matrix} &= \begin{matrix}\text{基于发到作业}\\\text{量计算的成本}\end{matrix} + \begin{matrix}\text{基于运输作业}\\\text{量计算的成本}\end{matrix} + \begin{matrix}\text{行包运}\\\text{输成本}\end{matrix} + \begin{matrix}\text{特定}\\\text{成本}\end{matrix}\\ &= \begin{matrix}\text{发到}\\\text{作业量}\end{matrix} \times \begin{matrix}\text{单位变}\\\text{动支出}\end{matrix} + \sum\left(\begin{matrix}\text{分类的运}\\\text{行作业量}\end{matrix} \times \begin{matrix}\text{运行作业单}\\\text{位变动支出}\end{matrix}\right) +\\ &\quad \begin{matrix}\text{行包运}\\\text{输成本}\end{matrix} + \begin{matrix}\text{特定}\\\text{成本}\end{matrix} \end{aligned} \tag{6—23}$$

三、铁路运输成本预测

（一）铁路运输成本预测的意义

成本预测属经济预测范畴，它是指企业根据现有的经济、技术条件，通过分析影响成本变动的有关因素，预计在未来一定时期内成本的发展水平和变动趋势。

在现实经济生活中，成本水平的高低在很大程度上反映了企业竞争能力的大小，从一定意义上说，企业的成本管理活动能够决定企业的生存与发展。因此，现代企业愈来愈重视对成本的研究、管理和控制。进行成本预测是加强成本事前控制，提高成本决策水平的重要前提和基础。具体来说，进行成本预测有以下几方面意义：

(1)成本预测是成本决策的基础。进行成本预测需要大量地研究有关信息和资料，依此对成本未来变化做出科学推断。成本预测能够使成本决策更具科学性、准确性。

(2)通过成本预测为编制成本计划奠定基础。预测成本变化是企业编制成本计划不可缺少的重要环节，也是成本计划工作的重要组成部分。通过成本预测，预计成本变化趋势能够使编制的成本计划更加完善和准确。

(3)进行成本预测是企业适应市场变化，提高应变能力的前提条件。市场情况千变万化，企业的生产经营也应不断调整，以适应市场的变化。通过成本预测，分析成本变化态势，抉择不同的生产经营方案，做出准确的经营决策，可以使企业提高应变能力和竞争能力。

(二)铁路运输成本预测的内容

(1)预测成本计划各项指标的总体水平，根据成本计划中各项运量指标、机车车辆运用指标、设备运用和检修工作量指标等，测算运输总支出、单位成本以及有关成本指标水平。

(2)预测价格、运量等因素变化对成本的影响。成本的变化受多项因素的影响，包括外部的不可控因素以及内部的可控因素。运输企业需要预测影响成本的内、外部因素变化，加强对可控因素的管理，增加企业自我调控能力。

(3)预测采用新技术、新设备、新材料等对成本的影响。对旧的生产工艺过程改进或采用新型生产技术、新设备、新材料，都会引起成本的较大变化，如采用新型机车车辆、新型装卸设备等。预测上述内容对成本的影响是成本预测的一项重要内容。

(三)成本预测依据的原则

(1)惯性原则。任何一项事物的发展都与过去有密切的联系，成本变化同样如此。事物发展的这种连续性被称为“惯性”。研究成本未来变化必须以现实成本和历史成本为基础，它们之间存在着密切的关系。惯性原则是成本预测的依据之一。

(2)相关原则。事物的发展不是孤立的，它们都与其他事物的发展相互关联，相互影响。成本变化也是如此，一项支出的发生是特定生产、经营行为的必然结果，它们之间不仅存在着密切关系，而且有一定规律可循，根据这种相关关系推测成本变化是进行成本预测所依据的另一项原则。

(3)概率推断原则。由于各种因素的干扰，常常使成本呈现出随机变化的态势，为了给成本决策工作提供依据，需要对具有不确定性结果的预测对象提出较确定的结论，这就需要依据概率推断原则。在实际应用中，概率推断伴随预测结果同时给出。

(四)成本预测方法

成本预测属于经济预测的一种，经济预测方法很多，按其性质分为定性预测和定量预测两大类：

(1)定性预测。成本的定性预测是指预测人员根据专业知识和实践经验，对成本的变化、发展趋势、可能达到的水平所作的定性分析和推断。

(2)定量预测。这是对预测对象未来的数量表现加以确定的过程。成本的定量预测是在历史数据和统计资料基础上，运用数学或其他分析技术，建立可以表现成本变化数量关系的模型，并用它来预测成本未来的水平。

常用的成本定量预测方法：

(1)因果关系模型。这种方法是建立成本与有关影响因素之间的特定函数关系，通过所掌握的资料对模型中的参数进行估计和检验，从而确定成本预测模型。根据变量之间的关系可分为线性回归模型(一元线性回归、二元线性回归及多元线性回归模型)和非线性回归模型。

(2)时间关系模型。即建立成本与时间变量之间的某种函数关系，也可以根据成本的时间序列资料，描述成本依时间发生变化的趋势。

(3)结构关系模型。这种方法是分析影响成本诸因素之间的某种比例关系，通过因素之间相互依存的结构比例变化，预测成本未来值。常用的结构关系模型有投入产出分析模型。

现分别举例如下：

1. 要素预测法

影响成本变动的因素很多，也很复杂，进行成本预测，可以有侧重地测算一些主要因素对成本的影响，如材料、燃料、工资等方面的影响。预测公式如下：

$$\text{运输成本预测值}=\text{变动前运输成本}\times(1-\text{运输成本变动率}) \quad (6—24)$$

$$\text{运输成本变动率}=\text{某要素占运输成本百分比}\times\text{该要素的变动率} \quad (6—25)$$

已知某铁路局某年度运输成本情况如表 6—3 所示。

表 6—3　运输成本构成　　单位：万元

项　目	营业支出金额	工资	材料	燃料	电力	折旧	其他
绝对数	298 000	44 700	38 740	38 740	20 860	110 260	44 700
相对数(%)	100	15	13	13	7	37	15

(1)工资要素。预测当运营人员劳动生产率提高 10%，平均工资增长 5%后的运输成本。

$$\text{成本费用降低率}=\text{工资占成本费用}\%\times\frac{\text{劳动生产率提高}\%-\text{工资增长}\%}{1+\text{劳动生产率提高}\%} \quad (6—26)$$

$$=15\%\times\frac{10\%-5\%}{1+10\%}=0.7\%$$

(2)材料、燃料、电力要素。

预测材料燃料消耗变动对成本的影响，可按下式计算：

$$\begin{matrix}\text{成本费}\\\text{用降低率}\end{matrix}=\frac{\text{材料(或资料、电力)}}{\text{占成本费用(\%)}}\times\frac{\text{材料(或燃料、电力)}}{\text{消耗定额降低(\%)}} \quad (6—27)$$

以上述材料要素为例，消耗定额降低 10%时，成本降低率＝13%×10%＝1.3%

(3)折旧要素。当折旧额增大 1%时，成本变动率 37%×1%＝0.37%

(4)其他要素。预测当运量增长 10%，一般生产管理费增长 2%时，成本降低率为：

$$\begin{matrix}\text{成本费用}\\\text{降低率}\end{matrix}=\text{一般生产管理费(其他)占成本费用}\% \quad (6—28)$$

$$\times\frac{\text{运量增长}\%-\text{一般生产管理费(其他)增长}\%}{1+\text{运量增长}\%}$$

$$=15\%\times\frac{10\%-2\%}{1+10\%}=1.09\%$$

将上述各主要因素对成本影响分别算出后，相加之和即符合因素对成本总的影响程度，据此可预测计划期成本水平，即：0.7%＋1.3%－0.37%＋1.09%＝2.72%，计划期成本水平降低 2.72%。

2. 高低点分析法

全部运输支出由固定支出和变动支出组成，用高低点法可划分变动支出和固定支出，从而预测运输总支出。可找出一定时期内的运量和成本资料，将其中最高时运量和最低时运量的差额，和最高运量总成本与最低运量总成本的差额进行对比，求出单位运量变动成本，即变动成本率 b。

$$\text{变动成本费用率}(b)=\frac{\text{最高运量总成本费用}-\text{最低运量总成本费用}}{\text{最高时运量}-\text{最低时运量}} \tag{6—29}$$

然后，根据变动成本率和某时期运量，来计算某时期的变动支出，最后从某时期总成本中减去变动支出，就得出固定支出 a。

$$\text{变动支出}=\text{某时期运量}\times\text{变动成本率}(b) \tag{6—30}$$

$$\text{固定支出}(a)=\text{某时期总成本}-\text{变动支出} \tag{6—31}$$

例如：某铁路局某年度上半年各月完成的运量和运输成本资料如表 6—4。

表 6—4　某铁路局成本与运量

项　目 ＼ 月　份	1	2	3	4	5	6	合计
运量(万换算吨公里)	451 000	400 000	442 000	478 000	456 000	481 000	2 708 000
运输总成本(千元)	52 000	49 800	50 800	53 200	52 800	54 890	313 490

由表 6—4 可以看出，最高月运量和最低月运量分别是 6 月和 2 月的 481 000 万换算吨公里和400 000万换算吨公里，运输总成本分别是 54 890 千元和 49 800 千元。根据公式，可以计算出变动成本率 b 和固定支出 a 为：

$$b=\frac{54\ 890-49\ 800}{481\ 000-400\ 000}=0.062\ 8(\text{千元/万换算吨公里})$$

$$a=54\ 890-0.062\ 8\times 481\ 000=24\ 683(\text{千元})$$

因此，可建立成本预测模型：

$$y=24\ 683+0.062\ 8x$$

式中　y——某时期成本；

　　x——该时期运量。

如果该年度 8 月运量为 520 000 万换算吨公里，则预测该月成本为：

$$y=24\ 683+0.062\ 8\times 520\ 000=57\ 339(\text{千元})$$

高低点法通常还可以用来计算和确定一定时期的变动支出和固定支出，了解掌握它们各自的比例。

高低点法应用起来比较简便，但要在各时期成本水平比较平稳的情况下才适用。由于影响成本的因素很多，如果影响因素变动大，致使各时期成本波动大，所选取的最高运量、最低运量对应的成本不具有代表性，就会影响计算结果的准确性。

3. 最小二乘法

这种方法是回归分析中常用的一种方法。采用这种方法可选用历史时期的运量和运输成本资料，利用模型 $y=a+bx$ 预测未来成本变化。

式中　y——运输总成本；

　　a——固定总成本；

b——单位变动成本；

x——运量。

按照 n 期的运量和成本资料，求解 a 和 b 如下式所示：

$$a=\frac{\sum y-b\sum x}{n} \tag{6—32}$$

$$b=\frac{n\sum xy-\sum x\sum y}{n\sum x^2-(\sum x)^2} \tag{6—33}$$

采用表 6—4 的数据，计算列表 6—5 如下：

表 6—5 计 算 表

n	x	y	xy	x^2
1	451 000	52 000	23 452 000 000	203 401 000 000
2	400 000	49 800	19 920 000 000	160 000 000 000
3	442 000	50 800	22 453 600 000	195 364 000 000
4	478 000	53 200	25 429 600 000	228 484 000 000
5	456 000	52 800	24 076 800 000	207 936 000 000
6	481 000	54 890	26 402 090 000	231 361 000 000
$\sum$	2 708 000	313 490	141 734 090 000	1 226 546 000 000

将表 6—5 有关数据代入(6—32)和(6—33)式，有

$$b=\frac{6\times 141\ 734\ 090\ 000-2\ 708\ 000\times 313\ 490}{6\times 1\ 226\ 546\ 000\ 000-(2\ 708\ 000)^2}=0.057\text{(千元/万换算吨公里)}$$

$$a=\frac{313\ 490-0.057\times 2\ 708\ 000}{6}=26\ 522\text{(千元)}$$

在确定了 a、b 值后，代入公式就可得到预测模型。

由上例我们看到，用高低点法和最小二乘法计算出的 a、b 数值并不完全相同。在实际工作中，选用哪种预测方法，要根据具体情况来定。

第三节 铁路运输成本费用分析与控制

一、影响铁路运输成本费用的因素分析

铁路运输成本是一个综合性的经济指标，它受很多因素的影响，这其中既有外部环境因素，也有企业内部因素；既有生产技术方面的因素，也有企业经营管理方面的因素；既有主观因素，也有客观因素。这些因素相互联系，相互影响，综合影响着运输成本。

1. 运量及其有关因素对成本的影响

运量大小是影响运输成本变化的重要因素之一。前面已经谈到，按照支出与运量的关系，运输支出可以分为与运量有关的变动支出和与运量无关的固定支出两部分。在一定时期内，当运量是在现有运能范围内增长时，那么，在其他条件如运营工作质量指标和材料燃料消耗定额等不变的情况下，变动支出随着运量的增减成比例增减，而固定支出却相对地保持不变，所以，单位运输支出中分摊的这部分支出就会减少，从而使运输成本降低。并且，固定支出所占

比重越大，运输成本降低的幅度也就越大。运量变化与运输总支出和单位运输支出之间的关系如下式和图 6—7、图 6—8 所示。

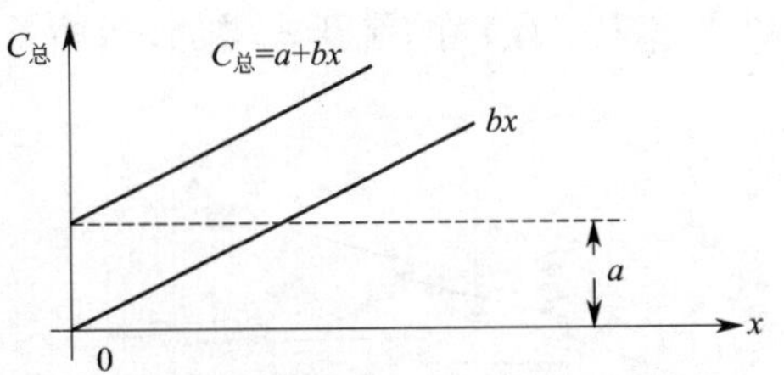

图 6—7　运输总成本($C_{总}$)＝固定总成本(a)＋变动成本(b)×运量(x)

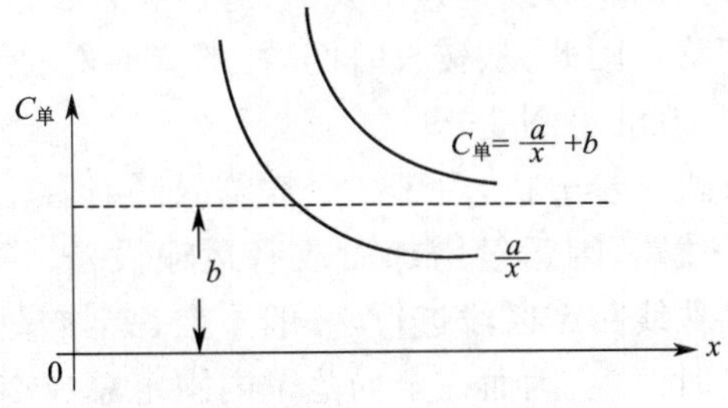

图 6—8　单位运输支出($C_{单}$)＝$\frac{a}{x}+b$

根据上述运量与运输支出之间的关系，可以分析运量变化对运输成本的影响，也可以预测计划期内运量变化对成本的影响程度。

例如：某铁路局上年度完成运量(x)为 400 亿换算吨公里，全年运输总支出($C_{总}$)为50 亿元，其中固定支出(a)占 60%，即 30 亿元。如果计划年度运量增加 10%，在其他条件不变的情况下，成本的变化如下：

$$上年度的 C_{单}=\frac{(C_{总})50\text{ 亿元}}{(x)400\text{ 亿换算吨公里}}=1\ 250(\text{元/万换算吨公里})$$

$$其中，单位变动支出 b=\frac{(C_{总})50\text{ 亿元}-(a)30\text{ 亿元}}{(x)400\text{ 亿换算吨}}=500(\text{元/万换算吨公里})$$

$$计划年度单位运输支出 C_{单}=\frac{(C)30\text{ 亿元}}{(x)400\text{ 亿换算吨公里}\times(1+10\%)}+(b)500(\text{元/万换算吨公里})$$

$$=682+500=1\ 182(\text{元/万换算吨公里})$$

$$运输支出降低额=1\ 250-1\ 182=68(\text{元/万换算吨公里})$$

$$运输支出降低率=\frac{68}{1\ 250}\times100\%=5.44\%$$

在单位运输支出中，单位固定支出和运量成反比，而单位变动支出则保持不变。因此，以%表示的运输支出变化和以%表示的运量变化(设为 Δ)之间的关系如下式：

$$运输支出变化\%=\frac{固定支出所占\%}{1+\Delta}+变动支出所占\% \tag{6—34}$$

以上例来说，运输支出变化率为：

$$运输支出变化\%=\frac{60\%}{1+10\%}+40\%=94.55\%$$

$$运输支出降低率=1-94.55\%=5.45\%$$

因此，由于运量增长使运输成本降低的幅度与固定成本所占比重有关，固定成本所占比重越大，成本降低得越多；反之，则越少。

上述运量是在现有通过能力条件下增长或发生变化的，因此，固定成本可以认为是基本上不变。但是，当运量的增长超过现有通过能力范围，必须采取措施增加通过能力时，比如，增设会让站、改建某些线路和固定设备等，与之有关的费用必然会相应增加，从而使固定成本有较大增加并使运输总支出增加。由于每条线路通过能力的增加并不是每年都要进行，而是考虑到今后一定时期运量增长的需要，所以在改建后一个时期内运输成本又随着运量的增长而逐渐下降。因此，从较长时期看，随着运量增加，固定成本呈现阶段性的跳跃式增加，运输总支出也是如此(见图 6—9)。

进一步分析，由于一个铁路局同时管辖若干条线路，因运量增加而改善运输设备，常常在某些线路或区段进行，一般不会在全局范围内同时发生，因而在全局范围内固定总成本变化不会很大，上述固定成本陡然增加对全局运输成本影响不会很大。另外，当运量增加较多时，为提高运输能力会更多地采用大型机车车辆，并相应改善运输组织和经营管理，从而使单位变动支出也会有所降低。所以，从较长时期来看，随着运量增长运输成本还会呈现下降的趋势。

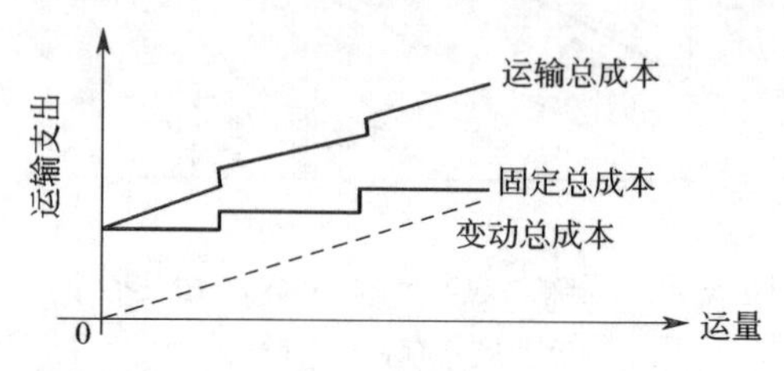

图 6—9 长期运量变化与运输总支出的关系

除上述运量规模外，运量构成变化也会影响成本水平。在换算吨公里成本中，因旅客单位运输支出和货物单位运输支出水平不同，当客货运周转量在换算周转量中所占比重有较大变化时，就会影响换算吨公里成本水平。在货物运输中，不同类别货物其单位运输支出差别较大，因此，当不同品类货物所占比重发生变化时，货运成本也会发生变化；单位运输支出低的货物比重增加，平均单位运输支出将会降低，反之，则会提高。对于旅客运输来说，不同运输类别(特快、直快、普快、市郊等)的旅客列车，不同席别(硬座、硬卧、软座、软卧)的旅客人数发生变化时，同样会影响到旅客运输成本水平。另外，就一个铁路局来说，管内、输入、输出和通过的四种运输各自所占比重的变化，会对运输成本水平产生较大影响，一般来说，从事管内运输成本较高，输入、输出成本居中，而通过运输成本相对较低。由此，当管内运输比重增大时，成本会相对提高，而通过运输比重增大时，成本就会相对降低。

2. 运输距离对成本的影响

按照运输作业过程，运输支出可分为始发到达作业费、中转作业费和运行作业费三部分。由于始发到达作业费与运输距离的长短无关，它不随运输距离的长短发生变化，所以，当运输距离增加时，虽然运输支出总额会随之增加，但单位运输支出分摊的始发到达作业费却会减少，从而使成本水平降低。所以，铁路运输成本是随运输距离递远递减的。运输距离和运输成本之间的关系如下式所示：

$$C_{单}=\frac{a}{L}+b \tag{6—35}$$

式中 $C_{单}$——单位运输支出；

a——每吨货物的始发到达作业费；

L——运输距离；

b——每吨公里货物运行和中转作业费。

从上式我们可以看到，在其他情况不变的条件下，始发到达作业费在运输总支出中不变，中转和运行作业费随着运距的变化而相应变化。在单位运输支出中，始发到达作业费随运距成反比例变化，即运输距离增加，分摊到每一公里上的始发到达作业费减少，中转作业成本和运行作业成本基本不变。

如:某铁路局的货物平均运输支出在500 km时为100元/万吨公里,其中发到作业成本占20%,即20元/万吨公里,那么货物的发到作业费就为:20元/万吨公里×500 km=10 000元/万t。中转和运行作业成本占80%,即80元/万吨公里。随着运输距离的变化,单位运输支出的变化如图6—10所示。

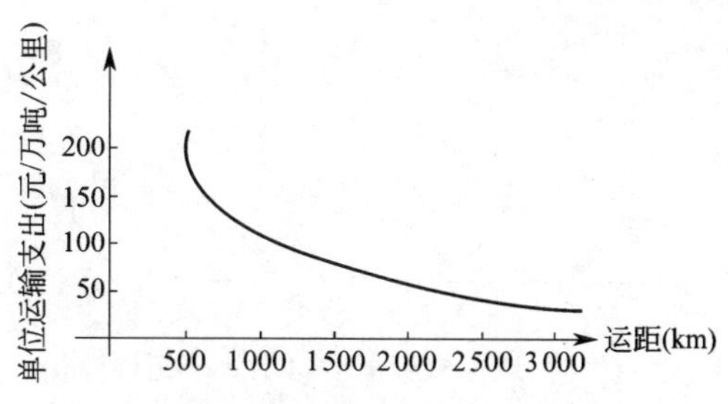

图6—10　运输距离变化与单位运输支出之间的关系

由上图可以看到,随着运输距离的延长,单位运输支出是逐渐降低的,但降低的幅度越来越小,其原因是发到作业成本的比重越来越小。

由于发到作业成本与运输距离成反比例变化,故以%表示的单位运输支出变化和以Δ表示的运输距离变化之间的关系如下式所示:

$$单位运输支出变化(\%)=\frac{发送作业成本所占\%}{1+\Delta}+中转和运行作业成本所占\% \quad (6—36)$$

如上例中,当运输距离为500 km时,设其单位运输支出为100%,则当运输距离延长到1 500 km时,增加到200%,单位营业支出降低到原来的

$$\frac{20\%}{1+200\%}+80\%=86.7\%$$

即单位运输支出减少到100×86.7%=86.7(元/万吨公里)。

3. 机车车辆运用效率对成本的影响

机车车辆运用效率对铁路运输成本有重要影响,因为与运量有关的变动支出和机车车辆运用工作量以及机车车辆需要量是直接相关的,提高机车车辆运用效率,无论是提高车辆载重力或机车牵引力利用程度,或是加速机车车辆周转,都可在不同方面和不同程度上完成一定周转量的机车车辆运用工作量或机车车辆需要量减少,从而使运输成本降低。

机车车辆运用效率对运输成本的影响有两种情况:

(1)机车车辆运用效率指标与成本成正方向变化关系,如空车走行率、机车辅助走行率等,这些指标变化会引起运输成本同方向变化。它们关系如下式和图6—11所示:

$$C=A+BX \quad (6—37)$$

式中　C——运输总支出;

A——不随该指标变化的运输支出,包括与该项指标变化无关的变动支出和固定支出;

BX——与该项指标变化成正比例变化的运输支出,即与该项指标变化直接有关的变动支出。

(2)机车车辆运用效率指标与成本成反方向变化关系,如重车动载重、列车平均总重、列车旅行速度等。这类指标提高能够使成本降低,它们之间的关系如下式和图6—12所示:

$$C=A+\frac{B}{X} \quad (6—38)$$

式中　$\frac{B}{X}$——与该指标成反比例变化的成本,即与该指标直接有关的变动支出。

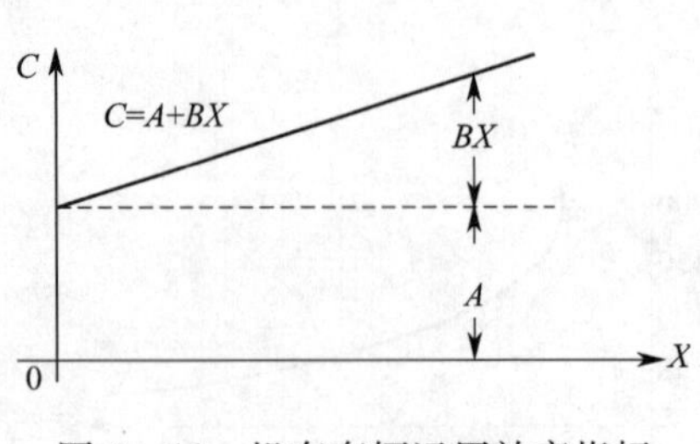

图 6—11　机车车辆运用效率指标与成本成正向变化关系

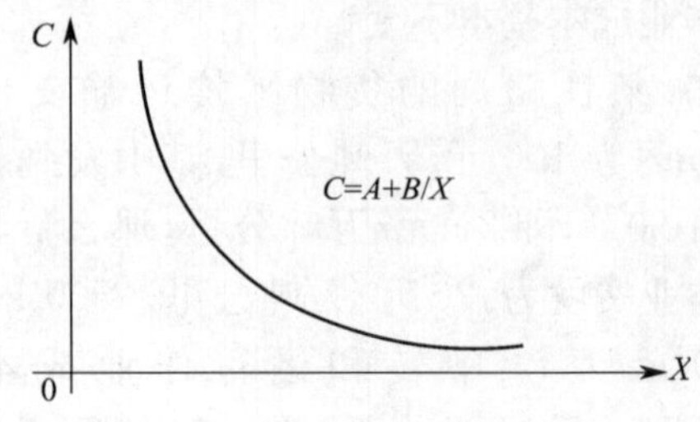

图 6—12　机车车辆运用效率指标与成本成反方向变化关系

概括计算机车车辆运用效率指标对成本的影响，可采用影响系数法，即根据与某个效率指标直接有关的支出占全部运输支出的比重来近似计算。当指标变化与成本变化成正比例关系时，可用下式计算：

$$单位运输支出变化率=n\Delta \tag{6—39}$$

式中　n——影响系数；

Δ——某效率指标变化率。

当指标变化与成本变化成反比关系时，可用下式计算：

$$单位运输支出变化率=\frac{n\Delta}{1\pm\Delta} \tag{6—40}$$

比如：某铁路局单位货运支出为 150 元/万吨公里，与货运列车平均总重有关的支出占货运支出的 25%，当货运列车总重提高 15%时，单位运输支出的变化如下：

$$单位运输支出降低率=\frac{25\%\times15\%}{1+15\%}=3.26\%$$

$$单位运输支出降低额=150\times3.26\%=4.89(元/万吨公里)$$

4. 货流在方向上和时间上的不均衡对成本的影响

货流在方向上的不均衡对单位运输支出有较大的影响。十分明显，不同线路在上、下行方向货流量不均衡，必然会造成空车走行和单机走行，从而引起一系列费用的增加。就空车走行率而言，它的变化对成本的影响如下式所示：

$$\begin{aligned}\begin{matrix}单位运输支出\\变化率\end{matrix}=&\left(1-\frac{与空车走行有关费用}{占运输支出\%}\right)+\\&\frac{与空车走行有关费用}{占运输支出\%}\times\frac{变化后的空率}{原来的空率}\end{aligned} \tag{6—41}$$

5. 劳动生产率、材料燃料消耗对成本的影响

劳动生产率水平是影响成本的一个重要因素。工资支出在运输支出中占相当比例，工资支出的多少主要取决于运输部门职工人数和平均工资。通过各种手段和措施，提高劳动生产率，减少非生产人员所占比例，可以达到以相同的人力完成更多运输任务的目的，从而降低成本。

在铁路运输生产中，生产动力，特别是机车运行用材料、燃料、电力等消耗数量是很大的。因此，采取各种措施，加强对生产动力消耗的管理，努力降低燃料、电力等方面支出，对降低成

本会产生重要影响。

二、成本、产量(运量)和利润分析

成本、产量和利润分析，是根据成本、产量和利润三者之间的关系所进行的综合分析。前面已经讲到，产品成本分为变动成本和固定成本两部分。变动总成本是随着产量的增减成比例变化的，单位产品的变动成本并不随产量的变化而变化；固定总成本在一定产量范围内是固定不变的，而单位产品分摊的固定成本则随着产量的变化而变化。根据成本变化的习性，可对企业进行盈亏平衡分析。进行盈亏平衡分析有两种方法：

1. 计算法

按利润的计算方法，有下式：

$$\text{利润}=\text{销售收入}\times(1-\text{税率})-\text{销售总成本} \tag{6—42}$$

企业在盈亏达到平稳时，利润为零，有：

$$\text{销售收入}\times(1-\text{税率})=\text{销售总成本} \tag{6—43}$$

如果 p 为产品单价，x 为产量(运量)，t 为税率，a 为固定总成本，b 为单位变动成本，就有：

$$px(1-t)=a+bx \tag{6—44}$$

$$\text{盈亏平衡点的产量(运量)}x=\frac{a}{p(1-t)-b} \tag{6—45}$$

$$\text{盈亏平衡点的收入 }px=\frac{a}{p(1-t)-b}\times p \tag{6—46}$$

2. 图示法

将影响企业盈亏的因素及其相应关系的数据，用图示的方法表示出来，称为盈亏平衡图。具体方法如下：

(1)以横轴 $0x$ 表示产量(运量)；

(2)以纵轴 $0y$ 表示收入和成本；

(3)根据数据，画出收入线和总成本线，这两线的交点即盈亏平衡点。这一点的右上方为盈利区，左下方为亏损区(见图 6—13)。

由盈亏平衡图能得出以下结论：

(1)盈亏平衡点是企业盈亏的分界点，在这一点上，既没有利润，也不发生亏损。

(2)盈亏平衡点不变，完成的产量(运量)越多，能实现的利润越多；反之，产量越少，实现的利润越少。

(3)在产量(运量)不变的情况下，盈亏平衡点越低，能实现的利润越多；相反，盈亏平衡点越高，能实现的利润越少。

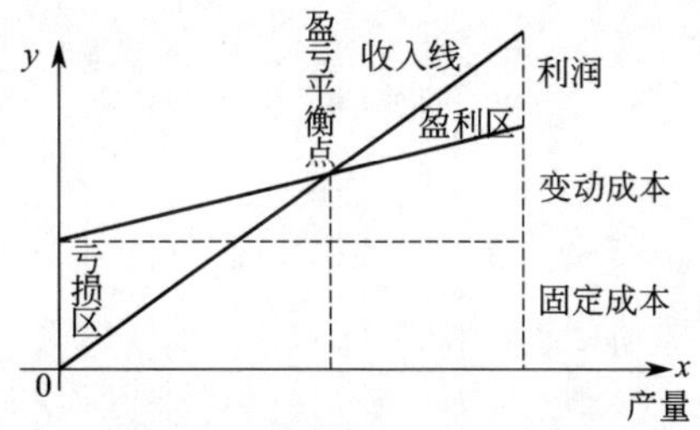

图 6—13　盈亏平衡图

(4)在收入既定的情况下，盈亏平衡点的高低取决于固定总成本和变动总成本的多少。固定总成本越大，或单位变动成本越多，则盈亏平衡点越高；相反，盈亏平衡点越低。

思 考 题

1. 经济成本和会计成本有什么差异?
2. 图示说明铁路长期运输成本的变化。
3. 阐述用支出率法计算铁路运输成本的特点。
4. 分析运输作业过程法计算铁路运输成本的特点。
5. 货物运输距离与其单位运输成本之间的关系是什么?
6. 试分析不同类别的机车车辆运用效率指标与铁路运输成本变化之间的关系。

第七章 铁路运价

第一节 运价的意义与作用

一、运价的意义

价格是经济运行的重要经济杠杆，也是影响资源配置的重要因素。价格作为一种指路牌，能够指示出哪里最需要资源，价格本身也决定资源配置的效率。通常情况下，价格具有传递信息、引导资源供给和消费的功能。

很多经济活动中的无效率都与价格水平的不适当有关。价格是同时引导消费者和供给者的最有效信号：过低的价格会导致某些产品或服务的需求过于旺盛，但生产者却没有兴趣增加供给；而过高的价格又会引起生产者在缺少足够社会需求的产品或服务上投入过多资源。

定价的重要性是由价格因素在交换中所处的重要地位决定的。在商品经济条件下，价格是实现再生产过程的重要因素之一，任何商品的交易都不可能没有价格。

定价水平往往成为商品交换成功的关键，交换条件由企业提供、由消费者进行选择。交换条件一般由商品功能、商品质量、商品类型、交货期限、销售服务、商品价格组成。从整体上看，不同的产品、不同的服务必然伴随不同的价格水平。交换条件各方面统一，才能增强交换条件的整体吸引力。

从消费者的购买行为考察，通常情况下，只要满足了消费者侧重关心的主要方面，交易就能成功。不同的时间、地点，不同的购买对象，往往对各个因素的评价取舍很不一致，有些因素可能被排除在外。但是价格作为影响交易成败的关键则是普遍的情况，与其他因素相比，价格的影响最为直接。

铁路是国民经济的基础产业，是支撑经济运行的重要载体。铁路在社会和经济中的巨大作用不仅表现在运输活动本身方面，也体现在其特定的运价体制上。诚如美国著名运输经济学家D·P·洛克林(D. Philip Locklin)所说："制定运价的权利，是使荒野变城市或使城市变荒野的权利。"

铁路运价对于运输需求以及消费者购买行为有着极其重要的影响。运价的意义不仅表现在运输业内部，更多地表现在铁路与国民经济发展以及与其他部门物价相互联动的关系上。

二、运价的作用

在我国社会主义市场经济条件下，运价具有以下几方面功能和作用：

1. 运输收入分配

(1)运价能够调节运输业与国民经济其他行业间的收入分配。运价是社会综合价格体系的重要组成部分，运价的变化会引起运输需求的相应变化，从而决定社会收入从运输消费者手中转向运输供给者手中的比例，也就是说，运价的高低决定了国民生产总值和国民收入在运输业与其他行业之间的分配比例。

(2)运价能够调节运输业内部不同运输方式、企业的收入分配比例。运价的任何一次变动,都会引起运输需求的相应变动,引起运量的变化。一种运输方式或一个运输企业改变运价,必然引起不同运输方式、不同运输企业间运量结构和运量比例的变化,从而引起各自运输收入的变动。因此,运价的局部调整就意味着运输收入在运输业内部的重新调整。

2. 社会收入再分配

这里所说的社会收入再分配是指运价对不同的运输需求者收入分配的调节作用。每个运输需求者都要以运价为基础计算并向运输供给者支付费用。同样的运输,如果对不同的运输需求者制定不同的运价,就意味着对他们社会收入分配的调节,亦即对他们社会收入的再分配。比如,客运部门的各种优惠票价,货运部门对长期固定客户的运价优惠等。

3. 运输资源配置

运价能够调节运输业与其他行业以及运输业内部各种运输方式之间资源的配置。市场是调节资源分配的有效手段,市场调节资源分配的职能,很大程度上取决于价格因素。经济资源是有限的,有限的资源在各生产部门的分配取决于投资报酬率。投资报酬率高,会导致较多经济资源的注入;反之,投资报酬率低,会使经济资源投入减少。运输业的投资报酬率在很大程度上取决于运价与运输需求量的综合作用,运输需求量通常又随运价的变动而变动。因此,运价是配置和调节运输资源的重要杠杆。运价在一定程度上决定社会对运输业投资的积极性,决定对各种运输设备的利用程度。

4. 促进企业加强经济核算、提高经济效益的职能

加强运价管理是强化经济核算的重要内容,也是提高经济效益的基础。在市场经济条件下,最高运价未必就是最优运价,运价本身也应随运输需求变化而相应变化,这就需要建立灵活的运价机制,使运价能够随市场的变化而变化,从而保证运输企业经济效益最大。

运价是国民经济价格体系的重要组成部分,它在整个价格体系中占有重要的地位和作用。运价与物价有着极为密切的关系,它们相互影响、相互制约。运价上升可能会导致物价的上涨,物价上涨又会推动运输成本的上升,而运输成本的上升会导致运输企业利润的减少,甚至造成亏损,由此运价又必须做出相应调整。保持物价与运价的平衡关系,解决它们之间的联动是一个十分重要的问题。

第二节　运价制定的基本原理

一、运价制定的依据

运价是运输产品的价格,运价的制定既体现运输产品的内在价值,同时也要考虑运输市场的供求状况、运输企业的盈利水平、不同运输方式间的比价关系、社会承受能力等因素。

运输价值是凝结在运输产品中的一般人类劳动,是运输劳动者在实现客货位移过程中所耗费的物化劳动和活劳动的总和。与这两部分劳动相适应,运输价值由两部分组成:一是过去劳动创造的价值,即已消耗的生产资料价值,也叫转移价值;二是活劳动创造的价值,即新创造的价值。活劳动创造的价值又可分为两部分:一是生产者为个人所创造的劳动价值;二是生产者为社会所创造的劳动价值。因此,运输价值一共由以下三部分组成:(1)运输生产过程中转移的物化劳动价值 C;(2)运输生产者为自己所创造的劳动价值 V;(3)运输生产者为社会所创

造的劳动价值 M。

运输价值是运输价格的基础，运输价格是运输价值的货币表现。由于市场供求关系的变化，运输价格并不总是等于运输价值，而是围绕运输价值上下波动。运输价格与运输价值之间在量上的不一致现象是客观存在的，因为在运输生产过程中，劳动耗费经常变动，而要求作为运输价值表现形态的运价随时变动是不可能的，同时运价的形成也受运输市场供求关系变化、国家宏观价格政策等因素的影响，所以在一段时间内运价与运输价值不等是正常的。当然运价背离运输价值不应当是长期的，它应当是价值规律自觉作用的结果。从总体上看，运输价值与运价一致是客观经济发展的一般趋势。

运输业产品价值的构成和实现，与工农业生产相比有其特点：一是运输业的产品不具有实物形态，只是货物和人在空间位置上的转移，构成运输产品价值（运输价值）的材料，不是用于制造产品本身，而是用于设备的维修和养护；二是运输生产的特点决定了对运输设备的投资比较大，因此固定资产损耗的价值补偿对运输价值影响较大；三是运输产品的生产过程也同时是消费过程，因此运输价值的创造过程也就是运输价值的实现过程。

运输价值是运输价格形成的客观经济基础。运输价格作为运输价值的货币表现，可以分为三个组成部分：(1)物化劳动的消耗支出，表现为设备的磨耗（固定资产折旧）、材料、燃料、油脂等方面支出；(2)劳动报酬（工资）支出，即为自己劳动所创造价值的货币表现；(3)盈利，是为社会劳动所创造价值的货币表现，如利润。

市场供求关系也会影响运价制定。根据经济学的一般原理，通常情况条件下，运输需求增加，运价应相应提高，而运输需求减少，运价则相应降低。

铁路是国民经济的基础产业，运价的制定需要考虑社会的承受能力、与其他运输方式的比价关系以及与相关产业的价格联动。由于铁路运价影响的范围比较广泛，因此它受到很强的国家政策影响和约束，铁路运价的变动需要在规定的范围内进行。

二、运价制定的一般原理

制定运价对于运输业来说是一件十分重要的事情。下面介绍几种不同的定价理论。

（一）平均成本定价

平均运输成本定价理论是指在运量一定的情况下，以运价为基础的运输总收入必须能够补偿运输部门的平均运输成本费用，平均运输成本是定价的最低界限。

运输收入在补偿平均运输成本后，还需要留有必要的利润以维持和促进运输业的发展，因此，以平均运输成本定价应是运输部门的平均成本加上一定比例的利润，它是根据单位产品（劳务）平均成本的变化，确定在不同运量条件下产品（劳务）价格的方法。以公式表示即为：

$$P=\frac{F}{Q}+C_V+r \tag{7—1}$$

式中　P——运价；

F——固定总成本；

Q——运量；

C_V——单位变动成本；

r——单位运量的利润。

成本与运量的关系见图 7—1。

这种理论考虑了运输业从事运输生产的劳动消耗，操作起来比较简单。它一般适合于运输市场不十分活跃，竞争不太激烈，并且货源比较稳定的运输方式或运输线路。但是，这种定价方法也存在着一些问题：

(1)没有考虑和反映运输市场上供求关系与运价之间的相互关联和影响，在运输需求发生变化时，不能灵活地调整运价以适应市场状况。

(2)没有考虑成本差异对定价的影响。运输业的实际成本除了受材料、燃料、职工工资以及经营管理水平的影响外，还与线路(路面)质量、地理环境、货源情况等因素有关，因此即使是同一种运输方式，在不同地区、不同线路上成本也有较大差异。这些差异并不是由于企业经营管理造成的，因此以平均运输成本定价必然造成各个地区、各条线路由于运输成本不同而产生的盈利差异，长期下去会导致一些地区、线路运输的滞后发展、萎缩甚至消失。

(3)有时会导致运价的严重扭曲。铁路、民航以部门平均成本定价，公路以省、自治区、直辖市平均成本定价，水运以航线、航区平均成本定价。这些运价，有的反映了实际成本，而有的却偏离实际成本很大，因此各种运输方式运价以及它们之间的比价关系都会出现不同程度的扭曲。

(二)边际成本定价

边际成本定价是将客运运价定于平均总成本曲线与边际成本曲线的相交点。根据经济学原理，这种定价理论可以使社会资源达到最有效的利用，社会福利也最大(见图 7—2)。

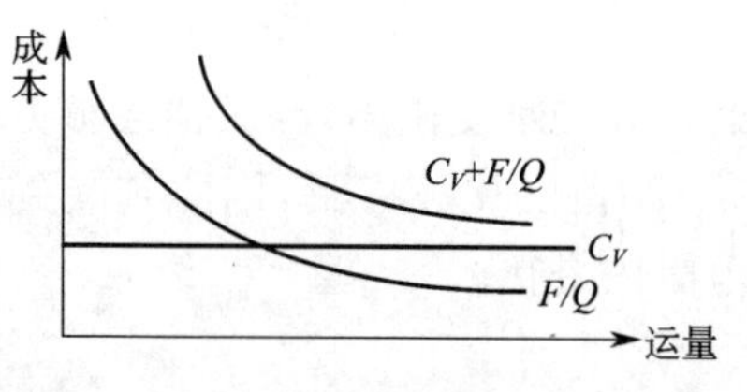

图 7—1　成本与运量的关系

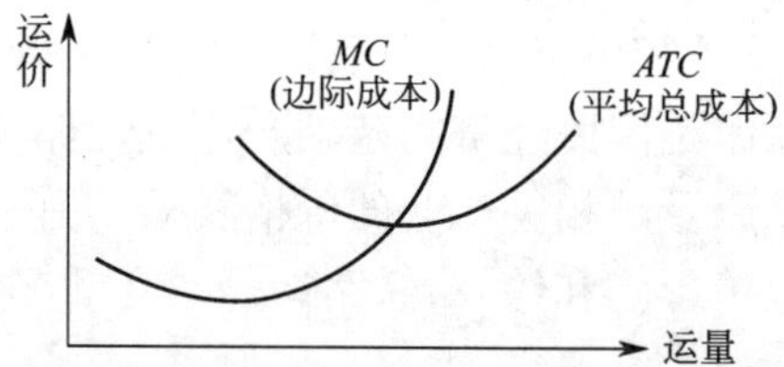

图 7—2　边际成本与平均成本的关系

边际成本曲线分别与平均可变成本曲线和平均总成本曲线相交于最低点。在短期内，企业要实现利润最大化，必须让价格等于边际成本。低价能引起产品销售的增加，高价会引起产品销售量减少。但是，如果随着产量的增加，产品成本增加，将导致成本支出大于价格收入使利润下降。因此，利润取决于价格、平均总成本和销售量三个因素。面对竞争压力，企业也可能被迫降低价格，使产品价格等于边际成本，以实现最佳效益。

运输活动经济效益最大化的定价原则：

(1)运价＝短期边际成本；

(2)总的支付意愿≥所用资源的机会成本(总支付意愿的折现值≥所用资源机会成本的折现值)。

边际成本是指增加单位运量而引起的总成本的增加量。在生产规模不变的情况下，边际成本实际上就是增加的可变成本，它随运量的变化而变化。边际成本曲线与平均总成本曲线相交于平均总成本的最低点，这一交点是在既定条件下的最优运量。当实际运量小于最优运量时，边际成本小于平均总成本。当实际运量大于最优运量时，边际成本大于平均总成本。

当运量大于运能时，平均成本很低，而边际成本却很高，因为现有运输能力已不能满足需求，只能增加投资，从而固定成本增加。这时按边际成本制定的运价高于以平均总成本制定的运价，这样可以增加铁路部门收入以便投资，但同时也限制了无效需求。

当运量小于运能时，由于固定设备等没有充分发挥作用，实际成本居高，而边际成本很低，因为这时增加运量，只增加了变动成本部分，固定成本不变，从而使单位成本下降，按边际成本定出的运价也必然低于以平均总成本确定的运价，从而刺激了需求，使设备能得以充分利用。

假定某运输企业某月完成的运输周转量为 5 000 万吨公里，运输总成本 100 万元，则单位运输成本为 0.02 元/吨公里。当运输增至 5 200 万吨公里时，总成本增加了 10 万元，达到 110 万元。这时的平均成本是 0.021 元/吨公里，而新增周转量的单位成本为 0.05 元/吨公里，这 0.05 元/吨公里就是边际成本。

边际成本是总成本对运量的导数，即：

$$MC(\text{边际成本})=\frac{\mathrm{d}TC}{\mathrm{d}Q} \tag{7—2}$$

式中 TC——运输总成本；

Q——运输周转量。

在通常情况下，运输业的边际成本是很低的，例如在未满载的飞机或火车上，再增加一名旅客的边际成本几乎等于零。正因为如此，西方一些国家运输价格的制定很多以边际成本为基础。一般认为，当边际成本与边际收入相等时，企业的利润最大。在实际操作中，多以变动成本代替边际成本。

边际成本定价方法比较适合运输业的特点。一些线路货源不足，运能过剩。这时它的平均运输成本可能较高，而边际成本却可能很低，如果按平均总成本定价，一方面抑制了运输需求，另一方面也会造成运输设备闲置，运输资源浪费。如果以边际成本定价，由于成本水平相对较低，不仅可以促进运输需求，还可以提高运输设备的利用率，提高运输收益。边际成木定价法不仅考虑了成本消耗，也考虑了市场上运输供求状况，它可以满足制定分线运价、分区运价的需要。

依据边际成本定价需要注意的是，由于它只考虑成本的边际变化，没有考虑总成本的情况，所以当边际成本长期小于平均成本时，就会使企业发生亏损。采用这种定价需要具备两个前提条件：一是路网早已形成，而且有相当多的剩余运输能力；二是各种运输方式之间，各运输企业之间为争夺运输市场而展开竞争。对铁路客运企业来说，由于铁路的规模效益，客运量增加则平均总成本下降，铁路平均成本处于平均总成本曲线的下降阶段，按照边际成本来定价，会使企业陷入亏损状态。因此，在目前"网运合一"的运营模式下的客运票价的制定不适合使用边际成本定价法。

(三)负担能力定价

负担能力定价又叫服务价值定价，它的一般定义是按照待运商品的价值来确定运价。高价值商品制定较高运价，而低价值商品则制定较低运价。这种方法是以运输需求，而不是以运输成本为基础定价。高价商品实行高运价的原因是价值高的商品对高运价的承受能力大，另外，运输部门对它承担的责任也更大。

有两点需要注意：

(1)即使采用以成本为基础的方法确定运价,高价商品通常也需要支付较高运价,这是因为运输这类商品更具风险,也需要更好的运输设备和运输劳务。

(2)商品的价值能够显示它对运价的需求弹性,譬如高价商品能够承受较高运价,是因为运输成本只占其最终售价很少的一部分。

(四)均衡价格定价

上面谈到的平均成本定价实际上是一种供给价格,而运输负担能力定价则是一种需求价格。运输市场上供求之间的关系是经常发生变化的,运价应更多地随着市场供求之间的变化而变化。在市场机制发挥作用的前提下,价格会随着供求关系的变化而变化,市场的作用将导致供求趋于均衡状态,此时的价格就是均衡价格。

均衡价格理论强调市场供求关系对制定运价的影响,它强调在其他条件不变的情况下,运价应随着运输供给的增加而下降,随着运输供给的减少而上升;同样,在其他条件不变的情况下,运价应随着运输需求的增加而上升,随着运输需求的减少而下降。

上述定价理论是以完全竞争市场为假设前提的,它需要满足以下几方面条件:

(1)市场上有大量的买者和卖者,由于买者和卖者数量太大,任何一个买者或卖者都不会单独影响商品的价格,所以商品价格是由市场供求决定的;

(2)同一种产品是可以相互替代的;

(3)生产厂商可以自由进出这一行业,生产要素可以自由流动;

(4)市场信息是完备的。

当市场中没有其他外来因素干扰和影响时,在竞争力的作用下,需求与供给相互影响,将达到一种均衡状态,即供给曲线与需求曲线的交合点,这一点上的价格称为均衡价格。均衡价格条件下,生产与效益是最优的。但在实际中,市场经常会受到各种外在因素的影响,均衡状态难以达到,价格也就会围绕着均衡价格上下波动。

(五)运价形成机制

运价的形成机制,是指依据一定的价格形成原理,通过价值规律的作用而形成的价格决策制度。运价的形成机制主要包含两方面内容:一是运价形成的主体,即运价制定、运价调整及运价管理的主体;二是运价形成的方式。在这两方面中,运价形成主体是起决定性作用的。在运输市场不断完善的情况下,运价的形成机制决定着运价的发展与变化。

一定时期的运价管理体制决定于当期的宏观经济管理体制,经济体制的性质决定运价形成机制的性质。在市场经济条件下,市场是资源有效配置的主要手段,通过市场使资源达到最优配置,反映到价格上就要求以市场变化为基础制定运价,从而形成较为灵活的运价形成机制。

随着我国市场经济的发展,运输市场的建立与完善,运价的形成机制应当得到进一步理顺与调整。运价的形成应更多地依据价值规律,依据市场运行原则。政府应放松对运价的管制,给运输企业比较多的、相对灵活的定价权利,使运输业在保证国民经济迅速发展的同时,自己也能得到长足的进步。具体来说,建立我国运输业新的运价形成机制,应解决好以下几方面问题:

(1)明确运价形成的基础。运价的形成,应当充分反映运输价值,反映市场供求关系,制定运价应建立在价值规律基础之上。

(2)调整和改变运价形成主体。应改变过于集中的运价形成主体,给运输企业一定的定价权利，政府由对运价的直接管理变为依靠经济和法律手段实现对运价的宏观监控。

(3)转变运价形成方式。减少运价形成过程中的行政行为，增加经济行为，使运价的形成以市场为依托，以运输需求变化为依据，自觉遵循市场运行规则。

(4)完善运价形式。改变运价形式过于单一的状况，使运价向多元化、多层次化方向发展。

第三节　运价的结构与形式

一、运价的结构

运价结构是指运价体系各部分构成及其相互关系。有以下几种形式的运价结构：

(一)按距离别的差别运价结构(里程运价结构)

这是根据运输里程而制定的运价结构体系。按运输作业过程可以把运输支出划分为始发到达作业费、中转作业费和运行作业费三个部分。随着运距的增加，运输总支出也在增加，然而随运距成比例增加的只是中转作业费和运行作业费，不管运距多长，始发到达作业费是不变的。由此，运距越长，分摊到单位运输里程的发到作业费就越少，运输成本也就越低。根据这种特点，运输部门可以实行按距离别的递远递减差别运价结构。

按距离别制定差别运价，运价率与运输距离的关系有以下四种情况：

(1)运价率随运输距离的延长一直递远递减，与运输成本的递远递减情况基本一致。

(2)运价率在一定运距范围内递远递减，超过一定范围，则保持一稳定水平。这主要是对运距过长运输的一种运价限制，鼓励一定运输方式的合理运输。

(3)运价率在一定范围内递远递减，超过这一范围则递远递增。这同样是为了限制不合理的过远运输。

(4)运价率不随运距的变化而变化，始终保持同一水平，又称为纯里程运价。

上述四种情况见图 7—3。

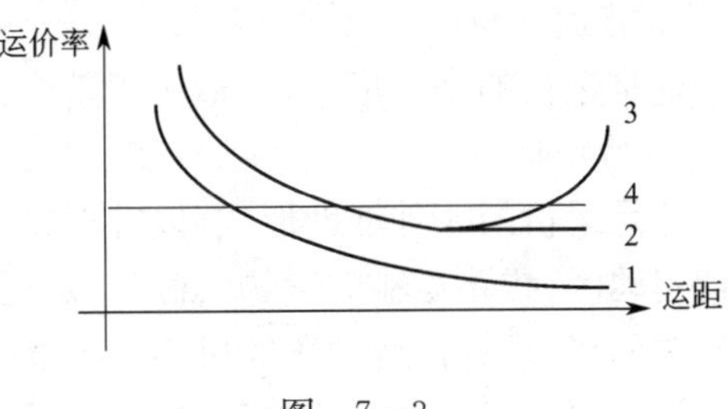

图　7—3

属于里程运价结构(距离别的差别运价结构)变形的还有以下几种类型的运价结构：

(1)邮票式运价结构。在一定区域范围内，对运输对象就像贴邮票邮信那样，不论运输距离长短，制定相同的运价，收取同样的运费。某些货物的运输，市内客运中的公共汽车、电车、地铁等都采用此种运价结构。

(2)基点式运价结构。基点运价是把某一车站作为基点，运费总额是发送站到基点的运费加上由基点到终点站的运费。许多运价的特点是都有一基点运价，并将它与其他地点的运价建立一定的关系。基点式运价结构是不同运输方式以及不同运输线路之间竞争的结果。这种运价结构最普通的办法是，按规定超过或低于基点运价的差数来制定运价，所以这种运价结构又被称为“差数运价系统”。

(3)成组运价结构。又称为区域共同运价结构。它是将某一区域内所有发站或到站集合成组，在一个组内的所有各站都采用同一运价，通常较远的组比较近的组适用较高的运价。

(二)按运输对象别的差别运价结构

主要包括按货种别和按客运类别的差别运价结构。

1. 按货种别的差别运价结构

这是指对承运的不同货物制定高低不同的运价。采用这种运价结构的原因，主要是因为不同种类货物由于本身性质的差异而决定了它们运输成本的差异。比如，不同类型的货物在性质、体积、比重、包装等方面不同，它们要求使用的车辆、运输服务条件不同，因此在运输成本上就存在较大差异。

按货种别的差别运价是通过货物分类和确定级差来实现的。我国现行运价体制，铁路采用分号制，公路和水运则采用分级制。它们分别将货物运价划分为若干号或若干等级，每一个运行号、运价等级都规定一个基本运价率，各类货物根据自己对应的运行号或运价等级来确定运价率。

2. 按客运类别的差别运价结构

不同运输方式旅客运输在运输设施、旅行速度上差别较大，而同一运输方式旅客运输由于所使用的设备、提供的运输服务不同，旅客所享受的舒适度也大不相同，因此，票价也存在明显差异。比如，铁路客票分为普通客票、加快客票（普快、特快）和卧票客票（硬卧、软卧）；用于水运的客船分一至五等舱，票价不等；飞机分头等舱与经济舱等，票价也不相同。

二、运价的形式

（一）运价的分类

根据不同情况，运价有不同的分类。

（1）按运输对象不同，运价可以分为旅客运价、货物运价和行李包裹运价。

（2）按运输方式不同，运价可以分为铁路运价、公路运价、水运运价、航空运价和管道运价，当几种运输方式联合进行一项运输时，还存在联运运价。

（二）铁路运价形式

上述不同类别的运价还有一些具体的表现形式。就铁路来说，其运价有以下几种不同形式：

1. 普通运价

这是运价的基本形式，它适用于整个铁路，是全国铁路统一执行的运价。

2. 特定运价

这是运价的一种辅助形式，以补充普通运价。根据运价政策，对按特殊运输条件办理，或在特定地区、线路运输的货物，规定特定运价，对提高服务水平或改善服务质量的列车，如全空调旅客列车、货物快运列车等可实行与普通运价不同的特定运价。特定运价根据一定政策，比普通运价提高或降低一定数量，或改用较低或较高的运价号，有时也可单独制定特定运价率。

3. 浮动运价

对于因季节不同，运量差异较大的线路，可根据不同情况，实行不同季节的浮动运价。实行浮动运价，运价水平可以根据普通运价上下浮动一定的百分比。

4. 分线运价

对于新建铁路线路，变线或电气化改造线路，可以实行新路新价。对于具有特殊意义的线路，如大秦线等，可以根据政策，实行不同于统一运价的特殊运价。目前，分线运价一般高于统一运价。

5. 地方铁路运价

有些铁路不属于国家铁路管理，具有较强的地方性，这些铁路一般实行与国家铁路不同的运价。

（三）国外铁路运价形式

国外铁路运输企业所采用的运价形式与我国铁路有很多不同，比较常见的有以下两种：

1. 公开运价

这是铁路运输公司对外公开公布的运价，根据情况不同，公布的时间不同，如有的运输公司每周公布一次。公开运价定期调整，调整的依据是运输需求、通货膨胀等变化情况。

2. 协议运价

这是铁路与客户在公开价的基础上，经过协商制定双方均能接受的价格，所以协议运价又叫合同运价。与公开运价不同，协议运价是秘密运价。铁路公司为争取客户，对签订长期合同的客户以优惠价格相待，以保持稳定客户，争取运输市场。在美、加等国铁路实行公开运价的部分约占15%～20%，实行协议运价的部分约占80%～85%。

在公开运价和协议运价中，由于运输部门提供的运输服务、运输条件、运输时间等因素的不同，运价还有多种具体表现形式。总的来说，运价在这些国家铁路表现形式很多，也十分灵活。

三、影响运输业定价的因素

制定运价是一项复杂的工作，影响运价制定的因素很多，主要包括以下几方面：

1. 运输成本

运输成本是制定运价的重要基础，因为运输成本是运输生产劳动耗费的基本尺度，运输业通过运价取得的收入只有补偿了运输成本，才能保证运输生产的持续进行。所以，以成本为基础制定运价，是运输业广泛采用的定价方法。

2. 盈利水平

成本是制定运价的基础，盈利水平则是影响定价的重要因素，这主要表现在运价的制定通常是在运输成本基础上加成一定比例的利润。确定运输业盈利的方法主要有四种，即工资型、成本型、资金型和复合型。

工资型的运价是按平均工资利润率来确定盈利，即：

$$运价=运输成本+运输业职工的工资\times平均工资利润率 \quad (7—3)$$

成本型的运价，以成本利润率来确定盈利，即：

$$运价=运输成本+运输成本\times社会平均成本利润率 \quad (7—4)$$

资金型（生产价格型）的运价，是以资金利润率确定盈利，即：

$$运价=运输成本+单位运输产品占用资金量\times社会平均资金利润率 \quad (7—5)$$

复合型运价是按社会平均利润率和平均工资利润率来确定综合盈利，进而确定运价。

3. 市场供求关系

运输市场的供求关系是影响定价的重要因素。通常情况下，运输需求增加，运价应相应提高；运输需求减少，运价则相应降低。在市场经济不断发展、运输市场逐渐完善的情况下，根据市场供求关系变化确定和调整运价，是运价形成的一个重要特征。

4. 运价政策

运输业是国民经济的基础产业，运输价格的制定一般要受国家宏观运价政策的指导和监控(见表7—1)。在一定时间,国家对运价的管制可能较为严格,而在另一时间,对运价的管制可能相对宽松。因此,运价政策是影响运价制定和运价水平的重要因素。

表7—1 铁路运价管理权限

铁路类型	运价构成部分	管理权限
国家铁路	旅客票价率,货物,包裹等的运价率	国务院铁路主管部门拟定,报国务院批准
	旅客,货物的运输杂费项目及标准	国务院铁路主管部门
	国家铁路的特定经营线,特定货物和临时运营线的运价率	国务院铁路主管部门+政府价格主管部门
地方铁路	旅客票价率,货物,包裹等的运价率,旅客,货物的运输杂费项目及标准	省,自治区,直辖市人民政府价格主管部门+国务院铁路主管部门授权的机构
专用铁路	旅客票价率,货物,包裹等的运价率,旅客,货物的运输杂费项目及标准	省,自治区,直辖市人民政府价格主管部门
铁路专用线	旅客票价率,货物,包裹等的运价率,旅客,货物的运输杂费项目及标准	省,自治区,直辖市人民政府价格主管部门

铁路的运价结构如图7—4所示。

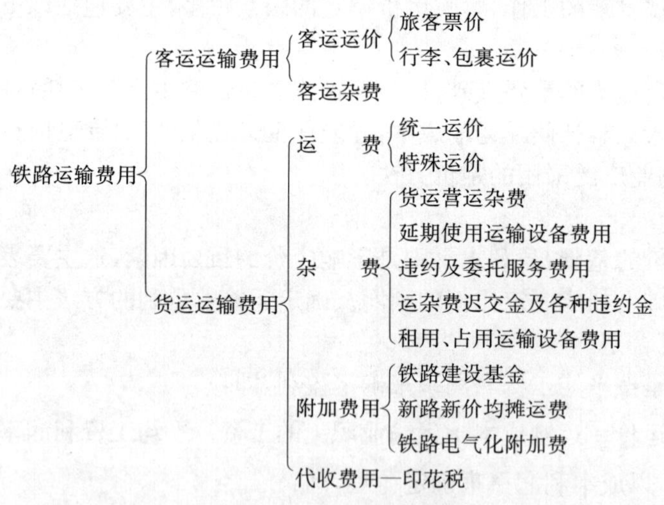

图7—4 铁路运价结构

运输企业定价应充分考虑以上各项影响因素,结合本企业(行业)内部条件和外部市场状况灵活变动价格。例如,铁路客货运可根据一年四季不同时期的运量变化情况适时调整运价水平,运输高峰期可适当提高价格,而低谷期则可及时降低运价。另外,对于不同运输对象,可根据不同情况制定一些差别运价,像旅游专列、球迷专列、快速货物运输列车等,可制定一些特定运价。对于协议运价,可考虑推行时间/服务运价结构,即运价按运输服务的时效性来确定。对于合同中规定的标准运送时间可确定标准运价,运输快了,托运人支付高于标准运价的运费;反之,运输慢了,托运人就支付低于标准运价的运费。标准运价需要双方共同商定,运送时间标准要相对合理。

第四节　铁路旅客运价

一、铁路旅客运价的制定原则和基本要素

我国铁路旅客运价的制定权在国家，不同性质的铁路实行不同的管理模式。国家铁路旅客基本运价由国务院管理。铁路旅客运价的形成采取政府定价，由国家管控，其票价率是由中国铁路总公司主管部门拟定，报国务院批准后实施。在国务院批准的价格基础上，经国家物价主管部门同意，国务院铁路主管部门可根据市场需求情况实行一定幅度的价格浮动。对在铁路局管内运行的旅客列车的运价，根据实际情况，赋予铁路局一定幅度的浮动权利。

目前，铁路客运票价实行的是“成本加成定价法”，即以实际成本为基础，加上一定的利润率来制定价格。铁路客运票价制定的思路是：根据一定时期内的运输生产量，计算出完成这些运输量所消耗的总的生产成本，然后计算出平均单位产量的成本，在此基础上确定一定的利润率，作为定价的基准，再根据递远递减率制定客运票价体系。

根据列车种类、车辆类型、设备条件、客票的使用期间等情况，可将铁路旅客票价分为两大类：一是客票票价，包括硬座、软座客票票价；二是附加票价，包括加快、卧铺、空调票票价。铁路旅客运输目前执行 1995 年 10 月 1 日调定的客运运价，全国铁路客运基价为 5.861 分/人公里，其中硬座、软座、硬卧、软卧的席别比价 1∶2.0∶2.2∶3.85。国家铁路的客运票价，以元为计算单位，不足一元的尾数按四舍五入处理(但半价票价、棚车票价、市郊单程票价及客运杂费的尾数保留至角)。对浮动票价应分别按票种处理尾数。

20 世纪 80 年代以来，铁路旅客票价进行过几次调整。1985 年，对 100 km 以内的短途旅客票价上调了 36.5%；1989 年，客票基价由 1.755 分/人公里上调至 3.861 分/人公里，平均上调幅度为 112.79%；1995 年，客票基价由 3.861 分/人公里上调至 5.861 分/人公里，这一情况一直延续至今。

硬座客票票价率是旅客票价的基础，在硬座客票基本票价率确定后，其他各种票价率就按其加成或减成比例计算。表 7—2 是各种票价率及其比例关系：

表 7—2　铁路不同种类票价率和比例关系

<table>
<tr><th colspan="3">票　种</th><th>票价率(元/人公里)</th><th>比例(%)</th></tr>
<tr><td colspan="3">硬座客票</td><td>0.058 61</td><td>100</td></tr>
<tr><td colspan="3">软座客票</td><td>0.117 22</td><td>200</td></tr>
<tr><td rowspan="2">加快票</td><td colspan="2">普快</td><td>0.011 72</td><td>20</td></tr>
<tr><td colspan="2">特快</td><td colspan="2">按普快票价 2 倍计算</td></tr>
<tr><td rowspan="5">硬卧票</td><td rowspan="3">开放式</td><td>上铺</td><td>0.064 47</td><td>110</td></tr>
<tr><td>中铺</td><td>0.070 33</td><td>120</td></tr>
<tr><td>下铺</td><td>0.076 19</td><td>130</td></tr>
<tr><td rowspan="2">包房式</td><td>上铺</td><td colspan="2">按开放式硬卧中铺票价另加 30%</td></tr>
<tr><td>下铺</td><td colspan="2">按开放式硬卧下铺票价另加 30%</td></tr>
<tr><td rowspan="2">软卧票</td><td colspan="2">上铺</td><td>0.102 57</td><td>175</td></tr>
<tr><td colspan="2">下铺</td><td>0.114 29</td><td>195</td></tr>
<tr><td colspan="3">空调票</td><td>0.014</td><td>25</td></tr>
</table>

二、铁路旅客运价的计算方法

硬座客票票价计算公式为：

$$F=C_0L_0+C_1L_1+C_2L_2+\cdots+C_nL_n \tag{7—6}$$

式中 F——客票票价；

C_0——基本票价率，元/人公里；

L_0——不递减区段的里程，km；

$C_1,C_2,\cdots,C_n$——各区段的递减票价率，元/人公里；

$L_1,L_2,\cdots,L_n$——递减票价率相应区段的里程，km。

制定和计算旅客票价时将运输里程划分为不同的区段，确定起始计费里程以及不同里程区段的票价率(见表 7—3)。

表 7—3 旅客票价里程区段

里程区段(km)	每小区段里程(km)	区段数	里程区段(km)	每小区段里程(km)	区段数
1～200	10	20	1 601～2 200	60	10
201～400	20	10	2 201～2 900	70	10
401～700	30	10	2 901～3 700	80	10
701～1 100	40	10	3 701～4 600	90	10
1 101～1 600	50	10	4 601 以上	100	

铁路旅客列车按车型分为普通车型和新型空调车。由于普通车型未普遍安装空调，普通车型票价中包含加收空调费和不加收空调费两种情况。列车空调费标准为基准票价率的 25%。

旅客票价里程，按旅客乘车的实际径路计算。行李运价里程，按行李实际运送的径路计算，旅客要求行李由近径路运送时，如有直达列车可按近径路计算。

铁路旅客票价率从 201 km 起采用递远递减的办法计算，现行各里程区段的递远递减率和票价率(硬座票价)如表 7—4 所示。

表 7—4 旅客票价(硬座票价)递远递减率

区段(km)	递减率(%)	票价率(元/人公里)	各区段全程票价(元)	区段累计票价(元)
1～200	0	0.058 61	11.722	
201～500	10	0.052 749	15.824 7	27.546 7
501～1 000	20	0.046 888	23.444	50.990 7
1 001～1 500	30	0.041 027	20.513 85	71.504 2
1 501～2 500	40	0.035 166	35.166	106.670 2
2 501 以上	50	0.029 305		

各种票价均以元为单位，不足 1 元的尾数，按四舍五入处理。但半价车票、市郊单程车票及折扣车票以角为单位，不足 1 角的按四舍五入处理。

例：两城市 A 与 B 之间旅客运价里程为 1 120 km，按运价里程区段划分属于 1 101～

1 150 km区段，该区段间距为50 km，因此，两城市间的票价里程为1 101～1 150 km的中间里程，即1 125 km。由此，两城市间旅客硬座票价全价计算为：

$$F=0.05861\times200+0.052749\times300+0.046888\times500+0.041027\times125=56.119(\text{元})$$

三、票价的优惠和浮动

铁路对于一些特殊旅客实行一定程度的票价优惠和减让，主要包括儿童减价票、伤残军人半价票和学生减价票。

由于不同运输方式的快速发展以及竞争程度的加剧，国家允许铁路在一些时期、一些地区对票价进行一定程度的浮动。2000年11月8日经国务院批准，原国家计委以计价格〔2000〕1960号(给原铁道部关于部分旅客票价实行政府指导价有关问题的批复)同意对部分与高速公路平行、竞争激烈及其他客流较少线路的列车票价实行常年下浮；对部分城际列车票价实行分时段浮动；对部分与其他运输方式竞争激烈、客流季节性变化较大线路的列车票价实行阶段性下浮；允许铁路运输企业根据市场变化需要，对特殊运行时间列车和团体购票旅客、提前购票旅客、购往返票旅客、途中补购卧铺票旅客票价实行下浮。

为提高空闲卧铺利用率，原铁道部2002年8月21日第三次发出《关于空闲卧铺优惠发售办法的通知》，对空闲卧铺优惠发售办法作了重新规定。对于直通列车空闲卧铺，第一次正式指明：使用卧铺不足起码里程(起码里程为400 km)时，200 km以内可按卧铺起码价格实行不超过60%的优惠；201～300 km优惠不超过50%；301～400 km优惠不超过40%；超过起码里程，按票价表可实行不超过40%的优惠。

近年来，铁路部门在运价制定方面比原来更加灵活。例如，新型空调列车车票按照列车档次、客流状况、旅客承受能力实行三档票价：一是不打折的，主要是特快列车及进京、进沪、进穗的快速列车；二是折扣一档下浮6.6%的，主要是省会城市之间开行的快车；三是折扣价二档下浮13.3%的，主要是普通快车的空调列车。规定实行折扣价的列车在平时都打折，五一、十一、春运、暑运期间可取消折扣，但不再上浮。具体哪些列车票价打折，综合考虑列车档次、客流大小、运输成本等具体情况，由铁路局提出申请，中国铁路总公司审核确定。此外，平时还对空闲卧铺进行打折，主要针对白天空闲或短途未售出的卧铺进行的一种优惠。

2002年1月27日，原国家计委下发了《国家计委关于公布部分旅客列车实行政府指导价执行方案的通知》，正式授权原铁道部在一定幅度内可以上涨票价。根据有关政策，铁路部门可以根据情况，在一些特殊的时期(如节假日、春节等)适当调整旅客票价，此外还包括城际旅客列车根据客流变化的票价浮动、运行在运能紧张线路上的旅客列车的票价浮动和客流量不足的部分旅客列车的票价浮动。自此，铁路客运价格浮动在政策上有了依据，并开始在一些客流高峰时期(如春运)对票价进行浮动。但是，就春运票价上浮而言，一直是受到社会各界关注的敏感问题，2007年1月10日原铁道部宣布，从2007年起，铁路春运火车票价格不再实行上浮制度，如表7—5所示。

表7—5　2002年以后春运票价上浮情况

年　度	2002	2003	2004	2005	2006	2007至今
春运票价上浮幅度	硬座15% 其他20%	硬座15% 其他20%	硬座15% 其他20%	硬座15% 其他20%	硬座15% 其他20%	不再上浮

四、铁路动车组票价

2007 年 4 月 18 日，我国铁路实行了第六次大提速，一批时速 200 km 及以上的动车组正式投入使用，这是首次在我国铁路既有线上开行时速在 200 km 及以上的、具有世界先进水平的国产化动车组。由于动车组的开行方式、运行速度等都有别于其他旅客列车，所以其票价也自成体系。

按原国家计委下发的《国家计委关于高等级软座快速列车票价问题的复函》的规定，旅行速度达到每小时 110 km 以上的动车组列车软座票价基准价：每人公里一等座车为0.336 6元，二等座车为 0.280 5 元，可上下浮动 10%。

一等座车公布票价=0.336 6×(1+10%)×运价里程

二等座车公布票价=0.280 5×(1+10%)×运价里程

动车组票价可按公布票价打折，但应符合下列条件：

(1)根据不同区域、不同季节、不同时段的市场需求，实行不同形式的打折票价；

(2)二等座车公布票价打折后不得低于相同运价里程的新空软座票价。在短途，公布票价低于新空软座票价时，按公布票价执行。70 km 及以下运价里程的动车组不进行任何形式打折优惠，一律按公布票价执行；

(3)相同时段内经过相同径路、相同站间的不同车次应执行同一票价；

(4)同一车次，各经停站的票价在里程上不能倒挂；

(5)一等座车与二等座车的比价在 1∶1.25～1∶1.2 之间。

公布票价由中国铁路总公司决定，折扣票价由铁路运输企业决定，并在公布前 3 天报中国铁路总公司备案。

第五节 高速铁路运价

高速铁路是我国铁路未来发展的一项重要内容。它在缓解铁路运输能力紧张、强化旅客运输服务质量、提高铁路运输的竞争力等方面将起到重要作用。

一、影响高速铁路运价形成与波动的因素

1. 运营成本

高速铁路的运价首要的考虑因素即是高速铁路的运营成本，运价以运营成本为最低界限，只有运价高于运营成本才能补偿生产上的耗费。但是，由于我国的高速铁路网络还在建设之中，这项覆盖面极广的大型系统工程在短期内无法投入运营，因此其运营成本的测算、计量与变动分析相对困难。

2. 运输市场需求

随着我国经济的快速发展、城市化进程的加快以及国内生产总值的快速增长，对铁路运输需求日益提高。中国铁路是世界上最繁忙的交通系统之一，运能紧张、运力不足，不能满足日益增长的旅客出行需求。因此，在繁忙干线建设高速铁路，以实现客货分运，有助于大幅度提高铁路运输能力，提升城市的集聚功能和辐射能力，使铁路运输速度和服务实现质的飞跃。高

速铁路的运价水平需要充分考虑运输市场的需求变化。

3. 居民支付能力

居民的支付能力是影响票价制定的重要因素。居民收入水平和支付能力决定了对交通工具、运输服务的需求差异。为了满足不同旅客的需求，有必要根据旅客不同的支付能力提供不同层次的运输服务并制定不同的旅客票价。

4. 竞争因素

客运市场的竞争是影响高速铁路价格制定的重要因素。市场竞争的结果直接关系到高速铁路市场份额和经营业绩。因此，高速铁路的票价制定需要考虑来自其他运输方式的竞争。

5. 其他因素

高速铁路的运价制定除了受运营成本、市场需求及竞争因素的影响外，还受到其他一些因素的影响，包括：经济和社会的发展状况，政府的宏观调控政策等。

在运价制定阶段需要研究和分析以下情况：

1. 目标群体

为了鼓励人们乘坐火车，需要了解以下方面情况：

旅行要求；旅行行为；消费意愿和支付能力；其他运输方式的竞争情况。

通过分析，根据旅客分类确定目标群体。为了鼓励他们乘坐火车，为每个目标群体制定特别的价格方案。如可将旅客分为以下群体，并可根据情况确定不同的价格方案：

通勤者；商务旅行者；老年人；旅行者(国内外)；团体成员(集体购票)。

高速铁路的运价是否适合不同目标群体的旅行行为非常重要。例如，商务旅行者可能需要在旅程中继续工作，与其他旅行者相比，商务旅行者可能需要更大的灵活性，对价格的敏感性不高；老年和其他低收入旅行者更喜欢低价并且通常不会在高峰时期出行。这意味着，商务旅行者的票价应当较其他旅行者的票价更高。此外，应当将某些价格方案同服务套餐结合在一起(例如，一等车厢免费提供报纸等)或者在等车的时候提供站内休息室以营造更轻松的候车氛围。根据目标群体的不同，高速铁路的运价也应当是多样的。

2. 列车的上座率

铁路运价在引导人们乘坐某次列车或选择车厢等级的过程中起到很重要的作用。运营商有时专门用价格来平衡高峰时期和非高峰期的客流，平衡长、短途旅客，或者区分家庭旅客和商务旅客。为此，应当在不同的时间、为不同的客流制定不同的票价，以促进客流的增加。如，非客流高峰期推出低价票，鼓励提前预订等。通过此类方法，提高列车的上座率，有效利用运能。

3. 不同服务的定价

制定票价的另一目标是收益最大化，这往往通过针对特定的服务制定特定价格来实现。区分服务等级(一等、二等)，区分长短途票价、单程和往返票价等。如果客户提前购买了往返票而不是单程票，可以给予其价格折扣或者弹性的乘车时间。高端价格可能包括额外服务项目(如食物，报纸等)。在德国，城际高速列车 ICE Sprinter 提供的法兰克福—柏林直达服务，一等车厢要额外支付 16 欧元，其中包括价值 5 欧元的一份小型快餐/早餐和一份报纸，与飞机上提供的服务相似。

此外，也可以为客户提供一揽子服务价格。如在了解了客户的旅行和其他需求后，可将其他与旅行相关的产品或服务与高速铁路服务进行捆绑，并提供综合服务价格。一些铁路运营企业，将酒店住宿同铁路服务进行捆绑，已获得成功。

4. 常客计划

向航空公司学习，建立常客计划，鼓励既有客户更频繁地乘坐高速列车。航空公司在竞争中采用的一种稳定现有旅客的办法是常客计划，即对于经常选用本公司的旅客按照旅行里程的累积进行奖励。高速铁路系统也可以采用这样的营销方法和手段。一方面留住老客户，一方面吸引新客户。

二、一些国家高速铁路的运价

1. 法国高速铁路运价

法国 TGV 高速列车的票价是由基本票价和加成两部分组成，其中基本票价与法国既有铁路旅客票价相同，按照递远递减原则，依据运行里程计算。加成部分与里程无关，是根据缩短旅行时间、改善服务质量、调整旅客流量、价格竞争(与航空、公路相比)、OD 沿线情况等因素确定。TGV 高速列车的一等车厢只有一种票价，二等车厢根据是否是客流高峰有两种票价，一般高峰期票价在非高峰期票价基础上平均加 30%，一等车厢与二等车厢的价格比为 1.55。在购票方面，乘坐 TGV 高速列车需要提前预订。

法铁的票价除了具有商业性质外，也有针对学生、残疾人、军人、多成员家庭等方面的公益性票价，政府对此部分提供补贴。商业性票价中又分为两类：一是根据细分客户制定的价格方案，二是在一定条件下针对所有旅客的价格方案。

在根据细分客户制定的价格方案中，对于偶尔乘坐高速列车的乘客，根据不同特点提供 25%左右的折扣(见表 7—6)。对于经常乘坐高速列车的乘客，按照年龄划分为四个层次，法铁向他们提供相关优惠卡，折扣在 25%～50%不等(见表 7—7)。除按年龄细分客户群外，还有 3 种针对不同客户群的票价方案：第一种是为通勤者提供的季票，包括针对某一 OD 的 3 个月、6 个月、12 个月的 3 种季票；另外还有针对某一 OD 或整个法国范围内的不计次数的周票或月票。第二种是团体票，例如对于 10～99 人的团体有 30%的折扣。第三种是针对企业客户的票价方案。

法铁有三种针对所有旅客的价格方案，分别是 Prem's、ID TGV 和“最后一分钟票价”方案，每种方案附有不同的限制条件，包括提前购票的时间、付款方式、客票是否能退换、购票渠道等多方面，乘客在满足这些条件的情况下可以购买到非常便宜的车票(见表 7—8)。

表 7—6 非铁路常客价格方案

非铁路常客价格	细分客户	折 扣
儿童旅客	由 1～4 个人陪伴的 6～12 岁儿童	25%
12～26 岁旅客	12～26 岁的年轻人	25%
老年旅客	60 岁以上的老年人(包括 60 岁)	25%
二位共同旅行的旅客	两位旅客、至少在车上度过一夜的往返票	25%
住宿旅客	旅程至少 200 km 并包括周末其中一晚的住宿	TGV 高速列车 15%～35%折扣 标准珊瑚列车 25%折扣

表 7—7　根据年龄提供的常客优惠卡

类　型	市场细分	年　费	折　扣	额外服务
儿童卡	由 1～4 个人陪伴的 12 岁以下儿童	65 欧元	根据可提供的数量给予 25%～50%的折扣	酒店折扣 租车折扣 奖金积分
12～25 岁卡	12～25 岁的年轻人	49 欧元	根据可提供的数量给予 25%～50%的折扣	酒店折扣 租车折扣 奖金积分
EscapadeS 卡	26～59 岁的旅客	85 欧元	根据可提供的数量给予 25%～40%的折扣	酒店折扣 租车折扣 奖金积分
老年旅客卡	60 岁以上的老年人(包括 60 岁)	50 欧元	根据可提供的数量给予 25%～50%的折扣	酒店折扣 租车折扣 奖金积分

表 7—8　针对所有乘客的价格方案

限制条件	Prem's 价格方案	ID TGV 价格方案	最后一分钟票价
提前时间	提前 14 天～3 个月购买	提前 4～6 个月预订	提前 1 周左右购买
价　格	TGV 高速列车一等车厢最低 45 欧元,二等车厢最低 20 或 25 欧元	一等车厢 39 欧元、二等车厢 19 欧元的引导性价格	标准价格 50%的折扣
付款方式	预定时付款	预定时,直接付款	
退换	不予退票、换票	不予退票、打印前可以换票	不予退票、换票
购票渠道	任何渠道购票	只能从互联网上购票;车票需要由顾客自己打印	只通过互联网购票
其他限制	根据车次、购票时间和乘车时间给予不同的价格减让	只对特定列车有效;在特定时间只提供一种价格	50 个 OD,只有某些列车
	遵守定员要求;不在高峰时段	只应用于少量车次(巴黎—土伦、巴黎—波尔多/图卢兹等四条线每个方向每天一个车次)	本周二到下周一购买下周三到下下周二的客票

2. 德国高速铁路运价

在德国,根据铁路列车服务的不同有三个等级不同的票价。A 等包括城际特快列车 ICE、ICE Sprinter(ICE 特快)①、大力士列车(Thalys)和 TGV 高速列车;B 等包括德国快速列车 InterCity(IC)②、欧洲快速列车 EuroCity(EC)③、夜车;C 等产品主要是运行距离较短的区域

① 德国国铁特别在早晨及黄昏列车需求量极大的时间、在各大城市之间推出 ICE Sprinter(ICE 特快)。ICE 特快线路与大部分 ICE 相同,但大量减少站数,使商务旅客及长途旅客可以更快到达目的地。除特快段落将会额外收费外,ICE 特快车程收费是与普通 ICE 列车一样的。

② 往返于德国境内各大城市的高速火车,时速平均为 200 km,只在各大城市停站。

③ 往返于欧洲境内各大城市的高速火车,只在各大城市停站。

性运输，如区域快车 Regional Express(RE)①、区际快车 InterRegio Express② 等。

德国高速铁路旅客票价的制定不是单纯按运营里程计价，而是充分考虑旅行时间、乘坐舒适程度以及其他运输方式的票价等多种因素后，综合加以确定。

由于运营线路、开行列车的不同，在同一运营区间内乘坐不同运营线路，客票价格可能不同，表 7—9 给出了一个法兰克福中央车站到科隆中央车站的例子。在一些区段上 ICE 列车在速度和时间上与 InterCity 或 EuroCity 列车相比并不占优势，但票价却高于它们，铁路方面的解释是乘客在 ICE 列车上享受到的乘车乐趣更多，舒适度也更高。

表 7—9 德铁价格比较(法兰克福中央车站—科隆中央车站)

比较项目	沿莱茵河普通线路行驶的 ICE	高速线上行驶的 ICE	差　异
通　过	科布伦次和波恩	南林堡和齐克堡/波恩	
距离(km)	225	217	8
时间(h:min)	2:23	1:15～1:30③	1:08～0:53
票价(二等车厢)	42 欧元	59 欧元	17 欧元

预订费用需另行加收，票价中不含售票窗口加收的 3.5 欧元预订费或在线购票的 1.5 欧元预订费。如果没有提前预订，持有标准车票的旅客仍可以在车票有效期内乘坐任何车次的列车，只是没有确定的座位。乘客如要换乘不同种类的列车，无需单独购票。例如，从一个小城市开始乘坐地区列车，在一个较大城市换乘 ICE 列车，然后乘坐城际列车继续旅行，整个行程只需要一张车票。

在定价权方面，由于德国法律规定了票价上调的最大幅度，所以在法律规定的界限内(二等车厢标准价格上限为 119 欧元，一等车厢标准价格上限为 185 欧元)铁路部门可以自行确定长途列车和 ICE 列车的票价。

德国铁路面临的竞争对手主要是民航与小汽车。对于长途客运而言，最大的竞争来自廉价航空运输，类似 GERMAN WINGS 等德国本土的低价航空公司，国内飞行可以提供 19 欧元的超低价格。在短途客运方面，要想让更多的人放弃小汽车而选择火车，铁路需要提供足够的价格优惠，否则很难吸引客户。德铁优惠种类相当多，以下是主要几种：

(1)铁路优惠卡(Bahn Card)。铁路优惠卡(Bahn Card)是最重要的折扣手段之一，同时也是一个具有多样性的优惠系统，它共分为三个级别，缴纳的年费不同，相应的折扣不同，所有的 Bahn Card 有效期均为一年(见表 7—10)。

Bahn Card 25 提供标准票价 25％的优惠；Bahn Card 50 提供标准票价 50％的优惠；Bahn Card 100 是对于经常出行旅客的一种优惠卡，缴纳年费后可以不再购票，免费乘坐包括 ICE 在内的所有列车并可以在不同城市选用各种公共交通工具(如公交车、有轨电车和地铁)。

(2)廉价票(Sparpreis)。在德国，最受欢迎的廉价票是 Sparpreis 25 和 Sparpreis 50 两种，如果乘客能够提前计划出行，通过使用这两种廉价票能够更加省钱(见表 7—11)。Sparpreis

① 快车，选择性停靠于区域线内几个大站。
② 连接偏远乡镇和大城市间的快车，方便旅客到大城市衔接 ICE、EC 或 IC。
③ 取决于选择乘坐的列车。

25 和 Sparpreis 50 的折扣票额是通过收益管理系统计算出来的，能够提供的票量有限并且通常是往返票，具体的供票数量等信息都会在网上显示出来。这些廉价票的折扣还可能同 Bahn Card 25 结合在一起，最高可给予标准票价 62.5%的折扣。

表 7—10　Bahn Card 优惠方案　　单位：欧元

优惠项目	Bahn Card 25	Bahn Card 50	Bahn Card 100
折　扣	25%	50%	100%
价格：二等/一等	53/106	212/424	3 400/5 700
特殊人群：二等/一等	—/—	106/212	—/—
家庭优惠（配偶、子女等）	5①	106/212②	免费的 Bahn Card 25③
15 岁以下随行儿童	免费	免费	免费

表 7—11　廉价票（Sparpreis）优惠方案

优惠项目	标准票价	Sparpreis 25	Sparpreis 50
折　扣	—	25%	50%
周末限制因素④	否	否	是
至少提前预订天数	否	3 天	3 天
客票种类	单程或往返票	只有往返票	只有往返票
限制乘坐某种列车	否	是	是
二等/一等车厢的最低价	否	30/45 欧元	30/45 欧元

Sparpreis 25 表示能获得标准票价 25%的折扣，需要提前 3 天购买。Sparpreis 50 表示能获得标准票价 50%的折扣，也要提前 3 天购买，与 Sparpreis 25 不同的是它对乘客的旅行时间有限制，在乘客往返的两次旅行中，必须有一次是安排在周六或周日。

（3）国际票（Surf & Rail international）。乘客可以花费最低为 19 欧元的票价乘坐 ICE、IC 或 EC，从德国主要城市出发，目的地为周边一些国家的热门城市（见表 7—12）。

表 7—12　Surf & Rail 国际票概况

价　格	起价 19 欧元（根据可供应的客票数量）
提前预订期	最多 3 天
往返程车票有效期	一个月
线　路	只有直接换乘
产　品	城际特快列车 ICE 和快速列车 IC/EC
只对预定列车生效	是
客票行程	针对单程有效（也可以预定往返票）

① 购买 Bahn Card 25 乘客的配偶和家中未满 18 岁的子女都能以 5 欧元的价格购买 Bahn Card 25。

② 购买 Bahn Card 50 乘客的配偶、26 岁以下的子女、60 岁以上的老人等可购买半价的 Bahn Card 50。

③ 购买 Bahn Card 100 乘客的配偶和家中 6～17 岁的子女可以免费获得 Bahn Card 25。

④ 周六或周日必须旅行一次。

续上表

等　级	只有二等车厢
额外 Bahn Card 卡折扣	无
陪同旅客折扣	无
家庭旅客中儿童是否免费	否
儿童折扣	无
变更、取消客票	不能

3.“欧洲之星”的票价

“欧洲之星”高速列车是欧洲首列国际列车，该列车穿越著名的英吉利海底隧道，连接英国、法国和比利时，自 1994 年正式运营以来，已成为伦敦到巴黎铁路路线之间最受欢迎的列车。2007 年 9 月，“欧洲之星”成功刷新列车运行速度纪录，以 2 h 3 min 从法国巴黎驶到英国伦敦，最高时速达 299 km。

按照车票使用及退换的灵活性，“欧洲之星”的客票可以分为灵活、较灵活、不灵活三种。灵活性越低的车票折扣越高，灵活车票的票价是非灵活票价的 1.5 倍。此外，同其他高铁运营商一样，“欧洲之星”也为老人、儿童等群体提供价格折扣（见表 7—13）。

表 7—13 “欧洲之星”客票概览

<table>
<tr><th>客　票</th><th>限制条件</th><th>折　扣</th><th>售后退换</th></tr>
<tr><td>灵　活</td><td>必须购买往返票，提前 1～7 天预定</td><td>0%</td><td>换票：发车前换票，价格固定（一等车厢 50 英镑或 70 欧元；二等车厢 30 英镑或 45 欧元）
退票：发车前可退还票款的 50%</td></tr>
<tr><td>较灵活</td><td>必须购买往返票；周六晚上必须离开</td><td>最高 40%</td><td>换票：发车前往返票可分别换一次
退票：发车前可退还票款的 25%</td></tr>
<tr><td>不灵活 1</td><td>必须购买往返票；周六晚上必须离开</td><td rowspan="2">最高 75%</td><td>不予换票</td></tr>
<tr><td>不灵活 2</td><td>周六、周日和法定假日旅行限制返程时间；如提前 21 天以上预定，返程时间任选</td><td>不予退票</td></tr>
<tr><td>老年人</td><td>60 岁以上
限制返程时间</td><td>最高 75%</td><td rowspan="3">换票：每次旅行发车前只能换一次
退票：不予退票</td></tr>
<tr><td>青年人</td><td>低于 26 岁</td><td>最高 75%</td></tr>
<tr><td>儿童</td><td>4～11 岁</td><td>最高 75%</td></tr>
</table>

4. 日本新干线的票价

日本新干线旅客票价由两部分组成：基本票价和加价。其中，基本票价是日本既有铁路按运营里程计算的普通旅客票价，加价则是由于缩短了旅行时间、提高了服务质量而增加的部分。例如，一张从东京到京都的二等车厢新干线客票，票价为 13 220 日元，其中包括 7 980 日元的基本价格和 5 240 日元的额外收费。新干线一等车厢的客票价格需要包括客座预订费，一等车厢与二等车厢的票价比约为 1.41。

新干线对于通勤乘客提供交通卡。向成年人通勤者提供 FREX 卡，向学生提供 FREX Pal 卡。成年人季票的价格为学生票价的 1.4 倍。在日铁东线，新干线约 8.5% 的运量和 4.7% 的收入来自于通勤旅客。

铁路方面也向国外游客提供几种不同的交通卡，允许乘客在整个日本旅行 7 天、14 天或者 21 天时使用。除了全国铁路交通卡，还提供 5 种地区交通卡，有效期为 3 至 8 天。

在价格折扣方面，日本新干线并没有像一些欧洲高铁运营商一样，采用复杂的票价折扣体系，一般是不提供折扣票价。当然对于一些特殊群体例外，比如 6～11 岁的儿童购买二等车厢的客票可享受 50％的折扣。新干线的电动车组运行速度快，能够直接进入城市中心，2007 年新干线的新一代车组投入运营，最高速度可到 340 km/h。

三、我国高速铁路的票价制定

中国高速铁路的票价也可以分为基本运价与票价加成两部分。高速铁路的票价需要考虑运营成本、居民收入、市场需求、竞争以及其他相关因素。根据既有铁路的票价制定原则，高速铁路的票价也要以运距因素(不同运距成本不同)作为基本依据，确定基本运价率，并确定运价的递远递减率。在此基础上，考虑速度、舒适度、竞争等方面因素确定基本运价基础上的加价额度(见图 7—5)。

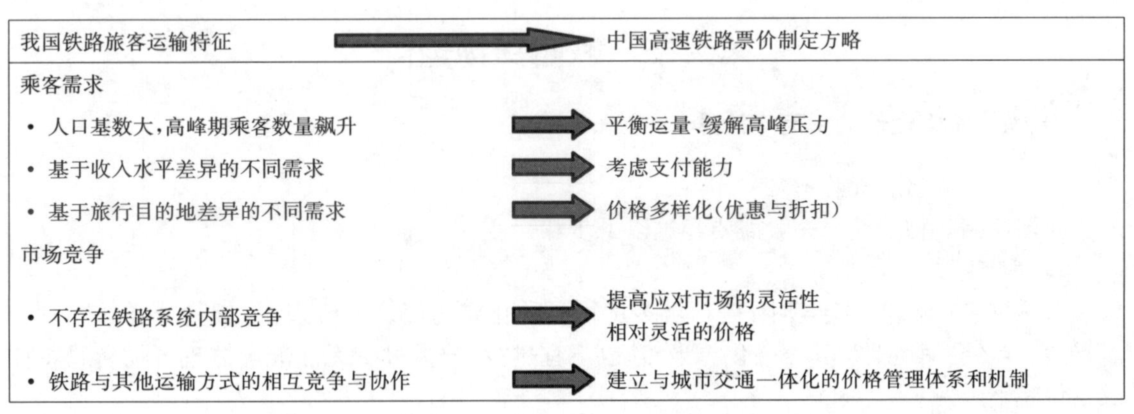

图 7—5 高速铁路运输制定方略

基本运价率的确定十分重要，它需要考虑成本等因素。但高速铁路运营之前，准确的成本是无法知道的，只能有一个估计。加价部分对于高速铁路的盈利与否有着重要影响。由于竞争因素的影响，未来高速铁路票价的制定应当更加灵活和多样，既能满足不同客户群的需求，也要适应市场竞争的需要。国内一些航空公司正在打造低成本航空运输，很多航线的机票票价已经低于既有铁路的卧铺车票价。武汉—广州间已经出现民航票价低于高速铁路票价的现象。未来竞争的方式可能更加多样，竞争的局面也会更加激烈。在这种情况下，高速铁路部门采用更加先进的管理方式和管理手段，以此提高运营收益就成为十分重要的战略选择。

1966 年美利坚航空公司开发出世界上第一套计算机预订系统，为优化控制打下了基础。其后，IBM 公司、泛美航空公司和达美航空公司设计出了更为先进的电子订票系统。美利坚航空公司于 1977 年利用航班上的空余座位推出了世界上第一个折扣票价方案，称为“超级节省票”(super-saverfares)，这也是收益管理的开端。在美国大陆航空公司凭借收益管理成为 1992 年航空价格战中唯一盈利公司后，民航界普遍意识到收益管理的重要性，从此也进入到收益管理时代。收益管理已经成为平衡运能至关重要的因素。

吸引旅客在非高峰期间选择火车出行，价格是关键因素。确定较灵活的弹性价格，打破传统的刚性运价是铁路运输企业面对市场竞争需要采用的经营策略。大多数的欧洲铁路公司在过去的5到10年中,都先后开始采用了收益管理系统。该系统可以帮助企业更灵活地制定票价。对于铁路公司而言,收益管理可以更好地平衡高峰期与非高峰期的客流,以保证列车较高的上座率。在欧洲国家,凡是采用收益管理的企业,在运量相同的情况下,都获得了5%～10%的额外利润。在竞争激烈的运输市场中,对于并非高盈利行业的铁路运输业来说,多获得5%～10%的利润显然是一个非常可观的数字。

中国的高速铁路应当学习和借鉴欧洲高速铁路的经验,重视收益管理可能给铁路带来的效益,研究采用收益管理的可行性和相关条件,通过实施收益管理,更灵活地制定票价,更好地平衡高峰期与非高峰期的客流,吸引更多地客流,保证列车较高的上座率,提高铁路的经济效益。

高速铁路的发展为旅客提供了更多的旅行选择,同时也加剧了快速交通工具间的竞争。欧洲高速铁路采用收益管理的经验证明,在中国高速铁路收益管理的应用同样是重要的,这也是高速铁路价格体系创新的重要部分。

第六节　铁路货物运价

一、铁路货物运价的制定与计算

(一)铁路货物运价的制定

我国铁路货物的确定一般需要经过以下步骤:

1. 货物分类

对货物进行运价分类,实际是对众多货物品种化繁为简。一般来说,货物分类数不宜太多,分类过多会使运费计算复杂化。当然,也不宜过少,分类过少无法准确体现各类货物特性及运价差别。

2. 确定运价基数

运价基数一般是指最低运价号或运价等级的起码里程的运价率,这是制定货种别、距离别不同运价率的基础,也是决定各个运价率水平的主要因素。确定运价基数,首先是要确定货物起码计费里程。

3. 确定级差率

在货物运价中,按货种别的差别运价是通过货物分类和确定级差率来体现的。在我国现行运价制度中,铁路采用分号制,它是以运价基数为基础,考虑一定的变化比例来确定其他运价号或运价等级的运价率。各级或各号运价的级差率应保持合理的水平,各级或各号运价主要货物的运输成本是确定相关运价率的最主要依据。

4. 划分里程区段

里程区段的划分,一是确定划分多少个区段,二是确定每个区段包括里程的长短。一般的原则是既要简化运价制度,适当延长里程区段,又要保证各里程区段运价的合理性。

铁路货运运价结构如图7—6所示。

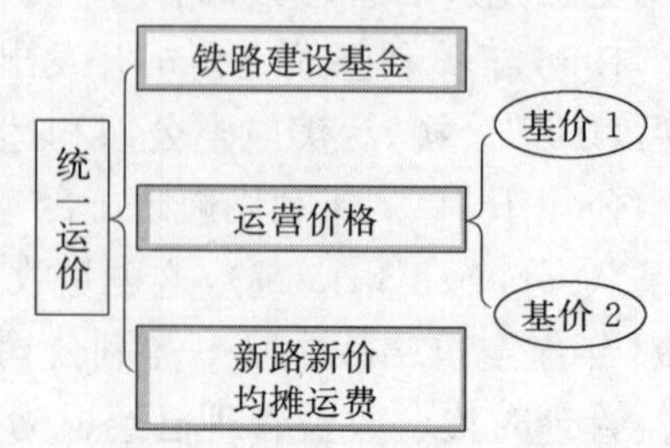

图7—6　铁路货运运价结构

（二）货物运输费用计算

(1)按《货物运价里程表》计算出发站至到站的运价里程。

(2)根据货物运单上填写的货物名称查找《铁路货物运输品名分类与代码表》、《铁路货物运输品名检查表》，确定适用的运价号。

(3)整车、零担货物按货物适用的运价号，集装箱货物根据箱型，冷藏车货物根据车种分别在“铁路货物运价率表”中查出适用的运价率(即发到基价和运行基价，以下同)。

(4)货物适用的发到基价加上运行基价与货物的运价里程相乘得积后，再与按本规则确定的计费重量(集装箱为箱数)相乘，计算出运费。

(5)杂费按规定计算。

铁路货物的运价计算流程如图 7—7 所示。

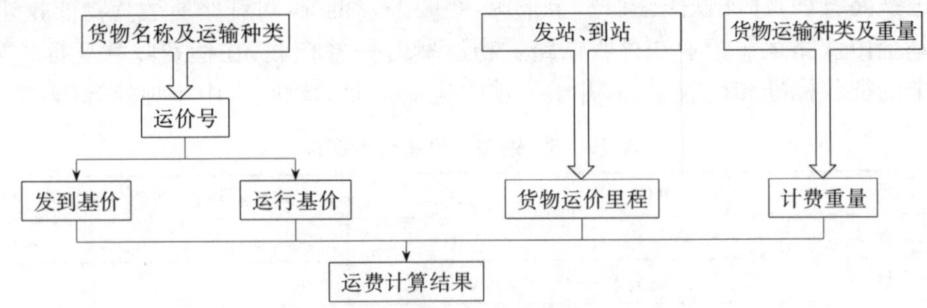

图 7—7 铁路货物运价计算流程

铁路货物运价率见表 7—14，货物运输的基本运费计算公式：

运费＝运价率×计费重量＝[发到基价＋(运行基价×运价里程)]×计费重量

运费具体计算方法：

整车货物每吨运价＝基价 1＋基价 2×运价公里 (7—7)

零担货物每 10 kg 运价＝基价 1＋基价 2×运价公里 (7—8)

集装箱货物每箱运价＝基价 1＋基价 2×运价公里 (7—9)

表 7—14 铁路货物运价率表

办理类别	运价号	基价 1		基价 2	
		单 位	标 准	单 位	标 准
整 车	1	元/t	8.50	元/吨公里	0.071
	2	元/t	9.10	元/吨公里	0.080
	3	元/t	11.80	元/吨公里	0.084
	4	元/t	15.50	元/吨公里	0.089
	5	元/t	17.30	元/吨公里	0.096
	6	元/t	24.20	元/吨公里	0.129
	7			元/轴公里	0.483
	机械冷藏车	元/t	18.70	元/吨公里	0.131
零担	21	元/10 kg	0.188	元/10 千克公里	0.001 0
	22	元/10 kg	0.263	元/10 千克公里	0.001 4

续上表

办理类别	运价号	基价 1		基价 2	
		单 位	标 准	单 位	标 准
集装箱	20 ft 箱	元/箱	449.00	元/箱公里	1.98
	40 ft 箱	元/箱	610.00	元/箱公里	2.70

注：表中 7 号运价为按轴计费，无基价 1。基价 2 的单位为元/轴公里。自轮运转的轨道机械，以自备货车或租用铁路货车作游车时，按整车 7 号运价率核收运费。

二、铁路货物运输的其他费用

（一）铁路建设基金

为促进铁路发展，保证铁路建设资金来源，经国务院批准，对铁路所运货物征收建设基金。铁路建设基金由铁路运输企业在核收铁路货物运费时一并核收，在运费收款凭证中应注明铁路建设基金的征收标准和征收金额，并纳入铁路运输企业运输收入中单独核算（表 7—15）。

表 7—15 铁路建设基金费率表

种 类			计费单位	农药	磷矿石棉花	其他货物
整车货物			元/吨公里	0.019	0.028	0.033
零担货物			元/10 千克公里	0.000 19	0.000 33	
自轮运转货物			元/轴公里	0.099		
集装箱	1 t 箱		元/箱公里	0.019 8		
	5 t、6 t 箱		元/箱公里	0.165		
	10 t 箱		元/箱公里	0.277 2		
	20 ft 箱		元/箱公里	0.528		
	40 ft 箱		元/箱公里	1.122		
	空自备箱	1 t 箱	元/箱公里	0.009 9		
		5 t、6 t 箱	元/箱公里	0.082 5		
		10 t 箱	元/箱公里	0.123 86		
		20 ft 箱	元/箱公里	0.264		
		40 ft 箱	元/箱公里	0.561		

（二）铁路电气化附加费

凡经国家铁路电气化区段运输的货物，包括军事运输、水陆联运铁路段和国际联运国内段，一律征收电力附加费（见表 7—16）。铁路电气化附加费按该批货物经由国铁正式营业线和实行统一运价的运营临管线电气化区段的运价里程合并计算。铁路电气化附加费由发站一次核收。水陆联运货物铁路段铁路电气化附加费，陆转水由发站向托运人核收，水转陆分段收费的由到站向收货人核收，水—陆、水—铁—水一次收费的，由起运港核收。国际联运国内段铁路电气化附加费，出口货物由发站核收，进口货物由国境站核收。

（三）新路新价均摊运费

铁路货物的新路新价均摊运费按发站至到站国家铁路正式营业线和实行统一运价的运营临管线的运价里程计算，但不适用《铁路货物运价规则》关于起码里程的规定。铁路货物的新路新价均摊运费由发站一次核收。水陆联运货物铁路段新路新价均摊运费，陆转水由发站向托运人核收，水转陆分段收费的由到站向收货人核收，水—陆、水—铁—水一次收费的，由起运港核收。国际联运国内段铁路新路新价均摊运费，出口货物由发站核收，进口货物由国境站核收。铁路新路新价均摊运费的计费重量：整车、零担货物按该批运费的计费重量计算；集装箱货物按箱计费。铁路新路新价均摊运费的尾数不足 1 角按四舍五入处理。免收运费的货物、站界内搬运的货物免收铁路新路新价均摊运费。铁路新路新价均摊运费按“新路新价均摊运费费率表”(见表 7—17)规定的费率核收。

表 7—16　电气化附加费费率表

种类			计费单位	费率
整车货物			元/吨公里	0.012
零担货物			元/10 千克公里	0.000 12
自轮运转货物			元/轴公里	0.036
集装箱	1 t 箱		元/箱公里	0.007 2
	5 t、6 t 箱		元/箱公里	0.06
	10 t 箱		元/箱公里	0.100 8
	20 ft 箱		元/箱公里	0.192
	40 ft 箱		元/箱公里	0.408
	空自备箱	1 t 箱	元/箱公里	0.003 6
		5 t、6 t 箱	元/箱公里	0.03
		10 t 箱	元/箱公里	0.050 4
		20 ft 箱	元/箱公里	0.096
		40 ft 箱	元/箱公里	0.204

表 7—17　新路新价均摊运费费率表

项目 种类			计费单位	费率
整车货物			元/吨公里	0.011
零担货物			元/10 千克公里	0.000 011
自轮运装货物			元/轴公里	0.003 3
集装箱	1 t 箱		元/箱公里	0.000 066
	5 t、6 t 箱		元/箱公里	0.005 5
	10 t 箱		元/箱公里	0.009 24
	20 ft 箱		元/箱公里	0.017 6
	40 ft 箱		元/箱公里	0.037 4
	自备空箱	1 t 箱	元/箱公里	0.000 33
		5 t、6 t 箱	元/箱公里	0.004 62
		10 t 箱	元/箱公里	0.050 4
		20 ft 箱	元/箱公里	0.088
		40 ft 箱	元/箱公里	0.018 7

铁路新路新价均摊运费计算公式为：

新路新价均摊运费＝均摊运价率×计费重量(箱数或轴数)×运价里程　　(7—10)

三、铁路货物运价计算的相关细则

铁路运输企业运输费用(运价)的计算有其特定的规则和方法，以货物运输为例，运费的计算有以下有关要求。

(1)货物运费的计费重量，整车货物以 t 为单位，t 以下四舍五入；零担货物以 10 kg 为单位，不足 10 kg 进为 10 kg；集装箱货物以箱为单位。

(2)运价里程应根据《货物运价里程表》按照发站至到站间国铁正式营业线最短径路(与国家铁路办理直通的合资、地方铁路和铁路局临管线到发的货物也按发、到站间最短径路)计算，但《货物运价里程表》内或原铁道部规定有计费径路的，按规定的计费径路计算。运价里程不包括专用线、货物支线的里程。通过轮渡时，应将规定的轮渡里程加入运价里程内计算。水陆联运的货物，应将换装站至码头线的里程，加入运价里程内计算。

下列情况发站在货物运单内注明，运价里程按实际经由计算：

①因货物性质(如鲜活货物、超限货物等)必须绕路运输时；

②因自然灾害或其他非铁路责任，托运人要求绕路运输时；

③属于五定班列运输的货物，按班列径路运输时。

承运后的货物发生绕路运输时，仍按货物运单内记载的径路计算运输费用。

实行统一运价的营业铁路与特价营业铁路直通运输，运价里程分别计算。

货车中转技术作业费、押运人乘车费，发站按国铁的运价里程(含办理直通的铁路局临管线和工程临管线)计算，通过合资、地方铁路的将其通过的合资、地方铁路运价里程合并计入，在合资、地方铁路发到的计算到合资、地方铁路的分界站。

D 型长大货物车使用费、铁路集装箱使用费、货车篷布使用费按发站至到站的运价里程(含与国铁办理直通运输的合资、地方铁路的运价里程)计算核收。

(3)货物运费按照承运货物当日实行的运价率计算。杂费按照发生当日实行的费率核收。

一批或一项货物，运价率适用两种以上减成率计算运费时，只适用其中较大的一种减成率；适用两种以上加成率时，应将不同的加成率相加之和作为适用的加成率；同时适用加成率和减成率时，应以加成率和减成率相抵后的差额作为适用的加(减)成率。“铁路货物运输品名分类与代码表”中规定的加成或减成，应先计算出其适用的运价率后，再按上述规定加成、减成或加减成相抵。

每项运费、杂费的尾数不足 1 角时按四舍五入处理。

各项杂费凡不满一个计算单位，均按一个计算单位计算(另定者除外)。

零担货物的起码运费每批 2.00 元。

(4)整车货物除下列情况外，均按货车标记载重量(简称标重，以下同。标重尾数不足 1 t 时四舍五入)计费。货物重量超过标重时，按货物重量计费。

①使用矿石车、平车、砂石车，经铁路局批准装运“铁路货物运输品名分类与代码表”“01”、“0310”、“04”、“06”、“081”和“14”类货物按 40 t 计费，超过时按货物重量计费。

②使用自备冷板冷藏车装运货物时按 50 t 计费；使用自备机械冷藏车装运货物时按 60 t 计费；使用标重不足 30 t 的家畜车，计费重量按 30 t 计算；使用标重低于 50 t、车辆换长小于

1.5 的自备罐车装运货物时按 50 t 计费。

③始发、中途均不加冰运输的加冰冷藏车和代替其他货车装运非易腐货物的铁路冷藏车，均按冷藏车标重计费。

④车辆换长超过 1.5 的货车(D 型长大货物车除外)本条未明定计费重量的，按其超过部分以每米(不足 1 m 的部分不计)折合 5 t 与 60 t 相加之和计费。

⑤米、准轨间换装运输的货物，均按发站的原计费重量计费。

承运人提供的 D 型长大货物车的车辆标重大于托运人要求的货车吨位时，经中铁特货运输公司批准可根据实际使用车辆的标重减少计费重量，但减吨量最多不得超过 60 t。

按一批办理的整车货物，运价率不同时，按其中高的运价率计费。

(5)运输超限货物，发站应将超限货物的等级在货物运单货物名称栏内注明，按下列规定计费：

①一级超限货物：按运价率加 50%；

②二级超限货物：按运价率加 100%；

③超级超限货物：按运价率加 150%。

对安装超限货物检查架的车辆，不另收运费。

需要限速运行(不包括仅通过桥梁、隧道、出入站线限速运行)的货物，按运价率加 150% 计费。

需要限速运行的超限货物，只核收本条规定的加成运费，不另核收超限货物加成运费。

超长、超限货物使用游车时，游车运费按主车货物的运价率和游车标重计费。利用游车装运货物，所装货物运价率高于主车货物时，按所装货物的运价率核收游车运费。

运输超限货物或需要限速运行的货物使用游车时，游车运费不加成。

两批货物共同使用游车时，游车运费各按主车货物的运价率及游车标重的 1/2 计费。

D 型长大货物车运输货物需用隔离车时，隔离车不另核收运费。隔离车加装货物时，按所加装货物适用的运价率核收运费。

自轮运转的轨道机械，以自备货车或租用铁路货车作游车时，按整车 8 号运价率核收游车运费；以铁路货车作游车时，按整车 7 号运价率和游车标重核收游车运费。

站界内搬运的货物，按实际运输里程和该货物适用的运价率计算运费，不另收取送车费。

途中装卸货物，不论托运人、收货人要求在途中装卸地点的前方或后方货运站办理托运或领取手续，途中装车按后方货运站计算运价里程；途中卸车按前方货运站计算运价里程，不另收取送车费。

整车卸的货物，按照发站至最终到站的运价里程计算全车运费和押运人乘车费；途中每分卸一次，另行核收分卸作业费 80 元(不包括卸车费)。

(6)零担货物按货物重量或货物体积折合重量择大计费，即每立方米重量不足 500 kg 的轻浮货物，按每 1 m^3 体积折合重量 500 kg 计算，但下列货物除外：

①有规定计费重量的货物(指裸装货物)按规定计费重量计费；

②“铁路货物运输品名分类与代码表”列“童车”、“室内健身车”、“209 其他鲜活货物”、“9914 搬家货物、行李”、“9960 特定集装化运输用具”等裸装运输时按货物重量计费。

集装箱货物的运费按照使用的箱数和“铁路货物运价率表”中规定的集装箱运价率计算，但装运危险货物集装箱、罐式集装箱、其他铁路专用集装箱的运价率，按“铁路货物运价率表”

的规定分别加 30%、30%、20%计算。

自备集装箱空箱运价率按其适用重箱运价率的 50%计算。

承运人利用自备集装箱回空捎运货物，按集装箱重箱适用的运价率计费，在货物运单铁路记载事项栏内注明，免收回空运费。

运价率不同的货物在一个包装内或按总重量(或按箱)托运时，按该批或该项货物中高的运价率计费。

在货物运单内分项填记重量的货物，应分项计费，但运价率相同时，应合并计算。

第七节　铁路运价体制和运价政策的变迁与改革

中国铁路从诞生到今天已有 120 余年的历史，铁路运价作为一项重要的内容，其管理制度从无到有到不断地完善、演进与变迁，其间经历了漫长和曲折的过程。历史上的任何一种运价体制都是当时人们的利益及其选择的结果。选择什么样的运价政策、形式和内容，与人们当时所处的历史环境、制度环境、对经济发展的预期以及不同行动集团的利益密切相关。当条件发生变化后，运价体制就会发生变化。中国铁路运价管理制度的变迁正是这些因素综合影响的结果。

分析中国铁路运价管理体制的发展与变化，大致经历了创建与发展、高度集中与严格管制、集中统一下的放松管制等不同阶段。

一、创建与发展阶段:1876—1949 年

中国的第一条铁路——吴淞铁路上海至江湾段(8 km)1876 年 7 月 3 日正式通车。这条铁路是在未经中国政府允许的情况下由英国修建的。所以，中国的第一条铁路是外资铁路。中国人自办的第一条铁路是 1881 年 11 月 8 日通车的唐(山)胥(各庄)铁路。从 1876 年到 1949 年的 70 余年里，中国遭受了无数劫难，中国铁路也几乎未有过完全意义上的统一管理。一些发达的资本主义国家为了各自的政治和经济目的，极力攫取中国铁路的建筑权和经营权，包括对运价的制定和控制权。

在中国铁路发展的初始阶段，对运价的管理是比较混乱的。由于国有铁路大多数是借外款修建的，它们需以路产和营业收入为担保，所以，不论线路长短，都需分线设局，分散管理。受贷款国的影响和控制，各铁路局的客货规章多采用贷款国的制度，运价管理则多学习贷款国的方法。在运价的形式、内容和水平方面，各铁路局根据自身情况(运输成本、运量、营运收入目标等)自行决定。对于那些中外合办和一些国家直接经营的铁路，其客货规章以及运价制度中国政府无权过问。可以看出，由于不同的线路隶属于不同的经营主体，特别是一些外国资本集团在中国直接经营铁路，造成了当时的铁路运价无论是在政策上，还是在形式、内容和水平上都存在较大差异。不仅如此，有的国家还从自身角度和利益出发，提出或者规定运价规则。例如，1899 年，美国出于对自身利益的考虑，由当时的国务卿出面先后向英、俄、德、日、法、意六国发出照会，要求他们在其建筑、经营或控制的铁路上运输属于他国公民的货物时，所收运费不得高于本国国民运输同样货物所收的运费，即不得实施差别运价。

运价规则的混乱决定了运价体制的无序，建立一种统一的制度和规则就成为客观必然要求。1918 年 6 月，北洋政府交通部召开第一次铁路运输会议，讨论国有铁路统一客货运输规

章制度问题。1920 年 2 月,交通部召开第二次会议,通过了《国有铁路客车运输通则》、《国有铁路货车运输通则》、《国有铁路普通货物分类表》。

客车通则将客车分为三等,票价以三等为基数,具体由各线路自定,但二等一律为三等的两倍,头等为二等的两倍。此外,还有享受优惠的团体票、来回票、回数票和定期票。春秋季节,对外出谋生的农民发售票价较低的小工票。

货车通则将货物分为六等计价,运价率由各路自定,呈报交通部备案;对于长距离运输,一般有递远递减的规定。由于基本运价率以及各等间的比率由各路自定,所以不同线路的运价相差悬殊。如大凡有水运竞争的地方,像北宁、津浦、沪宁、沪杭甬等线运价率较低;而地处内陆、运输独占的铁路,像平汉、正太、平绥、陇海等线,则运价率较高。正太线在法国总管的控制下,实行独占性的高运价政策,虽然山西省多次要求降低正太线煤炭运价,但遭到拒绝。尽管如此,1918 年和 1920 年两次会议为国有铁路客货运输及其运价制度趋向统一打下了基础。

1929 年,当时的国民政府铁道部成立了货等运价委员会,讨论并决定:货物运价由三级制(整车、公吨、千克)改为二级制(整车、零担);制定华北主要干线客票票价划一办法;制定铁路特价和专价适用办法。

1933 年,国民政府铁道部公布实施《联运货物运价递远递减办法》。1936 年,它又对老的运价率进行改动,实行新的联运运价递远递减率。

1942 年,国民政府交通部(原铁道部撤销)实行新的铁路运价制度,调整货物等级数目(由原来 6 等改为 10 等)、运价基数、等间比例和递远递减率等。

由于种种因素的影响,1949 年以前的中国铁路发展是极为缓慢和不平衡的,铁路运价管理体制也经历了一个从无到有,从创建到逐步实施的过程。一些国家的侵占以及其他政治、经济等原因造成其间的历届政府从未有过对铁路完全意义上的拥有和管理,在运价体制上也从未有过统一。国有铁路(1932 年,国民政府公布的《铁道法》将铁路分为国营、公营和民营三种类型)经过多年的发展,运价管理体制已经基本形成。

在铁路运价体制的创建和发展过程中,政府的作用是主要的。事实上,只有政府才能以较低的组织和实施成本完成这项工作。建立相对统一与完善的运价管理体制是政府调整经济秩序的重要手段,在当时的历史环境条件下也是一种政治需要。

二、高度集中与管制阶段:1949—1982 年

1949 年后,中国国家制度发生了根本性变化,中国政府收复了被他人侵占的铁路,拥有了对铁路的所有权和管理权。从这以后,政府逐渐对铁路采取了政企合一、高度计划和集中统一的管理模式,在运价方面实行了较为严格的管制政策。

中国铁路运价的统一是在 1955 年完成的。当时,在“稳定市场,稳定物价”方针指导下,调整了关内外运价,实现了全国铁路运价的统一。统一后的铁路货物运价平均为 1.65 分/吨公里,旅客运价平均为 1.49 分/人公里。在此以后的 27 年中,在政府的直接控制下,铁路实行了长期的低运价政策。为了稳定经济,帮助其他行业发展,铁路分别在 1961 年、1962 年和 1967 年三次下调运价,货物平均运价率由 1955 年的 1.65 分/吨公里下降到 1967 年的 1.438 分/吨公里。

20 世纪 50 年代中期,铁路运价集中统一管理后,开始与物价逐渐脱钩,失去了与社会商

品价格的相互关联。如果把铁路运价与全国零售商品物价相比较,以 1955 年为 100,那么到 1986 年,全国零售物价总指数为 154.4,铁路货物运价指数为 122.4,铁路旅客运价指数为 130.2。如按零售物价指数折算,1986 年与 1955 年相比,铁路货物运价水平实际下降了 20.8%,铁路旅客运价水平实际下降了 15.7%(这是在 1982 年、1983 年和 1985 年铁路调整客货运价后)。

长期的低运价政策使铁路不堪重负,拉大了铁路与其他运输方式的运价差距,也切断了铁路运价与社会商品价格的联动。铁路运价作为反映运输价值和供求关系的信号出现了极大失真。

铁路运价统一阶段的初期,实行统一的低运价政策所带来的收益是明显的。在宏观上由旧的制度向新的制度过渡中,政府通过统一的低运价政策达到了规范经济、稳定市场、促进经济发展的目的。这期间的经济发展速度证实了这一点。因此,政府作为第一行动集团积极推动了这种运价体制的实施。不过,随着时间的推移和社会经济的不断发展,这种运价体制也逐渐暴露出它的缺陷。作为经济发展的重要经济杠杆以及调节经济运行的"看得见的手",政府过分依赖对铁路运价的控制,忽视了市场和价值规律,忽视了"看不见的手"对"看得见的手"的影响和作用,从而导致了这种运价体制的低效和不均衡,进而导致铁路运输的低效(长期供不应求)和后劲不足(通过运价所得资金只够维持简单再生产)。由此,消除先行体制的弊端,代之以一种新的、高效的和符合市场要求的运价体制就成为一种客观必然要求。

三、集中统一下的放松管制阶段:1982—2002 年

在经历了近 30 年的高度计划经济管理后,中国开始了规模宏大的经济体制改革。宏观经济体制的改革带动了铁路运输管理模式和运价管理制度的变迁。人们开始思索严格的运价管制和长期的低运价政策所引发的诸多问题,如铁路自身的发展问题,铁路与其他运输方式之间的关系问题,铁路与国民经济发展之间的关系问题等等。

这一时期,铁路仍然处于高度集中统一管理之下,政企合一。原铁道部身兼双职:一方面代表国家行使政府职能,一方面是铁路运输企业的最高管理机关,直接从事铁路运输生产和经营的各项活动。长期的运价管制和低运价政策使运输企业不堪重负:一方面,过低的运价使运输企业得不到足够的资金支持,运输活动只能勉强维持简单再生产;而另一方面,过低的运价又促使客货运输需求不断上升。在宏观经济体制改革中,铁路运输是社会产品链中极少保持价格不变的产品之一。在这种环境和背景条件下,放松运价管制首先发自铁路运输企业。当原铁道部代表铁路运输企业向国家多次发出调整和提高铁路运价、放松运价管制的请求后,终于得到同意和批准。

1982 年 8 月 1 日,国家对铁路 110 km 以内的短途货运采取临时加价措施,以促进公铁分流。调整后,铁路货物运价水平平均达到 1.483 分/吨公里。

1983 年 12 月 1 日,经国务院批准,铁路货物运价上调到 1.827 分/吨公里。营业铁路货物运价平均每吨公里提高 21%,其中占铁路周转量 75%左右的煤炭、焦炭、矿石、生铁、钢铁、矿建材料、石油、水泥、化肥、木材、农药等 11 类整车货物的运价,平均提高 23%,煤炭运价提高近 40%。上述货物运输在调整运价后可以做到保本微利。对于与人民生活密切关联的粮食、棉花、食盐、日用轻纺产品等货物,整车运价维持原来水平。此次货物运价调整将短途运价的起始里程由 50 km 延长到 100 km,将集装箱运价按低于零担、等于或稍高于整车运价的原

则制定,提高了零担货物运价。调价后不仅使铁路整车、零担和集装箱运输的比价关系得到了改善,同时也使 50 km 以内铁路与公路运输的比价由 1∶13.5 缩小到 1∶5,但 100 km 的比价仍然偏大,约为 1∶9。铁路与水运的比价有所缩小。调整后的货物运价同 1955 年相比,每吨公里提高了 10.73%。

1985 年 5 月 15 日,经国务院批准,铁路再次提高短途货物运价,同时提高短途旅客运价。此次调价是为进一步解决铁路短途运价偏低的问题。调价的主要内容是:短途货物运输加收附加费,即对铁路正式营业线 200 km 以内的货物运输,在不改变现行运价率的情况下,整车货物每吨加收 4 元,零担货物每 10 kg 加收 4 分,5 t 集装箱每箱加收 12 元,1 t 集装箱每箱加收 4 元。铁路旅客运输,100 km 以内硬座票价由 1.755 分/人公里提高到 2.4 分/人公里,软座票价由 3.07 分/人公里提高到 4.2 分/人公里,增长幅度分别为 36.75%和 36.8%。

1989 年 9 月 5 日,国务院决定较大幅度提高铁路旅客运价,以解决铁路旅客运价长期冻结所积蓄的问题。调价的方案是:基本票价率由 1.755 分/人公里提高到 3.861 分/人公里,上调幅度为 120%,100 km 以内的短途票价,1985 年已上调了 36.75%,这次只上调 60.8%。100 km 以上的票价和市郊票价均提高 120%。各种票价上调总幅度为 112.79%。外国旅客票价调整为国内旅客票价的 170%。行李、包裹运价以及与客运相关的杂费同时作相应调整。

1990 年 3 月 15 日,经国务院批准,铁路再一次调整货物运价。货物平均运价水平由 2.06 分/吨公里增加到 2.65 分/吨公里,提高了 28.1%。此次提价同时解决了 200 km 以内短途运价调整后与长途运价不衔接问题。

“七五”“大包干”期间,铁路用所得利润积累建设资金在数量上受到很大限制,为使铁路建设能有较稳定的资金来源,国家批准从 1991 年 3 月 1 日,对铁路所运货物每吨公里征收0.2 分作为铁路建设基金,随运费收取。1993 年 7 月 1 日,铁路第二次通过提高货物运价征收建设基金。货物运价每吨公里提高 1.5 分,提高运价所得收入全部用作铁路建设基金。

1995 年 10 月 1 日,继 1989 年后铁路第二次较大幅度提高旅客运价,调价幅度为:铁路客运基价,即普通旅客列车硬座票价由 3.861 分/人公里提高到 5.861 分/人公里,快车和行李、包裹等运价同幅度调整。硬座、软座、硬卧、软卧的席别比价由原来的 1∶1.75∶1.8∶3.85 调整到 1∶2.0∶2.2∶3.85,中外旅客实行同一票价。同日,铁路开始实行《优质优价旅客列车管理办法》。优质优价旅客列车系指新型空调列车、旅游列车。根据规定,新型空调列车票价最高上浮 50%,旅游列车票价最高上浮 30%。

在运价水平调整过程中,铁路运价形式和内容逐步向多元化和多层次化方向发展,过去那种单一的、固定不变的运价体制被打破,出现了包括新路新价、优质优价、浮动运价、快运运价、建设基金等多种运价形式。例如,1984 年广深铁路公司成立后,国家允许广深线实行特殊运价,其客货运价水平在全国同一运价基础上提高 50%,铁路公司可视市场情况对运价下浮。为调整和平衡客货运量的季节不平衡性,广州铁路集团公司对其管内运输可实行季节性差价。另外,对于一些运营亏损的新线,国家同意经批准后可实行新线运价(但不得高于当地公路运价的 50%)。

随着运输市场竞争的日趋激烈,铁路逐步采用了较灵活的运营组织方式,开行了诸如“五定班列”、“行包专列”等形式的列车,并制定了相应的运价管理内容。一些铁路局在客运上也采取了较为多样的运价形式,如节假日期间夫妇俩带一个上小学的孩子可免去小孩的车票;发放管内定期车票;出售团体优惠车票等。

多元化、多层次的运价体制,使铁路运价管理既有统一,也有分散。在很多情况下,分散决策能够减少不确定性并降低风险,它使企业能够做到"不把所有的鸡蛋都放在一个篮子里"。

这一时期,一些铁路局与企业间开展了协议运输,协议运输的运价(协议运价)一般高于统一运价。多数铁路运输企业在收取基本运价的同时,也逐渐增加了价外收费,加大了货主的负担。这些做法都被政府明令禁止。

四、放松管制与运价调整:2002 年至今

2002 年当时的国家计委主持召开了铁路旅客列车实行政府指导价的听证会。在此基础上出台了《国家计委关于公布部分旅客列车票价实行政府指导价执行方案的通知》,成为铁路实行政府指导价的政策性文件。通过举办价格听证会决定价格的调整是中国近些年来在公用事业(基础产业)领域逐渐采用的办法。举办价格听证会意在听取社会各方意见,为调整价格提供参考和依据。根据有关政策,铁路部门可以根据情况,在一些特殊的时期(节假日、春节等)适当调整旅客票价(上涨或下浮)。自此,铁路客运价格浮动在政策上有了依据,并开始在一些客流高峰时期(如春运)对票价进行浮动。以 2004 年春节为例,部分铁路局始发的直通列车节前或节后实行票价上浮(学生票、伤残军人除外),上浮的幅度为硬座 15%,其他席别 20%。部分旅客列车在农历除夕至正月初二期间票价下浮 10%。2005 年春运票价上浮幅度不变,仍维持硬座上浮 15%、其他席别上浮 20%。而上浮范围有一定变化,最突出的是以农民工为主体的临客硬座票价不上浮(直达特快临客除外)。

近年来,铁路部门在运价制定方面比原来更加灵活,例如新型空调列车车票按照列车档次、客流状况、旅客承受能力实行三档票价:一是不打折的,主要是特快列车及进京、进沪、进穗的快速列车;二是折扣一档下浮 6.6%的,主要是省会城市之间开行的快车;三是折扣价二档下浮 13.3%的,主要是普通快车的空调列车。规定实行折扣价的列车在平时都打折,五一、十一、春运、暑运期间可取消折扣,但不再上浮。具体哪些列车票价打折,综合考虑列车档次、客流大小、运输成本等具体情况,由铁路局提出申请,中国铁路总公司审核确定。此外,平时还对空闲卧铺进行打折,主要针对白天空闲或短途未售出的卧铺进行的一种优惠。

伴随着中国铁路的发展,铁路运价体制和运价政策也发生了深刻的变化。改革开放后,随着我国宏观经济体制的变化,铁路逐步开始了市场化改革进程,2013 年中国铁路总公司的成立使得这一进程逐渐明显,铁路运价体制和政策在铁路市场化改革中逐步贴近市场,政府也在逐渐放松对铁路运价的行政控制和经济规制。2014 年 2 月,国家发改委发布《关于调整铁路货物运价有关问题的通知》(发改价格〔2014〕210 号),决定自 2014 年 2 月 15 日起,调整铁路货物运价,铁路货物运价由政府定价改为政府指导价。

2002 年以来铁路货运价格调整情况如图 7—8 所示:集中统一、放松规制已经是中国铁路运价体制改革的最重要特征。随着铁路市场化改革的深入,铁路运价体制和政策还将发生更加深刻的变化。

综上所述,中国铁路运价体制和运价政策经历了一个由创建到发展,由高度集中严格控制到集中统一放松规制的历史演变过程。运价体制和运价政策的变化是铁路市场化改革重要内容和体现。今天的运价体制和运价政策仍然需要接受实践的检验,仍然需要不断地改革与完善。

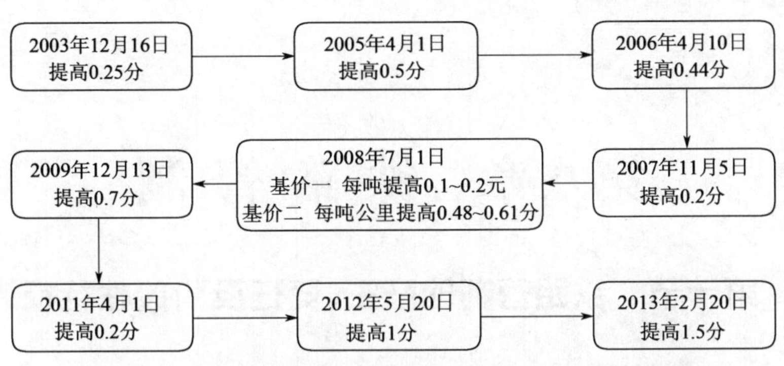

图 7—8 铁路货运价格(平均每吨公里价格)调整情况表

思 考 题

1. 制定运价时采用平均成本定价、边际成本定价、负担能力定价的差异和各自的使用条件。

2. 什么是按距离别、按运输对象别的差别运价结构?

3. 影响运输业定价的因素有哪些?

4. 对比分析不同国家的高速铁路运价特点。

5. 铁路货物运价主要由哪几部分组成?

6. 铁路运价的发展经历了哪几个阶段?

第八章　铁路管制

第一节　铁路管制的产生、变迁及阶段性特征

一、早期的运输管制

对运输业的管制最早形成于美国铁路。管制的存在是铁路产业最重要的特征之一，交通运输业是受管制的重要行业之一。企业在长期的发展中形成了基本的经营规则，而市场在其变化中形成了基本的运行规则，这些规则不是一成不变的。社会经济及制度环境的变化导致这些规则也处于不断变化之中，虽然在某一特定时间里这种变化可能并不十分明显，然而历史地、长期地观察这些变化，就可以发现其中具有的特征和存在的规律性。

19 世纪 70 年代以前，美国的经济发展一度十分迅速，社会对运输的需求十分强烈，那时政府以及社会关注的主要问题是努力发展充足的运输体系，所以对运输市场很少管制。不同运输方式之间虽然也存在一定程度的竞争，但市场上不同的利益集团之间并没有出现突出的矛盾，运输活动基本上是有序的。在这种情况下，运输市场中的各种行为基本上依靠市场本身的自发力量来调节，另外有关的法律和政府的一些规定也对运输市场的行为起着规范作用。

这一时期政府对运输市场的影响和控制主要通过 3 种方式：习惯法与司法的控制、许可证制度、调查委员会。

1. 习惯法与司法的控制

习惯法源于英国，在它产生以后，就成为大多数英语国家的一种基本法律。习惯法是以法院判例或由以前的法院判决形成的法律原则为依据形成的，它的绝大部分内容是根据惯例制定。如果有人想找出特殊案件的法律依据，那么就必须研究过去类似案件的法院判决。习惯法体系的重要特点是它随着社会发展而不断变化。

早期的运输管制是在习惯法基础上产生和发展起来的，并在美国州一级开始实行。这种管制方法也被称为诉讼案件管理，公众在运输中是否获得了相应的权利是以早期的诉讼案件为依据的。

2. 许可证制度

19 世纪 70 年代以前，美国政府对运输市场进行管制的另一种方法是许可证制度，早期的公路收费公司和运河航行都曾实行过这种管理方式，对铁路也实行了许可证管理。早期对铁路颁发许可证是给予组织铁路公司的权利，同时在许可证中做出一些保护公众利益的规定，如有的许可证包括了最高运价的限制，也可能规定资本的最高收益，还有一些许可证规定一些经营细节，如防止差别待遇的限制等。

许可证通常不规定时间期限，一个许可证本身就相当于一个特别法令。许可证并不是一种有效的管制形式，因为它很难控制一些弊端的出现。如许可证规定的最高限价，往往高于铁路认为有利的运价，而且最高运价本身也不能解决差别待遇问题，因为差别待遇发生于对托运

人的低运价而非受差别待遇者的高运价。规定的最高投资报酬往往失效，因为通常用股票报酬率来表示的最高赢利控制，很容易通过伪造账目或"股票掺水"的手段予以破坏。用许可证方法进行管理的另一个困难是，由于许可证按照最高法院的规定往往是一个合同，所以如果不能通过立法对此加以变更，那么用它进行管理就十分困难。

3. 调查委员会

第3种形式是成立仅有调查权力的委员会，在19世纪30～40年代，新英格兰已经成立了这样的委员会，用以调查铁路有关方面的情况。后来美国也成立了类似的机构。早期的委员会行使很少的控制权，而且无权过问运价，它被授权调查铁路公司事务并报告经营情况。它可以制定会计制度并取得统计资料，可以提出铁路是否违反许可证管理事项。在实行了一段时间后，这种管制形式因不能切实保护公众利益而逐渐被取消。

二、对铁路垄断管制的时期

1. 管制的背景

在1870年以前，美国运输市场基本上处于开放的自由竞争阶段，政府和社会很少对运输市场进行管制。随着铁路产能的不断发展，铁路运输在技术方面的优势日趋明显，从而打破了原有市场的利益格局和秩序。技术上的优越性使铁路逐渐占据市场优势，为了获得更多的市场利润，通过联合和兼并扩大企业规模，是铁路企业发展的一大特征，所以这一时期铁路企业联合和兼并的案例不断增多。

铁路在其建设阶段，与公众的利益基本一致。因为社会需要，铁路可以大量地解决人们生产和生活中的运输问题，提高人们克服空间障碍的能力，同时铁路部门也有修建铁路的高昂热情，因为他们看到了市场潜藏着的巨大利润。然而，在铁路建成并投入使用后，情况发生了变化，公众希望铁路能尽量降低运价，而铁路则力求获得尽可能多的利润。利益上的冲突导致了公众对铁路的强烈不满，这种情况在美国中西部特别明显。这个地区曾经是美国重要的农业生产区，当地的农民曾经对投资创建铁路十分热情，但是当铁路建成并投入运营后，他们认为运价太高，服务低劣，特别是当农产品价格降低后，他们感到无力负担高昂的运价。对铁路感到不满的第二个原因是他们感到铁路存在着大量的差别待遇，例如他们发现在有竞争的地方(不同铁路公司之间或铁路与其他运输方式之间)，运价能够降到很低的水平，而在其他地方，则依然维持较高水平。他们认为铁路在无竞争地方运价的提高，是用来抵消在有竞争地方运价降低所造成的损失。差别待遇还体现在对不同公司和人员的优惠上，事实上铁路有时通过运价优惠而使某个公司或个人获得在某种产品上的独占。对铁路不满的第三个原因是他们感到铁路欺骗了他们。这些农民曾经在铁路建设初期对铁路公司给予了慷慨的帮助，他们中好多人都认购了铁路公司的股票，他们期望能从铁路股票中获得优厚的红利，但铁路股票给他们带来更多的是失望。农民作为纳税人为铁路建设做出过贡献，当出现上述情况后，他们当然会感到强烈不满，于是他们成立了格兰其(Granger，即保护农庄社)这个农民组织，积极推进对铁路的管制。美国历史上把这场运动称为"农民运动"(The Grange Movement)。

在铁路新兴之时，很少有人想到设计一套经济法规对其管制。人们想象市场的力量能够调节和控制其他行业和领域，那么它也能够调节和控制运输业。于是在铁路运输最初出现时，对运输产业采取的仍然是放任自由的态度。这很自然，因为早期收取通行费的道路、运河和天然河流的运营，政府都没有施加管制，但经营都是成功的，没有出现市场的无序。市场的力量比较好地解决了运输业的自身发展问题。

铁路的出现似乎改变了这一切。铁路运输发展到一定程度后，人们发现本应相互竞争的公共运输业无法在同一条铁路上同时从事运输活动，铁路运输业的特点决定了铁路公司在其线路上运输的独占性。它可能存在的竞争基本上发生于两条平行的线路之间，而没有使用同一线路进行相互竞争的情况，这就使竞争的功效产生了很大差异。

铁路运输业是一个投资巨大的行业，它的资产专用性强，固定性也极为明显。铁路资产通常情况下只能用于运输，如果某一铁路被证明没有存在的必要，其设备也无法移作他用。铁路资产不仅专用而且是固定的，铁路线路这样的资产是无法在不同区域间进行调剂使用的，所以当一条铁路不成功时，其大部分投资都会沉没在原地不能收回。因此，铁路的沉没成本非常大。

由于铁路的原始投资大、固定费用高，在很多情况下，竞争不能使铁路公司的收入保持在正常水平。如果两条线路存在着激烈竞争，对于经营这两条线路的铁路公司来说，为了使公司能够生存下去，都必须获得一定的运输收入，否则铁路将被废弃，最初的投资就荡然无存。如果能有些微利甚至是收支平衡，经营下去总比停止营业要好。

于是当铁路间存在竞争的时候，往往是激烈的甚至是毁灭性的，因为竞争常常使运价降到成本以下。在铁路运输成本中存在大量的固定费用，它们在一定时期内不能随运量的变动而变动。由于存在较高比例的固定费用（多数情况下占到总成本的 2/3)，因此运价的变动往往可以根据变动成本的水平加以变化。如果一项运输在竞争比较激烈时不给予较低运价就不能运输时，以变动成本作为运价的下限而制定的运价对铁路公司来说是可以接受的，因为运价补偿了用于运输的直接耗费。当运价高于变动成本时，高出部分就可以部分补偿固定费用，这是对已有资产的补偿和贡献。于是在竞争的压力下，铁路公司往往会将其价格降到成本之下，以略高于直接费用的运价承运货物，“停止生产比在成本以下生产更糟”是对竞争中铁路公司运营情况的真实描述。

铁路公司间无限制的竞争导致在很多情况下运价降到无利可图的水平。19 世纪中叶，美国铁路公司之间的运价战很普遍。在竞争的压力下，有时运价降到非常低的水平，以致无法支付运输货物的机车和车辆的车轮润滑油费用。

在这种情况下，旨在通过扩大企业规模、减少内部竞争，从而获得垄断利润的联合与兼并开始逐渐兴起。从理论上讲，旨在垄断的兼并是有利可图的。如果新厂商进入不是太快，兼并者可以在相当长一段时间内获得垄断利润。于是铁路的联合与兼并开始兴起。

联合与兼并的结果使铁路公司间的竞争相对减少，一些大的铁路公司是由众多的小铁路公司合并而成的。例如，纽哈芬(New Haven)铁路公司是由 203 个铁路公司合并而成的；芝加哥、柏灵顿与昆塞铁路(Chicago Burlington and Quincy)是由大约 200 个公司合并而成；而宾夕法尼亚铁路系统则是由 600 多个公司合并而成。这些公司合并的目的主要是为了减少铁路公司相互间的竞争。

在铁路公司大量合并之前，社会对铁路已经存在不满情绪。公众认为运价太高，特别是在没有铁路竞争的地区；对铁路的不满的另外一个原因是差别待遇的存在。由于铁路成本中大量固定费用的存在，使得铁路运价在不同地区、不同货物间存在差别收费或称差别待遇。公众指控铁路运价过高（虽然指控并不一定完全合理）和存在差别待遇，强烈要求对铁路实施管制。于是在一些州农民运动促成了保护农民法律的产生，虽然这些法律存在的时间较短，但它足以引起政府的重视，而且对控制铁路运价也确实起到了很大作用。格兰其法是美国社会第一次对运输企业施加的管制法，并在习惯法之外建立的基本法律体系。

对铁路的管制不仅是运价方面的，当许多铁路公司合并时，社会就已有所察觉。社会公众希望铁路间存在竞争，以防止运价过高。在对铁路公司合并进行调查时，美国州际商务委员会(ICC)就指出："铁路间的竞争像其他企业的竞争一样，是国家的既定政策。"为了防止铁路通过联合或兼并产生垄断，在美国约有 40 个州制定了法律和法规禁止相互竞争铁路之间的合并，谢尔曼反托拉斯法是十分著名的反垄断法。1904 年北方证券公司案件的判决表明反托拉斯法关闭了由兼并获得垄断利润的大门。这起案件的起因是 J·P·摩根和 J·希尔试图利用新泽西北方证券公司(一家控股公司)兼并北太平洋和大北铁路公司。由于这两家公司所经营的铁路线路是平行的、相互竞争的，所以政府以违反宪法对其起诉，最高法院判决这一兼并活动为非法，并要求解散北方证券公司。

对铁路的管制是在社会不同利益集团的监控和督促下进行的。如前所述，早期的运输市场很少有针对特定经济活动而存在的管制，社会普遍认同的观点是自由放任，由市场自身的力量调节。当铁路这种运输方式出现并迅速发展后，原有的市场均衡被打破。一些社会集团，如农民集团的利益受到影响，于是他们便行动起来，为保护他们的利益而斗争，他们的行动几乎到了革命的爆发点。

农民运动推动了运输管制的进程。因农民运动而产生的格兰其法是美国经济史中第一次对企业施加管制。由于信息的不完全格兰其法中有些内容并不完善，如关于运价制定与变动的规定。铁路运价本身是复杂的，它需要专业和训练有素的人专门整理材料并进行研究，但立法机构人员构成复杂，流动性大，所以很难科学准确地制定并控制运价。铁路公司对格兰其法持强烈反对态度，他们认为该法不公正且不可行，在这种法律制度下他们无法经营。事实上，也确实有一些铁路公司在这期间破产。于是很多州都废止或修改了格兰其法的内容。

格兰其法虽然实行时间短暂，然而它却打开了运输管制这扇门，运输管制从此成为运输市场中一项最重要的特征。从理论上讲，最初对铁路进行管制符合帕累托最优原则。政府通过管制使铁路垄断行为得以控制，它可以保证铁路在正常生产经营情况下，在其收益保持一定增长的情况下，不致影响社会其他成员的利益。政府有责任保护市场的正常运行，防止垄断，保证公平与效率，实现帕累托最优。不过管制本身是有成本的，政府实施管制必须获得有关的信息，因而存在交易成本。管制的操作由于交易成本的存在以及信息的不完整性，使得管制结果与预想目的间存在很大差异。管制的实际效率能否达到帕累托最优取决于管制者能否获得充分与完整的信息。

市场失灵是导致管制产生的另一个重要原因。运输市场具有与其他市场明显不同的特征，它在一段时期内可能极富竞争性，而在另一段时间内又可能极富垄断性。依靠市场自身的力量有时很难克服市场中存在的疾症，如垄断和过度竞争。这时通过建立法律、法规规范市场运行，通过实施管制消除市场本身无法克服的弊端是一种必然的选择。

2. 管制的实施

在 19 世纪 70 年代，美国很多州都通过了类似格兰其法的相关内容，这些法令包括的内容主要有：

(1)规定最高运价表。艾奥瓦州 1874 年的有关条例规定了各等级货物和特别货物几乎所有距离的最高运价。威斯康星州 1873 年制定的"保德法律(Pottet Law)"同样规定了铁路的最高运价。(2)禁止地方差别待遇。一些法令规定,取消价格歧视和差别待遇。(3)禁止铁路合并,要求铁路保持竞争。格兰其法试图用禁止合并竞争线路的方法使铁路公司间保持竞争。(4)禁止向公务员发放免票,以减少这种零星的受贿方式,从而使政府官员在公众利益与铁路公司利益发生矛盾时维护公众利益。

格兰其法没有实行多久便告废止,这里有很多原因,其中 1873 年美国发生的经济危机可能是最重要的原因之一,因为这次危机使很多铁路企业破产和倒闭,也使铁路建设一度停顿。铁路的经营者们声称铁路企业的破产和倒闭是由于管制造成的,加上格兰其法中很多内容是不健全的,很多人认为是粗糙的,所以在实行了不久以后,多数州都废止了这一法令。格兰其法虽然存在的时间较短,但对运输管制的发展有着极为深刻的影响。

1872 年,美国参议院设立了一个特别委员会——温道姆委员会(Windom Committee),负责调查从内地到沿海间寻找廉价运输的可能性。这个委员会在 1874 年提交的报告是许多国会委员提交关于铁路运输垄断调查报告中最早的一个,在涉及当时铁路运输的状况时,报告指出:铁路的缺点和弊端是设备不足、不公平的差别待遇和昂贵的收费。该报告从公众的角度出发,提出竞争是运价最好的调节办法,并建议各州或国家拥有并经营铁路,参加竞争,并积极发展内河水运。这个报告在国会讨论与辩论中引起了人们的注意,但是委员会的建议最终并没有被采纳。这些早期的讨论形成了由众议院通过的涉及管理铁路的《里根议案》(The Regan Bill),但因参议院未采取行动而使其夭折。在这以后,又成立了一个特别委员会以彻底调查铁路垄断问题,这个委员会叫库劳姆委员会(The Cullom Committee),经过一段时期的调查,该委员会于 1886 年提出了调查报告。报告指出了铁路存在着垄断,而且存在着大量的差别待遇问题。这份报告对 1887 年《商务管制法》的形成有很大的影响。与温道姆报告不同,库劳姆报告着重提出了铁路垄断权利的弊端和差别待遇的各种现象,该报告加速了政府对铁路的管制。

1887 年 4 月 15 日,《商务管制法》(现在的《商务州际法》)经克里夫兰总统的批准生效,在几经修改和变化后,它的使用范围已包括除航空运输外的所有运输方式。

《商务管制法》是针对垄断的存在而制定的,几乎每一条款都涉及反垄断和反差别待遇的内容。该法的第一条规定,所有运价必须“公平合理”,“不公平和不合理的运价”是违法的。什么是公平合理的运价,需要由委员会裁决和认定。该法的第二条强调禁止对人的差别待遇,所谓对人差别待遇是指在相同或相似的服务中,对不同的托运人采取不同的运价。后来补充了一些例外,适用于各级政府的客货运输和为慈善目的而进行的运输。该法第三条禁止在制定运价时存在不正当的优惠与偏差,即普遍禁止地区之间、托运人之间、所运商品之间的差别待遇,在条件相同时,如果存在运价差别就是违法的。第四条禁止长途运输和短途运输的差别运价,这种差别待遇通常表现在同种货物在同一线路、同一方向上运输时,短途运输的运价率要高于长途运输。第五条规定,禁止联营协议,这是社会希望铁路保持竞争以维护公众利益的集中反映,这与格兰其法禁止铁路企业联营与合并直接有关。第六条规定运价与票价必须对外公布,以防止运输企业突然变更运价。

除了涉及运价管制和差别待遇外,《商务管制法》的另外一个作用是设立了一个由 5 人组成的州际商务委员会(ICC),这是美国在联邦政府一级建立的第一个可独立行使管制权的机构。委员会成员由总统提名,经国会批准。商务委员会负责执行《商务管制法》,它要听取指控违反条例的诉讼,调查事实,取得证据,且委员会有权作出裁决命令并确定由于违法造成的损失赔偿。如果运输企业对委员会的裁决不服，就必须交由法院判决。

由一个5人组成的半司法机构对运输市场实施监管，显然是一种制度方面的创新。建立之初，委员会的权利有限，但若干年后，它逐渐成为管理范围最为广泛、最有权力的机构。由于州际商务委员会的影响，美国其他地方也纷纷建立起类似的管制委员会，例如1914年建立了联邦贸易委员会，1930年建立了联邦动力委员会，1930年建立了联邦电讯委员会，1938年建立了民用航空委员会。

州际商务委员会(ICC)作为一个专门机构，在管制方面能起到法院和宪法起不到的作用，不过它在行使职权时，仍需要接受法院的监督。法院是法律的唯一裁决者，管制法规是否符合宪法和法规，要由法院作出最终裁决。

在一段时间内，州际商务委员会(ICC)对运输实行管制比较成功，但很快也暴露出一些问题：一是法规中存在着折中的缺陷，一些案件需要有足够的证据，否则委员会难于作出决定；二是在很多案件中，ICC难以实施有效的管制，因为委员会的裁决必须通过法院的命令执行，运输企业有权向法院上诉。案件在审理时，运输企业不必遵守委员会的命令，而这一过程往往需要很长时间，所以这一时期的管制并不是十分有效。

在19世纪末的后10年，技术的优势以及市场潜在的利润，使铁路出现了兼并和联合的高潮，其结果是铁路企业规模的扩大以及垄断的进一步加剧。此时，社会公众要求加强对垄断管制的呼声越来越大，其结果是促成了1903年的埃尔金斯法(The Elkins Act)和1906年的赫伯恩法(The Hepburn Act)的出台。

埃尔金斯法又被称为反回扣法，该法对运输业和货主的一些故意回扣或者以回扣相诱以及给予其他好处的行为规定了处罚条例。该法规定，接受回扣属于违法行为，背离公布的运价或者坚持被法院禁止的运价为非法。

赫伯恩法的出台旨在继续加强对运输业的管制，加强州际商务委员会(ICC)的权利，从而进一步制止铁路滥用垄断权利的行为。该法扩大了州际商务委员会的管辖范围，将其成员由原来的5人扩大到7人。该法还包括一些新的规定，如ICC有权通过规定最高运价以限制运价的变化；委员会的裁决对运输企业有严格约束力，并且在向法院诉讼时也应遵守；改变运价要有30天的通告期等，该法同时扩大了ICC对于个人差别待遇的管制，规定委员会有权制定对运输企业有约束力的规章制度。

1910年以后，国会又通过了曼恩—埃尔金斯法(Mann-Elkins Act)。该法规定ICC有权终止运输企业改变运价，并对已经交付运费者给以补偿，重申了长途运输和短途运输的条款。该法还授权ICC可自行组织听证会以确定运价的合理性等。这期间还出台了另一些法律。1912年颁布的巴拿马运河法规定，除非得到州际商务委员会的同意，否则铁路不能拥有、控制和参与任何与它可能有或已经有竞争关系的普通水运企业。1913年通过的估价法要求州际商务委员会评估铁路资产的合理价值，以便于制定和检查铁路运价。

到1920年前，通过一系列的立法活动，对运输市场垄断行为的管制体系已基本形成。这一时期，国会和公众关心的焦点是铁路公司滥用垄断权利的行为，尤其是在运价方面，所以管制的宗旨一直是迫使铁路之间进行强有力的竞争，在没有竞争条件的地方则需要州际商务委员会的干预。通过立法，州际商务委员会的权利不断扩大，管制的实施使公众利益得到了维护。

然而，这一时期的管制同样存在着许多问题，例如管制机制不完善，管制效率不高等。由于没有注意到运价的整体结构，所以一些运输管制措施看起来不尽合理，其结果是运价降低，铁路企业运输收入减少，财务负担沉重，甚至出现一些铁路企业倒闭。对运价的管制也造成了收入不足弥补上涨的营运费用，结果是铁路设备处于失修状态。

管制所带来的另一后果是，由于过分强调铁路的竞争，导致修建了一些不太需要的铁路，反而造成了许多浪费。19 世纪后期是美国铁路发展的高峰期，除了经济发展的需要外，管制（对垄断的管制）不能不说是另一个重要原因。对垄断的管制从制度安排上鼓励了铁路的扩张。

在对垄断进行管制的时期，管制的主要目的是限制垄断，鼓励竞争。然而对运价的限制以及过度的竞争导致了铁路财务状况普遍不佳。很多铁路企业信奉"停止生产比在成本以下生产更糟"这样一个原则，于是降低运价以吸引运量就成为铁路企业普遍的做法，这种状况导致铁路间的竞争走向极端甚至是毁灭，因为运价降到成本以下后，在竞争中毁灭的不是弱者，而是所有竞争者。

1917 年，美国参加了第一次世界大战，12 月 25 日政府接管铁路，到 1920 年 3 月 1 日，铁路重新由私人经营。1920 年后，对于如何管理铁路已引起了广泛的争论，在总结了前期对铁路管制的经验后，很多人认为，仅仅凭借鼓励竞争和通过州际商务委员会加以控制，并不是解决问题的根本出路，他们提出，管制的目的应是增强铁路财力，并使运输体系健康发展。于是，1920 年颁布的埃斯克—卡明斯运输法（The Esch-Cammins Act）在内容上出现了一些新的变化。在运价方面，该法规定了新的定价原则，即在"执行规定公平与合理的运价权利中……，使铁路整体（或委员会随时指定作为铁路整体的每一运价组成或运价区），在诚实、有效和经济的管理以及为线路与建筑物及机车车辆维修的合理支出下，能获取年度铁路营业的净盈余，尽可能地接近等于铁路用于运输业务的那些铁路财产的合计价值的公平报酬"。为了保证铁路的利益，使竞争能够有序，该法还规定了州际商务委员会有权决定铁路的最低运价。1906 年，委员会曾规定最高运价限额，这次规定最低运价是政府看到过低的运价将不利于铁路的发展。另外该法规定，ICC 有权修改禁止联营的禁令，使之符合保护托运人有关利益的原则，该法同时规定，州际商务委员会有权为自愿合并的铁路制定计划。

20 世纪 20～30 年代，美国的立法决定了管制的方向向着使运输企业能够提供良好的服务，能够取得合理的收入方面发展。因此，管制的内容已开始发生一些变化。

三、对运输竞争的管制时期

1. 竞争管制出现的背景

从南北战争到 20 世纪 30 年代，运输管制主要是着眼于对垄断企业——铁路的控制，很少注意到其他运输方式。30 年代后运输市场发生了巨大变化，运输技术发展导致了运输市场结构的变迁，最为明显的是汽车运输、航空运输迅速发展起来，它们在不同的运输距离和不同的运输类别中与铁路展开激烈的竞争，争夺市场份额。管道运输在新技术的支持下，逐步控制了石油和天然气的运输。铁路过去那种垄断运输市场的局面被打破，代之出现的是各种运输方式相互竞争的市场格局。

公路汽车运输于 19 世纪末 20 世纪初在欧美国家就已经出现。20 世纪 20 年代以后，发展速度异常迅猛。美国是最早大规模生产汽车的国家，19 世纪末 20 世纪初，全国拥有的车辆数就已经达到相当规模（见表 8—1 和表 8—2）。

表 8—1 历史上一些年份在美国登记的私人汽车数量 单位:辆

年 份	汽车数量	年 份	汽车数量
1895	4	1935	22 494 884
1900	8 000	1940	27 372 397
1905	77 400	1945	25 694 926
1910	458 377	1950	40 190 632
1915	2 332 426	1955	51 960 532
1920	15 131 522	1960	61 430 862
1925	17 439 701	1965	74 903 163
1930	22 972 745	1968	83 276 317

表 8—2 20 世纪初在美国登记的公用卡车数量 单位:辆

年 份	卡车数量	年 份	卡车数量
1910	10 123	1945	5 076 310
1915	158 506	1950	8 598 962
1920	1 107 639	1955	10 288 804
1925	2 569 734	1960	11 914 249
1930	3 674 593	1965	14 795 051
1935	3 919 305	1969	17 885 836
1940	4 886 262		

由上面资料不难看出,汽车运输在美国的发展十分迅速,美国在 21 世纪初汽车的数量已经达到相当规模。汽车的发展刺激了对道路的需要,1916 年出台的联邦资助法是一部鼓励加快公路发展的法律,1921 年的公路法又确定了联邦和各州的公路基金要集中使用于公路上,于是有大量的资金开始用于建设公路。20 世纪 20 年代末 30 年代初,西方国家出现了普遍的经济危机,为了对付萧条,也为了增加一些就业机会,政府加大了用于改善公路建设的投资。这个时期的经济环境,造就了一些低收费和免收通行费的公路,其直接结果就是刺激了公路运输业的发展。从事公路汽车运输的壁垒非常小,因为公路现成可用,不需运输经营者投资,从事汽车运输所需资金又很少,法律限制又不多。对运营者来说,不需要更多的文化知识和专业技术,于是越来越多的人加入到这一行列。经济危机使失业人数增加,很多人便自购或租用车辆从事汽车运输。

汽车运输可以实现门到门的灵活方便服务,越来越多的运量开始转移到了这种运输方式上,铁路运量明显减少。

水运情况也类似,在 19 世纪末 20 世纪初,美国内河运输的发展十分迅速,国会曾拨巨资用于改善水路运输。20 世纪 30 年代经济危机时期,很多人加入到水运经营中,因为水道是现成的且资金也不需要很多。这一时期有水道的地方驳船竞争也很激烈。

航空运输起步较晚,但发展迅速,它具有其他运输方式不可比拟的优势,那就是速度快。一些长途旅行的旅客和对时间要求很高的货物运输和邮运成为航空运输的主要服务对象。

第二次世界大战后,管道运输也迅速发展起来,并在运输业中居于重要地位。第二次世界大战爆发后不久,美国政府开始进入管道运输业,建造了连接美国西南部油田和东海岸的主要炼油厂间的管线。管道运输完成的货运周转量占货运总周转量的比例由 1945 年的 12.4%,上升到 1970 年和 1975 年的 22.3%和 24.5%。

从20世纪30年代开始到70年代的这段时间，由于新技术的不断发展，运输市场的结构发生了重大变化。如果说30年代之前运输市场的主要特征是以铁路为代表的垄断占主要地位，那么30年代以后的运输市场则是以各种运输方式的相互竞争为主旋律。

市场格局的变化导致运输管制内容的变化。30年代之前管制的主要目标是限制垄断，鼓励竞争，而30年代到70年代期间管制的内容则逐渐转向对运输市场竞争的限制，因为不加控制的竞争造成的损失与浪费同样严重，它导致设备重复浪费，运输企业财务状况不稳，服务水平和安全程度下降。过度的竞争使运输企业走向毁灭，最终也损害社会。

2. 对汽车运输的管制

对运输竞争的管制始于1935年的汽车运输法。这部法律基本上是为商业性汽车运输企业和经纪人制定的，它类似于铁路经营管制的综合性法规，1962年成为州际商务法的第二部分。该法把从事州际和对外贸易的汽车运输业置于州际商务委员会管辖之下，并将汽车运输业划分为5种不同类型，即普通运输企业、合同运输企业、自有运输、运输经纪人和在个别情况下不受管制的运输企业。州际商务委员会有权制定法规并监督汽车运输业的服务。

为了限制过多的经营者和过分的竞争，该法规定对于新进入这一领域的经营者要求必须有公众便利或必须符合公众利益的证明，合同运输企业则必须有经营许可证。在运价管制方面，州际商务委员会有广泛的控制权，其做法类似于对铁路的管制。

社会最关心的是对于进入该产业的控制问题。汽车运输业经营中所需资金不多，所以进入壁垒小，退出也比较容易。通过对进入控制，可以合理规划产业规模。该法的出台对汽车运输业提供了一个比较周密的管制框架，也为运输市场上其他运输方式的管制打下了基础。

支持汽车运输法的主要是铁路和已经从事经营的汽车运输企业。铁路部门从自身利益出发，认为管制应限制它的竞争者，因为铁路本身也受到了管制，所以公路的竞争性也应受到管制。已经从事运营的汽车运输企业也赞成这部法律，他们希望通过管制控制进入者的数量，避免更多的人与他们竞争。

反对者主要来自农民集团，他们担心法律会阻碍和限制卡车的经营和运输市场竞争，从而使铁路重新恢复垄断。另外，已存在的合同汽车运输业对这一法律也持反对态度。

对运输市场竞争的管制始于运输市场结构和特点的变化，也始于对汽车运输的管制。在这以后，对竞争的管制逐渐延伸和完善，几乎持续了40年的时间。

3. 对航空运输的管制

当竞争成为运输市场上的主要特征后，对它的控制就会成为管制的主要内容，并且逐渐扩展和延伸。

航空运输管制始于20世纪20年代中期以后。在1938年的民用航空法出台以前，有几个与航空运输有关的法律，这就是1926年的航空商务法(The Air Commerce Act)，1934年的航空邮件法(The Airmail Act)等。这些法律对运输内容、邮件的寄运、客票的收入等实施了有限的管制。

1938年国会经过反复讨论和研究，通过了对航空运输实施管制为主要内容的民用航空法，该法建立了对航空运输的管制制度，根据这一法律，美国在1940年建立了民用航空局(CAB)，它的职能与权限与州际商务委员会差不多，而且不会受到任何行政干扰。国会认为，对航空运输实施更严格的管制是必要的，因为它是新兴产业，在国防中又有重要作用。

航空运输管制内容包括：进入以及业务竞争的管制，运价管制以及安全等方面的管制等。

4. 对水运的管制

1940年出台的运输法开始了对水运的管制，该法的第三部分确立了对水运的经营管制制度。实际上，社会上控告水运企业的案件并不多，推动对水运业实施管制的动力，主要来自铁路。该法对水运的管制主要参考对铁路的管制模式，包括运价管制、许可证制度等内容。

1940年后，几乎对所有运输方式的管制制度都已形成，运输管制的构架已基本形成。政府希望通过对所有运输方式实行公正有效的管制以达到保持每一种运输方式的固有优势，促进和保护有效的运输服务，“制止任何歧视、不正当的优惠和受益，以及不公正或毁灭性的竞争”(罗依·桑普森，1989年)。

运输法明确了运输市场面临的问题不再是垄断，而是竞争，也明确了今后运输市场管制的主要目标是竞争。于是，管制的对象开始发生变化，由过去的垄断转向竞争。此后，对运输竞争的管制一直持续到20世纪70年代。

继1940年的运输法之后，又有一些新的法律出台，如1942年的货运代理修正案(对运输代理进行管制的条例)，1948年的里德—布尔温克法(修正州际商务法，加强竞争管制)等，比较重要的是1958年国会通过的运输法。该法最重要的内容之一是修改了运价制定的原则，以保证不同运输方式间的运价竞争，该法提到运输企业的运价必须保持在某一水平以保护其他运输方式。

1966年，国会通过了运输部法，建立了美国国家运输部。运输部接管了原来由州际商务委员会负责的铁路和汽车运营安全管理，并在运输政策制定方面发挥重要作用。运输部的组织结构如图8—1所示。

运输部的成立，使运输政策制定和日常管理更加直接和有效。

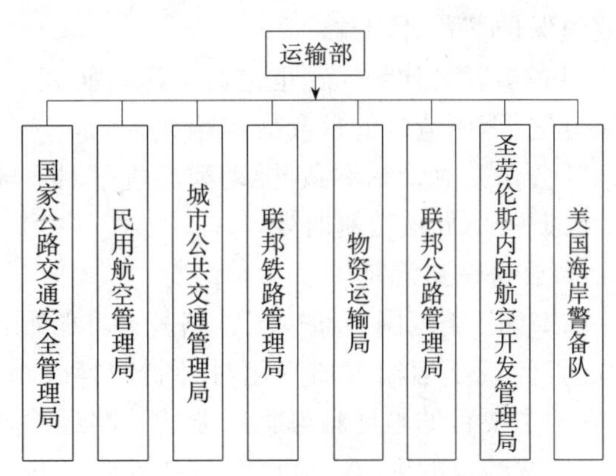

图8—1 美国运输部的组织结构图

市场结构的变迁导致铁路失去了垄断地位，也失去了往日的风采，铁路旅客列车在竞争中曾长期无利可图，出现了巨大的亏损。国会经认真分析认为，除非采取应急措施，否则竞争将导致城际间铁路客运业务的消失。经过努力，1970年出台了铁路客运业务法，该法的主旨是要解决铁路客运长期亏损的问题，维持铁路客运业务的存在与发展。根据这一法律成立了国家铁路客运公司，一般称为Amtrak。它成立后，接管了大部分铁路客运业务。它的主要目标是保持和提高铁路客运业务的质量，获得较多的运输收入，它在人口稠密的东北部的经营相对来说比较成功。

20世纪30年代以后，随着其他运输方式的迅速发展，美国铁路开始每况愈下。60年代后期，有若干铁路公司相继宣告破产，这其中包括原来规模很大的宾夕法尼亚中央铁路。铁路运输企业的大量破产，震动了美国政府，为了整顿和挽救铁路，1973年国会通过了区域铁路改组法(3R法，即The Regional Railroad Reorganization Act)。根据这一法案成立了一个新的机构——美国铁路协会，由它负责改组破产铁路。另外，也成立了一个新的半国营公司——联合铁路公司(Conrail)。

美国政府挽救铁路的法规和行动，宣告了一个管制时期——对运输市场竞争的管制时期即将结束。为使运输市场均衡、协调、有序地发展，管制的内容也将随着运输市场的变化而变化。

四、放松管制时期

1. 放松管制的背景

从 1935 年的汽车运输法开始，运输管制的对象和目标主要是竞争，这一时期正是各种运输方式蓬勃发展时期，市场竞争十分激烈。然而，过度竞争，甚至是毁灭性竞争的结果是导致市场混乱，运输企业走向灭亡。因此，对竞争进行管制无疑是必要的。

对竞争的管制主要集中在市场进入的管制、运输价格的管制、差别待遇的管制以及运输安全等方面的管制。在竞争管制时期，州际商务委员会对各类企业进入运输市场的控制是十分严格的，对运价的控制同样是十分严格的。由于控制市场的进入，美国汽车运输企业从 1935 年的 3.5 万家减至 1980 年的 1.5 万家。因为已经从事运输的企业之间存在相互合并的现象，对汽车运输业的日常运营也存在着许多限制，如要想拓展新的业务，就必须证明它们是合适、自愿和有能力的。法律规定，运输企业只能在指定的线路经营和运送指定的货物。运输者也被告知，他们可以向一个地方运货，但回程不能捎货。

在航空运输方面，1941 年民航局决定不再准许新的经营者进入市场，他们的运价也需要受到监控，并根据财务状况来决定。铁路运输已失去了垄断地位，但对铁路的管制几乎还在延续使用对垄断的限制政策，造成铁路运输企业长期财务困难，亏损严重，使得大批铁路企业破产。实际上管制的内容没有跟上运输市场的变化，公众也控告州际商务委员会和运输部没有有效地保护消费者利益。

很多学者对管制问题也进行了深入研究。他们中的很多人认为，运输管制导致了资源的错误分配，因而造成的社会成本很大。

社会普遍对管制不满，推动和促进了对运输业的放松管制，在这种背景下，管制进入一个新的时期——放松管制时期。

2. 放松铁路管制

1976 年，美国国会通过了铁路复兴和管制改革法(又称 4R 法)。该法完成了对主要铁路的改组，体现了运输市场变化对管制内容改革的要求，使运输市场迈出了放松管制的重要一步，它的主要目的是拯救濒临崩溃的铁路运输业。

4R 法涉及的内容十分广泛，在管制方面改革的主要内容有：

(1)放松对运价的管制。在最高运价和最低运价方面，该法有了新的规定。在最低运价方面，州际商务委员会对等于或高于可变成本的运价不能再认为是不合理和不公正的，这是铁路多年来一直争取的一项内容。在最高运价方面，除非委员会认为铁路企业已处于市场的支配地位，否则就不能认为其运价是过高运价。

4R 法还宣布，应放弃保护性运价政策(又称保护伞运价)，除非改变运价会影响运输企业继续经营的价值，否则运输企业就不必固守某一运价，以保护其他运输企业或运输方式。除了对于运价水平放宽控制，对运价的调整也加大了自由度。该法规定，铁路提高或降低运价不需要提前很久向州际商务委员会提出申请，只要没有垄断发生，铁路可在 2 年内每年提高或降低运价不超过 70%，但州际商务委员会仍有权暂缓新运价的执行。这一规定为铁路企业变动运价提供了法律依据。

(2)加快了对一些事务的处理。对于一些事务的处理，该法规定了法定程序和时限。如铁路兼并案件必须在 31 个月内完成处理，州际常务委员会必须在呈报建议运价后的 120 天内予以答复。

该法还有另外一些条款，如：当不影响公众利益时，州际常务委员会有权批准运输企业免除管制等。

1980 年 10 月 4 日，卡特总统签署了一项新法律，这就是斯塔格斯法（Stagges Rail Act）。如果说 4R 法在放松铁路管制方面迈出了第一步的话，那么斯塔格斯法则把这一进程推向深入。在 1980 年前的近半个世纪中，美国铁路几乎一直在走下坡路。1947 年到 1979 年，美国各种运输方式城际间货运总量增长了 1 倍，而铁路货运量却减少了 1%，这期间铁路在运输市场的占有率降低了 50%，在 70 年代的 10 年间，有 10 家主要的铁路公司宣布倒闭，使占全美铁路总里程 22%的线路处于破产法庭的审理之下。

1976 年的 4R 法虽然在放松铁路管制方面走出了一大步，但仍未达到目的，原因在于贯彻运价改革的过程中，州际商务委员会仍有广泛的处置权。而 1980 年的斯塔格斯法使这种任意处置权减少，该法的目的是使铁路获得在运输市场上进行有效竞争所必须具备的灵活性，这是在放松铁路管制方面具有里程碑意义的法律。

通过斯塔格斯法可以看到，国会的明显意图是要通过市场竞争机制来调节运价，斯塔格斯法指出："过去的那种控制的做法无法与运输市场保持同步。"国会经过调查和研究断定："许多影响铁路的政策法规在防止垄断上起过重要作用，现在则既无必要又无效率；美国大多数运输是相互竞争的，为了保持一个有活力、效率高而经济的铁路业，更多地依靠市场是十分必要的。"根据斯塔格斯法新的条款规定，约有 2/3 的铁路运价可以不受最高运价的限制。过去当铁路被认为处于"市场支配"地位时，州际商务委员会就会对其运价实施管制，现在这种权利已受到限制。州际商务委员会每季度公布一次铁路成本指数，铁路运输企业可根据公布的成本指数上升百分比提高运价。在最低运价控制方面 4R 法已经确立了一个标准，即运价必须对铁路持续经营有所贡献，并规定超过变动成本的运价即可以认为是贡献。斯塔格斯法重新强调了这个标准，并规定超过变动成本的运价即可确定无疑地认为对持续经营有所贡献。在业务活动方面，只要州际委员会认为管制达不到有益的目标，或认为管制不符合社会公众利益，它就可以对任何形式的运输活动免除管制。斯塔格斯法在放松铁路管制方面具有重要的历史意义。

3. 放松航空运输管制

自铁路之后，放松管制的运动延伸到航空运输领域。1938 年的民用航空法建立了对航空运输管制的基本框架，随着运输市场情况的变化，对这种管制的批评逐渐多了起来，例如民用航空局对航空公司的控制太严，他们基本上没有自主经营权；对于市场进入控制过严，对航空公司的保护过多等等。于是，从 1975 年起，民用航空局已经开始对管制有所放松，并且注意更多地依靠市场的力量，如在市场进入方面可以在比较灵活的基础上签发许可证，民用航空局的关注点不再是市场拥挤而导致过度竞争，而是客流密集地区是否有足够的机位与通道。

1978 年 10 月 24 日，卡特总统签署了航空运输放松管制法，该法取消了保护航空运输使其不受市场竞争影响的规定，同时还规定，民用航空局将于 1985 年撤销。

放松航空运输管制的主要内容包括：

(1)放松业务管制。允许航空公司每年增加一项新的业务经营，如在任何两地间增加一条新的航线，航空公司如果有能力，其业务也可以扩展到未利用的航线上。按时间计划表，从1981年底开始，民用航空局就不再控制任何航线，任何航空公司只要符合联邦航空管理局的安全要求，就可以在任何航线上经营。从1983年初开始，民用航空局也不再控制运价以及航空公司的合并。

(2)放松运价管制。该法规定，在一个特定的范围内，航空公司可以根据市场情况自行调节运价，可以在原来运价的基础上增加5%或降低50%，这意味着航空公司在运价制定和变动方面有了更大的自由度和灵活调节的空间。不同的运输企业在相同运距的航线上也可以规定不同运价，在票价折扣方面该法也赋予运输企业更大的自主权。

4. 放松汽车运输管制

1980年7月，经过18个多月的讨论，通过了汽车运输法。这是一部关于放松汽车运输管制的法律。

支持放松汽车运输管制的人认为，过去对汽车运输的管制阻碍了汽车运输业的增长，也影响了有效地利用资源和设备。对市场进入严格的限制，造成了现有汽车运输业的低效率，也使消费者无法享受竞争带来的好处。反对放松汽车运输管制的是已经从事汽车运输的经营者，他们从本身的利益出发，强调放松管制会使市场不稳定，也可能引起过度竞争。

国会在认真调查并听取各方面意见后，还是认为应坚持放松对汽车运输的管制。放松管制的主要内容包括：

(1)放松业务管制。新的管制措施更有利于新的运输企业进入汽车运输市场。如果州际商务委员会认为申请人适合并且能够提供某种运输服务，就可以根据进入条款颁发运营证。汽车运输法规定，州际商务委员会必须取消有关绕行和中转站的限制，取消对营运范围的限制，允许运输业企业扩大经营规模，允许为中转站点提供服务，可以往返运输，取消营运地域限制。该法规定，所有配合客运的汽车货运都可以免除管制。

(2)放松运价管制。在运价方面，汽车运输法允许运输企业在两年内变动±10%的运价，两年后，运价的浮动根据生产者的价格指数进行调整。运价的制定原则也作了调整，它以运输企业的营运收入和资本需求为主要参考依据。该法规定，1981年1月1日后，只有有权参与运价建议的企业才有表决权。1984年后，禁止讨论和投票表决单一运价。各运价局不再干涉单线运价问题。

汽车运输法的实施，使汽车运输市场出现了更多的竞争，运价也随之降低。放松运输管制后，自用运输可以进行商业性运输，而且这种情况在明显增多，合同运输也有了迅速发展。

五、英国的运输管制

英国是最早拥有现代化交通运输方式的国家之一。1825年英国修建了世界上第一条铁路，在此以后，铁路迅速发展，在国民经济和社会事业中发挥了重要作用。铁路的发展大致经历了3个截然不同的时期:1825年到1900年是英国铁路发展的高峰时期。在这一时期，英国建成了跨越全国的铁路运输网，铁路运输处于市场的主导地位。1900年至1950年，英国铁路处于平稳发展期，营运线路基本保持原有规模，完成的客货运量比重变化不大。1950年后铁路逐渐走向衰退，营业里程减少，一些亏损线路封闭，完成的客货运量比重持续下降。与此同时，公路运输呈现出蓬勃发展的趋势，公路通车里程不断延长，完成的客货运量比重也不断增加。

在管制方面，1925 年以前，英国对运输市场实行了较为严格的运输管制政策。1933 年的道路与交通法，对汽车运输市场的进入问题进行了严格的限制。与美国的情况有些类似，很多人认为，自由进入运输市场会造成过度竞争，从而导致资源浪费。于是，政府着力控制运输市场，使运输企业数量保持在一定规模内，控制的主要手段同样是发放许可证。

铁路是公路运输发放许可证的积极支持者，而政府发放许可证的原因之一也是要保护铁路。一个叫吉得的咨询委员会(The Geddes Committee)经过大量调查，于 1965 年向政府提交了一份报告，报告指出，发放许可证制度并未有效实现政府控制公路货物运输的目的，因此他们认为应当取消公路运输许可证制度。

1968 年的运输法取消了对汽车运输企业数量的控制，同时加强了对进入者质量的控制，这仍然体现了对汽车运输市场管制的放松。1968 年以后，政府加强了对放松管制后市场情况的研究。调查的数字表明，公路运输业完成的货物周转量比重从 1969 年的 50%增长到 1975 年的 58%，货运从铁路转入公路的现象并未大幅度增加，自营货运业也并未对公共货运市场带来冲击。这说明没有许可证制度，运输业仍然能够生存。于是，英国政府为使运输政策更加有效，把原来依靠严格控制改变为依靠市场的力量，让市场决定该由谁来承担多少运量。

在铁路方面，1921 年的铁路法将许多私人经营的铁路公司合并为 4 个大公司。1940 年，出台了铁路管理法，规定了在运价、业务方面的一些管制条款。1947 年又出台了运输法，根据这一法律，1948 年英国将除地铁之外的 4 家私营铁路收归国有，组成了统一的英国铁路总局，实行了全行业统一管理，控制了全英铁路的全部资产、经营权和人事权。

英国铁路总局在政府运输部的直接领导之下，虽然对铁路的管理采用的是政企分开的办法，但实际上对铁路的管制是明显地加强了。政府作为股票持有者影响铁路，控制铁路的业务和财务目标。自英国铁路总局成立以来，英国铁路与政府之间的关系十分密切。他们每年讨论一次铁路总局工作计划、投资计划，讨论铁路借贷需要政府确定的财务限额，随时接触以讨论铁路经营策略，政府随时对铁路总局的工作目标和财务状况进行监管。另外英国政府也期望通过选举董事会主席来控制铁路执行政府的政策，所以 1947 年后，政府对铁路的管制大大加强了。

20 世纪 70 年代以后，对铁路的管制开始逐渐放松。1974 年，英国出台了新的铁路法案，该法案包含了放松铁路管制的重要内容。这项法案指出：(1)铁路是社会公用事业，为支持铁路发展，对铁路实行减税和银行减息的政策优惠；(2)对铁路客运放松控制，铁路客运票价的制定应主要按市场的购买力水平确定，票价低于客运成本而发生的亏损由政府补贴；(3)政府对铁路的业务工作，除了考核客货运业务的投资收益率，不再作任何干预。

铁路法案的颁布是放松铁路运输管制的重要标志。可以看出，20 世纪 70 年代中期以后，英国运输市场变化的一个重要特征就是放松运输管制。政府希望通过放松运输管制，使运输业得到健康发展。

第二节　管制变迁的动因与机制

运输管制是运输市场的一个重要经济特征，运输管制的演变几乎是运输市场变迁的重要反映。那么运输管制为什么会发生演变？管制演变的内在机制是什么？

运输管制产生于铁路迅速发展之时，它是运输市场结构变迁的诱致“产品”，也是政府克服市场失效,保证资源合理配置的必然选择。同时,它也是社会不同利益集团博弈的一种必然结果。

以运输管制相对完善的美国来看,运输管制从产生到不断发展演变,其中经历了曲折、复杂的变化。从很少管制到加强对垄断的管制,从实行对竞争的管制到放松管制,管制内容和形式不断变化。运输管制的演变,决定了运输市场变迁的基本走向。那么,是什么力量推动了管制的演变使它决定了运输市场的变化呢?

1. 推动管制变迁的主体

从运输管制产生和演变的过程看,它既是对市场失效的一种补救,同时更是不同利益集团相互博弈的结果。

制度变迁的主体可能是组织(政治组织、经济组织和教育组织或其他利益集团)、个人和国家。在运输管制方面,积极推动立法,从而广泛深入控制铁路的行动者是农民集团,他们是推动运输管制产生的第一行动集团。美国铁路发展初期,农民集团这个特定的利益群体认为他们自身的利益因为铁路而受到了损害。19 世纪 70 年代,美国农产品价格大幅度下降。促成农产品价格下降的原因很多,包括农业技术的发展(如耕种方法)和出口贸易额减少等。铁路运输业的快速发展也是降低农产品价格的一个重要因素。

一方面农产品价格下降,另一方面铁路运价相对较高(农民普遍这样认为),特别是在无竞争的地方,铁路运价明显高于其他有竞争的地方,于是农民们认为,铁路利用垄断侵占他们的利益。他们认为,铁路在无竞争地点运价的提高是用以抵消有竞争地点运价的降低,这一点表明,铁路运价有很大的降低空间,所有运输都能按低运价收费。

差别待遇是农民对铁路不满,并积极推进铁路管制的另一个重要原因。农民认为,差别待遇是铁路保护了某个人或某个公司的利益,而他们则由于差别待遇在利益上受到了极大的损失。

对铁路的强烈不满也包含着感情上的因素,农民曾经对建设铁路给予极大支持。他们认购铁路公司的股票,并以田地作为抵押品。他们期望从铁路股票中得到优厚回报,但实际情况并非如此,因而他们认为他们受到了铁路不道德发起人的欺骗。

由于上述这些原因,农民集团积极行动起来,组织了声势浩大的农民运动,推动建立对铁路的管制制度。作为第一行动集团的农民组织认识到只有改变当时的运输制度结构,加强对铁路的管制,他们的利益才能有所改善。于是他们强烈呼吁政府加强对铁路的管制,他们的行动导致著名的格兰其法出台。格兰其法对铁路最高运价、铁路合并、差别待遇等方面制定了明确的控制条款。

正是由于第一行动集团的积极努力,政府开始关注并对铁路垄断行为进行更为广泛深入的调查,大量调查的结果证实了铁路垄断、差别待遇等方面问题的存在。于是,为了社会公众的利益,政府开始加强对铁路的管制。1887 年《州际商务法》的出台使运输管制明显加强,政府成立了一个特殊的管制机构——州际商务委员会(ICC)——是在以后的运输管制操作中扮演着重要角色的机构。ICC 是运输管制的执行者和实施者,是第二行动集团。

推动运输管制变迁的第一行动集团并不总是同一主体。运输市场上最早成为管制对象的铁路,在市场结构变化到一定程度时,又成为运输管制变迁的积极推动者。

20 世纪 20 年代后,汽车运输迅速发展起来,汽车运输灵活方便的特点使它很快成为运输业中的后起之秀,加之经营汽车运输的初始资金要求少(经营者不必投资于道路建设,只需购置车辆),所需专业知识和管理水平也不是太高,所以从事汽车运输经营的越来越多,社会运量也就越来越多地转移到公路运输上来。

汽车运输的发展无疑使运输市场结构发生了巨大变化,原有的市场均衡被打破。铁路看到了竞争对手,也看到了潜在威胁,于是开始积极推进对汽车运输的管制,积极推进此项管制的还有已经从事经营的汽车运输企业和一些社会公用事业机构。铁路部门的积极努力导致了对汽车运输管制的实施。

从农民组织作为第一行动集团积极推进对铁路的管制,到铁路(包括其他利益集团)作为第一行动集团积极推进对汽车运输的管制,运输管制在内容上发生了根本变化,它从对垄断的管制演变为对竞争的管制。铁路公司和已经存在的汽车运输企业看到,如果对汽车运输的发展不加控制,会使他们的市场份额和经营收入大大减少,控制汽车运输的快速发展(包括新经营者的市场进入)能够使他们保持或增加市场利润(因为运输需求在不断上升)。由于看到加强竞争监管能给他们带来明显好处,于是作为第一行动集团积极推进管制的变迁——由垄断管制转向竞争管制——就成为顺理成章之事。正如著名经济学家施蒂格勒所说的那样,"铁路运输业意识到这是一个不断壮大的竞争者,用来控制卡车运输的方法之一就是国家管制"。

对于水运的管制同样来自铁路部门的督促和努力。在对水运管制之前,社会上没有什么人控告水运企业,或者表示对水运企业的不满,然而在很多地方水运是铁路的强有力竞争者,受到管制的铁路十分盼望控制竞争对手,于是便极力要求加强对水运的管制。水运管制是运输市场竞争的一个反应,也是社会各种利益集团博弈以及谈判的结果。州际商务委员会作为运输管制变迁的第二行动集团(管制的执行者)完成了管制由垄断为对象向竞争为对象的转变。

20 世纪 60 年代到 70 年代,美国社会对运输管制普遍感到不满,多数消费者认为运输管制影响了他们的利益,因为管制对运输业的保护多于对公众利益的保护。他们认为,管制的存在,在很大程度上限制了运输市场的竞争,使他们无法享受到由于竞争而得到的利益。

在消费者反对对运输实行管制的同时,学术团体通过研究指出,管制造成了较高的社会成本,并使资源分配效率大大降低。于是由于管制而导致了资源的错误分配几乎成了当时全社会的流行语言。

运输企业,特别是铁路的经营情况每况愈下,大量铁路公司由于管制(在价格、业务范围、合并、资本投资等方面)和其他原因而申请破产,继续经营的也是在苦苦支撑,勉强维持。

上述情况使得放松管制成为社会和运输企业的共同呼声,也推动了对运输管制的放松。20 世纪 70 年代后期,美国政府开始放松运输管制,把竞争和市场力量看做是各项运输业务最好的调节者。

推动放松运输管制的力量主要来自社会公众、学术团体和运输业。政府放松运输管制的行为满足了社会不同利益集团的共同要求。1982 年 8 月,美国农业部的一份研究报告——《1980 年的斯塔格斯铁路法与汽车运输法对农业影响的评价》指出:"在各种运输方式之间及每一种运输方式内部存在着争夺运量的激烈竞争;货主(即使是那些以前被许多人看作'被控制的货主'中的一些人)也从这种竞争中获益。"州际商务委员会在 1984 年 3 月《关于合同运价的报告》中说:"在绝大多数情况下,合同制度是铁路公司与货主彼此获益"(1978 年以前,州际商务委员会认定铁路运输合同是非法的,斯塔格斯法则赋予铁路与货主之间相互协商运价和业务条件几乎完全的自由)。放松管制的结果是"双赢"甚至是"多赢",它能使与管制相关的各方均可获益，于是政府积极推动了放松运输管制的进程。

从上面分析可以看到，市场潜在利润是刺激不同利益集团推动管制变迁的动力，不同的利益集团出于自身利益的考虑，成为管制变迁的初级行动集团。管制变迁的结果使这些集团的利益有所增长或至少不再下降。政府或者派出机构，如州际商务委员会，是管制变迁的执行者，也是次级行动集团。

2. 推动管制变迁的动力

运输管制的变迁是通过管制规则(有关的法律、法规)标准和实施的边际调整实现的。

运输管制变迁的诱致因素在于主体期望获得最大的潜在利润。所谓潜在利润就是外部利润，它是一种在现有的制度安排中主体无法获得的利润。制度变迁主体通过推动制度变迁，使显露在现存制度安排结构的利润(即外部利润)内部化。从美国运输管制变迁的历史可以看到，推动管制变迁的主体(初级行动集团)都是在争取外部利润，或至少使自身利益不受损害(在一定市场条件下，同样可视为一种外部利润)。

非均衡的制度结构必然导致制度变迁。管制变迁的另一个重要原因是其自身的不均衡性。管制本身也存在一个均衡与否的问题。例如，对垄断的管制基本上是针对铁路的，当汽车运输、水运以及民航迅速发展起来后，运输管制如果只限于针对铁路，则管制会出现明显的不均衡。事实上，这种不均衡曾严重的存在，当它发展到一定程度时必然导致运输管制的变迁(从针对垄断到针对竞争)。

3. 政府的作用

管制是政府对运输市场干预的一种手段，虽然政府不是推动运输管制产生与变迁的第一行动集团。政府对运输市场进行管制的一个重要原因是市场失灵。

市场是资源分配的重要手段和方式，然而市场本身也存在缺陷。由于市场的缺陷，单纯依靠市场机制无法解决上述许多问题。运输市场具有一些独特的性质，它在一定时期可能极富竞争性，而在另一时期可能极富垄断性。实践证明，这些问题单纯依靠市场机制无法得以解决，于是通过政府干预使运输市场能够保持有序就成为运输管制存在的重要理由。

从美国运输管制的发展历史看，政府不是推动运输管制产生和变迁的第一行动集团，在很多情况下，“管制或许正是一个产业积极寻求的”。按照施蒂格勒的观点，“管制通常是产业自己争取来的”。对汽车运输、水运加强管制的要求正是来自运输业内部。

政府为什么要听从一部分利益集团的要求，对整个运输市场或者其中某个运输方式进行管制？在市场经济条件下，政府的作用是保护社会公众的利益，保证经济运行的效率与公平，而这些恰恰是市场本身解决不了的。市场机制在一定条件下可以提高资源的配置效率，但它解决不了公平配置的问题。市场机制所形成的效率可能使一部分人或集团十分富有，而使另一部分人或集团生存不下去。这不符合政府的工作目标，也不符合帕累托最优原则，解决这一问题需要政府发挥作用。

运输业是一个特殊行业，运输市场本身发育可能十分不平衡。市场的不平衡性完全依赖市场自身调节很难解决。这种不平衡性的存在可能使一部分人或集团获得超额利润，而使另一部分人或集团负债累累。于是为了使一部分人或集团的利益增加的同时不至于减少另一部分人或集团的利益，为了兼顾效率与公平，为了公众的利益，政府需要对运输市场进行管制。

政府不是推动运输管制产生和演变的初级集团，推动运输管制产生和演变的集团是那些由于存在管制或改变管制内容能使自己的状况比原来更好的集团。政府或其授权的机构如州际商务委员会是管制产生和变迁的实施者或称第二行动集团(次级行动集团)。

运输管制及其变迁的产生需要交易费用,其中内含大量的信息成本。管制机构能否获得完整信息是决定管制效率的重要因素。信息不完全性可能使管制在规则、标准和实施中出现偏差,从而影响管制的效率。事实上,在美国运输管制的演变中,由于信息不完整而影响管制效率的情况大量存在,例如对于运价和差别待遇的管制。

4. 运输管制的适应效率

导致制度变迁的另一要素是所谓的适应效率,有效的组织应为其内部组织提供适应效率。

运输管制是政府为规范运输市场秩序,通过制定市场主体行为规则而管理和控制市场的手段和方式。管制需要支付费用,需要大量完整、准确的信息。管制能否达到预想的效果,在很大程度上取决于管制者能否获得准确与完整的信息。

运输管制的演化与变迁在很大程度上决定于它为市场主体带来的适应效率。管制的内容和方式决定着适应效率。由于市场环境的变化以及信息的不完整性,当原来的管制无论在内容上还是在形式上都已不具效率时,改变原来的管制就成为必然。

多年来,管制是否必要,是否具有效率一直是经济学家们关心的事情。当整个社会认为管制已失去了效率时,管制的变迁就会成为必然的结果。欧美国家放松运输管制,在很大程度上是因为社会,包括运输业本身普遍认为管制已不具有效率,它束缚了市场主体,也影响了消费者利益。原有管制不具备适应效率是影响和推动运输管制演变的一个重要因素。

第三节　管制的经济学分析

一、管制的理论依据

管制的思想可以追溯到古罗马时代,是指为了实现社会公平,政府为产品和服务制定公平价格。其隐含的逻辑是,政府有权对微观经济主体进行干预,这一逻辑在后来的经济发展中得到了继承和延伸。管制一词源自英文的“Regulation”,《新帕尔格雷夫经济学大词典》中将“Regulation”译为“管制”。也有一些学者使用“规制”或者“监管”一词。

关于管制,不同经济学家有不同的定义,如:

萨缪尔森认为,管制是政府以命令的方法改变或控制企业的经营活动而颁布的规章或法律,以控制企业的价格、销售或生产决策。

史普博认为,管制是行政机构制定并执行的直接干预市场机制或间接改变企业和消费者供需决策的一般规则或特殊行为。

金泽良雄认为,管制是在市场经济条件下,政府为了矫正或改善市场机制内在的问题而干预经济主体活动的行为。

植草益博士根据管制的作用对其进行了分类:(1)保证分配公平和经济稳定增长;(2)提供公共物品;(3)处理不完全竞争;(4)处理自然垄断;(5)处理非价值物品和外部不经济;(6)处理信息偏差;(7)矫正市场失灵。

管制并不是一个普遍的经济现象,是否需要管制以及如何进行管制一直以来都是经济学界讨论的重要问题。

争议较少的是对自然垄断产业的管制。该类产业的特点之一是存在着明显的规模经济特性,在位厂商越少,规模经济效益越明显。

图 8—2 中,$LRMC_1$ 表示竞争性市场中典型的小规模企业的成本函数和长期供给曲线,$LRMC_2$ 表示自然垄断的成本函数。相对而言,后者具有成本方面的优势。一般来说,大的垄断企业比那些较小的竞争型企业拥有较低的成本,它能够制定一个高于其自身成本,但又没有足够吸引力吸引大量企业进入的垄断价格 P_m,从而避免竞争而保持自己的垄断地位。

从静态角度可以比较以下两类市场的经济效益:(1)竞争性市场,其市场结构具有竞争性;(2)垄断性市场。虽然自然垄断可能导致"净损失",但就经济效益而言,却仍然高于竞争性市场,因为其效率的损失(以 L 表示)要小于效率的改进,它可以更低的生产成本来生产不少于竞争条件下的产量(Q_m)进而提高效率。在经济分析中,对由于价格垄断而导致的福利损失和由于使用只有自然垄断才能得到的优越技术而导致的福利增加进行比较是十分重要的。

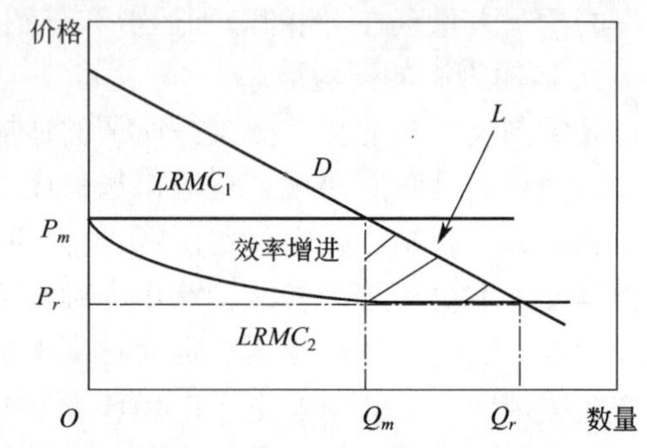

图 8—2 自然垄断效率评价

从生产者的角度看,自然垄断有其高效率的一面。然而,即使如此也不能说明对自然垄断应当采用自由放任的政策。在自然垄断条件下,厂商可能享受着较高经济效益的好处,因为较低的成本可能被转化为较高的利润。但如果垄断者利用垄断地位滥用权力,消费者的利益就会受到损害。因此,对自然垄断产业的管制仍然受到关注。

对自然垄断产业管制的初衷是,在保留效率的同时,限制垄断者的垄断能力。管制者可以要求厂商把价格定在 P_r 的水平上,这个价格接近垄断企业较低的成本 $LRMC_2$。理论上讲,通过理性、科学地管制,自然垄断企业能够为社会提供更多的利益,消费者也能分享其好处。

当垄断并非由于产业的自然属性形成,而是由人为的行为所导致并得到维护,如一些厂商为了固定价格而联合起来,或者某个厂商由于采取特殊手段消灭了竞争,从而控制市场价格,这样的垄断对经济效益和社会福利都会造成极大损害。显然,对这样的垄断应当予以严格管制。

管制作为一种经济政策和手段,长期以来一直吸引着人们的高度关注,也存在很多争议。争议的内容和焦点主要包括管制是否必要、管制效率以及管制模式。围绕这些问题存在以下学说:

1. 公共利益理论

从产业属性角度看,管制存在的领域多数具有自然垄断的特征,如以铁路为代表的交通运输业,电力、电信产业等。随着经济的发展,管制行为也渗透到其他一些产业,如金融业等。

具有自然垄断特性的产业由于具有规模经济特性,因此垄断性比较明显。在垄断的市场中,特别容易出现不平等的交易,追求利润最大化的自然垄断厂商会利用其垄断地位来决定产品价格,导致净福利损失,即无谓损失(dead-weight loss),减少了消费者福利水平。如果单纯依赖市场机制,则无法消除净福利损失,实现经济效益,出现市场失灵。为了公共利益需要对在位厂商的行为进行管制。公共利益是在一些产业实行管制的主要依据。早期的管制是从公共利益的角度出发的,例如美国对铁路的管制是基于社会公众对铁路垄断的诉讼。公共利益理论以市场失灵为假设,以公众利益为基础,认为管制是对市场失灵的矫正,其目的是弥补市场失灵、提高资源配置效率、实现社会福利最大化。基于公众利益理论的管制把其看作是对公共利益和公共需要的反应，包含着这样一个理论假设，即市场是脆弱的，如果放任自流，就会导致不公正或低效率，而政府可以代表公众对市场做出理性的判断，通过管制措施保持公正并满足帕累托最优原则。

公共利益学说主张以管制来纠正市场失灵，而且假定管制可以带来更高的效率以及更低的社会成本。但是，它并没有对这一假定的合理性给出充分的证明。管制实践经验表明，管制的结果并不总像公众利益理论假设的那样，学者在这方面的理论和实证研究也对此给予了质疑。芝加哥学派的代表人物施蒂格勒（G. J. Stigler，1962 年）就对管制的经济效果提出了质疑。他指出，管制并不像公共利益理论所认为的那样，对价格具有较大的抑制作用。阿顿（Utton，1986 年）认为，公共利益理论仅以市场失灵和福利经济为基础是不够的，除了纠正市场失灵之外，政府还有许多别的微观经济目标，在许多市场中政府期望管制介入，可能与市场失灵关系不大。

与具有自然垄断性的产业不同，对金融业的管制主要是出于维护国家金融秩序、保证经济安全的考虑。

2. 部门利益理论

管制的部门利益理论是施蒂格勒提出的。施蒂格勒通过对相关产业的实证分析，指出管制不仅仅是一个经济过程，它还是一个政治决策对资源重新分配的过程。施蒂格勒认为："管制作为一种规则，是产业要求的，而且主要是为了产业的利益而设计和运行的"，他认为管制的目标不仅是为了公共利益，很多时候取决于特殊集团的利益。施蒂格勒研究发现，实际中的管制很多都背离了公共利益理论的初衷。例如，政府提供补贴或者提高进入壁垒（如颁发特许经营证等法律或行政制度限制等）的管制方式反而加大了行业的垄断性，增加了垄断厂商的利润；政府在不对称信息下的价格管制使厂商更容易维持可获稳定利润的价格；政府对产业的过度保护，也使被管制厂商的垄断利益稳定化。由于管制为产业组织带来众多利益，因此获利方往往会集团化，如产业集中度较高的行业内部的大企业就类似一个小集团（人数较少的利益集团），该集团会利用各种手段，甚至采取集体行动游说政府给予该自然垄断行业以管制。美国运输管制的变迁过程在很大程度上也表明了这一点，运输管制政策的每一次变化后面都有一个强有力的利益集团在推动。

由部门利益理论派生出的管制俘虏理论，揭示了管制过程中各利益集团相互行为的关系，它将政治学的有关理论及分析方法引入到对管制目标和效果的研究，从而大大拓展了管制研究的视野。管制俘获理论是由施蒂格勒、佩尔特兹曼等人创立的，拉丰、泰勒尔等人沿着委托代理理论的分析思路重新解释了管制机构被受管制企业所俘获的理由，形成委托代理框架下的管制俘获理论。这一理论的最大贡献者施蒂格勒（1971 年）指出："经济管制的中心任务是解释谁是管制的受益者或受害者，政府管制采取什么形式和政府管制对资源分配的影响。"他通过完整的研究得出了受管制产业并不比无管制产业具有更高的效率和更低的价格。波斯纳（Richard Allen Posner，1974 年）指出："理论和实证研究表明，管制与外部经济或不经济以及垄断的市场结构之间并没有正相关性。"在许多情况下，有些产业或企业对立法机关进行游说，以争取被管制。另外一个事实是，即便有管制，也没有真正对自然垄断企业的定价行为有多大的约束。佩尔特兹曼（Peltzman，1976 年）在对市场失灵、政府管制结果以及经济管制的有效性等 3 个层次上更全面地阐述了管制俘获理论。他认为无论管制者是否获得利益，被管制产业的产量和价格并没有多大的差异，其主要差别只是收入在各利益集团之间的分配。

对于管制问题，一些经济理论能够从其他视角进行阐释。如交易成本理论认为，当存在交易成本时，在解决市场失灵的方式中，政府管制的效率比组织各当事人之间进行谈判的效率更高，交易成本也更低，因而管制机制比市场机制在解决市场失灵问题时更有效。

3. 放松管制理论

放松管制有两个层次的含义：一是完全撤销对被管制产业的各种价格、进入、投资、服务等方面的限制，使企业处于完全自由的竞争状态；另一个层次就是部分的取消管制，即有些方面的限制性规定被取消，而有些规定继续保留。

管制实践以及一些学者对管制的研究表明，管制的效率值得怀疑和思考。大量关于管制失灵的文献对管制存在的必要性进行了深入分析。管制失灵也促使经济学家对基于传统自然垄断理论进行管制的理由进行反思，同时也促进了管制理论和方法的创新。

欧美国家的自然垄断产业（如铁路）在经历了较长时间的管制后，在 20 世纪 80 年代后开始步入放松管制的时代。其主要原因是管制的效果受到了广泛质疑。而这一时期的经济学理论的发展也为管制方式的变化提供了理论依据。德姆赛茨（Demsetz，1968 年）曾指出，潜在竞争能够对垄断产业产生明显的约束，鲍莫尔（W. J. Baumol，1982 年）等在此基础上提出了可竞争市场理论。可竞争市场理论将市场重新定义和划分，比较突出的地方在于提出了可竞争市场概念。所谓可竞争市场是指具有潜在进入者的压力，对现有市场上的在位厂商的行为施加了很强约束的市场，这个市场上不存在严重的进入障碍。可竞争市场的极限情况被称为完全可竞争市场，它是进出自由的市场。这里的进出自由不是说进入者没有成本，而是指相对于在位者而言，进入者没有生产技术或者是产量方面的劣势。完全可竞争市场的均衡市场结构是可持续性（sustainable）结构，它所描述的是具有潜在进入者条件下的一种均衡，潜在进入者把在位厂商的价格视为不变并以此计算利润，决定是否进入。与完全竞争理论比较，完全可竞争理论的均衡概念已经有所不同，它增加了厂商收支平衡条件，相对应的福利最大化概念也不是“帕累托最优”，而是“拉姆齐（Ramsey）最优（厂商收支平衡约束条件下的福利最大化，它排除了帕累托最优中存在亏损厂商的情况，所以是一个次优最大值）”。如果市场的进入和退出没有障碍，潜在的竞争者对在位垄断厂商的行为有很强的约束，促使其定价将更接近成本。在存在潜在竞争威胁的自然垄断产业中，厂商的利润并不高于正常利润，这时，管制已经没有必要，因为在没有管制的情况下，垄断者由于潜在竞争者的进入压力也不会滥用垄断权力。因此，最重要的是应该取消那些阻碍进入市场的障碍，创造能够产生潜在竞争的环境。

按照可竞争市场理论，“潜在竞争者可以代替传统管制对居于操纵行为的供给厂商进行约束，至于放松管制和竞争性的进入威胁是否足以代替管制，取决于是否存在足够的压力使得供给商降低价格和成本”。

从可竞争市场理论来看，一个市场是否是可竞争的，关键在于进入和退出障碍的大小。在进入和退出方面，固定成本和沉没成本对市场的可竞争性有着不同的影响。进入障碍一般来说是新进入者单独支付的那部分成本，从这个角度出发，固定成本本身只要它不是沉没的，就不构成进入障碍。当固定成本本身在经营者退出市场时可以出售、转作他用或留给新进入者使用（经营者只租赁固定资产）时，退出就没有损失，也不会有明显障碍。当市场具有可竞争性时，潜在的竞争压力有助于约束和规范市场上厂商的不良行为，实现经济效益。这可以解释为除了市场中的实际竞争（例如争夺市场份额），潜在的竞争同样也能产生经济效益，当市场上只有一个厂商时，并不表明竞争不存在，而只是市场中的实际竞争（争夺市场份额）不存在。在可竞争市场当中，潜在竞争能够起到与实际竞争一样的作用，潜在竞争能够约束和规范在位厂商的行为，保证市场运行的效率。可以看出，在可竞争性理论框架中，市场机制的作用远比通常认为的要大得多，即使在自然垄断存在的情况下，潜在竞争仍然是存在的，因此经济效益仍然可以通过市场来实现。

可竞争市场理论对政府管制的政策及相应措施的选择与确定有着不可低估的影响，为研究和解决管制问题提供了新思路。如果现实世界完全符合该理论的假设条件，可以依靠潜在竞争力量达到社会资源的最优配置和经济效益的最大化，那么政府管制成为多余。可以说，可竞争市场理论为 20 世纪 80 年代以来世界各国的放松管制运动提供了理论依据。

铁路产业具有规模经济特性，在一些环节也具有比较明显的自然垄断特征。然而，西方一些经济发达国家自 20 世纪 80 年代初开始了包括铁路产业在内的放松管制的浪潮，这也是铁路管制变化的一个重要特征。

事实上，一方面市场终究不能克服其自身的缺陷，另一方面政府的管制也存在着失灵。这意味着只要存在市场和政府不能互相替代的空间，就有市场力量与政府强制力同时存在的必要。因此，管制与放松管制变成了一种两害相权取其轻，两益相权取其重的动态权衡过程，其关键在于建立一种合理的、有效的管制体制。

4. 激励性管制理论

为了克服管制可能带来的低效率或者无效率，激励受管制企业在保持原有管制结构的条件下提高内部效率，激励性管制已成为学术研究的一个重要内容。佛斯特(1992 年)特别强调管制应该以促进竞争为主要目标并且重视保持管制的独立性。

在可竞争市场理论中，管制不再是“用政府命令取代竞争”的过程，而是通过管制手段建立或促进市场的可竞争性，以获取良好经济绩效的过程。对于铁路产业来说，激励性管制是管制政策的重要内容。

(1)尽量使市场的进入和退出变得容易。要使市场具有可竞争性，就要最大限度地减少市场进入和退出障碍。传统管制政策下，不仅新企业很难进入(这种结果不只是管制政策造成的)，而且在位的亏损企业也很难退出。这样做也许是出于公众利益的考虑，然而，可竞争性理论分析表明，即使是为了公众利益，对被管制者提供补贴比禁止退出更有利于提高经济效益。应当对市场的准入和退出建立明确的法律、制定规则，从而使潜在竞争能够起到足够的作用。

(2)制定有关政策来降低沉没成本的影响。沉没成本而不是固定成本是市场进入和退出的主要障碍，因此，要提高市场的可竞争性就应当设法降低沉没成本的不利影响。例如，就铁路而言，可以考虑将不能移动的、沉没成本较大的基础设施部分与沉没成本较小的(甚至可以消除)、可竞争的运营部分分开，上部运营部分由于沉没成本小，或者通过组建机车车辆租赁公司，使运营商租用运载工具，从而最大限度降低沉没成本，减少市场进入和退出障碍，增加运营市场的可竞争性。基础设施部分可以考虑将线路的所有权和经营权分开，通过授予特许经营权的方式，在基础设施部分创造一个可竞争性市场，实现下部竞争(同时也应当加强监管，防止滥用垄断权利)。

(3)价格管制要与进入政策相协调。实际上，在位厂商比潜在进入者有先占优势，应当防止在位厂商利用在位优势阻止潜在进入者的进入。例如，在位厂商看到潜在进入者准备进入时，就降低价格，以减少进入者的市场利润，阻止进入者的进入。需要抑制在位厂商对进入者的“价格反应”，保证市场的可竞争性。

(4)依据标尺竞争管制理论,引入标尺竞争(Yardstick Competition)。由 Lazear 和 Rosen 提出的标尺竞争思想已经成为标尺竞争管制的理论渊源,并发展成为一种新的管制理论。这一理论认为,管制者应当利用从几个地区性垄断企业获取的信息,分别制定对每个企业的激励性管制,以使特定地区的企业在其他地区企业业绩的刺激下被迫提高自身的经济效益。标尺竞争不是处于同一市场上不同企业间的直接竞争,而是不同地区市场上不同企业间的间接竞争。标尺竞争管制在西方一些国家具有自然垄断特征的行业中(如自来水)已经实施,并取得了比较明显的成绩。中国铁路在区域性铁路公司的情况下,应当积极推进激励性的标尺竞争管制政策,促进和推动不同公司间的比较竞争,从而提高铁路的经济效益。

二、管制的类型及其走向

1. 经济管制

这是管制最早也是最基本的内容。经济管制存在的理由是市场失灵,由于存在市场失灵(过度垄断或过度竞争以及由此引起的价格、生产数量和市场进入等方面问题)需要相关的机构对其进行管制。这种管制的初衷是好的,在一些领域的初期效果也不错。然而,长期的分析表明,这种管制是缺乏效率的,有时甚至保护了落后。管制应当是为公共利益服务的,但在很多情况下由于管制者被"俘虏",使得管制偏离了方向,转而为特殊利益集团服务。越来越多的案例和研究表明,传统的经济管制存在很多缺陷。应当说,放松管制主要是放松经济管制。

作为公用事业的铁路产业,要想发展就必须获得来自社会各方面的投资,特别是非政府部门投资。对于非公资本来说,趋利性和流动性是重要的特征,因此铁路要吸引非公资本,一要保证盈利的可能,二要保证进入和退出的自由,显然,这是放松经济管制的重要内容。

2. 社会管制

前面已经进行了很多经济管制问题的讨论。实际上管制不仅有经济方面的,还有社会方面的。

在现实生活中,很多产品是伴随着另外一些产品被连带生产出来的(外部性问题)。外部性的一个特征就是,不好的副产品(负外部性)生产过度,好的副产品(正外部性)很快被内部化。A·C·庇古在20世纪初期出版的《福利经济学》一书中分析了外部性问题。他认为,当存在外部性时,通过政府干预来改进福利是十分必要的。这意味着一种新的管制形式。这种管制将增加非市场物品的生产,如清洁的空气、安全的产品等,或者减少如污染的空气之类的市场溢出。

因此,福利经济学为建立社会管制提供了理论基础。社会管制这个名字代表了如环境保护、工人的安全和健康保护、消费者保护、汽车和道路安全管制等的集合。社会管制是在美国发展起来的,它对企业行为的干预常常要比其他的经济管制更加直接。

经济活动会导致外部性,在产权不能完全界定的情况下,外部性问题无法从根本上解决。在利益的驱动下,厂商一般无意解决由于其活动所产生的外部性(确切说是负外部性),因此对一些产业实施包括环境、公共健康以及安全等内容在内的社会管制是减少外部性影响、维护公众利益、增进社会福利的重要措施。在铁路产业放松管制的改革中,社会管制(特别是安全管制)非但不能削弱,反而应当加强。

3. 程序管制

司法(程序)制度是否完善是衡量一个国家文明程度的一把尺子,在经济领域同样需要重视这一问题。产业组织的经济活动一定要遵守必要的(法律)程序(有时可能是行政程序)。无程序的经济活动是无序的,所有的经济活动都要建立在法律或法规允许的基础上。程序管制是规范自然性垄断行业行为、行政行为及其他行为的重要工具。对于具有公用事业特征的运输业来说,可能改变社会利益格局和福利状况的经营活动、价格变化、战略重组等行为,都应受到必要的程序管制。瑞典、英国、美国、日本等国家的铁路、电信、邮政等领域的改革或其他关系经济和社会发展的重大经济活动都受到严格的程序管制,一般是通过立法等程序完成和实现的。如美国铁路无论在加强管制还是放松管制时期,都是通过立法来实现的。日本铁路、邮政的民营化都是立法在先,通过立法保证改革的稳步推进。中国铁路改革在立法保证上还比较欠缺,现有的法律资源十分匮乏,改革中存在着明显的程序问题,一些涉及企业改制和社会公众利益的政策和行为的变化过于简单。对于国民经济和社会运行的基本载体——运输业来说,加强对其政策和相关行为变化的程序管制是十分重要的,例如价格调整的程序管制,公共服务项目变化的程序管制都是应当加强的。运输部门对价格等方面的调整应当遵守严格的程序,管制部门应当对是否遵守程序进行监管。

放松管制的深刻意义在于保护必要的市场竞争。就铁路的管制政策来说,放松管制只是放松对这一领域的经济管制,而不应放松对这一领域的社会管制。相反,应当加强包括安全、环境在内的社会管制。分析西方国家运输产业管制政策走向时,只是看到放松管制的一面是不全面的。实际上,在欧美国家的运输管制重组过程中,既有放松的一面,也有加强的一面。放松的是经济管制,而加强的则是社会管制。放松经济管制与加强社会管制相辅相成。

三、管制目标与最优管制政策

在经济管制方面,不同时期的目标可能略有不同,如有时需要防止垄断,而有时则要防止过度竞争。在社会管制方面,目标基本上是一贯的,即保证运输安全、保护环境等。在经济管制方面存在目标的设计和调整,因此,需要研究管制方法的最优化问题。

价格和进入条件是经济管制的主要内容,其中价格管制是铁路管制中的重要内容,也是管制者在制定管制政策过程中主要考虑的问题之一。合理的价格管制政策可以为铁路企业提供激励,也可以为消费者提供交易合意。

一般意义上,最优定价原则在微观经济学中是边际成本和边际收益相等时的价格。完全竞争中的价格等于边际成本,并且达到消费者剩余和生产者剩余总剩余的最大,社会福利最优。但是在自然垄断的条件下,采用边际定价原则,企业可能亏损,最优状态很难实现。在自然垄断条件下,由于平均成本大于边际成本,价格长期等于边际成本,企业会退出;价格等于平均成本,企业能够获得较多利润,但存在社会净福利损失。因此,社会福利和企业利润最大化不能同时达到。

管制者需要充分考虑自然垄断行业定价存在的两难矛盾,从而给铁路行业以较充分、灵活的定价权和变化空间。铁路在很大程度上承担着普遍服务的义务,一定区域和一定范围内的交叉补贴也是存在的。

然而由于铁路产业存在的自然垄断特性,对价格的放任也是不可取的,因为垄断的存在可能使垄断者利用垄断地位制定偏离市场的高价或低价,目的是攫取高额利润或者排挤竞争对手。垄断可能引起分配效率扭曲。正因为如此,对铁路产业的价格管制通常考虑采用双向的,即上限和下限的管制。

铁路产业的价格上限管制可以有效保护消费者的利益，防止铁路借用可能的垄断地位攫取高额利润；而下限管制则可以维护市场秩序，鼓励正常有序的竞争。

优化社会分配、刺激铁路生产效率、维护铁路发展潜力是铁路经济管制政策的三维目标体系。如果以 CSE、RPE 和 RDP 表示社会分配效率、铁路生产效率和铁路发展潜力，管制政策的三维目标体系见图 8—3。

图 8—3 中的三维向量表管制者管制政策的目标取向，不同的管制政策在不同维度上可能有不同的结果，管制者也需要经常对管制效果进行评估。例如，A 表明管制政策比较偏重运输企业发展潜力和社会分配效率，但对企业生产效率的刺激相对不足；B 意味着管制政策相对重视社会分配效率；C 意味着管制政策在三者之间的协调。

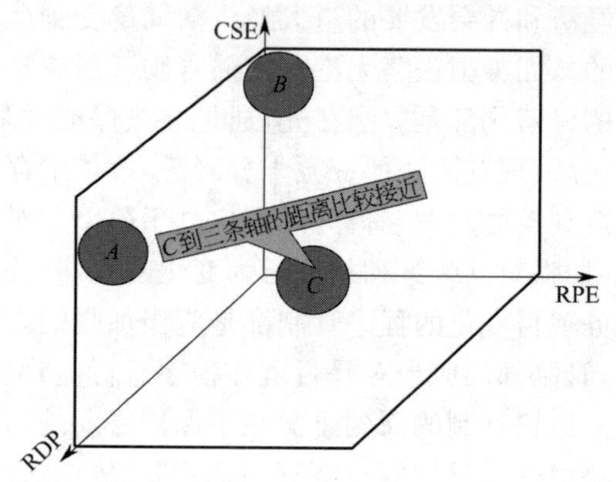

图 8—3 铁路管制政策的三维目标体系

从经济学角度分析，铁路价格管制政策一般考虑：

(1)允许铁路制定高于边际成本的价格，以平均成本作为定价依据，弥补投资成本。管制者可对其费率进行管制，使由于垄断导致的租金为零。这种建立在平均成本定价基础上的费率管制称为资本回报率管制。

(2)在边际成本定价基础上明确补偿原则与方法，通过转移支付或其他手段，使按边际定价的铁路获得盈利或至少保持盈亏平衡。

在价格管制方面，有两种典型的管制方法与模型。

1. 投资回报率管制

投资回报率管制是通过给企业资本投资设置一定的“合理回报率”，对自然垄断产业价格水平实施间接控制。通常是管制机构经过分析和一段考察，根据那些影响价格因素的变化情况，对被管制者(如铁路)提出的价格(或投资回报率)水平作出必要调整，然后确定企业(产业)的投资回报率，作为企业(产业)在某一特定时期内定价的依据。

如果企业(产业)只生产一种产品(或服务)，投资回报率价格管制模型为：

$$R(p,q)=C+S(RB) \tag{8—1}$$

如果企业(产业)提供多种产品(或服务)，则模型为：

$$R\left(\sum_{i=1}^{n} p_i q_i\right)=C+S(RB) \tag{8—2}$$

上式中，R 为企业(产业)收入函数，它决定于产品价格(p)和数量(q)；C 为成本费用；S 为政府规定的投资回报率；RB 为投资回报率基数(rate base)。

显然，当只提供一种产品(或服务)时，管制价格(p)等于企业总收入(R)除以总产量(q)，即：$p=R/q$；当提供多种产品时，总收入除以总产量只是所有产品(或服务)的综合价格。对铁路而言，它提供旅客和货物两类服务(每一类还可以细分)，价格的监管往往依此进行。

管制者对价格管制的重点是确定投资回报率水平(S)和投资回报率基数(RB)。确定投资回报率水平问题是要找到一个合适的 S 值，使企业能取得正常的投资回报。

对于投资回报率问题，通常是经过管制者与被管制者双方“讨价还价”解决的。关于投资报酬问题一直是铁路产业管制的焦点问题之一。在美国，早期的州际商务委员会(ICC)曾强调：“在美国没有法令要求或政策指示要求制定运价应为投资赚得一定的报酬”，“但在许多运价水平的案件中发现，将投资报酬数字考虑进去是有的，它可以表明运输业的收入需要。”(D·P·洛克林，1977)。对于管制者和被管制者(如铁路)来说，他们关心的是合理报酬率的确定。那么，合理的报酬率如何确定呢？

构成合理报酬率的因素随时间、地点和情况的不同而不同，美国的管制实践中从两个方面判别合理报酬率，它们是“可比收入”和“吸引资金或维持信誉”。从“可比收入”进行判别，其基本原则应当是一个铁路部门有权制定的价率，将允许它的财产赚得报酬，等于同一时间、同一地区其他事业的投资在相同的风险条件下所获得的报酬。从“吸引资金或维持信誉”的标准进行判别，报酬应合理地满足和保证铁路部门的收益，并且在有效率的前提下，足够维持和支持其信誉并使它筹集为公众尽责所需要的资金。

投资回报率管制避免了边际成本定价对企业生产函数及市场需求曲线估算的困难，因而具有可操作性强的优点，缺点是缺乏提高企业内部效率的激励性，并且由于 A-J 效应，企业可能通过加大投资获得收益，促使企业过度投资，从而导致成本上升。

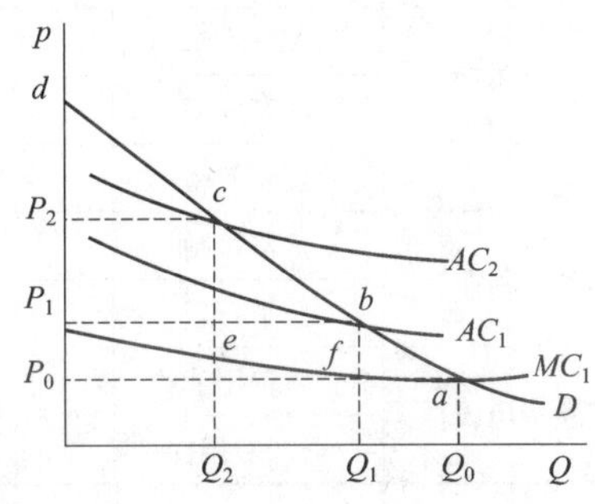

图 8—4 管制与社会福利

如图 8—4 所示，企业的边际成本曲线为 MC_1，平均成本曲线为 AC_1。以 MC_1 与 D 的交点 a 对应的 P_0 定价，社会福利应达到最大，为图中 adP_0 的面积。但边际成本定价受以下因素影响：(1)需求曲线与边际成本曲线不易得到；(2)边际成本定价会导致处于强自然垄断的企业产生亏损，如果政府以财政收入补贴企业亏损又会产生收入效应。采用投资回报率管制，当价格水平处于平均成本曲线与需求曲线的交点 b 时，企业盈亏平衡，但产生哈伯格三角形 abf 面积的社会福利损失。而且，由于投资回报率管制会产生 A-J 效应，导致平均成本曲线上升，由 AC_1 升至 AC_2，管制价格相应的由 P_1 升至 P_2，社会福利损失将由 abf 进一步扩大到 ace。

2. 限价(最高和最低价格)管制

限价管制是对一些产业价格管制的一种重要方法。不同的产业在限价管制方面采用的方法也不尽一致。铁路中的限价管制往往是规定价格的上限和下限(天花板价格和地板价格)，铁路企业(公司)的运价只能在两者之间进行变动。

有些产业采取最高限价管制。理论上讲，最高限价管制通常采取 $RPI\text{-}X$ 模型，RPI 表示零售价格指数(retail price index)，经常被用来测量通货膨胀率，X 是由管制机构确定，是在一定时期内生产效率增长的百分比。这种管制方法意味着，企业制定的名义价格(nominal price)取决于 RPI 和 X 的相对值。如果 $RPI\text{-}X$ 是一个负数，则企业必须降价，其幅度是 $RPI\text{-}X$ 的绝对值。这样，如本期的价格为 P_t，则下期的价格(P_{t+1})为：

$$P_{t+1}=P_t(1+RPI\text{-}X) \qquad (8—3)$$

$RPI\text{-}X$ 模型不仅适用于单一产品(或服务)的价格管制，也适用于多种产品或服务的价格管制，因此，这是一个“一揽子价格”管制模型。也就是说，这个模型处理的不是由特定企业所生产的某种特定产品的最高限价，而是企业所生产的各种被管制产品(不一定是全部产品)的综合最高限价。被管制产品主要指那些容易被企业运用所拥有的垄断力量制定高价，因而需要政府加以控制的产品。

管制的方法和模式很多，选择什么样的管制模式一直以来都是理论界关心和讨论的重要问题。克鲁和克林多福尔(Crew & Kleindorfer，1986)综合了新古典和交易费用方法的效率标准，即配置效率、X—效率、动态效率、规模效率、价格控制、公平、管制的交易费用、资产专用性，运用了一个简单的排序体系，对自然垄断产业各种管制方式进行比较。根据对绩效属性的判断，将认为"好"的管制方式赋值为1，而将认为"不好"的管制方式赋值为0。各种管制方式的效率属性、公平属性等见表8—3。

表8—3 自然垄断产业各种可替代管制方式的比较

效率指标 \ 管制方式		报酬率管制	激励性管制	国有企业	没有管制
效率属性	配置效率	0	1	0	0
	X—效率	0	1	0	1
	动态效率	0	1	0	1
	规模效率	1	1	1	0
公平属性	价格控制	1	1	1	0
	公平合理	1	0	0	0
交易费用属性	交易费用节约	1	1	1	1
	资产专用性	1	1	1	0

表8—3所列出克鲁和克林多福尔的主观评分，他们认为，激励性管制绩效较好；报酬率管制绩效一般；国有企业以及不受管制的垄断绩效较差。

激励性管制成为包括可竞争市场理论支持者在内的很多经济学家关注的一种管制政策取向，特别是对具有自然垄断属性的产业。管制不再是"用政府命令取代竞争"的过程，而是通过管制政策建立或促进对产业的激励性，以获取良好经济绩效的过程。如果激励性是管制政策的重要取向的话，则应当注意以下几点：

(1)尽量使市场的进入和退出变得容易，要使市场具有可竞争性。

(2)降低沉没成本的影响。

(3)赋予在位厂商较灵活的定价空间。

(4)引入标尺竞争(Yardstick Competition)。

思 考 题

1. 美国运输管制变化经历了哪几个阶段？
2. 英国铁路运输管制有什么特点？
3. 运输管制变迁的动因和内在机制是什么？
4. 管制的理论基础是什么？
5. 是否应当对自然垄断产业进行管制？为什么？
6. 铁路管制的类型和内容有哪些？

第九章 铁路投融资

第一节 投融资要义与基本类型

一、投资的含义与分类

关于投资的定义有很多，一种观点认为，“投资就是资本物品的购买”(《经济学词典》，美国埃尔斯维尔科学出版公司 1976 年出版)，也有通过将投资进行详细划分进行定义的，如英国高尔出版有限公司在 1985 年出版的《经济学与商业词典》对投资的定义是：“(1)在生产性资本物品上的支出，投资通常是指实物资本，比如机器、厂房等。投资也包括人力资本投资。(2)任何可以带来预期增资的资产，比如房屋、古董和艺术等的购买，都可以被看做是投资。”

实际上，投资的含义比较广泛，有形资产的建造和购买、无形资产购买(比如对证券的购买以及能够带来货币增值的其他各种类型的支出)以及对人力资本的投资都属于投资的范畴。

投资有不同的类型和用途。按照形成资产的性质，投资可以分为有形资产投资和无形资产投资。有形资产投资是指投资资本用于形成实物资产的投资。实物资产是企业生产经营活动的载体，如果没有它或者实物资产不足，企业的生产经营活动就没法进行。无形资产投资是指投资资本用于形成无形资产的投资。无形资产包括知识产权、契约权力、关系、商誉等。

按照投资主体不同，投资可以分为政府公共投资与社会民间投资。政府公共投资是指政府作为主体进行的投资，资金主要是投入到公益性项目中。社会民间投资是指非政府经济组织或个人进行的投资，资金主要投向以经济效益为主的盈利性项目。

按照投资者与生产经营者的关系，投资可分为直接投资和间接投资。直接投资是指投资者将资本直接用于企业的生产经营活动，以获得直接的生产经营收益的投资。它包括固定资产投资和流动资产投资。间接投资是指投资者通过购买有价证券，以获得企业生产经营活动间接收益的投资，它包括股票投资和债券投资。

二、融资的含义与分类

所谓融资是指“货币的借贷与资金的有偿筹集活动。具体表现在银行贷款、金融信托、融资租赁、有价证券的发行和转让等。”“融资是资本的调剂与融通行为，是资金的需求者即融资主体通过某种方式，运用金融工具，从某些储蓄者手中获取资金的过程。”

融资实际上包括资金融入和融出两个方面。在一个融资过程中，资金供给者融出资金，而资金需求者融入资金，它是一种资金双向互动的过程。一般意义上的融资是指资金从资金供给者向资金需求者转移的过程。

融资与投资是密不可分的，融资是投资的前提，是为投资提供资金来源的行为或过程。没有融资，投资很难顺利完成。

融资可以分为以下几类：

(1)按照融资过程中储蓄与投资是否由同一企业完成,融资可以分为内源性融资与外源性融资。内源性融资是指储蓄与投资由同一企业完成,即企业用自己的储蓄进行投资的融资方式;外源性融资是指储蓄与投资分开,企业需要从外部筹集资金的融资方式。

(2)按照融资过程中形成的资本产权关系,融资可以分为股权性融资和债权性融资。股权性融资是企业向股东(或投资者)筹集资金的融资方式,它是企业创办或增资扩股时采用的融资方式;而债权性融资则是利用发行债券、银行贷款等方式向资金所有者筹集资金的融资方式。

(3)按照融资过程中企业是否借助金融中介机构(如商业银行等),融资可以分为直接融资与间接融资。直接融资是指企业直接通过证券市场向金融投资者出售股票、债券等而获得资金的一种融资方式。间接融资是指企业通过金融中介(如商业银行)获取资金的一种融资方式,主要是在证券市场不发达的情况下发挥作用。

(4)按是否有追索权分为无追索权的融资和有追索权的融资。

无追索的项目融资称为纯粹的项目融资,此种融资方式下,贷款的还本付息完全依靠项目的经营效益。贷款银行为保障自身的利益必须从项目拥有的资产取得物权担保。如果该项目由于种种原因未能建成或经营失败,其资产或受益不足以清偿贷款时,贷款银行无权向项目的主办人追索。

除了以贷款项目的经营收益作为还款来源和取得物权担保外,贷款银行还要求有项目实体以外的第三方提供担保。贷款银行有权向第三方担保人追索。但担保人承担债务的责任,以他们各自提供的担保金额为限,这是有追索权的项目融资。

第二节　铁路建设投融资模式

一、产业属性对铁路投融资的影响

投融资活动作为一种交易行为,其有效性如何,取决于相关各方的合意性。这种合意性受到很多因素的影响。其中,产业的性质、特征以及其内在的运作规律对融资能够产生巨大影响。因此,在研究铁路投融资问题时,应当对铁路的属性和产业特征有清晰的理解和认识。

铁路、公路、民航等交通运输部门以及电力、通讯、供水供气等都属于国家公用类事业,属于国民经济的基础设施。基础设施有广义与狭义之分,广义的基础设施包括从法律、教育、公共卫生到交通、通讯、电力、供水等,它既包括经济性基础设施,也包括教育、法律、公共卫生等社会性基础设施。与其他基础设施比较,铁路产业的基本特征是:(1)网络的规模经济特性。铁路必须通过网络传输系统才能完成产品的生产和(或)销售过程(作为铁路必须有完善的线路网络才能提供较为完整的运输产品,具有较强的可送达性)。(2)网络的互联互通特性。铁路网对不同的运输主体应当提供技术上互联互通的支持,满足运输主体跨区域运输的要求,实现网络的整体效应。(3)网络的公益性。很多铁路具有提供普遍服务的意义,一些特殊运输,如救灾、扶贫、军事等使得铁路运输的公益性十分明显。(4)网络建设的巨额投资需求。铁路建设投资大,回收期长,收益率不会太高。中国铁路的收益率平均在6%左右,有一些线路,特别是合资铁路普遍亏损。(5)资产的专用性和巨大的沉没成本。铁路运输资产专用性强,投资将产生巨大的沉没成本。

铁路是国民经济的基础产业,该类设施的建设通常使资本所有者无法独自占有投资收益,即该产业因为有较强的正的社会外部性，由其产生的社会效益部分无法通过市场得到补偿或回收。这一点决定了政府在铁路发展方面应当承担重要的责任。经济发达国家的铁路发展也证明了这一点。以美国为例，美国铁路在发展过程中政府给予了巨大支持，最突出的是政府为铁路建设无偿提供了大量土地。

铁路的产业特征基本排除了几种资本进入的可能性：(1)投机性强的资本；(2)企望短期内获得收益的资本；(3)企望获得较高收益的资本。

二、铁路建设投融资模式

铁路是国民经济的基础产业，在投资建设方面的特点是资金需求巨大，投资回收期长，资产的专用性强。前面谈到，铁路产业的特性决定了政府在铁路建设中的重要地位和作用。然而，由于铁路发展需要巨额资金，所以，单靠政府财政资金是远远不够的。作为社会经济发展的重要基础和组成部分，铁路的发展需要吸收社会各方面的资源，拓宽资金来源渠道。

具有充足的资金是建设和发展铁路的前提，因此，融资对于铁路建设和发展来说是一项十分重要的经济活动。融资活动的成败在很大程度上决定了铁路建设项目的成败。不同国家或地区在铁路发展过程中的融资方式不尽相同。然而，探索一种适合本国(或地区)铁路发展的融资模式是各国所共同努力追求的。

融资本身是一项重要的经济活动，是资金转化为投资的基础。资金运作的多样性、复杂性决定了融资模式的多样性和复杂性，随着金融业的不断发展，金融衍生工具的不断增多，不同产业在发展过程中的融资模式也会不断创新。

铁路建设投融资需要研究和分析以下问题：

1. 总收益与总成本的权衡。铁路建设项目融资需要进行可行性分析，目的是衡量融资收益(包括直接收益和间接收益)与融资成本之间的关系。这种衡量可能是宽口径的，会与整个项目的运行与收益相关联。收益大于成本是基本原则。

2. 融资的规模与时机。融资活动都是有一定成本的，铁路融资需要对项目建设所需的资金规模和投资主体抗风险能力进行评估，根据需要确定合理的融资规模，并根据宏观经济形式、货币与财政政策、资本市场状况等选择合适的融资时机，以此控制融资成本，降低融资风险。

3. 融资方式的选择。不同的融资方式成本是不同的，风险也不同。应当对可能的融资方式进行对比分析，选择恰当的融资方式并确定它们之间的比例，以降低综合成本，并降低可能出现的风险。铁路建设对资金的巨额需求决定了融资方式可能是多种的，因此，研究不同融资方式的匹配与组合是十分重要的。

在具体的融资行为上，有以下模式可供铁路选择。

(一)债权融资

所谓债权融资是指通过借钱的方式进行融资，债权融资所获得的资金，企业首先要承担资金的利息，另外在借款到期后要向债权人偿还资金的本金。

债权融资主要有银行贷款、发行债券等形式。银行贷款是债权融资的主要形式，也是中国铁路建设最重要的融资方式之一。发行企业(行业)债券在我国是被严格控制的，不但对发行主体有很高的条件要求，并且需要经过严格的审批，铁路已经分批发行了规模不同的债券，一定程度上积累了这方面的经验。融资租赁也是融资的一种有效方式，充分利用铁路设备采购量巨大的特点，采用融资租赁能够节约资金成本，分散融资风险。

（二）股权融资

与一般工业企业不同，铁路建设的初始投资非常庞大，以至于单个的私人资本一般无力承担。铁路企业采用股份制，为在短时间内筹集大量资本提供了良好的组织形式。正如马克思所说："假如必须等待积累去使某些单个资本增长到能够修建铁路的程度，那么恐怕直到今天世界上还没有铁路，但是，集中通过股份公司，转瞬间就把这件事完成了。"①

股权融资是指企业的股东愿意让出部分企业所有权，通过企业增资的方式引进新的股东的融资方式。股权融资所获得的资金，企业无须还本付息，但新股东将与老股东同样分享企业的赢利与增长。股权融资的特点决定了其用途的广泛性，既可以充实企业的营运资金，也可以用于企业的投资活动。

在股权融资方面，铁路要争取在境内外上市，在股票市场上获得资金。通过股票市场获得的资金没有到期期限，稳定安全，财务负担小。另外，也应当采取措施，吸引战略投资者参与铁路建设，通过给予其稳定的股份达到扩大股权融资份额的目的。

（三）项目融资

项目融资成为近几十年来受到广泛关注的融资方式，其独特的融资机制，使其在铁路等基础融资领域具有较明显的优势。项目融资指以一个特定的建设项目作为融资对象，以项目的现金流量和收益作为偿还所筹资金的来源，以项目资产作为融资的安全屏障的一种融资方式。它依靠项目本身的资产和未来现金流量作为所筹资金的偿还保障，原则上发起人对项目之外的资产没有追索权或仅有有限追索权。

项目融资的具体方式包括：

1. BOT 融资方式

英文"build-operate-transfer"的缩写，意即"建设—经营—转让"，是基于项目进行融资的基础设施建设的一种方式，它是由土耳其已故总理奥扎尔在 20 世纪 80 年代民营计划的框架工程中首先提出的，并很快得到认同并在一些领域内应用。由于基础产业领域的项目建设投资较大，所以往往需要吸纳各方面资本。BOT 项目融资方式一般是由政府与项目公司签订合同，在程序上，一般通过招投标方式选择项目承办方。由项目公司融资并负责项目建设、运营和维护，通过收取使用费和服务费回收投资，并取得合理利润。在合同规定的协议期满后，该项设施的所有权无偿转让给政府。BOT 项目融资的一个显著特点就是政府赋予项目公司对某一项目的特许权，由该公司对项目的建设和经营全权负责，政府无需投资，通过特许的方式，由项目的承包人完成一些重大基础设施的建设，达到吸引社会资本参与公共设施建设的目的。BOT 的另一个特征是有限追索权，它完全依靠 BOT 项目本身的优势而非项目主办人的信用能力，将归还借款的资金来源限定在项目收益上，贷款人是针对特许权项目提供贷款，贷款清偿效果和保障依赖于项目产生的收益及其他股东和生产者在合同中约定的业务。一般情况下 BOT 方式的投资及其风险应全部或大部分由投资人承担，但按照国际惯例，哪一方更有能力控制的风险，就由哪方承担，若双方都无法控制或不适于任何一方控制的风险，就由双方共同承担。我国台湾省高速铁路建设采用的是政府主导的 BOT 方式。

---

① 《马克思恩格斯全集》第 23 卷，第 688 页。

2. TOT 融资方式

英文“transfer-operate-transfer”的缩写，意即“移交—经营—移交”，它是 BOT 的一种重要衍生模式，TOT 项目融资的特点是，项目所有人以已经建成并投入使用的基础设施为基础，与有关公司签订特许经营协议，把这一基础设施项目的经营权移交给该公司，该公司根据协议对该基础设施进行经营；经营期满后，该公司再把这项设施无偿移交给项目所有人。产生 TOT 项目融资方式的动因在于，项目所有人可以凭借该设施在未来若干年内的收益，一次性地从经营者手中融得一笔资金，用于新的基础设施项目的建设。

TOT 方式只涉及基础设施项目经营权的转让，不存在产权、股权的让渡，可以避免不必要的争执和纠纷，能够保证政府对公共基础设施的控制权，将开放基础设施建设市场与开放基础设施经营市场、基础设施装备市场分割开来。减少政府财政压力，使通过该种方式获得的资金用于建设其他基础设施。此种方式用于铁路的案例较少。

3. ABS 融资方式

英文“asset-backed-securitization”，即资产收益证券化融资。它是以项目资产可以带来的预期收益为保证，通过一套提高信用等级计划在资本市场发行债券来募集资金的一种项目融资方式。资产证券化是指将缺乏流动性但又能够产生可以预期的稳定现金流的资产汇集起来，通过一定的结构安排对资产中风险和收入要素进行分离与重组，再配以相应的信用担保和信用升级，将其转变成可以在金融市场上出售和流通的证券的过程。从技术上看，被证券化的资产必须达到一定的规模。如果规模较小，就需要找到与其性质相类似的资产，共同组成一个可证券化的资产池，从而达到规模经济。被证券化的资产收益率具有可拆分的经济价值，即资产必须具有可重组性，资产证券化的本质要求组合中的各种资产的期限、风险、收益水平等基本接近。能在未来产生稳定的现金流的资产比较适合以 ABS 方式进行融资，它既可以解决增量投资问题，也可以盘活存量资本。ABS 大体可分为项目贷款资产证券化和项目收益资产证券化。铁路行业路轨机车等存量资本巨大，加上铁路建设项目具有稳定、大额的现金流，有可能采用这种新型的融资方式。

第三节　有关国家的铁路投融资

一、美国

美国铁路建设资金主要来源于以下几方面：

1. 政府资助和支持

政府采取的资助和支持方式主要有：对轨道豁免关税、土地赠予、直接财政援助。据有关资料，从 1865 年到 1890 年，包括政府给铁路赠予土地的价值在内，政府援助的总数可以达到 15 亿～20 亿美元，占这个时期铁路全部投资的 10%～15%。在西部和南部，大约有 70 条铁路，接受了总共 13 040 万英亩土地补助①。除了直接资助外，在铁路建设时期，美国政府还对铁路建设给予了大量的间接资助，包括进口铁路用铁免关税等。以 1860 年为例，美国政府共免进口铁路用铁关税 5 989 992 美元。

---

① US Department of Transportation，Bureau of Transportation Statistics，Transportation Statistics Annual Report 1998，1999，2000。

20 世纪 30 年代以后，由于其他运输方式的快速发展，美国铁路开始逐渐衰退。在 20 世纪 70 年代的 10 年间，有 10 家铁路公司倒闭，致使占全美铁路总里程 22%的线路处于破产审理之中。在铁路衰退时期，政府对铁路运输予以支持，1973 年通过的《地区铁路改组法》(Regional Rail Reorganization Act)，称为“3R”法，规定由美国铁路协会(USRA)筹划振兴东北铁路网，政府拨给保证贷款 15 亿美元。为鼓励铁路发展，美国政府每年都提供一定额度的贷款和贷款担保。

2. 充分利用国外资本市场

美国铁路融资的主要方式是向国内外发行铁路股票、普通债券和可转换债券，这三种方式在不同时期占据不同地位。早期的美国铁路主要以发行股票的方式筹集资金，那时投资者看好铁路股票的增值。但后来普遍采用了发行债券来取得大部分资金，这是因为投资者，尤其是外国投资者认为，债券的风险小，国际流动性强。在很长的时期内，以债券方式筹集的长期借款在美国铁路投资中占 50%左右，1855 年为 40%，1872 年为 48%，1924 年为 57.1%。

二、英国

英国于 1825 年修建了世界第一条铁路，从 1840 年到 1900 年的 60 年间是英国铁路的快速发展时期，铁路营业路程由 1 350 km 增加到 35 165 km，增加超过 25 倍。英国是最早建成和使用铁路的国家，也是最早以股份制方式修建铁路的国家。19 世纪上半叶，英国国内的众多股份制公司中，铁路公司占据了相当一部分数量。英国铁路公司利用股份制的优势，以发行股票和债券的形式筹集了大量资金。

根据 1947 年颁布的运输法，1948 年英国将私营铁路公司收归国有，控制了铁路的全部资产，但由于经营方面的原因，对铁路的补贴逐渐加大。为了维持铁路运输，1968 年的铁路相关法案授权运输大臣对英国国营铁路的客运实行财政补贴，确定了政府对铁路(主要是对铁路客运)的财政补贴政策。20 世纪 80 年代后，英国对铁路进行了私有化改造，融资的责任重新落到私营公司上。

1994 年铁路改革后，由于吸引私人资本的进入，铁路投资一度有所增加。但是，政府除了支付客运补贴外，基本没有投资于线路的维修更新，铁路网更新养护完全依赖路网公司。而路网公司面临股东带来的巨大盈利压力，将经营重点放在了提高利润水平、实现高额回报上。尽管也进行了基础设施的维修及更新，但是，一方面，投入的资金远远不能阻止线路迅速破损的趋势，另一方面，它对非盈利的铁路建设项目缺乏热情。由于线路、信号设备的维修、更新跟不上，导致一系列重大事故的发生，使 Railtrack 陷入赔款、支付违约金的恶性循环当中。

三、德国

德国的经济发展晚于英国等国家，然而，在 19 世纪后期，德国工业很快赶上了法国和英国成为欧洲的头号工业强国。德国在 19 世纪的后期，出现铁路建设高潮。早期德国铁路的建设也通过股票、债券等形式筹集建设资金。1980 年德国政府每年用于交通的预算为 130 亿马克，其中约 40%用于铁路投资，1985 年，德国政府批准了 1986—1995 年的路网建设投资计划，对铁路投资的重点是加强铁路网建设，政府给予的总投资补助为 350 亿马克。1998 年政府向铁路投资 360 亿马克。政府对铁路基础设施的投资通常以三种方式进行：无偿补贴、无息贷款、以折旧还本。

四、日本

日本铁路产生于明治维新时期。1872 年,日本第一条铁路(新桥—横滨)开通,此后,日本铁路获得了较快发展。日本铁路在发展过程中得到了政府的大力支持,同时,也通过资本市场融集了资金。在管理方面,1906 年日本将 17 条铁路收归国有。第二次世界大战后的1949 年,日本通过了《日本国有铁路法》,对铁路实施了完全国有化。从 20 世纪 50 年代末期开始,与有竞争力的私有铁路和其他运输方式相比,日本国有铁路开始逐渐丧失市场。1964 年,日本国铁第一次出现运营亏损,这种状况在随后的时间内逐年剧增,到 1987 年,累计债务已达 37.5 万亿日元,企业无力筹措足够的资金来处理这些债务,政府也不可能进行无限制的补贴。

从 1964 年日本铁路亏损后,日本政府就开始酝酿对铁路进行改革,到 1987 年大规模改组之前,共进行了 4 次微调,由于这些改革未涉及企业深层次问题,所以,改革无法从根本上解决问题。1981—1982 年,由当时的首相任命的一个高层委员会——行政改革临时委员会在研究采取何种措施缓解国库危机时指出,日本国铁必须改组,并要求成立一个委员会——日本国有铁路改组监督委员会专门负责这项工作。该委员会于 1983 年开始履行职责。经过 4 年的深入研究,1987 年出台了改革方案。改革的结果是日本国铁被拆分,重组为 1 家全国性的货运公司和 6 家区域性的客运公司。6 家客运公司分别是:JR 东日本、JR 西日本、JR 东海、JR 九州、JR 四国、JR 北海道。改组后的日本铁路在债务分配上采用这样一种方式:总计 37.5 万亿日元的债务由本州三家 JR 公司(预计盈利状况比较好)承担 14.5 万亿日元,约占债务总额的 1/3。其余的 23 万亿日元由政府设立的特殊法人机构——国铁清算事业团来承担。JR 九州、JR 四国、JR 北海道由于所处地理位置比较偏,预计客运量少、营运收入低(后来的事实证明了这一点),所以不仅不承担债务,还获得 1.3 万亿日元的经营安定基金,以其利息弥补经营亏损。改革以后的日本铁路政府职能发生了根本转变,企业经营体制和经营格局得到了改善。日本国铁民营化后,政府不再负责 JR 各铁路公司的生产经营,运输省铁道事业法和铁路经营法实现了对铁路依法管理。在铁路建设方面,主要负责审查新建铁路的勘测设计报告、线路运行速度、建设主体工程及概预算等,负责审批工程计划。在铁路运营方面,主要负责制定铁路技术标准,检查监督运输安全情况,审批运输价格,防止不正当竞争。民营化改革后,JR 各公司在实行股份制方面取得了重大进展。1993 年 JR 东日本公司股票上市,此后,东海和西日本公司股票也相继上市。三家公司卖出 2 万亿日元股票,其中,东日本公司卖出了 87.5%的股票。

日本铁路利用资本市场获得了大量资金,促进了铁路发展。

五、中国铁路的投融资

中国铁路在过去很长一段时期内一直被当作政府的行政附属来看待,其“高、大、半”(高度集中、大一统、半军事化)的特征决定了政府对它的高度渗透和严重依赖,同时也决定了铁路建设资本构成的单一性。随着中国社会主义市场体制的逐渐建立,外部经济环境逐渐影响着铁路的建设与发展。铁路建设由主要依靠财政向着财政投入与银行贷款并重的方向发展,银行贷款在铁路建设中的作用逐渐增加。现在来看,铁路建设与发展基本上走过了“财政主导型”和“财政与银行主导型”的两个不同阶段。在特定的历史条件和体制框架下,这或许是一个必然选择,即便如此,这种变化在一定程度上也反映了铁路在建设和发展模式方面(从资金来源看)的些微变化。

成立中国铁路总公司之前,铁路建设资金来源包括以下几方面:

1. 国内资金

(1)政府投资

政府投资有 3 种形式,即国债投资、地方政府投资、铁道部投资。

从 1998 年开始,国债开始注入铁路建设。地方政府投资是铁路所在的省市政府出资,20 世纪90 年代,先后有多个省市曾对现有的地方铁路(包括合资铁路)征收铁路建设附加费来作为地方铁路(合资铁路)建设费用,目前有些省份用地方税返还的政策来支持地方铁路。

铁道部投资来源于铁道部的自有资金和铁路建设基金,其中从 1991 年开征的铁路建设基金是主要资金来源。

(2)国内银行贷款

银行贷款是我国铁路建设筹资的重要渠道,在我国铁路负债总额中占主要份额。

(3)铁路债券

发行铁路债券是目前国外较为普遍的一种筹资方式。其最大优点是可以筹集大量的资金,发行准备时间短,不必进行企业重组和产权变更 ,简便易行,资金来源稳定且有保证,资金的成本比间接融资成本要低。铁路债券从 1992 年起已发展了多个上市品种。

2. 国际资金

我国自 1980 年恢复在世界银行的席位后,铁路利用了多批世界银行贷款。另外,铁路还利用了亚洲开发银行、日本、德国、澳大利亚等国的贷款,但数量不多。

铁路是国民经济基础产业,是社会经济正常运行的基本载体之一。铁路是具有多重属性的产业,既有公益性,也有商业性。正因为如此,铁路的发展需要政府的大力支持和资助,同时,也要发挥市场机制,吸引社会资本参与铁路建设,建立多元化、开放式、市场化的融资体制。

应当根据铁路的性质,区分政府和市场在铁路建设中的地位和作用。从世界各国铁路的发展经验看,作为基础产业的铁路在发展过程中,国家应当给予高度重视和有力支持,同时,根据铁路发展的自身规律,考虑分类建设、分类经营、引入竞争机制的可行性以及方法和路径。政府应当在铁路建设的投融资方面给予资金和政策的支持,同时,通过投融资体制的改革和创新,大力吸引社会资本,使得铁路的投融资能够实现开放式和多元化。

作为国民经济的基础产业,铁路在经济和社会发展中的地位和作用不尽相同。根据线路在路网中的作用,铁路分为不同类型,即:公益性、商业性以及两者兼备的铁路。不同类型的铁路融资的渠道和方式也不相同。

(1)公益性铁路。公益性铁路是基于国家整体利益,为国家政治、经济和国防需要服务的铁路。此类铁路的修建主要体现公益性和社会效益,不以盈利为主要目的。公益性铁路主要包括国土开发、国防普遍服务型铁路、城市交通铁路等。

公益性铁路由于所处地域以及特殊的服务对象,决定了其经济效益不明显,投资回收期长或者根本无法收回投资等特点。此类铁路的性质决定了政府应当是投融资的主体。政府也应当对这类铁路的运营提供相应的补贴。

(2)商业性铁路。此类铁路主要为区域以及区域间的经济与社会发展服务,包括城市与区域经济发展,产业结构调整与升级,人员交流等。商业性铁路的特点是运量较大或增长十分明显,运输对区域的经济和社会发展影响明显,运输收入和经济效益较好。

商业性铁路的建设应当采用灵活和广泛的投融资模式，通过引入市场机制，在投融资体制方面实现创新突破。

铁路的公益性和商业性的界限有时很难清晰划分，一些铁路既有商业性，同时也有公益性。此类铁路的建设应当由政府和市场共同发挥作用，投融资模式也适用多元化的方式。

第四节　铁路投资的社会经济评价

一、财务评价和国民经济评价

一项投资的效益如何是投资主体乃至社会关注的焦点，对于基础设施建设项目来说，评价投资所产生的最终影响往往需要从多个方面来衡量。

铁路投资的社会经济评价一般可以从项目的财务状况以及对国民经济的影响两个方面进行，即财务评价和国民经济评价。

1. 财务评价

财务评价根据现有的财税体制价格体系，分析、计算建设项目直接发生的货币收支，考察项目的盈利能力、清偿能力以及外汇平衡等财务状况，以确定投资行为“微观上”的财务可行性。

财务评价按企业直接发生的财务收支计算项目的效益和费用，是项目的直接效益和费用。财务评价采用因行业而异的基准收益率作为折现率，如，铁路投资评价需要采用铁路的基准收益率，在价格方面使用现行的市场实际价格，如果使用汇率，则采用官方汇率。

财务评价以财务内部收益率、投资回收期和固定资产投资贷款偿还期等作为主要评价指标。根据项目特点和实际需要，也可计算财务净现值、财务净现值率、投资利润率、投资利税率、资本金利润率，或其他价值指标和实物指标。清偿能力分析主要计算资产负债率、借款偿还期、流动比率、速动比率等指标。

2. 国民经济评价

国民经济评价是基于资源合理配置的前提，从国家整体的角度考察项目的收支状况，以确定经济合理性。它是从国家和社会角度评价项目对国家经济发展和社会福利的贡献，是从宏观角度考察项目建设的国民经济效益，以确定投资行为“宏观上”的可行性。国民经济评价着眼于项目对社会提供的有用产品和服务及项目所耗费的全社会有用资源，评价过程中的效益分析包括直接效益和间接效益分析，费用分析则包括直接费用和间接费用分析。国民经济评价的税金、国内借款利息视为国民经济内部转移支付，不列入项目的费用或收益。

国民经济评价所采用的价格是根据机会成本和供求关系确定的影子价格（影子价格又称计算价格，指在一定的经济结构中，以线性规划方法计算的、反映资源最优利用的价格。它是一种虚拟价格，且随着经济结构的变化而变化）。影子价格的确定，不仅取决于某一社会折现率下的国内生产价格体系，还取决于国际市场价格、影子汇率、货物稀缺程度及供求关系等诸多因素。其他相关指标还包括影子工资、影子汇率和社会折现率等。

国民经济评价与财务评价相互衔接。国民经济评价是在财务评价的基础上进行的，财务评价中的许多数据都是国民经济评价中的基本依据。如果财务评价中采用的市场价格能反映投入物和产出物的影子价格，国民经济评价中可直接采用。国民经济评价中的现金流量表是在财务评价中所采用的现金流量表的基础上进行调整而得到的。国民经济评价与财务评价是宏观与微观的统一，一个好的建设项目，既要从宏观方面给整个国民经济带来效益，又能在微观上使投资主体获得利润。国民经济评价和财务评价正是从这一角度出发对建设项目进行评价，以期实现宏观效益和微观效益的统一。

二、铁路投资的经济评价的原则

铁路建设项目的经济评价一般以国民经济评价为主。凡有经营收入的项目，还应按企业或集团承担的投资额做财务评价，分析和计算项目的财务收益能力和清偿能力。

铁路建设项目的国民经济评价一般采用"有项目"情况和"无项目"情况对比的方法(有无对比法)。项目的国民经济效益和费用的计算应当对应一致，项目的净效益一般根据"有项目"和"无项目"对比的原则确定，主要涉及铁路在客货运输方面发生的运输费用的节约、运输时间的节约、运输质量的提高等。项目的费用主要表现为线路、枢纽、运载工具以及相关配套设施的固定资产投资、流动资金、运营以及维修费用等。

铁路运输量是计算建设项目收入和费用的基础。为便于计算项目的效益，可将运量分为正常、转移和诱发运量。正常运量是指无项目时，现有运输系统中也会存在的运量；转移运量是项目建成后从其他线路或运输方式转移过来的运量；诱发运量是指由于项目的建设而产生的新的运量。

铁路投资的经济评价需要考虑以下原则：

(1)动态分析与静态分析相结合，以动态分析为主。静态分析方法不考虑资金时间价值，这种方法简单、省时、直观，但不能反映寿命周期内经济活动的全过程，也不能反映整个经济活动中的资金时间价值。对投资的分析更需要动态的评价方法，需要考虑资金的时间因素，利用复利计算方法将不同时间内效益费用的流入和流出折算成某一时点的价值，为不同方案和不同项目的经济比较提供相同的分析基础，并能反映出未来的发展变化情况。

(2)定量分析与定性分析相结合，以定量分析为主。经济评价的本质要求是通过效益和费用的计算，对项目建设和生产过程中的诸多经济因素给出明确、综合的数量概念，从而进行分析和比较。对需要量化分析的都要准确计量和测算，精确反映收入和支出，准确计量投资效益。

(3)综合经济效益分析与局部经济效益分析相结合，以综合效益为主。投资的经济评价是要考察建设项目的综合效益。因此，应当把项目评价的出发点和落脚点放在综合经济效益分析上，采用能够反映整个计算期内经济效益的内部收益率、净现值等指标，并用这些指标作为项目取舍的判别依据。

(4)宏观效益分析与微观效益分析相结合，以宏观效益分析为主。对铁路项目进行经济评价，不仅要看项目本身获利多少，还要考察项目的建设和经营对国民经济的贡献。现行方法规定，财务评价和国民经济评价结论均可行的项目，应予通过；反之，应予否定。国民经济评价结论不可行的项目，一般应予否定；对一些具有特殊政治、经济、国防等意义的线路，财务评价可放在次要的地位。

(5)价值分析与实物分析相结合，以价值分析为主。铁路投资的经济评价应当把物资因素、劳动因素、时间因素等量化为资金价值因素，在评价过程中对不同项目或方案具有可比性的同一价值量进行分析，并据以判别项目或方案的可行性。

三、铁路建设项目投资评价的主要指标

项目投资评价的主要指标如图 9—1 所示。

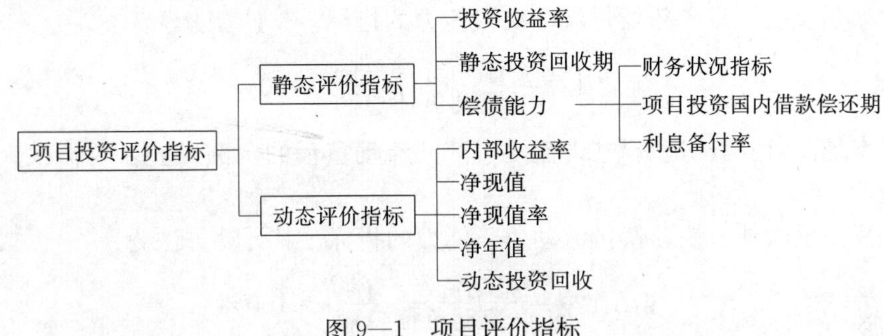

图 9—1 项目评价指标

(一)静态评价指标

1. 投资回收期(P_t)

投资回收期是指从项目的投建之日起,用项目所得的净收益(净现金流量)偿还原始投资所需要的年限。计算公式为:

$$\sum_{t=0}^{P_t}(CI-CO)_t=0 \tag{9—1}$$

如果项目建成投产后各年的净收益均相同,则计算公式为:

$$P_t=\frac{I}{A} \tag{9—2}$$

如果项目建成投产后各年的净收益均不相同,则计算公式为:

$$P_t=(T-1)+\frac{\text{第}(T-1)\text{年累计现金流量的绝对值}}{\text{第 }T\text{ 年现金流量}} \tag{9—3}$$

式中 P_t——静态投资回收期;

CI——现金流入;

CO——现金流出;

I——投资;

A——年金;

T——累计现金流量首次为正的年份。

评价准则:(1)最佳方案:投资回收期最短的方案;(2)可行方案:小于或等于基准投资回收期的方案;(3)不可行方案:大于基准投资回收期的方案。

2. 投资收益率(E)

投资收益率是指项目在正常生产年份的净收益与投资总额的比值。

(1)当 K 为总投资,NB 为正常年份的利润总额,则 E 称为投资利润率;

(2)当 K 为总投资,NB 为正常年份的利税总额,则 E 称为投资利税率。

评价准则:越高越好,低于无风险投资利润率(利税率)的方案不可行。

3. 偿债能力指标

(1)财务状况指标:资产负债率、流动比率、速动比率。

$$\text{资产负债率}=\frac{\text{负债合计}}{\text{资产合计}}\times 100\% \tag{9—4}$$

资产负债率高，企业的资本金不足，对负债的依赖性强，在经济萎缩或信贷政策变化时，应变能力较差；资产负债率低，企业的资本金充裕，企业应变能力强。当然，资产负债率的高和低本身也是一个相对的概念。

流动比率是反映项目各年偿付流动负债能力的指标。其计算方法为：

$$流动比率=\frac{流动资产总额}{流动负债总额}\times 100\% \tag{9—5}$$

流动比率越高，说明营运资本(即流动资产减流动负债的余额)越多，对债权人而言，其债权就越安全。

速动比率是反映项目快速偿付流动负债能力的指标。其计算方法为：

$$速动比率=\frac{流动资产-存货}{流动负债总额}\times 100\% \tag{9—6}$$

速动比率属于衡量短期偿债能力的指标。它反映项目流动资产总体变现或近期偿债的能力，因此必须在流动资产中扣除存货部分。

(2)项目投资国内借款偿还期(P_d)。在实际工作中，可根据下面公式推算：

$$P_d=(借款偿还后出现盈余的年份数-1)+\frac{当年应偿还借款额}{当年可用于还款的资金额} \tag{9—7}$$

评价准则：需要满足贷款机构的要求时，方案可行，否则，不可行。

(3)利息备付率。利息备付率表示使用项目利润偿付利息的保障倍数(又称已获利息倍数)，指项目在借款偿还期内各年可用于支付利息的税息前利润，与当期应付利息费用的比值。其计算式为：

$$利息备付率=\frac{税息前利润}{当期应付利息费用} \tag{9—8}$$

式中：税息前利润为利润总额与计入总成本费用的利息费用之和；当期应付利息是指当期计入总成本费用的全部利息。利息备付率可以按年计算，也可以按整个借款期计算。

评价准则：利息备付率应当大于2，否则，表示项目的付息能力保障程度不足。

(4)偿债备付率。偿债备付率是指项目在借款偿还期内，各年可用于还本付息的资金与当期应还本付息金额的比值。其计算式为：

$$偿债备付率=\frac{可用于还本付息资金}{当期应还本付息金额} \tag{9—9}$$

式中：可用于还本付息资金包括可用于还款的折旧和摊销，成本中列支的利息费用，可用于还款的税后利润等；当期应还本付息金额包括当期应还贷款本金及计入成本的利息。

偿债备付率可以按年计算，也可以按整个借款期计算，它表示可用于还本付息的资金偿还借款本息的保障倍数。

评价准则：正常情况应当大于1，且越高越好。当指标小于1时，表示当年资金来源不足以偿付当期债务，需要通过短期借款偿付已到期债务。

(二)动态评价指标

投资评价的动态评价指标不仅考虑了资金的时间价值，而且考虑了项目在整个寿命期内的经济数据，因此比静态指标更全面、更科学。

1. 净现值(net present value，*NPV*)

按照一定的折现率，将项目各年的现金流量贴现到项目期初的现值累加值。

计算公式：

$$NPV = \sum_{t=0}^{n}(CI - CO)_t(1+i)^{-t} \tag{9—10}$$

式中 NPV——净现值；

$(CI-CO)_t$——第 t 年的净现金流量；

n——计算期(年)；

i——折现率。

项目净现值逐年累计会形成一条随时间变化的曲线(见图 9—2)。

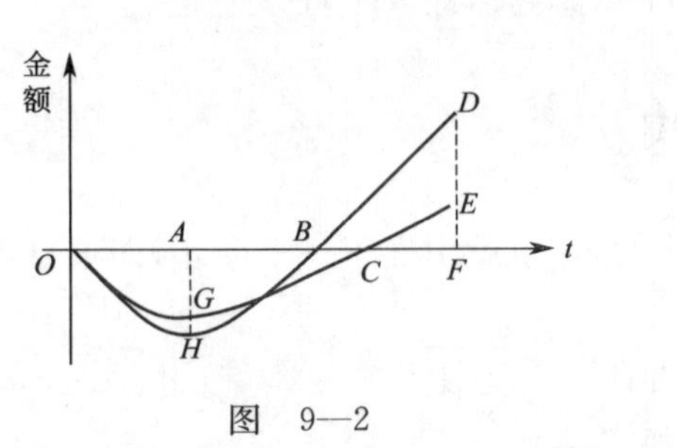

图 9—2

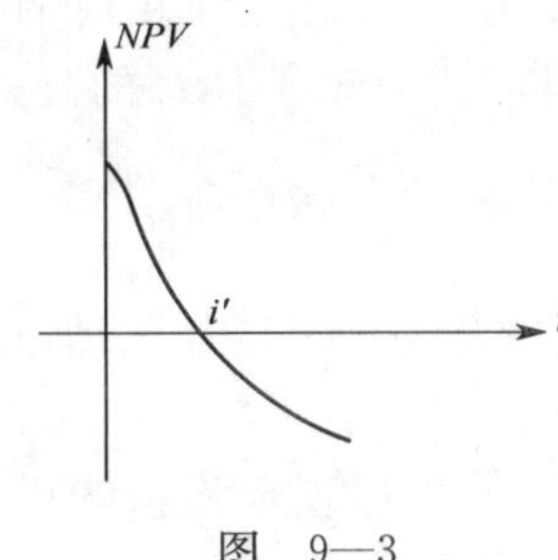

图 9—3

图中：

AH—总投资额；

AG—总投资现值；

DF—累计净现金流量(期末)；

EF—净现值；

OB—静态投资回收期；

OC—动态投资回收期。

由 NPV 的计算公式可以看到净现值与折现率的关系，二者成反比，净现值曲线与 i 轴有一交点 i'(见图 9—3)。

评价准则：使用净现值法的基本判别法则是用净现值的大小来判别方案的优劣。对单一投资方案而言，$NPV \geqslant 0$，可行；多投资方案比选时，NPV 越大的越好。

在互斥方案评价时，净现值必须慎重考虑互斥方案的寿命，如果互斥方案寿命不等，必须构造一个相同的研究期，才能进行各个方案之间的比选。

净现值不能反映项目投资中单位投资的使用效率，不能直接说明在项目运营期间各年的经营成果。

2. 净现值率(*NPVR*)

净现值率是指投资方案未来的现金流入量的现值同原始投资额之比，表示单位投资除获得符合设定折现率要求的净收益外，还可获得的超额净收益。净现值率常用于有资金约束条件下多个方案的排队和优选。

计算公式：

$$NPVR = \frac{NPV}{I_0} \tag{9—11}$$

式中 NPV——项目的净现值；

I_0——原始投资的现值合计。

3. 内部收益率(internal rate of return, IRR)

内部收益率是净现值等于零时的折现率。计算公式：

$$\sum_{t=0}^{n}(CI-CO)_t(1+IRR)^t=0 \tag{9—12}$$

评价准则：$IRR \geqslant i_c$（i_c 为基准收益率），投资项目可行；反之，则不可行。

IRR 的计算比较复杂，通常情况下，IRR 的计算有试算法和线形插值法。

采用试算法需要找出 i_1 和 i_2 及其相对应的 NPV_1 和 NPV_2（见图 9—4）。在这里，为保证 IRR 的精确度，i_1 和 i_2 之间的差距一般以不超过 2%为宜，最大不宜超过 5%。

采用线性内插法计算 IRR 的公式如下：

$$IRR \approx i' = i_1 + \frac{NPV_1}{NPV_1 + |NPV_2|} \times (i_2 - i_1) \tag{9—13}$$

值得注意的是，求解 IRR 的理论方程应有 n 个解，这也就引发了一个问题，即项目内部收益率是否是唯一的。

对于常规项目（净现金流量的正负号在项目寿命期内仅有一次变化）而言，只要累计净现金流量大于零，就有唯一解，该解就是项目的 IRR。

对于非常规项目（净现金流量的正负号在项目寿命期内有多次变化）来说，该类项目方程的解可能不止一个，需根据 IRR 的经济含义检验这些解是否是项目的 IRR。

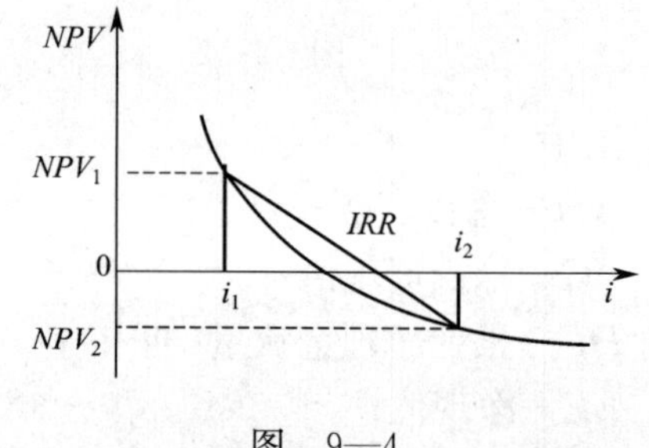

图 9—4

净现值法和内部收益率法在评价项目时存在一定的差异，NPV 从绝对价值量来衡量项目的经济性，而 IRR 是从相对报酬来衡量项目的经济性。NPV 的计算需要先给出折现率，而 IRR 是将计算结果与实际利率进行比较来判断项目是否可行，因此，IRR 比 NPV 更具客观性。两者绝对判断法则相同，相对判断法则有差异，NPV 最大准则成立，而 IRR 最大准则不成立。

4. 盈利能力指数(PI)

盈利能力指数是指一次性投资项目生产期现金流量的现值与初始投资的比值，即单位投资的现值。计算方法是：

$$PI = \frac{PV}{I} \tag{9—14}$$

式中 PV——项目生产期现金流量现值；

I——初始投资。

单方案时，判别准则是：$PI \geqslant 1$，项目可行；$PI < 1$，项目不可行。

多方案时，判别标准是：PI 越大越好。

盈利能力指数法可以解决投资额不等的项目的比较判断（一次性投资问题）。

以上是进行投资项目评价时经常用到的一些指标和方法。不同的方法有不同的特点，它们各自的适用性不尽相同。在进行项目评价时，需要根据实际情况加以选用。

思　考　题

1. 投融资的含义与分类。
2. 铁路投融资模式有哪些?
3. 阐述有关国家铁路的投融资特征。
4. 铁路建设项目投资评价的主要指标有哪些?
5. 什么是流动比率、速动比率、净现值、净现值率、内部收益率? 如何计算?

第十章　城市轨道交通的意义、性质和特征

第一节　城市交通

城市交通是城市社会经济发展必不可少的部分，是城市正常运行的基本保证。关于城市交通的概念有广义和狭义之分。狭义的城市交通是指为满足城市居民正常的生活、工作、教育、文化、社交等活动而产生的所有人与物的运输活动。其交通方式和工具包括地面、地下、空中、水上等。

广义的城市交通概念是从更宽泛的角度看待和定义城市交通的。广义的城市交通概念包含以下三个方面内容：(1)城市的交通基础设施、载运工具等，是城市交通的物质基础；(2)通过使用载运工具在相关基础设施上的移动实现为旅客和货主服务，体现城市交通的服务性；(3)为实现城市交通服务而建立的相应的管理体制，包括在建设环节(含之前)的城市交通规划体制、投融资体制、城市交通建设管理体制等，在运营服务环节的城市交通运营管理体制，包括城市公共交通运营管理体制、交通需求管理、道路及车辆使用管理等。

从受众者角度看，城市交通是利用城市道路基础设施系统向社会公众以及其他相关主体提供运输服务，它既包括私人交通，也包括公共交通，既有旅客运输，也有货物运输，不同城市因规模、性质、结构、地理位置和政治经济地位的差异而各有特点，相比较而言，旅客运输在城市交通中的地位和作用更加明显一些。

城市交通显然是针对城市而言的，它和城市的发展密切相关。在工业革命没有出现的前城市化阶段，城市的范围小，社会经济活动简单，这时的城市交通主要是通过步行和畜力牵引实现城市区域内的位移，其主要特征是出行范围小、出行距离短、速度慢。

当工业革命产生后，人类社会从农业文明开始向工业文明过渡，城市的发展也进入到一个新的阶段。工业革命加快了城市化的进程，使得城市成为人、财、物、技术、信息、文化交流等高度聚集的地方，生产要素和生活要素的高度集聚从根本上改变了人们以往传统的生产和生活方式。城市化的进程也加剧了城市规模的扩大(包括人口规模、经济规模、空间规模等)。

城市化导致城市交通发生了深刻变化，使得城市交通在交通工具、出行范围、出行速度等方面都较之前有了本质变化。

城市公共交通是城市交通的组成部分，历史上最早的公共交通服务可以追溯到罗马时代，那时一些地区就开始有了车辆出租服务系统，交通工具主要是两轮马车或四轮马车。美国的第一条公交线路是1827年出现在纽约城的可载12人的马车，1829年英国伦敦出现了第一辆马拉式公共交通工具，向市民提供出行服务。在这之后，随着城市的不断发展，城市公共交通也开始逐步发展起来，交通工具也由畜力牵引的马车转向机械动力、电力牵引的汽车、城市轨道交通等，并成为城市交通的主要形式。

20世纪50年代后，汽车产业的快速发展以及人们生活水平的提高，使得小汽车数量迅速增加，并成为人们日常生活的重要交通工具，这在很大程度上影响了提供公共服务的城市公共

交通的发展。在一些经济发达国家，由于城市内小汽车的过度使用，使得公共交通逐渐萎缩，城市道路拥挤加剧，交通事故增多，噪声加大。同时，大量汽车尾气排放又导致城市空气污染。解决城市交通以及由其所带来的相关问题成为城市发展中最为主要的问题之一。

我国的城市交通经历了步行、人力车、畜力车时代，实际上，直到 20 世纪 20 年代和 30 年代，人力车作为交通工具，在中国的很多城市仍然十分普遍。新中国成立后的很长时间内，自行车是城市交通的重要工具，也可以说是主要工具。人们上下班主要依靠自行车，“自行车王国”曾经是对中国城市交通工具的真实写照。20 世纪 90 年代后期开始，小汽车开始进入百姓家庭，由此，城市机动车的数量开始进入迅速增加的时代。以北京为例，新中国成立初期，北京只有机动车 2300 辆，1966 年发展到 2.8 万辆，1978 年，机动车拥有量也只有 7.7 万辆。改革开放后，经过 10 多年的发展，1997 年 2 月，机动车达到了 100 万辆，2003 年 8 月达到 200 万辆，2010 年 7 月已经超过 440 万辆。

单纯从客运角度来说，城市交通的发展大致经历了以下几个阶段：

(1)步行和马车为主的时代。早期的城市规模较小，在空间分布上十分紧凑。例如 19 世纪 30 年代，伦敦的城市半径不超过 5 km，城市的功能并不完善，且都集中在一起。由于技术原因和经济发展水平的限制决定，这一时期的交通工具十分简单，交通量也比较小。城市内的交通主要通过步行和畜力牵拉，城市内的出行或运输距离也比较短，速度缓慢。

(2)非机动车辆和机动车辆共存的时代。这一时期的城市规模开始扩大，城市交通除了步行、自行车等非机动私人交通工具外，传统意义上的公共交通，如电车等在城市交通中发挥着作用。

在我国，自行车曾经是城市交通中最重要的交通工具。1949 年新中国成立后一直到 20 世纪90 年代，自行车在我国城市交通中发挥了十分重要的作用，它是城市居民上下班、购物，甚至郊游的主要工具，我国也因此被称为“自行车王国”。

(3)以小汽车为代表的机动化交通工具为主的时代。20 世纪 50 年代以后，经济发达国家的小汽车逐渐进入家庭并成为重要的交通工具。汽车产业的发展和经济的快速增长导致小汽车在城市的大量使用，作为资源和人口高度聚集的地方，城市内的各项活动和交流(商务、生活、学习等)越来越频繁，人们出行的需求也越来越大。由于城市经济的发展和人们生活水平的提高，小汽车在城市的使用率越来越高。大量的出行需求以及小汽车等私人交通工具的大量使用，导致城市交通越来越拥堵，并且已经成为大城市普遍存在的现象。小汽车的广泛使用导致城市交通问题开始凸显，城市交通问题、环境问题等成为城市发展最为引人关注的问题。小汽车的广泛使用也促进了经济发达国家的城市发展进入到郊区化时代，人们居住地日益分散，城市的边界越来越模糊。

(4)倡导轨道交通为主的现代公共交通时代。小汽车拥有量的增加并没有使城市居民的出行更为高效。相反，由于交通拥堵的加剧，使得交通效率反而下降，由于无法掌控路上的情况，人们需要预付更多的时间用于应付在交通上可能出现的各种问题。显然，基于个体理性的、追求个人效用最大化交通方式是导致城市交通问题的主要根源，解决城市交通拥堵，提高城市交通效率应当大力发展基于集体理性的、以轨道交通为代表的公共交通运输。城市交通问题的恶化迫使人们开始理性思考原有的城市交通模式，基于集体理性的、政府主导的、公共交通为主的城市交通发展模式开始被广泛接受，并付诸实践。发展公共交通，特别是以大容量、快速、准时的轨道交通为主体的城市公共交通体系成为多数城市努力的目标。可以说，城市交通在这一时期进入了以轨道交通为主的公共交通时代。

以轨道交通为主的城市交通（在客运方面）的主要特点是，轨道交通分担的交通量不断增加，成为城市交通的骨干，城市轨道交通为主体的公共交通与私人机动交通工具的有效联接大大提高了城市交通效率，缓解了城市交通拥堵，也在很大程度上减少了其他交通方式带来的负外部性，促进了城市的集约化程度，拉动了轨道交通沿线的土地增值和经济发展。目前，在很多经济发达国家的大城市，轨道交通承担的运量比例超过全部公共交通的60%。

城市轨道交通的发展提高了公共交通的载运能力，缓解了道路拥挤，提高了城市交通效率，因此，成为缓解城市交通拥堵、解决城市交通问题的重要方法和途径。

一般来说，城市交通由以下几部分组成（见图10—1）。

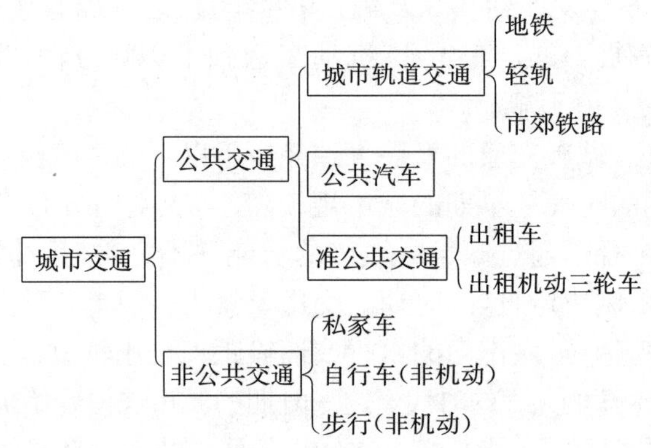

图10—1　城市交通的构成

现代城市交通工具（包括客运和货运）主要有以下几类（见图10—2）：

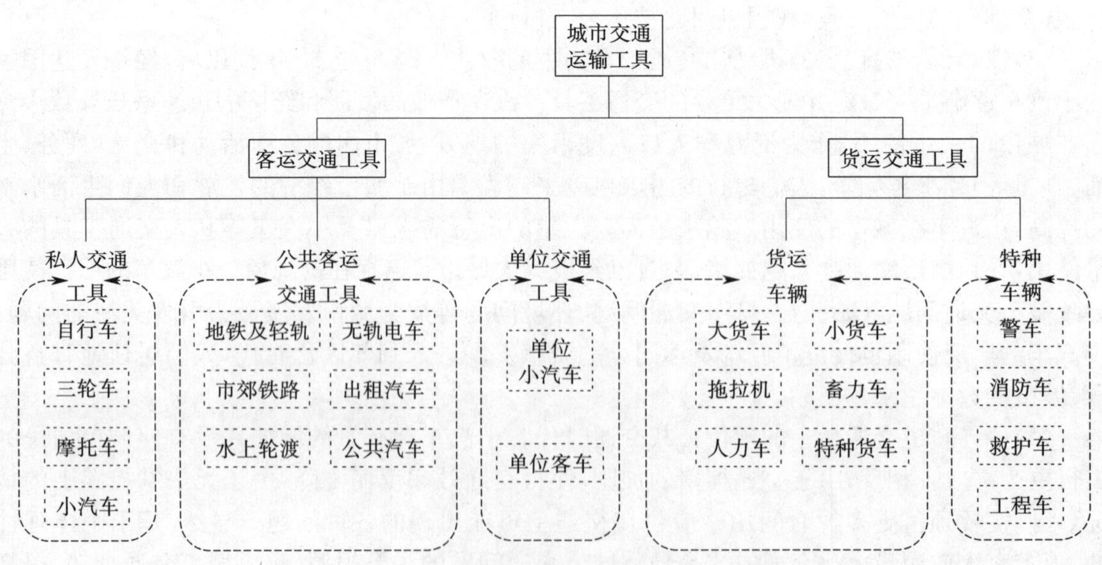

图10—2　现代城市交通工具的分类

第二节　城市轨道交通的产生与发展

城市轨道交通的产生与发展已经有100多年的历史。1843年皮尔逊为伦敦市设计了世界上最早的城市地铁系统，他的建议和规划提交到英国议会讨论。20 年以后，世界上第一条地下铁道终于在 1863 年 1 月 10 日建成开通，这也是第一条城市轨道交通，它开启了城市客运轨道交通发展的先河。伦敦地铁通车第一年运量就达到 950 万人次。1890 年前伦敦地铁采用蒸汽机车牵引，此后改为电力牵引。

从 1863 年到 1949 年世界上约有 20 多个城市修建了地下铁道。第二次世界大战后，伴随着各国城市的快速发展，地下铁道进入快速发展的阶段。表 10—1 是世界上主要城市轨道交通的通车时间和通车里程。

表 10—1　世界城市地铁情况

城　市	始运年份	到 2008 年前的运营长度(km)	城　市	始运年份	到 2008 年前的运营长度(km)
伦　敦	1863	408.0	东　京	1927	230.3
巴　黎	1900	315.4	首　尔	1974	286.9
柏　林	1902	142.1	墨西哥城	1969	201.4
莫斯科	1976	243.6	北　京	1971	200.0
芝加哥	1892	173.0	上　海	1995	234.0
纽　约	1904	443.2			

资料来源：http://zh.wikipedia.org。

城市轨道交通在城市经济发展以及大城市化的过程中扮演了重要角色，因为城市轨道交通具有占地面积小、运能大、速度快、交通伤亡率低、环境污染少等优点。城市轨道交通的特点使得世界上各大城市纷纷采用这一系统来解决城市的交通问题，并且形成了地下铁路为主体，多种轨道交通类型并存的城市轨道交通发展格局。目前，世界上已经有 40 多个国家的 100 多个城市拥有自己的地铁，地铁线路达到 200 多条，站点 3 000 多个，运营里程 5 000 多 km。

在当今世界各个大城市中，轨道交通已经在整个交通系统中处于骨干地位，分担了大部分城市的交通运输任务(见表 10—2)。

表 10—2　各大城市轨道交通承担量

城　市	轨道交通(%)	公共汽车，电车(%)	城　市	轨道交通(%)	公共汽车，电车(%)
伦敦(1982 年)	89	11	柏林(1986 年)	54	46
莫斯科(1986 年)	49	51	维也纳(1982 年)	88	12
东京(1990 年)	94	6	香港(1982 年)	33	67
纽约(1984 年)	68	32	首尔(1995 年)	43	57
巴黎(1984 年)	65	35			

资料来源：中信建投研究所《世界城市轨道交通》。

从统计数据来看，世界上各大城市的轨道交通系统都比较发达，城市的人口密度越高，其轨道交通的功能地位越重要。

轨道交通具有其自身的技术经济特点以及其他交通工具所不具有的优势(见表 10—3)。

综合相关技术指标看，轨道交通在各类城市交通工具中具有很强的比较优势，占地面积小、速度快、运能大、能源消耗少。不管是在可达性、经济性抑或是可持续性方面，它的优势都十分明显。

表 10—3 不同交通工具相关技术经济指标

项 目 \ 交通工具	自行车	小汽车	公共汽车	轨道交通
占地面积(m^2/人)	6～10	10～20	1～2	0～0.5
能源消耗(kJ/人公里)	0	3 016.66～3 476.90	753.12～903.74	292.88～418.40
运量(人/h)	2 000	3 000	6 000～9 000	10 000～30 000
运输速度(km/h)	10～15	20～50	20～40	40～60
二氧化碳(克/人公里)	0	44.6	19.4	0
死亡率(每亿人公里)	—	1.170	0.082	0.005
适用范围	短途	较长距离	中距离	长距离

城市社会经济的快速发展客观上对轨道交通的发展提出了要求，也进一步加速了它的发展。

(1)城市社会经济的发展导致人们在交通需求方面有了更高和更具体的要求，其中很重要的就是方便、准时和快捷。城市轨道交通由于其相对独立的运输系统，受地面其他因素影响小等特点，决定了它具有准时和快捷的特点。当居住地和上班地距离轨道交通的站点不远时，轨道交通几乎是最好的出行选择。这也是为什么轨道交通附近的房地产价格明显偏高的主要原因。

(2)轨道交通载运量大，是大城市输送大客流的良好的交通工具。轨道交通不仅单个列车的旅客载运量大，而且可以通过调整发车间隔来调整不同时间段内的载运能力，非常适合城市交通高峰时段和非高峰时段运输能力的调整。

(3)轨道交通具有较好的可持续发展特性。轨道交通完成单位运输量所排放的污染物以及所消耗的能源远低于其他交通方式，尤其是私人交通方式，轨道交通是资源节约和环境友好型的交通工具。

(4)轨道交通能提供更舒适的乘车环境，也具有更大的安全性。

到 2008 年我国共有 12 个城市和地区(含香港和台湾地区)开通了城市轨道交通，内地开通运营轨道交通的城市有北京、上海、广州等 10 座城市，共计 29 条线路，线路总长 776 km，年客运总量达 22.1 亿人次。目前，我国轨道交通正处于大规模建设发展时期，全国 48 个百万人口以上的大城市中，已有 20 多个城市开展了轨道交通建设的前期工作，国务院已经批复了 22 个城市的地铁建设规划，总投资 8 820.03 亿元。以北京、上海等为代表的特大城市的轨道交通建设速度明显加快，轨道交通网络逐渐形成并日渐完善。据统计，北京、上海等 15 个城市共有约 50 条、共计 1 154 km 轨道交通线路在建。到 2015 年前后，我国建成和在建轨道交通线路将达到 158 条，总里程将超过 4 189 km。

城市轨道交通能够明显提高旅客运量，因此有些国家是按城市人口规模的多少决定是否建设轨道交通，也有一些国家采用根据客运需求状况以及城市发展的需要决定是否建设轨道交通，如欧洲很多国家的城市轻轨运输系统建设更多是从环境保护的角度考虑而建设的，还有一些是为了观光游览等需要建设的。

目前国务院批准地铁建设一般依据 3 项指标来衡量，即城市人口在 300 万人以上，GDP 在1 000亿元以上，地方财政预算收入 100 亿元以上，而轻轨的标准只要达到上述条件的 60% 即可，目前全国有将近 50 个城市具备了轨道交通的建设需求和条件。

人口在100万～200万人的大城市，交通高峰时段每小时最大断面客流量为2万～3万人次时，配备中等客运量的轨道交通系统一般可以满足公交客运的要求；而人口在300万人以上的大城市，交通高峰时段每小时最大断面客流量达到万人次以上时，则需要建设大运量的地铁系统来保证城市居民出行的需要。有的特大城市，不仅需要修建地铁，而且还要修建轻轨、BRT等加以辅助，形成多种方式结合的公交运输网络。具体到每个城市修建地铁还是轻轨，或者两者相结合，要看城市的经济实力，也要结合其他相关因素通过科学分析和评估来决定。

城市轨道交通的发展经历了一个曲折的过程，大致可以分为以下几个阶段：

(1)探索和初始发展阶段(19世纪60年代初—20世纪50年代)。这一时期是城市轨道交通的创建、探索和成长阶段，一些国家的城市轨道交通在这一阶段开始创建并摸索发展。其间，共有约18个城市建设了地铁。

(2)城市发展引领下的快速增长阶段(20世纪50年代—20世纪80年代初)。第二次世界大战后，城市轨道交通的理念和技术开始从欧美扩展到其他一些国家的城市，这期间，一些后起的经济发达国家和地区开始修建地铁，城市轨道交通在世界不同国家的城市逐渐成为重要的交通工具。20世纪70年代和80年代出现了城市地下铁道建设的高峰，建设里程一路上升。虽然发达国家的主要大城市如纽约、华盛顿、芝加哥、伦敦、巴黎、柏林、东京、莫斯科等继续完善地铁网络的建设，后起的中等发达国家和地区修建地铁的速度也明显加快。这期间城市轨道交通的发展起因于各国经济的发展，特别是城市经济的发展，城市经济的发展催生了对城市交通的巨大需求。于是，很多城市开始着手发展大容量的、以轨道交通为代表的公共交通方式。欧美等经济发达国家的城市继续扩大和完善既有的城市轨道交通系统，而一些转型经济国家由于经济发展以及城市化进程的加快，导致城市交通问题的凸显，从而也加快了城市轨道交通的建设步伐。经济赶超型国家修建地铁速度也在明显加快。

(3)新兴市场经济国家快速发展阶段(20世纪90年代至今)。20世纪90年代，各国城市轨道交通的建设曾出现过一段沉寂，然而进入到21世纪后，一些国家的城市，特别是新兴市场经济国家的城市轨道交通建设开始加快，其中，以中国最为明显。进入21世纪后，世界经济格局发生了巨大变化，新兴市场经济国家在城市交通基础设施建设上投入了更多的资金。例如，亚洲共有26个城市修建城市地铁，除了日本的东京和大阪在第二次世界大战前就有地铁外，其余24个城市的地铁都是在这期间建设的。经济发达国家的城市轨道交通处于相对平稳态势。

第三节　城市轨道交通的构成及技术经济特征

一、城市轨道交通的构成

城市轨道交通是城市交通的重要组成部分。城市轨道交通依托轨道运行，借助电力驱动，通过不同的列车编组完成对旅客的运输。我国《城市公共交通常用名词术语》将城市轨道交通定义为“通常以电能为动力，采取轮轨运转方式的快速大运量公共交通之总称”。

城市轨道交通包括地铁、轻轨、市郊铁路等，城市中心的轨道交通以地铁为主，轻轨、市郊铁路为辅，有些城市市郊铁路发挥了主要作用，相比较而言，有轨电车越来越少。城市轨道交通的特点是运量大，在很多地方不占用地面资源，与地面其他交通工具互不影响。

具体来说，城市轨道交通包括地铁、轻轨、市郊铁路等。

1. 地铁(subway,metro)

地铁多建于大的经济发达城市,具有运量大、速度快、准时、安全等特点。地铁一般建于地下,能够充分地利用地下资源,减少道路机动车流量,缓解交通拥堵,还能够促进沿线经济发展和土地价值的提高。

2. 轻轨(light rail transit,简称 LRT)

轻轨是在有轨电车基础上发展起来的中容量的中速客运系统,轻轨线路有地面、高架和地下线,以地下和高架为主,轻轨系统的适用性强,线路半径可以到 25 m,线路的坡度可以达到 8%,因此在不便于修建地铁的地区,一般选用轻轨系统。1978 年,国际公交联合协会(UITP)曾给轻轨下一个定义,认为"轻轨交通车辆施加在轨道上的荷载,相对于地面铁路和地铁的荷载较轻,故称轻轨"。

3. 市郊铁路

市郊铁路与城市公共交通相协调,主要承担城市郊区与城市间的运输任务。城市的发展导致郊区化现象的加强,大量人口在郊区或卫星城居住而在市中心工作,从而产生流向集中且时间性差异明显的大量客流。市郊铁路以市中心为核心,覆盖城市郊区周边地区,它编组灵活,可适应时间和方向性比较明确的通勤出行的需求。

城市轨道交通是城市公共设施的重要组成部分,在社会经济发达的城市,由于交通需求的迅猛增长以及道路交通的拥堵,轨道交通的意义和作用越来越明显。

二、城市轨道交通的技术经济特征

城市轨道交通作为一种大运量、快速、准时、舒适的公共交通方式,对于人口高度密集的城市,尤其是特大城市缓解城市交通拥堵,优化城市交通布局体系都有着积极的作用。作为重要的城市交通基础设施,主要具有如下经济属性和特征:

1. 城市轨道交通服务具有公共物品属性

城市公共交通是解决城市交通问题的主要方式。城市轨道交通是城市公共交通的重要组成部分,具有公共物品属性。首先,轨道交通运输在消费上具有一定程度的非竞争性,具有较强的公益性。城市居民在享受地铁带来的交通拥堵减轻、环境改善等好处时,其给地铁运营带来的边际成本为零或接近于零。其次,轨道交通运输是可分割的。每个消费者可以通过买票乘车的方式对城市轨道交通运输产品进行消费,因此其具有效用的可分性。第三,城市轨道交通的使用还具有一定的竞争性。当轨道交通达到拥挤点后,增加新的乘客无疑会增加对轨道交通使用的竞争性,当然,这种竞争不会通过票价等手段来解决,在秩序良好的情况下,人们需要通过排队来解决这一问题。城市轨道交通对使用者采用相同的服务,但当乘客越来越多的时候,会产生拥挤问题,乘客的个人效用将会下降。

城市轨道交通与其他公共交通方式均具有公共物品属性,但又存在相互协调、相互竞争的关系。相对于公共电(汽)车,城市轨道交通具有更大的运输能力,且不会受到地面交通状况的影响;相对于出租汽车,城市轨道交通也仍然具有快捷的优势,只是在直达性上稍差。大城市尤其是特大城市应当充分发挥城市轨道交通大运量、便捷、准时的优点,最大限度地发挥城市轨道交通性能价格比的优势,有效控制城市机动化的速度,在城市交通体系中起到骨干作用。

城市轨道交通公共物品属性决定了其主要由政府来提供,价格政策的制定应由政府主导,在价格水平上以消费者承受能力作为参考因素,兼顾投资者、运营者的利益。

2. 城市轨道交通设施具有明显的成本沉淀性和资产专用性

从技术经济特征看，城市轨道交通设施一旦建成，客观上就难以将其占有的土地、资金以及其他设施改作他用，因而这些资源极容易成为沉淀成本，即具有沉淀性。成本的沉淀性决定了投资轨道交通的资金很难移作他用，投资所形成的资产具有较强的专用性。

上述特性决定了城市轨道交通设施的建设投资大、建设周期长，其形成生产能力和投资回收的周期也很长。因此票制票价的制定应当充分考虑城市轨道交通的技术经济特征。

3. 城市轨道交通运营具有网络型产业特征

城市轨道交通系统内的固定设施资源体现出显著的网络性，这表明了为特定运输需求提供服务的设施要想发挥其作用，必须作为一个整体提供服务。因此当由于种种原因出现部分设施的使用不畅时往往会影响整个运输设施的使用，局部的问题将演变成整体的问题，带来较大的资源浪费和损失。反之，随着城市轨道交通网络结构的不断完善，以及与其他公共交通方式间有效衔接，不仅轨道交通自身的规模效应能够明显提高，而且也有助于整个城市公共交通系统运营效率的提高，强化城市交通网络规模经济的实现。

随着城市轨道交通网络规模的扩大、结点数量的增加，其网络效应日益明显，吸引力也明显提高。城市轨道交通网络形成过程中，轨道交通与其他公共交通方式之间的匹配关系也随之发生变化。因此，当城市轨道交通网络规模达到一定程度后，制定合理的票制票价会促进市民出行方式的调整，充分发挥城市轨道交通优势，实现城市公共交通资源的有效的配置。

4. 城市轨道交通具有明显的正外部性

城市轨道交通正外部性包括：减少城市污染产生、减少交通事故、缓解交通拥堵、推动沿线土地的增值等(见表 10—4)。

表 10—4　城市轨道交通正外部性

城市轨道交通 项　目	表现形式	具体影响
正外部性	行为范围延伸	出行便捷、准时、成本低
	沿线土地升值	沿线房地产升值
	可达性提高	集聚性强，居民生活和工作更加方便

轨道交通的另一个特点是有利于缓解城市交通拥堵。交通拥堵(道路)是大城市普遍存在的现象。城市道路是一种共有资源，使用上没有排他性(一些城市施划的公交专用道除外)，但具有竞争性。由此，对道路的过度使用是普遍存在的。轨道交通能够一定程度上吸引道路上的客流，从而缓解道路拥堵状况。

5. 城市轨道交通具有明显的规模经济特征

地铁的经济技术特征主要有：第一，地铁发挥作用以路网规模为前提，覆盖面越大，客流量越大，其社会价值就越大，效率就越高；第二，地铁路网建设投资规模大，建设期长，资产的流动性差，沉淀成本高；第三，地铁的主要资产——土建部分使用时间长，具有一定的永久性；第四，在任何服务点上地铁所提供的服务都取决于路网的整体水平。可见，地铁存在最低效率规模，且规模效益递增，具有非常明显的规模经济特征。

6. 城市轨道交通具有独特的成长周期

按照国家有关规定，轨道交通项目的资本金比例最低需达 40%。按此测算，一般情况下地铁项目可以大致分为三个阶段：一是地铁项目的建设期，一般为 4 年，投资强度大，建设期长。这一阶段项目自身没有收入，但对项目外部，即沿线的房地产、商贸行业的发展产生明显的促进，相关行业的销售收入开始增长。二是项目的成长期，即从项目投入运营到项目现金流的收支平衡年份，大约需要10年左右。这一阶段，由于运营成本、财务成本高，票款收入无法覆盖全部成本支出，项目自身无法维持运转，仍然需要项目的现金流注入，但项目有力地促进了沿线区域的经济增长，沿线形成成熟繁荣的经济带。三是项目的成熟期，即从项目运营的收支平衡年份到收回投资大约需15年左右。在这一阶段项目客流稳定，随着网络化的形成，规模效益增强，项目产生大量净现金流入，项目产生收益。

7. 城市轨道交通在环境保护和安全等方面有明显优势

与其他交通方式相比，轨道交通不仅具有运量大、速度快、准时等特点，而且在能源利用、尾气排放、交通安全等方面也具有明显的优势(见表10—5)。

表10—5 不同交通方式单位能源消耗 单位:MJ/人公里

交通方式	不同满载率时的能耗			
	25%	50%	75%	100%
汽油汽车	4.65	2.33	1.55	1.16
柴油汽车	3.65	1.83	1.22	0.91
市内铁路	1.14	0.57	0.38	0.29
郊区铁路	1.05	0.59	0.35	0.28
公共汽车	0.7	0.35	0.23	0.17
小公共汽车	1.42	0.71	0.47	0.35
飞机(波音727)	5.78	2.89	1.94	1.45

资料来源：周干峙，《路在何方——纵谈城市交通》，中国城市出版社2002年版，第155～203页。

可以看出，城市轨道交通能够减少环境污染、节约能源消耗，有利于环境保护，促进城市社会、经济与环境的协调发展。公共汽车每乘客公里CO_2排放量是小汽车的1/3，而地铁和区域快速铁路的CO_2排放量只是小汽车的1/20左右。

从表可以看出，在各种机动化交通工具中，轨道交通和公共汽车单位能耗是较低的。

土地是不可再生资源，土地是城市的宝贵财富。作为城市公共基础设施，城市交通占有土地是比较明显的，然而，不同交通方式对土地的占有和利用有比较明显的差别。与地面道路交通方式相比，城市轨道交通完成相同的旅客运量所占用的土地面积仅为前者的1/8～1/3，采用电力驱动的地铁可以完全不占用城市地上空间。在比较各种交通方式单向通道宽度、容量、运送速度、单位动态占地面积(见表10—6)后，可以看出城市轨道交通所具有的优势。

表10—6 各种交通方式单向通道宽度、容量、运送速度、单位动态占地面积

交通方式	单通道宽度(m)	容量(万人/车道·小时)	运送速度(km/h)	单位动态占地面积(m^2/人)
私人交通:				
步　行	0.8	0.1	4.5	1.2
自行车	1.0	0.1	10～12	2.0
摩托车	2.0	0.1	20～30	22
小汽车	3.25	0.15	20～30	32

续上表

交通方式	单通道宽度(m)	容量(万人/车道·小时)	运送速度(km/h)	单位动态占地面积(m^2/人)
公共交通：				
公共汽车	3.5	1.0～1.2	15～20	1.0
轻　轨	2.0(高架)3.5(地面)	1.0～3.0	35	0.2
地　铁	0(地下)3.5(地面)	3.0～7.0	35	0～0.2
市郊铁路	3.5	4.0～8.0	50～60	0.2

资料来源：周干峙，《路在何方——纵谈城市交通》，中国城市出版社 2002 年版，第 155～203 页。

城市轨道交通所具有技术经济特征表明它是符合城市可持续发展的交通工具，也是应当大力倡导的城市交通方式，发挥轨道交通在城市交通中的骨干作用是实现城市可持续发展的必然选择。

第四节　城市轨道交通对城市区域经济和房地产价值的影响

城市轨道交通能够促进城市土地的集约化开发与利用，引导和改善城市空间结构，解决城市交通拥挤问题，促进沿线房地产增值，推动沿线经济的繁荣以及促进城市社会、经济和环境协调发展。

城市轨道交通由于其大容量、方便快捷、安全舒适等特点，能够明显改善沿线周边物业的可达性和居民出行的便捷性，改变土地利用性质，提高土地开发强度，促进社会经济繁荣与发展，从而带动周边土地价值的增值。

(1)城市轨道交通强化了城市不同区域的联系，提高了城市的集聚和内在联系能力，影响了城市相关区域的经济发展。

城市轨道交通提高了城市不同区域间的可达性，强化了城市不同空间的内在联系，活跃了所在区域的人员流动和经济发展，影响甚至决定了城市的资源配置和经济格局。

(2)城市轨道交通改善了沿线地区的可达性，改变了沿线土地的区位特性。

城市中土地区位不同，具有的价值和使用价值就不同，商业及其他相关行业的经营收益相差很大。可以这样说，城市土地的收益水平或地租、地价，几乎取决于土地的区位条件，而土地的利用方式则在很大程度上又取决于地租或地价的水平。这样，土地使用者在选用土地时，必须把自己在该地块上能获得的收益与其需要支付的地租进行比较。城市土地的利用在地租、地价经济杠杆的作用下，趋向形成土地收益和租金都趋向最高用途水平的合理结构。

由于生活、工作、社会交往以及其他方面的需要决定了城市内人们流动的必要性和重要性。在城市交通方面所花费的时间、精力和货币支出是一个城市交易费用的重要组成。为了减少交易费用，人们更愿意选择在城市交通可达性、便捷性更好的地区居住和工作。土地区位的可达性就是把通行距离和时间作为一个统一的有机整体，既要求通行距离短，节约出行费用，也希望通行时间短，节约出行时间。城市轨道交通由于拥有自己独立的运行系统，不与其他交通方式发生直接相互影响，运行速度快，时间上有保证，快捷、安全，具有很高的运行效率，从而改变了沿线区域的可达性，进而改变了土地利用的方式，改变了土地区位特性。也可以说，可达性的变化源于交通系统的改善，从这个意义上说，城市轨道交通系统改变强化了沿线地区与其他地区土地区位的差异，影响甚至决定了相应地区的土地和房产价格。

地租是土地价格的表现形式，可以反映城市空间扩散的强弱以及土地需求与供给的平衡点。位置不同的土地会存在不同的地租，城市区位的可达性不同也会产生不同的地租。城市轨道交通和土地使用之间的内在关联就在于交通成本与土地租金或土地价值之间的互补，地价与交通设施具有某种替代性，外在表现为地租与交通费用的相互替代性。

如图 10—3 所示，地租 L_r 与交通成本 T_c 共同构成区位成本，它们之和为常数。直线 OD 代表了随着距市中心距离的变化地租与交通成本之间比例的变化趋势。如果交通设施加以改善使得交通速度得到提高以及交通费用相应减少，那么地价就会相对提高，形成了新的直线 OD_1。以点 A 为例，在交通条件未改善之前，对应的地租与交通成本比为 L_r/T_c，交通条件改善后该比例变为 L_{r_1}/T_{c_1}，其中 $L_{r_1}>L_r$，$T_{c_1}<T_c$。

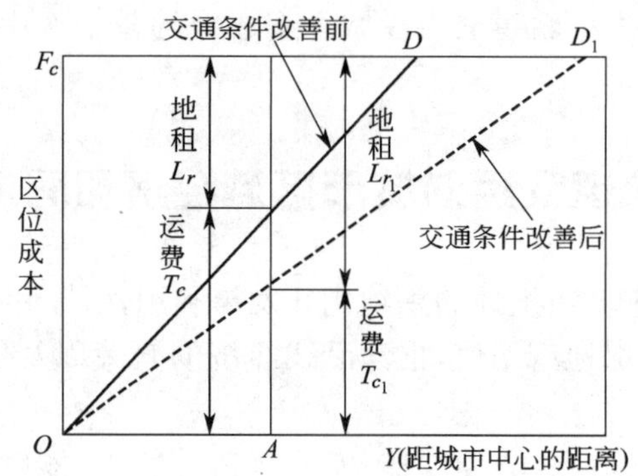

图 10—3　交通条件改善前后地租与运费的关系

资料来源：何宁，《城市快速轨道交通规划系统分析》，同济大学 1998 年版。

(3)城市轨道交通能够改变其周边土地利用的性质。

城市的形成和发展，有赖于良好的交通和地理条件，一个城市的兴衰，往往与其交通条件以及交通发达程度密切相关。城市轨道交通的建设和营运，能够改变沿线土地利用的性质，带动城市向郊区扩展，推动城市郊区化的进程，使城市的规模得以扩大，进而导致城市原有格局的改变。

从 20 世纪 60 年代开始，在经济发达国家，随着城市郊区各种设施与功能的完善，出现了城市郊区化以及城市中心衰退和停滞现象，城市中心区人口也呈下降趋势，其主要原因是随着经济的发展，小汽车开始广泛使用，另外，城市出现了如轨道交通这样的大容量快速公交系统，使得人们出行时间大大缩短。

正是由于城市轨道交通的建设和发展为人们提供了快速进入市中心的工具，进而使居住区、商业区、工业区在地域上逐步分开，使居住地逐渐离开城市中心地区。住宅和商业等设施更容易向城市轨道交通沿线区域聚集，从而导致城市轨道交通周边住宅和商业等设施的用地需求量的增加。

(4)城市轨道交通能够提高沿线土地开发和利用的强度，进而提高土地和房产价值。

城市交通方式与城市土地利用形态有着非常密切的关系。城市轨道交通运量大，可达性好，准时便捷，所形成的内聚力强，常常形成沿线紧凑型的商业、办公和社区发展带。从已有的经验看，城市轨道交通的建设会使其站点 200 m 半径以内成为高强度开发区，站点 200～500 m成为为中高强度开发区。相关区域的土地和房产价值将随之明显提高(见图 10—4)。

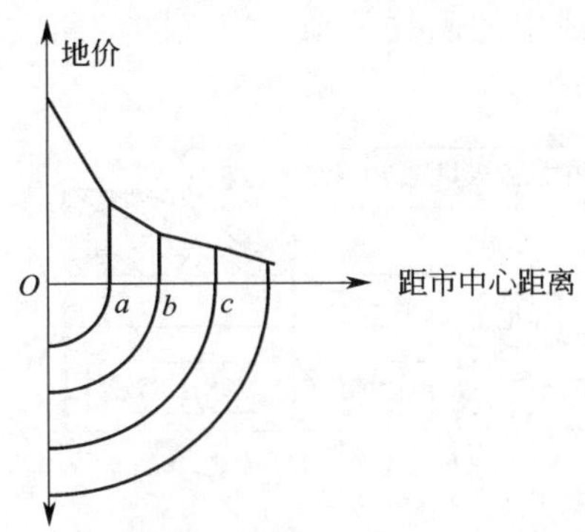

图 10—4　土地开发和利用强度对房地产价格的影响

表 10—7 是日本地铁站点周围用地性质与最大容积率的关系，其中容积率是指建筑用地中总建筑面积与总用地面积之比。容积率随着节点等级及用地性质的不同而变化。一般来讲，商业用地最高容积率可达 15，住宅用地可达10～12。容积率的提高会相应的带来土地开发收益的增加。

表 10—7　日本东京地铁站与容积率关系分析

地　段	地　区	站位周围土地用途	容积率 C(商业)
一级中心	银座	娱乐、零售、商业为主	10～15
	新宿	商业、饮食、文化、娱乐为主	10～15
	涉谷	商业、饮食、文化、娱乐为主	9.5～12
	池袋	商业、饮食、文化、娱乐为主	10.5～12
二级中心	上野	商业、饮食为主	8～10
	浅草	商业、饮食为主	8～10
三级中心	中草	商业、饮食为主	5～8

资料来源：深圳市规划与国土资源局，《深圳市地铁二期工程综合规划策略研究——土地利用评估分报告》。

(5)城市轨道交通能够大大促进沿线的经济繁荣和社会发展。

城市轨道交通的便捷、准时以及较好的可达性能够对居民产生强大的吸引力，促使沿线居住密度不断提高。同时，线路两侧形成商业、办公和社区等促进人口集聚以及相关资源、设施的积聚，从而大大提高沿线的经济繁荣和社会发展程度。

城市交通方式同土地开发模式紧密相连。密集的城市结构促使公共交通的发展，而分散的住宅布局促使小汽车的普及。城市中轨道交通规模较小时，其作用仅仅是大容量的运输工具，随着其规模的扩大，它将成为城市土地开发和旧城改造的一个有机组成部分。例如，法国里昂市政府规划部门在旧城东侧开辟了一个新区，由于第一条地铁只经过新区，于是旧城日渐萧条；但经过旧城的第二条地铁建成后，旧城又焕发了生机，恢复了繁荣。

城市轨道交通发展引发周边土地增值的曲线如图 10—5 所示，P_0 为土地的原价值，P_1 为土地开发和城市轨道交通等基础设施建设完善所带来的土地增值效益，P_2 是由于厂商聚集和经济发展所带来的土地增值效益。ΔP_1(初始开发效益)$+\Delta P_2$(经济集聚增加的土地效益)$=(P_1-P_0)+(P_2-P_1)$。

关于城市轨道交通促进房地产增值的计量，日本学者 Aoki 等建立了相应的评估方法，其核心是构建房地产价值与交通成本的函数关系。广义的交通成本概念,不仅有交通费用,还包括花费在交通方面的时间、精力等。

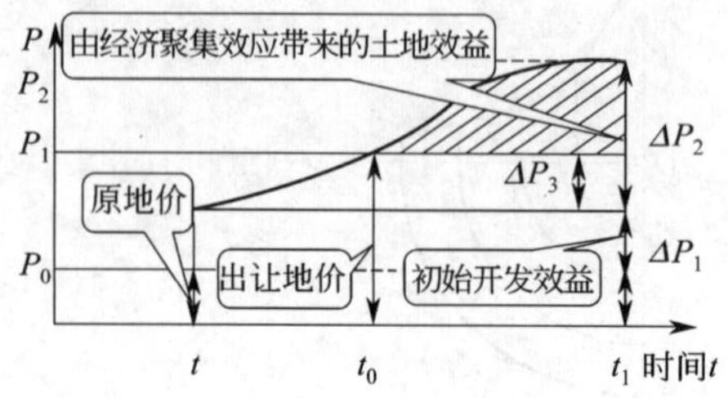

图 10—5　城市土地增值曲线

资料来源:丰伟,李雪芹,《土地开发增值效益在城市轨道交通经济效益评价中的应用》,交通标准化 2004 年版。

假定从居住地出行到目的地(工作场所、上学或购物)有 4 种形式:(1)居住地附近活动,出行距离 d_1,单位交通成本 c_1;(2)从家到最近的车站,出行距离 d_2,单位交通成本 c_2;(3)到其他的车站,出行距离 d_3,单位交通成本 c_3;(4)从最近的车站坐车到市中心,出行距离 d_4,单位交通成本 c_4。每种方式的活动频率 $F=\{f_k\}(k=1,2,3,4)$,假设每种出行形式的交通成本 TC_k,分别表示如下:

$$TC_1=f_1 \cdot c_1 \cdot d_1 \tag{10—1}$$

$$TC_2=f_2 \cdot c_2 \cdot d_2 \tag{10—2}$$

$$TC_3=f_3 \cdot (c_2 d_2+c_3 d_3) \tag{10—3}$$

$$TC_4=f_4 \cdot (c_2 d_2+c_4 d_4) \tag{10—4}$$

$$TC=TC_1+TC_2+TC_3+TC_4= \\ f_1 c_1 d_1+f_3 c_3 d_3+(f_2+f_3+f_4) c_2 d_2+f_4 c_4 d_4 \tag{10—5}$$

d_2、d_4 是重要的可达性指标。d_1、d_2 的大小与轨道交通无关,为常数。令 $d_2=x$,$d_4=y$。因此 TC 为多元线性形式:

$$TC=a_0+b_1 x+b_2 y \tag{10—6}$$

根据交通成本和土地价格的关系,建立交通成本和土地价格的关系模型:

$$P=b \cdot \mathrm{e}^{-aTC} \tag{10—7}$$

式中:P 为地价;TC 为距离市中心区的交通运输成本;a、b 为模型参数。

从式(10—7)可以看出,沿线土地价格与交通成本 TC 成负相关关系,随着交通成本的下降土地价格呈现上升趋势,通过回归方法计算出模型参数的值,再测算出因城市轨道交通而带来的沿线居民的交通成本的变化量,就可以对沿线的土地增值效果作定量的评估。

第五节　基于合作博弈和集体理性的城市公共轨道交通

城市交通不同于城际交通,基于城市交通基础设施及相关载运工具所提供的服务是为了满足城市居民日常出行需要。因此,虽然城市交通可以用地理或空间范围加以界定,但是从其基本功能来说,是否用于满足城市居民的日常出行才是界定城市交通范围的本质特征。

城市交通是城市社会经济发展的基本载体,然而随着城市的快速发展,城市交通拥堵已经成为十分普遍的现象。如何解决城市发展过程中出现的交通拥堵和效率低下的问题对于城市的可持续发展有着至关重要的影响。由于出行主体众多，因此，建立出行主体间的长期合作博弈和发挥基于合作博弈基础上的集体理性，是解决城市交通问题，提高城市交通效率的重要途径。

一、囚徒困境、合作博弈与集体理性

社会经济生活中博弈关系无处不在。博弈论思想早就存在，最初主要研究象棋、桥牌、赌博中的胜负问题，正式发展成一门学科是在 20 世纪初。1928 年冯·诺伊曼证明了博弈论的基本原理，从而宣告了博弈论的诞生。1944 年，冯·诺伊曼、摩根斯顿共著的《博弈论与经济行为》将 2 人博弈推广到 n 人博弈结构并将博弈论理论系统地应用到经济领域。著名学者纳什则在 1950 年和 1951 年的论文《n 人博弈的均衡点》和《非合作博弈》给出了纳什均衡的概念和均衡存在定理。

在博弈论中，含有占优战略均衡的一个著名例子是“囚徒困境”(prisoners′dilemma)博弈模型。该模型用一种特别的方式为我们讲述了一个警察与小偷的故事。假设有两个小偷 A 和 B 共同作案。警方将两人分别置于不同的两个房间内进行审讯，对每一个犯罪嫌疑人，警方给出的政策是：如果一个犯罪嫌疑人坦白了罪行，证据确凿，两人都被判有罪。如果另一个犯罪嫌疑人也作了坦白，则两人各被判刑 5 年；如果另一个犯罪嫌疑人没有坦白而是抵赖，则加刑 3 年，而坦白者有功被减刑 8 年，立即释放。如果两人都抵赖，则两人各判入狱 1 年。表 10—8 给出了这个博弈的支付矩阵。

表 10—8　囚徒困境博弈

策　略		B	
		坦白	抵赖
A	坦白	−5，−5	0，−8
	抵赖	−8，0	−1，−1

两人都选择坦白的策略以及因此被判 5 年的结局被称为“纳什均衡”，也称非合作均衡。局中人只是选择对自己最有利的策略，而不考虑其他对手的利益。也就是说，这种策略组合由所有局中人的最佳策略组合构成。没有人会主动改变自己的策略以便使自己获得更大利益。“囚徒的两难选择”有着广泛而深刻的意义。个人理性与集体理性的冲突，各人追求利己行为而导致的最终结局是一个纳什均衡，也是对所有人都不利的结局。非合作博弈的思想和理论对亚当·斯密的“利己主义”观点提出了挑战。按照斯密的理论，在市场经济中，“通过追求(个人的)自身利益，他常常会比其实际上想做的那样更有效地促进社会利益。”非合作博弈的“纳什均衡”与此结论正好相反。

新古典经济学的一个基本假设是“理性人”，即认为人的行为都是理性的。然而，实际情况是，由于信息不完备等条件的约束，人的行为或者相关选择在很多时候可能都是非理性的。

非理性的情况有两种：个体非理性和集体非理性。由于条件的约束(如信息等)，个人的选择表面上看是理性的，而实际上是非理性的，这种情况在实际生活中是大量存在的。集体非理性也是一种选择的结果，它基于个人的理性选择，即个人选择是理性的，而个人选择的集合却是非理性的，其结果就是每个人的最终结果是非理性的。

囚徒困境给我们的一个启示是，非合作博弈中个体理性与集体理性是不一致的，这是我们在理论研究和政策制定中应当高度关注的问题。在很多情况下，非合作博弈中基于个人效用最大化的选择结果既导致个人选择的非理性，也导致集体选择的非理性。在社会经济活动中，非合作博弈所产生的集体理性缺失往往造成效率低下。与非合作博弈相反的是合作博弈，亦称正和博弈，是指博弈各方的利益都有所增加，或者至少是一方的利益不受损害，而其他方的利益有所增加，因而整个社会的利益有所增加。合作博弈强调的是集体主义和集体理性，是效率、公平和公正。

二、城市交通中的合作博弈与集体理性

交通运输是基础产业，是支撑社会和经济运行的基本载体。在资源有限的情况下，如何保证交通运输与社会经济发展相适应是一个动态博弈过程。交通运输发展与相关产业发展密切相关，交通运输发展政策与相关产业发展政策的制定也存在着明显的博弈关系。

城市交通拥堵是多数城市，特别是大城市普遍面临的问题。为什么城市交通拥堵几乎成为城市发展过程中遇到的最大问题之一？实际上城市的发展是一国社会经济发展的突出表现。城市化进程的加快是经济发展的必然结果。城市化使得越来越多的人进入城市，而经济的发展又使个人购买力增强，于是越来越多的人开始购买小汽车。人口的增加和小汽车的大量使用导致城市交通越来越拥挤。

交通行为主体在选择出行方式时是基于个体的理性选择，即从个体角度出发，在考虑时间、费用、便捷程度、舒适度等各项因素后选择运输（或出行）方式。这实际上是一个博弈关系，是不同行为主体之间以及行为主体与交通运输体系之间的动态博弈，每个主体都承担着风险，因为他的选择可能是错误的。于是，在这个博弈中，个体的理性选择往往不是最优的，个体理性与集体理性存在明显的差异。

人们出行行为的发生是基于个人的理性选择，出行的时间、路径、交通方式、出行支出等经过行为主体的甄别和比较后得以确定。每个人在出行选择上都考虑了个人利益的最大化，即在出行时间、交通支出、便捷程度、舒适度等方面选择了个人认为最优的方案。然而，交通运输体系承载的是数量巨大、为数众多的出行主体，他们单个主体的理性选择可能与他们实际的愿望相反。例如，在城市交通中，在汽车数量不多、道路状况比较好的时候，开车上下班（通勤）可能是比较好的选择。然而，在汽车数量迅速增加的情况下，道路拥挤不可避免，于是开车上下班的综合效用急剧下降。

假设城市之间不存在信息流的交换，城市内部也不存在信息流的交换与合作，即整个城市是相对独立和封闭的，不存在人流与车流之间的信息互通，则该城市居民的购车决策将是以最大化地满足个人通行需求为唯一标准。以下模型中，表示城市人口数量的变量为 n，表示单位人员拥有的汽车数量的变量为 g_i（其中 i 代表第 i 个人），则该市汽车总数为：

$$G = g_1 + g_2 + g_3 + \cdots + g_n \tag{10—8}$$

我们给定汽车的效用函数 $v(G)$，用以表示个人由于使用汽车出行而带来的满足程度。汽车作为交通运输工具具有一定的排他性，汽车的使用需要占用一定的路面交通资源，这部分资源既包括在行驶时的路面交通也包括停车场所构成的公共资源，由于交通资源总量不可能无限扩张，存在一定的稀缺性，因此必然存在一点$G=G_0$，使得：当 $G<G_0$ 时，$v(G)>0$，$v'(G)<0$，$v''(G)<0$；当 $G>G_0$ 时，$v(G)>0$，$v'(G)<0$，$v''(G)<0$。在汽车产生初期，交通资源尚充足，

额外增加的汽车不会对路面通行情况产生明显的影响，然而，由于交通资源的稀缺性和有限性，当汽车的存量达到一个临界值时（即 $G=G_0$），额外增加的汽车数量便会挤占交通资源，产生拥堵等不良影响，将会降低个人使用汽车带来的效用 $v(G)$。

假设一个城市中所有的人都决定购买汽车，假设第 i 个人选择，则其购买的汽车数量为 g_i，其中，i 表示第 i 个决定购买汽车的人，其他人拥有的汽车数为 g_{-i} 时，$g_{-i}=g_1+g_2+g_3+\cdots+g_{i-1}+g_{i+1}+\cdots+g_{n-1}+g_n$，则购买 g_i 辆汽车给第 i 个人带来的效用为：

$$U_i = g_i \cdot v(g_{-i}+g_i) \tag{10—9}$$

若$(g_1^*,g_2^*,\cdots,g_n^*)$为均衡点，则对每个人来说，当其他人选择$(g_1^*,g_2^*,\cdots,g_{i-1}^*,g_{i+1}^*,\cdots,g_{n-1}^*,g_n^*)$时，$g_i^*$ 必须使（10—9）式最大化。实现这一最优决策的条件为：

$$\frac{\mathrm{d}U_i}{\mathrm{d}g_i}=0 \tag{10—10}$$

即：

$$v(g_{-i}^*+g_i)+g_i \cdot v'(g_{-i}^*+g_i)=0 \tag{10—11}$$

这里 $g_{-i}^*=g_1^*+g_2^*+g_3^*+\cdots+g_{i-1}^*+g_{i+1}^*+\cdots+g_{n-1}^*+g_n^*$，将 g_i^* 代入（10—11）式，并把所有人的最优化决策的条件求和，然后再除以 n 得：

$$v(G^*)+G^* \cdot v'(G^*)/n=0 \tag{10—12}$$

其中，$G^*=g_1^*+g_2^*+\cdots+g_n^*$。所有人的最优选择 G^{**} 应满足

$$G^{**} \cdot v(G^{**})=\max_{0\leqslant G\leqslant\infty} G \cdot v(G) \tag{10—13}$$

它的最优化条件为

$$v(G^{**})+G^{**} \cdot v'(G^{**})=0 \tag{10—14}$$

对比（10—12）式和（10—14）式，可以得到 $G^*>G^{**}$。这意味着，从这个路面交通的效用而言此时的汽车拥有数量不是最优的。在这个城市中，如果一个人已经拥有了一辆车，则他的效用为 g_i，他拥有第二辆车所获得的效用为 $v(g_{-i}^*+g_i)$，但对于路面交通的整个系统而言，会带来 $g_i \cdot v'(g_{-i}^*+g_i)$ 的损害。由于交通资源的总量不会无限扩张，具有一定的排他性，如果这个城市中的个人只考虑自身利益而不考虑其行为可能对社会交通造成损害，就会出现（10—12）式中的 $G^* \cdot v'(G^*)/n$，而非（10—14）式中的 $G^{**} \cdot v'(G^{**})$。

城市交通系统由城市中的个人出行行为构成，其本身的存在类似于博弈，这种非合作多人博弈，每个人都从自身效用最大化的角度来选择自己的出行方式，这对于每一个个体而言都是理性的决策，然而这种个体的理性行为并没有叠加成群体的理性行为，反之，表现出来的是群体的非理性行为，这与囚徒困境的基本思想相类似。在城市交通中，基于个人效用最大化的出行方式往往是导致交通拥堵的重要原因。

基于非合作博弈的、完全依靠个体理性选择出行方式的行为是导致城市交通问题的重要原因。解决城市交通拥堵需要出行主体的集体合作和集体理性，用集体理性代替个体理性，需要各方之间的合作博弈。

每个人购买和使用小汽车是基于个人的理性，为了个人的生活质量更高。显然，在道路容量和其他相关条件允许的情况下，使用小汽车比乘坐公共交通要便捷、舒适。于是从个人理性的角度出发，在支付能力允许的条件下，人们都会有动机去购买和使用汽车。然而，城市道路的容量是有限的，交通需求的不断增加必然导致交通拥堵，而且，在对交通需求不加控制的情

况下,道路的增加可能永远赶不上交通需求量的增加。

每个人的出行都会产生相应的负外部性。例如开车上班时,你可能成为道路拥挤的重要影响因素,甚至是边际因素,然而每个堵在路上的人都没有想到或者不愿意承认这一点。基于这样的判断和个人效用最大化的原则,越来越多的人加入到开车的行列中来。在完全依靠个体理性决定出行方式的情况下,城市交通拥挤是不可避免的事情,也是很多城市都有过的经历。实际上依据个体理性(或个人效用)不能解决的还有由于开车所带来的其他负外部性,如尾气、噪声污染等,其中,城市空气污染物大多数来自汽车,在小汽车数量迅速增加的今天,又主要来自小汽车。

从各自技术经济特征看,公共交通与小汽车等存在十分明显的差别。显然,公共交通在对道路资源利用、运输规模、通过能力等方面是小汽车无法相比的。在不同的公共交通方式中,轨道交通的特点和优势最为明显(见表 10—9、表 10—10)。

表 10—9 不同交通方式占用道路资源

交通方式	每位乘客占用的道路面积(m^2)	交通方式	每位乘客占用的道路面积(m^2)
自行车	6～8	公共汽电车	1～2
小汽车	10～20	轨道交通	0.5(地面) 0(地下)

注:根据《城市道路交通规划设计规范》等整理。

表 10—10 不同交通方式相关技术经济指标

指 标	地 铁	轻 轨	公 交
运输能力(单向)(千人次/h)	30～60	20～35	8～12
运行速度(km/h)	40～60	30～60	16～25
时间准确性	良好	良好	较差
舒适性	好	好	较差
与地面交通的隔离率(%)	100	30～80	
线路的复杂性	简单/复杂	简单	复杂
运营自动化程度	最高	较高	低

注:根据《城市道路交通规划设计规范》等整理。

基于个人理性选择出行方式的基础是个人效用最大化,道路和其他公共资源的利用效率、对环境的影响几乎不是个人选择交通方式的考虑因素。购买和使用小汽车是基于个人理性的行为,也是追求个人效用最大化的行为。然而,个人理性是受资源、信息等多项因素影响和制约的,当道路等资源严重匮乏时,道路拥挤不可避免,由此产生的负外部性对所有道路上的人都存在,这使得每个开车的人原本想要得到的效用受到严重影响,因为每个人行为的外部性都影响了他人原本可能得到的效用,于是开车上路的每个人的效用都会受到影响,基于个人理性的运输体系整体效用最大化就无法实现。在出行行为上完全基于个人理性进行选择就会导致集体理性的缺失,从而使交通运输问题日益严重,也使环境问题日益严重。小汽车的大量使用是基于个人效应最大化的个人(体)理性选择结果,这种现象的集合必然导致严重的城市交通问题以及由此引起的负外部性,解决这些问题需要发挥集体理性,追求城市整体效用的最大化。站在理性的、城市整体利益的角度解决城市交通问题,应当最大限度地发展城市公共交通,特别是容量大、速度快的公共交通,如城市轨道交通。对于空间规模大,人口密度高的城市尤其如此。这一点是在各方动态博弈中被逐渐认识到的。实际上，基于个人效用最大化的选择结果是集体理性的缺失，它将使交通行为的负外部性最大化，交通拥挤、噪声、尾气排放、交通事故等凸显。相比私人小汽车而言，公共交通的运量大，负外部性小，在饱受城市交通问题的困扰中、在各种出行方式的博弈中，公共交通，特别是容量大、速度快的公共交通方式显示出它的优越性，大力发展公共交通成为解决城市交通问题的主要途径，是基于集体理性的优选，也是交通出行动态博弈的最优策略。

所有出行者之间的合作是解决城市交通问题的重要条件，在提高城市交通效率问题上，我们确实需要基于集体理性的合作博弈。即使公共交通是解决城市交通问题的优选，但是很多人基于个人效用最大化，还会选择私人小汽车作为交通工具。因此，政府应当基于城市的整体利益对基于个体理性的私人交通需求进行影响和控制。从集体理性和城市整体利益的角度出发，需要通过经济手段对私人交通需求进行管理，即交通需求管理（TDM），这种管理手段包括收取交通拥堵费，提高中心区域的停车收费，收取小汽车牌照税等。实施交通需求管理的目的在于抑制交通需求的过快增长。类似的各种政策手段实际上是城市管理者与出行主体之间的博弈，也是集体理性对个体理性的引导，其结果是希望更多的人能够从城市整体角度选择更有效、更合理的交通出行方式。从一些城市的实行情况看，它是积极有效的。例如：纽约对曼哈顿地区限制小汽车使用，主要依靠公共交通。新加坡采取了严格限制小汽车政策，从 1990 年开始实施了车辆年度配额制度，它是根据道路网络新增容量，制定小汽车增量的配额，竞买到“拥车权”后才可购买新车。另外，为缓解中心区域交通压力，进入市中心的小汽车需要交纳费用，如：伦敦对进入城市中心区域的机动车收取交通拥挤费。这些措施缓解了这些城市中心区域的交通拥堵状况。目前，欧美国家的大城市通勤出行 60%～80%靠公共交通。

发达的城市公共交通体系，特别是轨道交通已经使一些城市明显受益。很多城市出现了这样的出行模式，即上班人将车开到城市边缘的轨道交通车站，换乘公共交通进入市区（办公区），下班按相同路线返回。发展公共交通不仅能够缓解城市交通拥堵，而且能够减少私人小汽车增多所带来的负外部性。东京、纽约、伦敦等城市轨道交通的运量占公交总运量的比重都超过了 80%。轨道交通在大城市公共交通中的地位是十分明显的，发展轨道交通是维系大城市交通正常运行、解决城市交通问题的主要方式，这也几乎成为世界各国大城市的共同选择。

按照经济学中的经济人假设，人们的行为是追求个人利益的最大化，一般情况下，人们在博弈中的行为准则是基于个体理性而不是集体理性。如果一种制度或政策不能满足个体理性的话，就不可能实行下去。所以解决个体理性与集体理性之间冲突的办法不是否认个体理性，而是设计一种机制，在满足个体理性的前提下达到集体理性。在解决城市交通问题，提高城市交通效率方面，政府应当设计相应的政策和机制，通过各种手段把不同出行主体间的非合作博弈引导成他们之间的合作博弈，在更大程度上凸现集体理性，提高城市交通效率。从集体理性的角度出发，解决城市交通问题应当是大力发展公共交通，特别是以轨道交通为代表的大容量、快速公共交通方式，提高公共交通的便捷性、时效性和可达性，当乘用公共交通的综合效益达到或超过了开车的综合效益时，个人出行的理性选择无疑将倾向于公共交通。这时，个体理性就会回归集体理性，个人的选择将会成为集体的行动。从集体理性的角度出发，应当考虑在一定条件下制定和实施相应的经济政策和手段，调节和限制一些不合理的交通行为。国外一些城市在此方面已经有可借鉴的经验。

鼓励人们出行乘坐公共交通的前提条件是具有较为发达的公共交通体系。作为城市基础设施,城市公共交通是需要投入大量资金的领域,以北京为例,城市轨道交通的造价已经达到每公里 4 亿～8 亿元。一些公共交通比较发达的城市,如东京、纽约等,城市轨道交通(地铁、轻轨、铁路等)遍布整个城市,十分发达。政府为发展城市公共交通投入了大量的资金,同时也通过各种渠道吸引社会资本。如果公共交通体系不发达,选择公共交通在便捷性、可达性、经济性、时效性等方面都不理想,博弈的结果必然是选择私人交通出行。

发展公共交通一方面要筹措和投入大量的资金,另一方面需要确定合理的投资结构,提高资金的使用效率以及投资所形成的资源配置效率。资金的使用上应当关注用于道路建设和用于公交设施建设的比例。城市道路是一种公用资源,虽然增加道路能够一定程度上改善城市交通状况,但在对交通需求不加控制的情况下,道路的增加会进一步刺激交通需求,并且,道路的增加赶不上交通需求的增加(当斯定理,Downs Law)。因此,应当加强公共交通设施的建设,提高公共交通需求的比例,抑制由于单纯增加道路所引发的私人交通需求的快速增加。从这个角度看,确定合理的道路建设与公交设施建设比例关系十分重要。过去一些年,国内一些城市把大量资金投放在道路建设上,在公共交通设施上的投入比例较少(见图 10—6)。

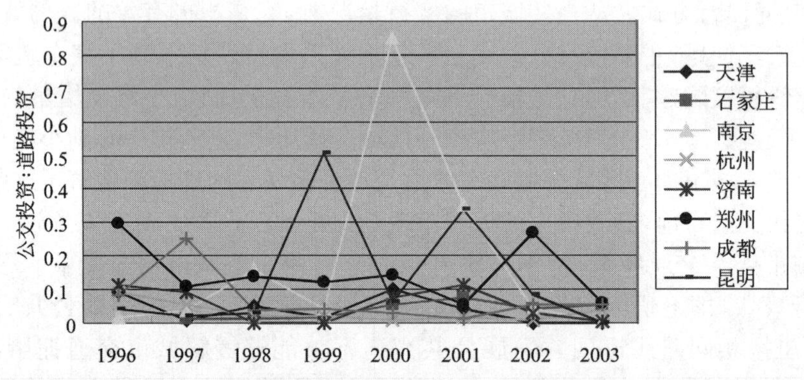

图 10—6 一些城市公交投资与道路投资比例

资料来源:全永燊,《公交优先理念与实践》,2007 年。

北京“八五”、“九五”交通投资总额中,道路与公交(含地铁)的比例为 8∶2,其他一些城市公交投资占交通建设投资的比重也都不到 10%,这值得关注和思考。

北京近些年机动车数量快速增加,从新中国成立初期的几千辆到 1997 年的 100 万辆,用了 40 多年的时间,从 1997 年的 100 万辆到 2003 年的 200 万辆用了 6 年时间,到 2007 年的 300 万辆期间只用了 4 年时间,到 2009 年的 400 万辆则只用了 2 年多的时间,这比很多经济发达国家的城市汽车增长速度还快。北京市机动车的快速发展虽然印证了城市经济的快速发展,但同时也需要我们思考,单纯地修建和增加道路无法彻底解决城市交通问题,为了提高公共交通在城市交通中的比例,应当进一步加大在公共交通方面的投资比例,高度重视换乘枢纽在城市交通中的重要意义,加大不同交通方式综合性换乘枢纽的规划和建设。应当重视大容量、快速便捷的公共交通方式,特别是城市轨道交通和 BRT 的建设,使城市交通依靠集体理性,建立在公共交通强有力的发展和支撑基础上。

上述分析表明,基于合作博弈的、集体理性的城市交通效率高于基于非合作博弈的、个体理性城市交通效率。提高城市交通效率应当构建出行主体间的合作博弈关系,发挥集体理性,政府应当建立相应的机制和制定相关政策，引导人们的出行行为，使出行主体从基于个体理性的、个人效用最大化的角度选择出行方式转向基于集体理性的、整体效用最大化的角度选择出行，缓解城市交通拥堵，提高城市交通效率，推进城市交通进入可持续发展的轨道。

在城市公共交通的发展中，城市轨道交通是未来发展的主要方向和选择。

思　考　题

1. 城市交通由哪几部分组成？
2. 城市轨道交通的技术经济特征是什么？
3. 城市轨道交通对城市区域经济和房地产价值有何影响？
4. 试定量分析和测算某城市轨道交通对沿线房地产价格的影响。
5. 从经济学角度分析，城市交通拥堵的根源是什么？解决的机理是什么？

第十一章　城市轨道交通成本

第一节　城市轨道交通固定设施成本

城市轨道交通固定设施部分主要包括地铁轨道(含通信信号设备等)、洞体、车辆段、停车场、车站中的相关设施(自动售检票系统、空调通风、给排水和消防、自动扶梯、控制设备等)。城市轨道交通固定设施形成后,无法在空间上转移和用于其他用途,或者说其投资固定设施的机会成本几乎为零。

通常情况下,城市轨道交通修建于社会经济比较发达的城市,修建在人口密集、商业发达的区域,投资非常大,特别是修建在城市中心区域的地铁。城市轨道交通的造价与建设时间有关,也与在城市中所处的空间地理位置,与其建在地下还是地上等因素有关。建于地下的轨道交通造价远远高于建于地上的轨道交通。

相比其他交通方式,城市轨道交通的投资是高昂的。例如,建于20世纪80年代中期的汉城(首尔)地铁3号线,全长26.1 km,平均每公里造价0.35亿美元,折合当时的人民币约为每公里2.9亿元;20世纪90年代初建成的新加坡三条城市轨道交通线,其中19 km为地下铁道,44.8 km为高架线路,13.2 km为地面线路,综合平均造价为每公里0.4亿美元,折合当时的人民币约为每公里3.32亿元;墨西哥城B线地下铁道长23.7 km,综合平均每公里造价为0.3亿美元(其中地下线长占25%,每公里造价0.45亿美元,折合人民币每公里造价为3.73亿元);日本东京最现代化的Ⅱ号地铁线造价为每公里人民币7.54亿元。

国内已建成的广州地铁1号线造价约为6.9亿元/km,地铁2号线约5.5亿元/km;上海地铁1号线约4.7亿元/km,地铁2号线约7.9亿元/km,明珠线一期工程约3.4亿元/km;深圳地铁约4.6亿元/km;南京地铁南北线一期工程约3.8亿元/km;成都地铁一期工程约4.3亿元/km;西安地铁2号线约4亿元/km;北京市所建地铁的平均造价为6亿~8亿元/km。

从城市轨道交通投资构成看,主要包括以下几部分内容:前期工程、土建工程(含车站、区间、轨道、房建等)、设备工程(包括机电设备、环控设备、消防系统设备、车辆设备等)、其他费用等。一般土建工程造价占总造价的50%~55%;技术设备的建设、购置、安装费用占45%~50%(其中轨道占2%~7%,车辆占13%~17%,机务段占5%~6%,牵引供电占7%~10%,通信信号占10%~12%,其他占1%~4%)。德国西门子公司的相关资料表明,轨道交通建设中,土建占53%,轨道占7%,车辆占17%,机务段占5%,牵引供电占7%,低电压(通信信号)占10%,其他占1%。我国的深圳地铁造价构成为:土建占53%,轨道占2%,车辆占13%,机务段占6%,牵引供电占26%。在此,车辆、牵引供电(包括通信信号在内)两项占到了39%。

一般来说,一个规模为双层车站、站坪长250 m左右、双向4个出入口、总建筑面积在8 000~9 000 m^2之间的一般中间站,车站的土建费用在0.5亿~1亿元之间。而换乘站和枢纽站的规模比之要大很多,投资也更多。从北京地铁4号线工程投资来看,高架车站的土建工程费用约为 2 000 万元/ 座，地下车站如果采用明挖方式，其费用约为 6 000 万元/ 座，如果采用暗挖方式费用则约为 1 亿元/座（不含拆迁费）。高架区间每公里土建工程费用约为 3 200 万元，地下区间明挖方式的费用约为每公里 6 000 万元，暗挖则达到每公里 1 亿元左右。用于土建工程的投资一般会成为沉没成本，而很多设备投资同样也形成轨道交通的固定设施，也成为沉没成本。

从上面的投资构成看，轨道建设投资中，多数投资都形成不可移动的固定设施，可移动的车辆部分仅占到百分之十几。因此，城市轨道交通固定设施成本的构成比例很高。

在城市轨道交通建设中，处理好土建与设备费用的关系十分重要。地下工程一般是不可逆工程，修好后再进行改造成本很高。地下工程的使用寿命要求为 100 年，为了安全可靠使用 100 年，土建工程的真正寿命应该更长。

城市轨道交通设备的使用寿命一般要求为 5～10 年，到时就需要更换，以保证运营安全。车辆寿命一般长些，但也不应超过 20 年。

从运营的角度看，地铁工程建设设备投入比例不应太大，如果设备投资过大，就会引起每年的折旧费偏高，加大地铁的运营成本。降低设备费用的一个重要方法是实现设备的本土化。使用本土化设备不仅可以降低相关投入，还可以节省运营维护费用，当然，这些应当以安全运营为前提条件。

土建工程费用是城市轨道交通建设费用中重要的组成部分，降低这部分费用对降低整个工程造价意义重大。降低土建工程费用的一个重要方面是合理确定地铁车站的规模。具体来说，在设计上，应当根据城市规划的总体要求，结合沿线周围地区的建筑物、管线等情况，因地制宜地选择车站的站位、结构形式，优化车站的房屋布置。当然，车站的设计规模应以所在区域和城市发展的前景以及客流大小为前提，需要为未来的客流发展留出空间。

第二节　城市轨道交通载运工具成本

轨道交通的一个特点是，其运输活动是通过载运工具（客运、货运）在轨道基础设施上移动来实现的。因此，相比轨道等固定设施而言，载运工具是可移动的，也是实现运输对象空间位移的“活跃”因素。

由于轨道交通的载运工具是可以在空间上移动的，相对于固定设施来说它更加灵活，它可以根据需要，在不同的线路上调剂使用。相对轨道基础设施来说，载运工具使用期限更短，技术进步更快。载运工具根据其使用负荷、磨损程度以及同类产品的技术进步状况而发生价值上的损耗和贬值。通常情况下，载运工具的价值会随着它的使用时间或行驶距离的增加而减少，从技术角度看，有的时候载运工具可能在它们的物理报废状态到来之前就必须被淘汰了。

城市轨道交通的载运工具——车辆的拥有成本可以大体分为三部分，即与车辆购置有关的费用（投资购买车辆的费用）、部分折旧费以及载运工具维护费用。载运工具的这三种拥有成本在不同运输方式的比重和计算方法上都是有差别的，甚至运输工具维护费用是该属于运输工具的拥有成本还是运营成本的标准都不一。

对于城市轨道交通车辆而言，如果其价值损耗快于其物理磨损，或者说它的无形损耗快于有形损耗，那么这种与使用程度无关的价值贬值或折旧就属于载运工具拥有成本中的固定成本。如果车辆的使用寿命是依据其行驶的里程或时间来衡量，那么其折旧就属于其拥有成本中的变动成本，而变动的拥有成本一般也可作为运营成本来分析。

如果车辆的某些维修费用与它们的使用多少无关，那么这些费用就属于车辆的拥有成本。而那些根据车辆的使用量决定的维修工作与费用则应当看作变动成本，而且与属于变动成本的折旧费用一样，也可以作为运营成本进行分析。

由于城市轨道交通车辆在使用上更加灵活，也可以在不同线路（甚至不同的城市）间调剂使用，所以车辆的投资一般可不看作沉没成本。

目前，我国地铁车辆的价格从每辆三四百万元到八九百万元不等，这取决于车辆本身的构造、所用材料等，对于我国地铁而言，还取决于是进口还是国产，两者价格相差比较明显。进口车辆比国产车辆要高出一倍甚至更多。

第三节　城市轨道交通运营成本

一、运营成本的构成

运营成本是城市轨道交通运营企业在生产运营过程中实际发生的与运营生产直接有关的各项支出。

在运营成本中，有些与运输工作量的增加或者减少直接相关，如直接运营人员的工资，地铁列车消耗的电力及其他材料等；有些与运输工作量间接相关或者不相关，如管理人员的工资、车站大厅的用电等。

按照城市轨道交通运营企业财务报表中的项目进行分类，其运营成本包括经营成本、折旧费、财务费用和税费（见图 11—1）。

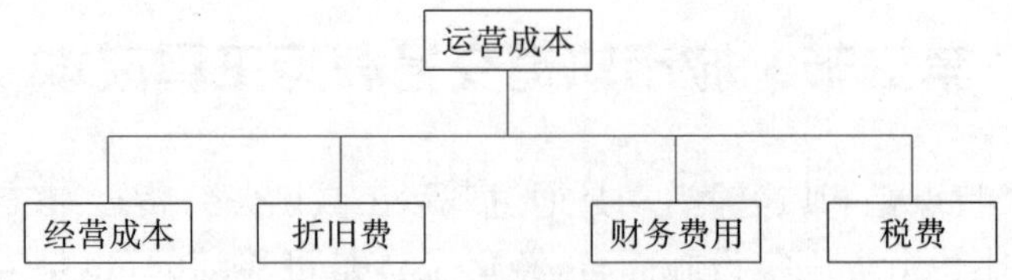

图 11—1　城市轨道交通运营成本构成

其中，经营成本包括工资及福利费、管理费用、电力费、营运费用、修理费用和车辆修理费。

通常情况下，在成本构成中，经营成本所占比重最大，其次是折旧费、税费以及财务费用。图 11—2 是某年度某城市轨道交通运营企业运营成本构成情况。

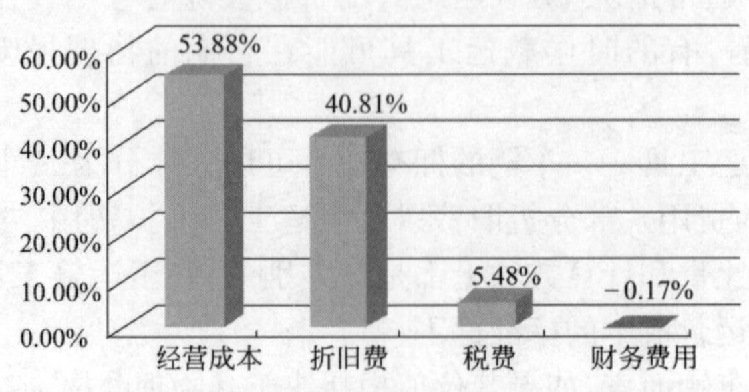

图 11—2　城市轨道交通运营成本构成比例

经营成本与轨道交通经营密切相关，也是政府判断轨道交通运营企业支出状况的主要依据。

图 11—3 是某城市某年度轨道交通的经营成本构成情况。从图中可以看出，工资及福利费在经营成本中所占比重最大，其后分别是管理费用、电力费、营运费用、修理费用和车辆修理费。

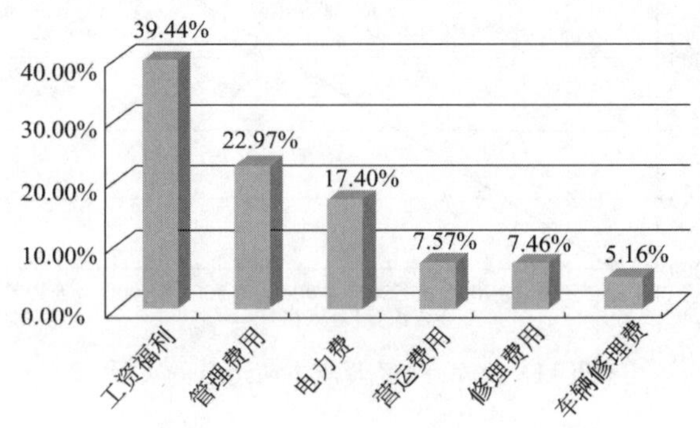

图 11—3　轨道交通经营成本构成

二、轨道交通企业经营成本与运量之间的关系

运营企业的经营成本与运量之间的关系十分密切，一般来说，它们之间呈现一定的线性关系。

以下是根据某市不同轨道交通线路的运量和成本数据建立起来的成本—运量函数关系。

从图 11—4、图 11—5 和图 11—6 可以看出，各条线路的经营成本与其对应的运量之间存在一定的线性关系。

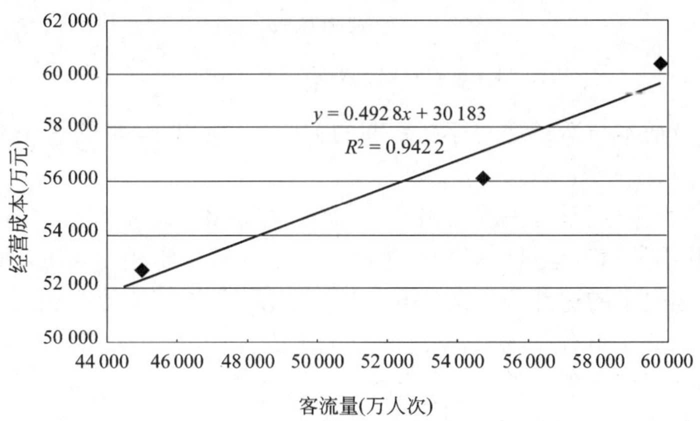

图 11—4　A、B 线经营成本与运量的关系

将上述结果汇总在表 11—1 中。

表 11－1　相关线路经营成本——运量函数关系

线　　路	回归方程	R^2
A、B线	$C=0.492\,8Q+30\,183$	0.942 2
C线	$C=1.623\,5Q+8\,341$	0.995 5
D线	$C=2.358Q+4\,179.3$	1

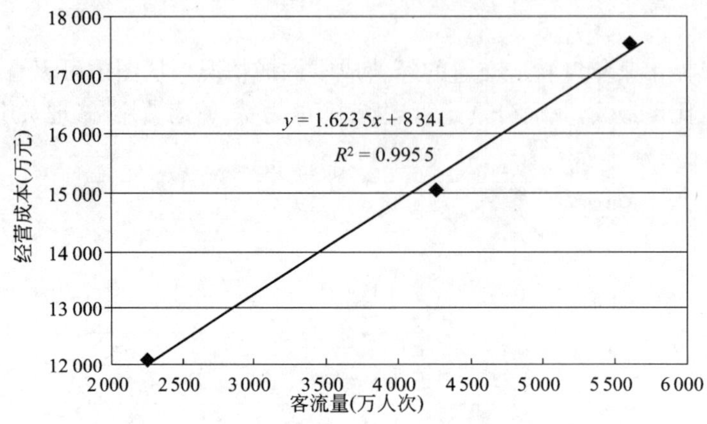

图 11—5 C线经营成本与运量的关系

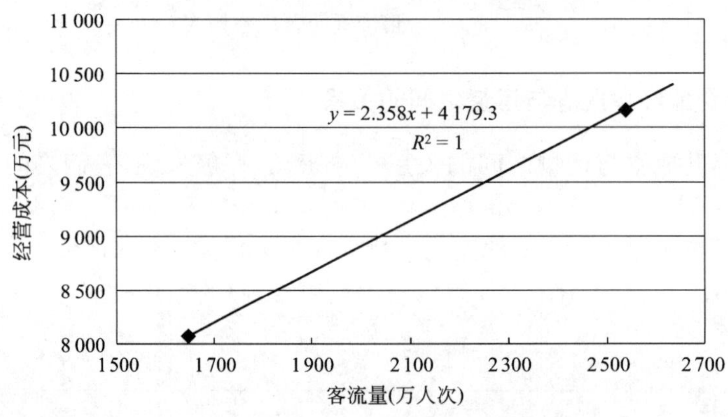

图 11—6 D线经营成本与运量的关系

可以看出，经营成本与运量之间存在高度的关联性，所以，运量的大小对经营成本能够产生直接的影响。

经营成本中，除了与运量有关的支出外，还有一些支出与运量大小没有直接关系（无关支出），这部分支出并不是随着运量的增减而增减。由于这些支出相对固定，所以，当运量不断增加时，分摊到单位运量上的这部分支出就开始减少。所以，城市轨道交通随着旅客运量的不断增大，分摊到每个人的支出有所减少，从这一点上来说，城市轨道交通与铁路一样，具有规模经济效应。当然，不同线路表现的程度不尽相同。

城市轨道交通单位成本与运量之间的关系如图11—7。

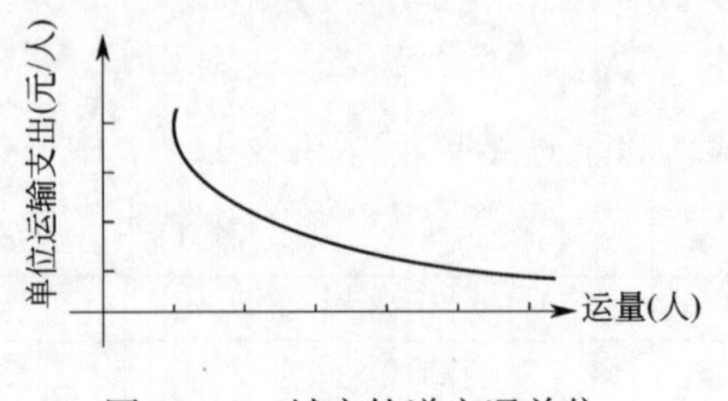

图 11—7 城市轨道交通单位成本与运量的关系

不难看出，城市轨道交通的单位运输支出是随着运量的增加而逐渐减少的，规模经济特点在城市轨道交通中表现得比较明显。

实际上，由于每一位乘客的行程长短不一样，分摊到每一单位里程上的成本也不相同。在城市轨道交通的运营中，一些费用是与乘客的行程密切相关的，即行程越长，支出就越多，如电力牵引支出等；而一些费用与乘客的行程距离没有直接关系，如始发与到达车站的服务费用。

从成本与运距的关系可以知道为什么很多城市的轨道交通票价是采用按里程收费的，其原因在于，每个人的乘车距离不同，其成本也不相同，距离越长，成本支出相对越大。但同时，成本的增加不是线性的，而是递远递减的，所以，很多城市的轨道交通票价虽然随着距离的增加而增加，但是票价率的增加却是逐渐减少的。

三、旅客乘车的平均人次成本

图 11—8 是对某市地铁在某时期内完成的运量与平均每人次乘车成本（简称人次成本）之间关系的分析。通过该图可以看出，随着客流量的增加，平均人次乘车成本逐渐降低。这符合前面的分析，即轨道交通具有明显的规模经济效应，随着运量的增大，乘客的单位运输成本逐渐降低。分析显示，乘客平均人次成本与客流量之间呈现对数函数关系。

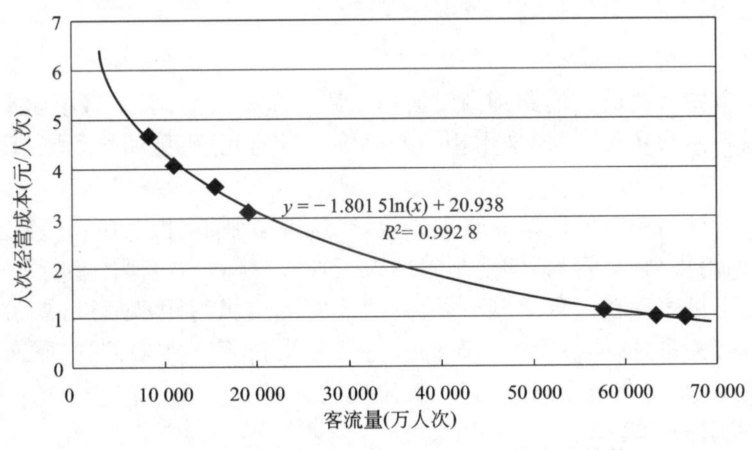

图 11—8　城市轨道交通人次经营成本变动趋势

思　考　题

1. 城市轨道交通的固定设施成本主要包括哪些？
2. 城市轨道交通的运营成本由哪几部分构成？
3. 城市轨道交通的经营成本与运量之间的关系是什么？

第十二章　城市轨道交通票制与票价

第一节　城市轨道交通的票制与票价

一、城市轨道交通票制类型

城市轨道交通的票制是城市公共交通票价体系的重要组成部分，不同的票制结构反映不同的票制类别，在售检票方式、实际票价水平等方面也不相同，对于出行距离不同的乘客来说负担状况也不相同。

1. 单一票制

单一票制是指城市轨道交通路网内发售单一票价车票的票制，乘客不论乘车距离长短，也不论是否换乘或者换乘几次，一律采用相同的票价。目前北京、莫斯科等城市采用的就是单一票制。

单一票制是一种简单方便的票务管理方式，在这种票制下，售票窗口只需要卖一种价格的车票，车票设计和销售简单、容易，即使是采用人工方式售检票，也简便易行。

单一票制的不足表现在这种票制下，所有的乘客无论出行距离远近，票价都是一样的，票价和乘车距离没有关系，这样每个人乘车的人每公里支付率存在着差异，乘车距离越长，每人公里的支付率就越低，而乘车距离短，其每人公里的支付率就高。在这种情况下，除非票价很低，否则不利于吸引短途客流。

从轨道交通运营企业的角度看，实行单一票制难以对客流进行准确统计。单一票制下，运营企业只能通过售票数量统计进入轨道交通系统的总的乘客数量，而对在轨道交通路网内换乘的乘客则难以统计和计算。

2. 加价的分线一票制

换乘加价的分线一票制是指在城市轨道交通路网内的某一（几）条线上实行一票制，当乘客需要在路网内不同线路间换乘时（跨线换乘），则需要加收换乘费用。北京市地铁曾经采用过这种票制，在 1999 年 12 月到 2007 年 10 月之间，北京市地铁 1、2、13 号线票价为 3 元，八通线为 2 元，1、2 号线与 13 号线、八通线之间每换乘一次加价 2 元。

3. 计程票制

计程票制是按照乘客乘车距离的远近不同实现差别化定价的一票制，具体来说，乘客支付的票价与其行程距离相关，行程越长，票价相对越高，而行程越短，其支付的票价相对越低。与城市出租车的计价有些类似，城市轨道采用计程票制时往往也有一个“起步里程”，即在一定距离内乘客支付的票价是一样的，超过这个距离开始按里程计费。很多城市的轨道交通都采用的是计程制的票制，当然，它们的“起步里程”不同，按距离计费的费率也不尽相同。

4. 混合票制

混合票制是指既考虑轨道交通乘客的空间因素，也考虑时间因素的票制，它是对票制在空间因素基础上附加时间因素的票制。具体来说，它是在上述某种票制基础上对乘客在轨道交通系统中的停留时间进行限制。比如在计程票制下，针对每一张特定区间的车票，设定一个合理的有效时间段，一旦超过规定时间，乘客必须重新购票。有效时间段的设定必须使乘客既能有充分的时间到达目的地，又不会在轨道交通系统中停留过长的时间。

例如，对于在东京地铁使用普通车票、回数券、PASMO卡的乘客来说，必须利用橙色换车检票口，必须在30 min内换车，如在30 min内未换车，需要重新支付乘车费：如果您使用普通车票或回数券，需要新购买车票；如果您使用PASMO卡，将被自动重新扣除乘车费。

二、城市轨道交通票价

城市轨道交通票价一般是由政府主导制定的，个别城市将轨道交通票价制定权赋予轨道交通运营企业，但政府对其进行较严格的监管。城市轨道交通票价的制定需要体现政府、轨道交通运营企业、公众等几方面的目标、利益和诉求，也是实现城市公共交通可持续发展的重要环节。我国城市轨道交通建设已进入快速发展阶段，制定合理票价体系和票价水平对于提高轨道交通运输的吸引力、促进公共交通的发展、缓解城市交通拥堵具有重要意义。

城市轨道交通票价水平取决于两方面因素：一是票制，即该城市实行的是单一票制还是计程票制或是混合票制；二是票价率，即每公里的票价水平，对于计程票制来说，这一点尤为突出。实际上，一票制也存在票价率问题，不过，由于票价不计出行距离长短，所以，实际上对每个出行距离不同的乘客来说，他们的票价率不同。计程票制实行的是一定距离内的固定票价率，而一票制实行的则是不同出行距离的不同票价率。

城市轨道交通是为城市的正常运转和居民的工作与生活服务的，它具有比较明显的公益性特征。城市轨道交通的票价制定不能完全采用市场化的方法。在定价过程中，成本、其他交通方式（如城市公交）票价水平、城市财政补贴的力度等都是影响票价制定的因素。

成本是制定票价的基础，也是政府进行补贴的依据。由于票制不同，制定票价依据的成本也有所差别。如实行单一票制时，乘客平均的人次乘车成本就更有意义，而实行计程制，采用分段计价方法定价时，基于不同出行距离的成本分析就更有参考价值。

1. 单一票价

这是单一票制下的票价，即整个路网实行单一的、无差别的票价。单一票价无论是对不同乘车主体还是同一乘车主体的不同出行距离，在价格上完全一致，无任何差别。当轨道交通线路未形成网络时，较多采用单一票价，也就是对乘客收取一个固定的费用。单一价格具有简单易行，便于管理和操作的优点。

单一票价下，不同乘客每公里支付的票价是不同的，即票价率是不同的。票价率是乘坐轨道交通出行单位距离所支付的价格，其计算方法如下：

$$票价率=票价/乘坐轨道交通出行距离 \quad (12—1)$$

换乘加价的分线一票制其票价率的计算需要将票价和换乘费用相加，然后除以出行距离。对于没有换乘的乘客来说，其票价率就是票价除以他的出行距离。

2. 计程票价

计程票价实际上是一种两部制定价法（two-party tariff），即票价由固定支付的起步价格和按照距离长短计算价格之和决定。

目前各城市实行的计程票价，是在确定基础距离固定支付情况下按里程长短不同计费，即像出租车一样，有一个基础的起程距离和固定支付额，在此基础上，按照增加的里程来计算票价。不同城市在实行计程票价时，其差别在于起步距离、起步价格、分段数量和分段距离、分段计费费率有所不同。

城市轨道交通按旅客的行程不同采用分段计价的计程票制，实际上是针对乘坐不同距离的乘客进行差别性收费的定价方法，即根据乘客实际出行距离确定其支付相应的费用。

三、平均运输成本和旅客平均票款收入率

城市轨道交通的平均运输成本，是指在一定时期内乘坐轨道交通乘客平均每人的成本支出，它是轨道交通运营企业在一定时期内所发生的总成本与该期完成的总客运量之比。计算公式为：

平均运输成本＝一定时期运营企业的总成本/该期完成的总客运量　　(12—2)

一定时期的城市轨道交通平均运输成本与该时期的轨道交通运输总成本和该期内的客运量密切关联。轨道交通具有比较明显的规模经济特性，即在一定条件下，完成的运量(旅客发送人数)越多，分摊到每个乘客上的成本就会越小。因此，一定时期内的相同条件下，一条线路运送的旅客越多，其平均运输成本就越低。从运营收益这个角度讲，在票价一定的情况下，完成的运量越多对轨道交通企业越有利。

旅客平均票款收入率是在一定时期内轨道交通运营企业实现的票款总收入与该期完成的总客运量之比。它表明每运送一个旅客能够带来的票款收入。其计算方法为：

旅客平均票款收入率＝一定时期内轨道交通运营企业实现的票款总收入/该期完成的总客运量　　(12—3)

旅客平均票款收入率反映一定时期内城市轨道交通企业每运送一个乘客所得到的票款收入。当存在多种票价类型或者多种形式的票价优惠时，计算这一指标能够反映平均每个旅客能够带来的票款收入情况，有利于轨道交通运营企业进行运营收益分析。

四、城市轨道交通票价的调整

与其他商品一样，城市轨道交通的票价也不是一成不变的，它需要根据城市社会经济发展、人们生活水平以及相关产品的价格变化做出调整。从世界上不同城市的实际情况看，调整的频率存在比较明显的差别。

城市轨道交通票价调整一般基于成本的变化。基于成本变化的票价调整有基于特定成本变化的票价调整和基于全成本变化的票价调整。

1. 基于特定成本变化的票价调整

城市轨道交通成本构成中，有的要素所占比重较大，它的变化对成本的影响较大，如电力支出等。建立特定成本与票价挂钩的调整机制，就是在特定成本与票价之间建立相应的函数关系，当特定成本变化到一定程度时，根据相应的模型计算并调整票价。

基于特定成本变化的票价调整计算方法如下：

$$\Delta P_t=(SC_t-SC_b)/W_t \qquad (12—4)$$

式中　ΔP_t——第 t 期城市轨道交通票价变化；

SC_t——第 t 期特定成本，如电力支出或其他特定成本要素支出；

SC_b——基期特定成本；

W_t——第 t 期轨道交通运量。

2. 基于全成本的票价调整

基于全成本的票价调整所要考虑的因素更多，也更全面，它需要对轨道交通运营企业增加的成本都予以考虑。如下公式：

$$\Delta P_t = (TC_t - TC_b)/W_t \tag{12—5}$$

式中　ΔP_t——第 t 期轨道交通票价变化；

TC_t——第 t 期轨道交通企业成本；

TC_b——基期轨道交通企业成本；

W_t——第 t 期轨道交通运量。

另外，也可以根据 *CPI*、*PPI* 的变化并据此考虑对轨道交通的票价进行调整。

3. 其他因素票价调整

城市轨道交通票价调整也受到与城市其他交通方式的比价、城市社会经济的发展以及特殊的经济状况等因素的影响。例如，纽约地铁在金融危机后调整了票价。

第二节　国内外部分城市轨道交通票制票价

一、国外

1. 美国纽约

纽约拥有发达的轨道交通系统，线路全长 1 377 km，每天运营列车约 6 700 列。纽约地铁四通八达，覆盖面积很广，几乎可以到达任何地方。它共有 24 条线路，中途停靠 486 个站，是世界上线路和站点最多的地铁(见图 12—1)。地铁列车全天 24 h 运行，非常方便。纽约地铁是美国乃至世界规模最大的地铁系统，每天客流量约 730 万人。在停车难、进城难的纽约，地铁几乎成了城市居民每天必乘的交通工具。

在纽约，大部分上班族一般不购买单程地铁票，而是购买可充值的公交卡(Metro Card)。公交卡分日乘、周乘和月乘 3 种，在各自的使用期限内，可无限制乘坐地铁并在 2 h 内与公交车换乘，不仅方便，而且划算。

纽约地铁采用的是单一票制。纽约地铁票又称为城市卡，分为有限次和无限次。1 日内无限次乘车的票价为 7.5 美元，1 周内无限次乘车的票价为 25 美元。每次刷卡收费为2 美元。今天 2 美元一张的单程地铁票，其实也是涨价后的结果。2003 年时，纽约地铁票从 1.5 美元涨至 2 美元。但由于存在各种优惠措施，所以单程地铁开销平均下来只有 1.3 美元左右。

2008 年 12 月，纽约市政府和大都会运输署公布了加税和涨价计划，以弥补经济衰退导致的财政赤字。根据计划，地铁单程票价将有所上调。2009 年 6 月，纽约市的地铁和巴士票价开始实行新价格。跟以前一样，纽约的地铁和巴士不按照乘客出行里程计算票价，而是实行单一票价，即无论你坐多少个站，行程多长，都是一样的票价。

新的票价为：单次票，从 2 美元涨到 2.25 美元；1 日无限次票，从 7.5 美元涨到 8.25 美元；7 日无限次票，从 25 美元涨到 27 美元；14 日无限次票，从 47 美元涨到 51.5 美元；30 日无限次票，从 81 美元涨到 89 美元。

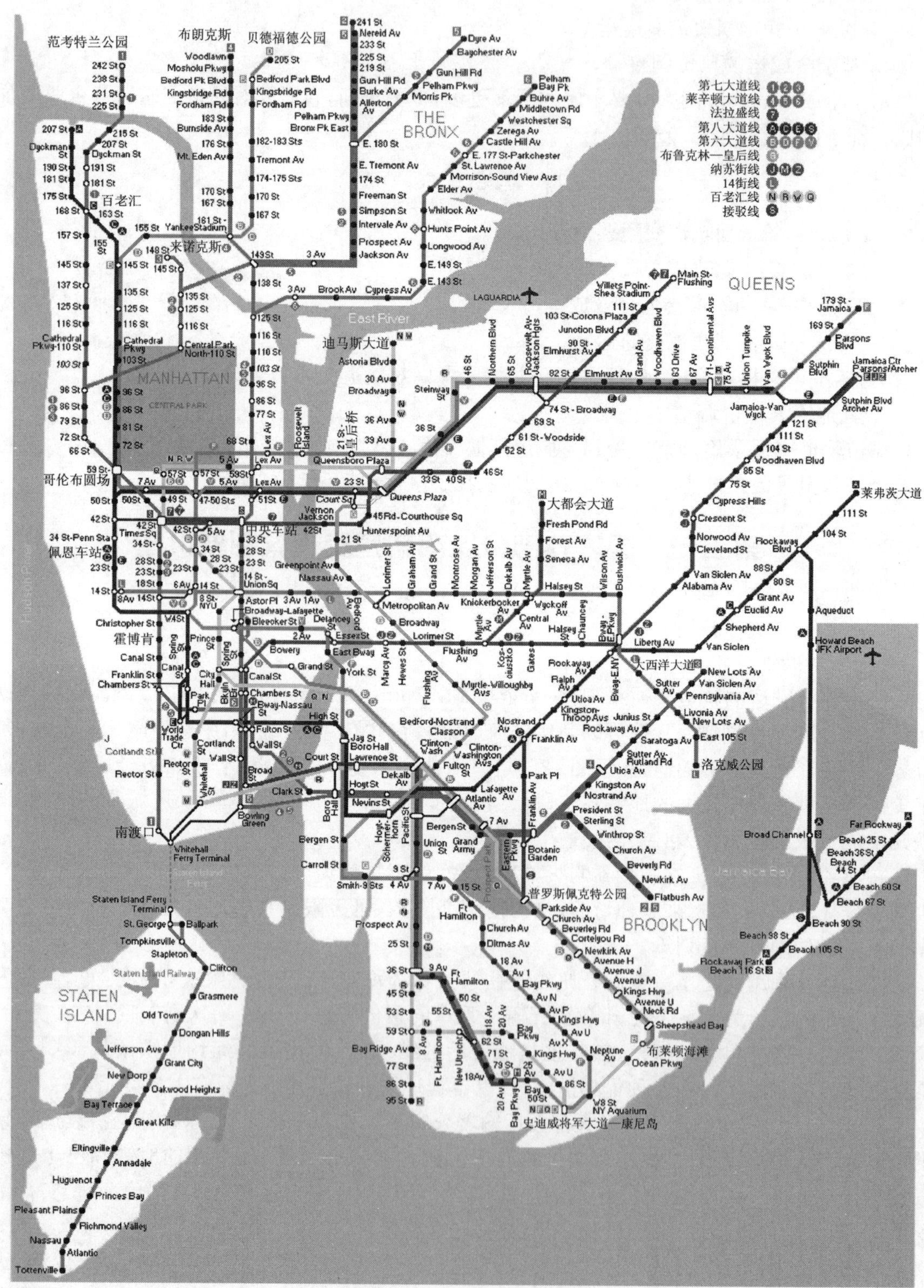

图 12—1 纽约地铁线路图

来纽约游玩的乘客，可以按照自己的时间安排，购买 1 日无限次票，或 7 日无限次票，非常划算。而且，巴士与地铁换乘是免费的，即：出地铁站后的两小时内，可以免费乘坐一次巴士；反之亦然。最重要的是，地铁内部的指示非常详细、指示牌数量非常多，只要找到地铁站，就不会出现迷路问题。

2. 法国巴黎

法国巴黎地铁是巴黎的地下捷运系统，由巴黎大都会铁路公司负责营运。巴黎城市轨道交通系统包含：普通地铁（Metro）、大区快铁（RER）、铁路郊线和轻轨。其中地铁共有 14 条线路，总长约为 221.6 km（还在不断修建），有 14 条主线、2 条支线，合计 380 个车站、87 个交会站（见图 12—2）。

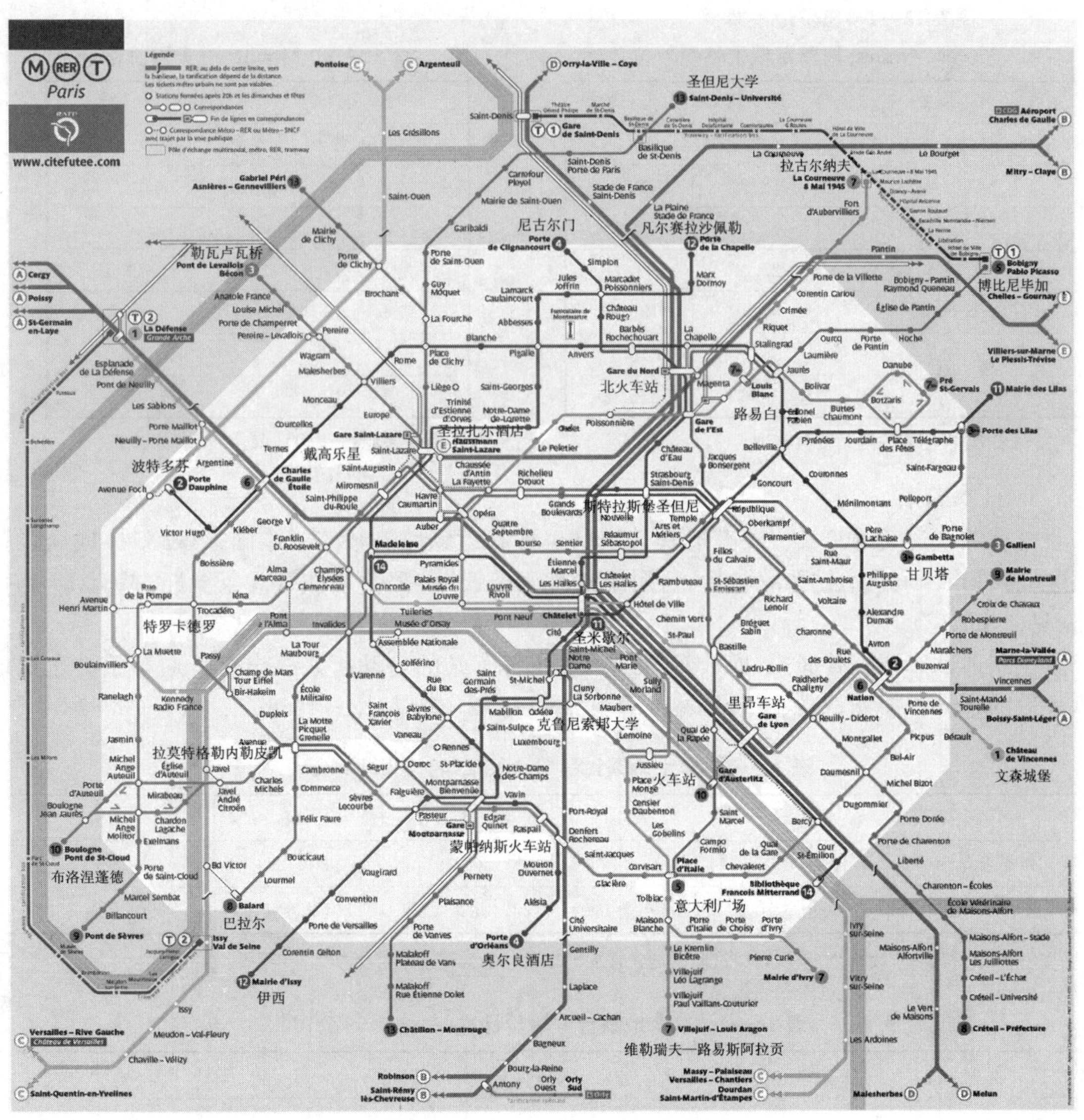

图 12—2　巴黎地铁线路图

巴黎地铁路网拓展大致分为三阶段：20 世纪初的 1900 年到 1920 年间，地铁线路建设以巴黎中心路网为主;20 世纪的 30 年代至 50 年代,地铁路线建设向近郊扩展;60 年代至 80 年代以建设大区快铁(RER)的路网为主,整体路网于 90 年代末期建设完成。

巴黎地铁的票价非常复杂,计价方式采取得是分区制,巴黎地区(含周边)分成 8 个区域,每个区域内票价一致。

巴黎地铁单程票为统一票价,可于 1.5 h 内搭乘巴黎市区内地铁路网及大区快铁的一、二环区域范围。

巴黎轨道交通的票种是多样的,有月票、周票、观光票、1 天票、青年票(有效期为周六、周日及节假日)等。4～11 岁儿童可以享受半票优惠。相关票价见表 12—1、表 12—2。巴黎的地铁票价也处在动态的调整当中。

表 12—1 巴黎地铁票价

Carte Orange 周票月票价格表单位:欧元

环 线	周 票	月 票
1 — 2(市中心是 1—2 环)	13.75	46.05
1 — 3	18.35	60.85
1 — 4	22.95	76.15
1 — 5	27.65	91.75
1 — 6	31.10	103.75
1 — 7	34.90	116.10
1 — 8	38.65	128.00

资料来源:根据相关网站资料整理。

表 12—2 Mobilis 一天票价格

环 线	价格(欧元)
1 — 2	5.00
1 — 3	6.70
1 — 4	8.50
1 — 5	11.70
1 — 6	14.90
1 — 7	16.45
1 — 8	17.95

资料来源:同表 12—1。

3. 日本东京

东京的轨道交通工具主要有地铁、轻轨(也称私营铁路)、JR 线(原国家铁路)。地铁线路长度 394 km。东京地铁系统包括:营团地铁有 8 条线路,都营地铁有 5 条线路,共有 13 条线路(见图 12—3)。

东京地铁车票有普通票、回数券、月票等,在各车站的自动售票机出售普通车票。东京地铁采取的是计程票制,地铁票价具体计算方式见表 12—3、表 12—4。

表 12—3 东京地铁计程票价标准(营团 Eidan 公司)

区 段	1	2	3	4	5
乘距(km)	1～6	7～11	12～19	20～27	28～40
票价(日元)	160(儿童 80)	190(儿童 100)	230(儿童 120)	270(儿童 140)	300(儿童 150)

数据来源:符少玲,凌育洪,宋欣,《促进广州地铁发展的票价分析》,商业经济文荟 2006 年版。

表 12—4 东京地铁计程票价标准(都营 Toei 公司)

区 段	1	2	3	4	5	6
乘距(km)	1～4	5～9	10～15	16～21	22～27	28～46
票价(日元)	170	210	260	310	360	410

数据来源:符少玲,凌育洪,宋欣,《促进广州地铁发展的票价分析》,商业经济文荟 2006 年版。

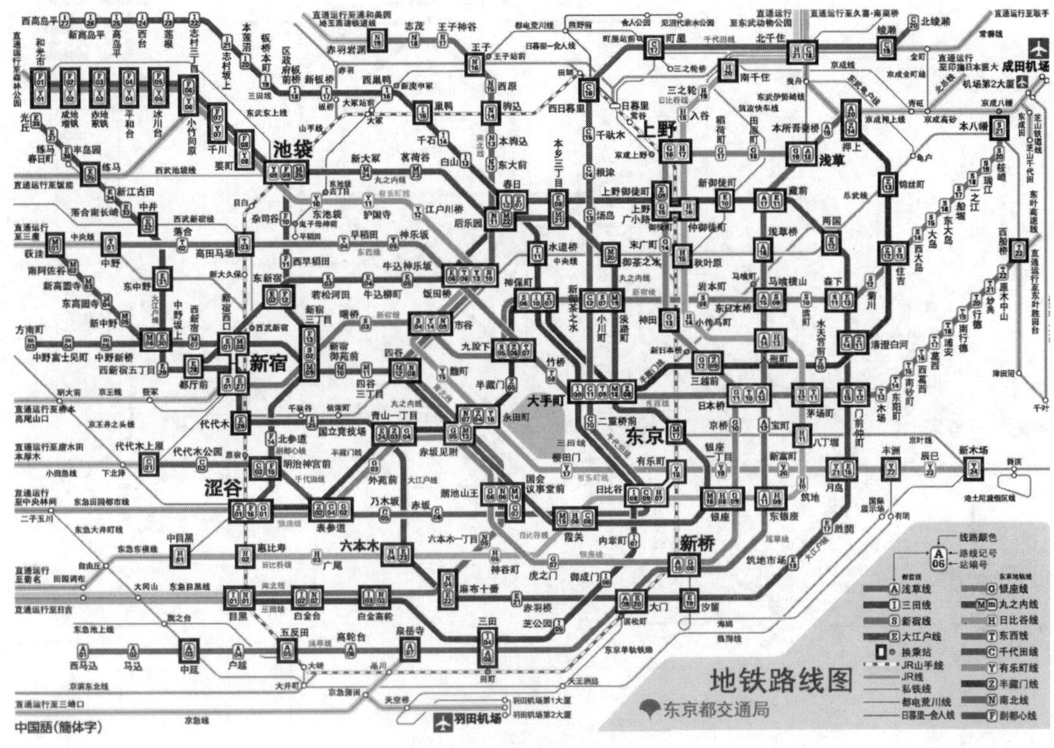

图 12—3　东京地铁线路图

出现坐过站或换车时，如果票价低于乘坐的距离，需要支付不足金额，乘车费高于乘坐距离时不能退款。退款仅限于尚未使用的有效车票。但办理退款需要支付 160 日元手续费（换乘其他公司铁路线的需要 210 日元手续费）。

东京 Metro 地铁根据乘客需求提供 3 种回数券。回数券可以在东京 Metro 地铁的任何车站使用。普通回数券 1 套 11 张（大人、儿童乘车用），回避高峰时间回数券（仅限星期一至星期五 10 点～16 点，星期六、日、节假日及 12 月 30 日、31 日、1 月 2 日、3 日使用）1 套 12 张（仅限大人乘车用），周末、休假日优惠回数券（仅限星期六、日、节假日及 12 月 30 日、31 日、1 月 2 日、3 日使用）1 套 14 张（仅限大人乘车用）。

学生月票或上下班月票，以及东京 Metro 地铁全线月票，有效期限分 1 个月、3 个月、6 个月三种。在购买月票时，有指定的乘车路线显示在月票上，即月票有效区间。当在指定的路线以外乘车时，需要另行支付费用。月票以月为单元，月票未使用部分的退款以全月为单元计算剩余。例如，如果 3 个月月票使用了 1 个月零 1 天，将扣除满两个月的金额，外加 210 日元手续费。

4. 韩国首尔

随着 2009 年 5 月 9 号线正式通车，韩国首都圈轨道交通总长度已达到 698.6 km。其中在首尔市区内部分有 328 km。首都圈轨道交通以首尔的 9 条地下铁路为主，并辅以国铁的盆唐线，仁川地铁 1 号线，中央线及机场地铁，共 13 条路线。目前整个轨道交通系统里，仅仅地下铁路线，其总长度已达 328 km，还有一些线路的延长工程正在建设中（见图 12—4）。

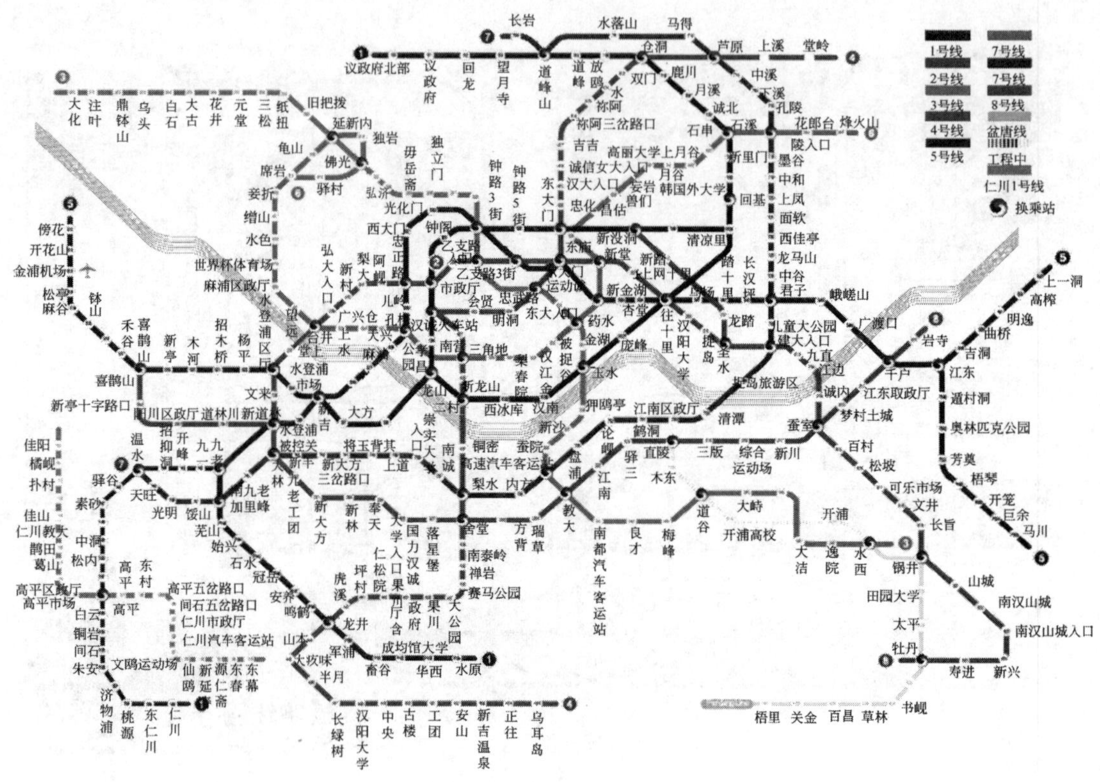

图 12—4　首尔地铁线路图

首尔地铁采用计程票制。地铁票价一个区间为 500 韩元。经常乘坐地铁者可以购买有 10%(学生 20%)优惠的定额券(10 000 韩元券或 2 000 韩元券)或巴士和地铁都可用的交通卡(区域:550 韩元)(见表 12—5)。

表 12—5　首尔地铁票价分类表

12 km 以下基本车费	19 岁以上	13～18 岁	7～12 岁
使用交通卡	800 韩元	640 韩元(成人车费的 80%)	450 韩元(成人车费的 50%)
使用现金时	1 000 韩元	1 000 韩元(使用现金时无折扣)	450 韩元(成人车费的 50%)
注:(1)6 岁以下免费; (2)超过 12 km 时每 6 km 加收 100 韩元; (3)总移动距离超过 42 km 时每 12 km 加收 100 韩元; (4)离开首尔市区时,12 km 以上每 5 km 加收 100 韩元,超过 35 km 时每 10 km 加收 100 韩元。			

数据来源:出国在线 www. chuguo. cn。

对年满 19 周岁的成年人来说,地铁票价根据到达目的地的远近而有所不同。如果使用现金购买一次性车票,12 km 以内基本车费是 1 000 韩元,运行距离在 12～42 km 范围内时,每 6 km 加收 100 韩元;运行距离超过 42 km 时,每 12 km 加收 100 韩元;如果使用地铁交通卡的话,12 km 内的基本车费有 10%的优惠,即 900 韩元,其他不变。

对于 13～19 周岁的学生来说,如果使用现金购买一次性车票,没有折扣优惠,还是 12 km 内基本车费为 1 000 韩元;如果使用地铁交通卡,则可以在成人用卡购票的基础上再优惠

20%，即 12 km 内的车费是 720 韩元，其他不变。

乘客可以使用一种称为“交通卡”或“T-money”的预付款乘车卡乘车。这种车票并不在车站内发售，而要到便利店购买。另外，首尔地铁出售一种定额卡，卡的价格是固定的，一月可使用 60 次，如果乘车的次数多就比较合适。

二、国内

1. 北京

北京市轨道交通从 1971 年 1 号线地铁开始运营以来，票制票价进行了多次调整，大致可以分为以下几个阶段(见表 12—6)。

表 12—6 北京市轨道交通票制票价发展变化表

<table>
<tr><th>阶段</th><th>时间</th><th>线路</th><th>联合月票</th><th>票价</th><th>票制</th></tr>
<tr><td rowspan="2">1</td><td rowspan="2">1971.1—1987.12</td><td>1 号线</td><td>10 元</td><td>0.1 元</td><td rowspan="2">一票制</td></tr>
<tr><td>2 号线</td><td>7 元</td><td>0.1 元</td></tr>
<tr><td rowspan="3">2</td><td rowspan="3">1987.12—1988.7</td><td>1 号线</td><td rowspan="3">10 元</td><td>0.2 元</td><td rowspan="3">跨线加价的分线一票制</td></tr>
<tr><td>2 号线</td><td>0.2 元</td></tr>
<tr><td>跨线</td><td>0.3 元</td></tr>
<tr><td>3</td><td>1988.8—1990.12</td><td>1、2 号线</td><td>10 元</td><td>0.3 元</td><td rowspan="5">一票制</td></tr>
<tr><td>4</td><td>1991.1—1995.12</td><td>1、2 号线</td><td>18 元</td><td>0.5 元</td></tr>
<tr><td>5</td><td>1996.1—1999.12</td><td>1、2 号线</td><td>40 元</td><td>2 元</td></tr>
<tr><td rowspan="3">6</td><td rowspan="3">1999.12—2006.5</td><td>1、2、13 号线</td><td rowspan="2">80 元(联合)
50 元(专用)</td><td>3 元</td></tr>
<tr><td>八通线</td><td>2 元</td></tr>
<tr><td>(1、2)号线、13 号线、八通线间换乘加价 2 元</td><td></td><td>根据换乘次数计算(≤7 元)</td><td rowspan="7">跨线加价的分线一票制</td></tr>
<tr><td rowspan="3">7</td><td rowspan="3">2006.5 至 2006.12.31</td><td>1、2、13 号线</td><td rowspan="2">90 元(联合)
60 元(专用)</td><td>3 元</td></tr>
<tr><td>八通线</td><td>2 元</td></tr>
<tr><td>(1、2)号线、13 号线、八通线间换乘加价 2 元</td><td></td><td>根据换乘次数计算(≤7 元)</td></tr>
<tr><td rowspan="3">8</td><td rowspan="3">2007.1.1—2007.10.6</td><td>1、2、13 号线</td><td rowspan="3">60 元(专用)</td><td>3 元</td></tr>
<tr><td>八通线</td><td>2 元</td></tr>
<tr><td>(1、2)号线、13 号线、八通线间换乘加价 2 元</td><td>根据换乘次数计算(≤7 元)</td></tr>
<tr><td>9</td><td>2007.10.7—至今</td><td>全线</td><td>无</td><td>2 元</td><td>一票制</td></tr>
</table>

数据来源：北京市地铁公司。

(1)1971 年 1 月至 1987 年 12 月。这一阶段实行的是单一票价，该期间内，地铁 1 号线票价为 0.1 元。1978 年 12 月 1 日，开始发售北京市电车、汽车、地下铁道联合月票，票价 10 元，每月按 150 人次计算，轨道交通与其他公共交通方式按各分担 50%计算。1984 年 9 月地铁

2 号线运营,2 号线也实行为 0.1 元的单一票价。1985 年 3 月 1 日,开始发售北京市市区公共电汽车和地铁 2 号线联合月票,票价为 7 元,轨道交通与其他公交方式按各分担 50%计算,乘车范围不包括北京地铁一期工程全线。

(2)1987 年 12 月至 1988 年 7 月。该期间实行跨线加价的分线一票制。地铁 1 号线、2 号线票价均为 0.2 元,跨线票价为 0.3 元。地铁公共电汽车联合月票为 10 元。

(3)1988 年 8 月至 1990 年 12 月。实行单一票价,地铁 1 号线、2 号线票价为 0.3 元,地铁公共电汽车联合月票 10 元,可以互相换乘。

(4)1991 年 1 月至 1995 年 12 月。实行单一票价,地铁 1 号线、2 号线票价为 0.5 元,地铁公共电汽车联合月票 18 元,可以互相换乘。1994 年 4 月 1 日,联合月票开始限售。1995 年 1 月,北京地铁开始发售地铁保险月票。保险月票比普通月票增加 1 元,即 19 元。

(5)1996 年 1 月至 1999 年 12 月。实行单一票价,地铁 1 号线、2 号线票价调为 2 元,地铁公共电汽车联合月票 40 元,可以互相换乘。

(6)1999 年 12 月 10 日至 2006 年 5 月。实行跨线加价的分线一票制。地铁 1 号线、2 号线、13 号线票价调为 3 元,八通线为 2 元。1 号线和 2 号线为一组,13 号线为一组,八通线为一组,它们之间每换乘一次,在原票价基础上加收 2 元。例如,1、2 号线与 13 号线相互换乘为 5 元;1、2 号线与八通线相互换乘为 4 元;如果由 13 号线换乘 2 号线再换乘八通线,票价为 7 元。1999 年 12 月,地铁公共电汽车联合月票由 40 元调整为 80 元,新增地铁专用月票 50 元。

(7)2006 年 5 月至 2006 年 12 月 31 日。基本的票制和票价未变,但是将地铁专用月票卡和联合月票卡分别调整为每张 60 元和 90 元,并且限当月使用 140 次。

(8)2007 年 1 月 1 日至 2007 年 10 月 7 日。伴随着公共电汽车票制票价的下调,原先使用的联合月票卡被取消。

(9)2007 年 10 月 7 日开始,取消地铁月票,并开始实行轨道交通全线网内乘车一律 2 元的一票制。

2. 上海

上海城市轨道交通实行计程票制,基准里程为 6 km,起价为 3 元,超过基准里程后,每增加 10 km 票价递增 1 元,最高票价不超过 8 元。具体票价情况见表 12—7。

表 12—7　上海地铁各线路换乘票价

线　路	1 号线(25 站)	2 号线(12 站)	3 号线(19 站)	4 号线(12 站)	5 号线(11 站)
1 号线	2～6 元	3～6 元	3～7 元	3～7 元	2～8 元
2 号线	3～6 元	3～5 元	3～6 元	3～7 元	4～8 元
3 号线(高架轨道)	3～7 元	3～6 元	3～5 元	3～6 元	3～8 元
4 号线	3～7 元	3～7 元	3～6 元	3～6 元	4～8 元
5 号线(高架轻轨)	2～8 元	4～8 元	3～8 元	4～8 元	2～3 元

数据来源:根据上海地铁运营有限公司网站相关数据整理。

上海市轨道交通票价优惠措施为:一个月内大量乘坐轨道交通的乘客可获得部分价格优惠。从 2005 年 11 月起,在上海轨道交通使用交通卡的乘客,如果在一个自然月内刷卡款值满 70 元,该月内超过 70 元以上的部分可以享受 9 折优惠。

3. 广州

自 1999 年广州地铁 1 号线开通以来，广州地铁一直实行“按区间分段计价，起价 2 元，每进入下一段加收 1 元”的票价政策，具体为每相邻两站之间为 1 个区间，每 3 个区间为 1 段，首段起步价 2 元，每进入下一段加收 1 元。

2006 年年底，线网票制由区间分段计价改为里程分段计价，4 km 以内 2 元，4～12 km 范围内每递增 4 km 加 1 元，12～24 km 范围内每递增 6 km 加 1 元，24 km 以后每递增 8 km 加 1 元，全网最高票价 12 元。

广州轨道交通车票设单程票和储值票两类。

普通单程票无优惠。团体单程票：其中旅行社团体单程票 16～100 人（不含 100 人）为 9 折优惠，100 人以上（含 100 人）为 8 折优惠。其他团体单程票 30～100 人（不含 100 人）为 9 折优惠，100 人以上（含 100 人）为 8 折优惠。

储值票分为普通储值票、中小学生储值票和老年人储值票。普通储值票 9.5 折优惠，中小学生储值票 7 折优惠，60～65 岁（不含 65 岁）老年人储值票 5 折优惠，65 岁及以上老年人、革命伤残军人、盲人可免费乘坐地铁。

4. 中国香港

香港地铁（见图 12—5）的投资、建设及经营均由香港地铁有限公司承担。经营模式上，政府通过地下铁道条例将专营权赋予地铁公司，期限为 50 年，将地铁的财产、权力、法律责任一起交给地铁公司。2000 年，地铁公司上市后，政府是最大股东，拥有 75%的股份。

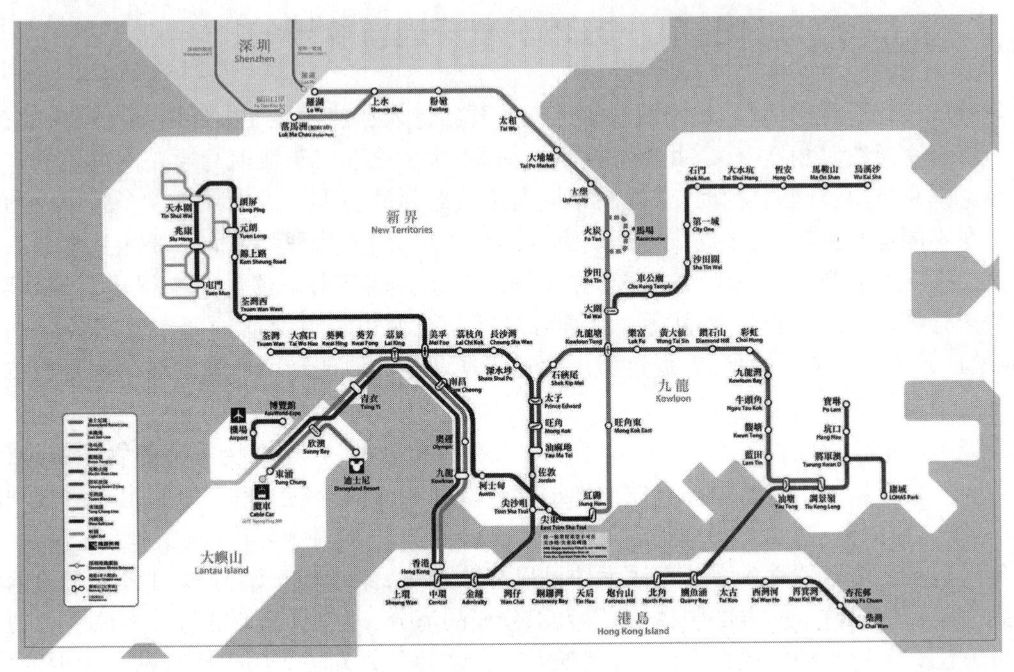

图 12—5　香港地铁线路图

香港地铁车票有八达通、单程票及旅客票等。

(1)八达通。八达通是香港其中一种电子收费系统，卡片的大小和信用卡相同，内置芯片，使用时把卡片放在接收器上即能完成付款过程。在香港乘坐地铁使用八达通卡十分方便。除了机场快线,使用八达通卡能够享受优惠。八达通卡还有其他多种用途。

(2)单程票。单程票是一种附有磁条的车票,在地铁车站大堂设有自动售票机,售卖各种单程票。香港地铁设有双程票,但机场快线除外。

(3)旅客票。旅客票主要有两种,一是1日内任意乘搭的通行票(车票于发票当日起30日内有效。于车票有效期内任何1天无限次乘搭港岛、荃湾、观塘、将军澳、东涌及迪斯尼线。);二是3日内任意乘搭,附有机场快线单程/往返程的通行票。旅客在购买旅客票时,需要提供旅客证明文件。

(4)特别版纪念票

每逢新年或是有新的卡通片上映或地铁公司周年纪念,地铁都会推出新的车票。这些车票表面印上了特别图案,每张都可支付一程或来回费用(大部分不包括机场快线)。此外,还有供游客选择的1天乘车证,可在有效期内任何一天无限次乘坐地铁。

香港地铁是世界上极少数在运营上能够盈利的地铁系统之一。香港政府对轨道交通采取"审慎的商业原则"及"用者自负"的原则,赋予地铁公司确定票价的自主权。企业可以根据通货膨胀率调整票价。地铁票价考虑竞争力、乘客负担能力、公司财务状况等因素。在相同的线路上,地铁票价一般比公共汽车票价高20%左右。乘客负担能力考虑通货膨胀、市民收入增长、GDP增长率几方面因素。公司财务状况主要考虑合理利润即经营成本、负债还款能力等。

第三节　城市轨道交通票款清分

随着城市化进程的加快,我国城市轨道交通开始进入加速发展期。伴随路网规模的扩大,城市内轨道交通线路相互交叉,并形成网状结构,更多的乘客由于轨道交通路网规模的扩大而有机会选择乘坐轨道交通,同时,乘客在不同营运线路间的换乘也更加频繁。当城市内的轨道交通存在不同运营主体时,不同线路运营商在运输组织、票务管理等方面需要相互配合。其中跨线路换乘乘客所产生的票款收入需要在不同运营主体间清分。这是一个很重要的问题,因为票款清分涉及不同运营商的利益。科学合理地制订城市轨道交通网间票款清分原则和方法,应做到各种利益关系的平衡,促进城市轨道交通业全面协调和可持续发展。这是城市轨道交通发展中所要面对的重要问题之一。

在城市轨道交通建设过程中,AFC系统以及衍生出来的ACC系统等票务管理信息技术,为票款收入清分提供了技术保障。然而轨道交通票款收入清分的关键在于制定相对合理的清分原则,细化出清分规则和清分算法(见图12—6)。

不同运营主体票款收入清分方法大体可以分为两类:路径依赖清分原则和非路径依赖清分原则。路径依赖清分的方法包括:基于人工分账的清分、理想状况下的清分方法和最短路径的清分方法。上述几种方法各有利弊,基于人工分账的清分方法适用于换乘站点较少的情况,但选择什么样的指标进行清分是其中十分重要的问题;基于理想情况下的清分方法过于理论化,在现实中采用需要克服很多困难;最短路径的清分方法由于换乘径路有多种选择,难以确定合理的清分比例。

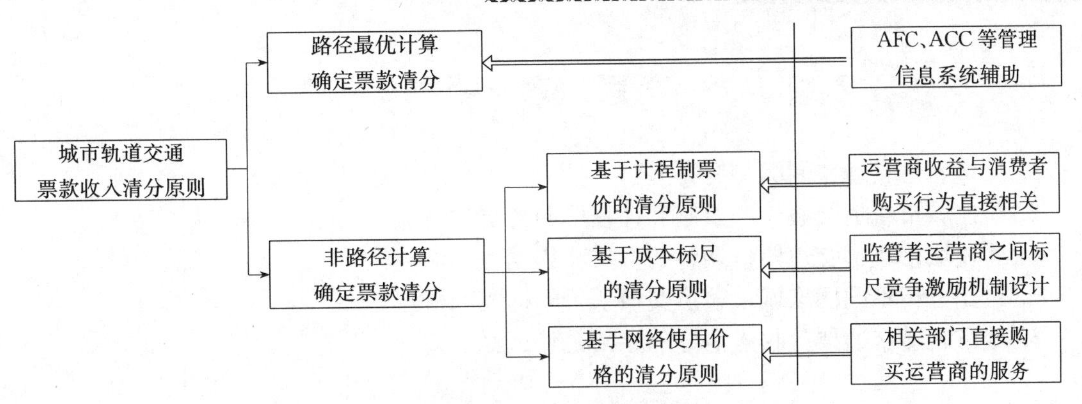

图 12—6　城市轨道交通票款收入清分原则

非路径计算确定票款清分原则主要有两种，一是依据计程制票价制定的清分原则，采用的国家有日本、韩国等；二是依据分区票价制定的清分原则，相同区域内的线路运营成本变化近似一致，由成本之间的差异制定相应的清分原则。另外，有的城市轨道交通采用“网运分离”的方式，运营商提供运营服务，并向基础设施公司支付路网使用费。

韩国首尔轨道交通的清分原则是，起步价原则上计入售票运营商，跨线收入以计程方式计入出站所属运营商；单程票的收入全部归属发售车站所属的运营公司。

日本东京轨道交通的清分方法是，部分地铁、JR 铁路与一些私铁之间换乘，按照乘车线路上的运营商各自的票价计算规则计算各自票价，乘客付出的总票价为每条线路票价之和，清分中心按照各条线路上的票价分配总票价。

城市轨道交通运营商之间的票款清分应当简便易行，城市轨道交通所服务的乘客多数是上下班的通勤者，所以一天之内大多数人会依据上班线路原路返回，所以线路之间的换乘数量很多是对称的。

确定清算原则时需要不同运营商之间的谈判和协调。例如，对于跨线换乘的旅客，不同运营商之间可以通过谈判协商确定票款分成的比例，这个比例既可以按照乘客实际在线路上距离的比值，也可以是实际途经站数的比值，还可以直接由线路运营商之间通过谈判协商直接确定分成比例。票款清分原则如图 12—7 所示。

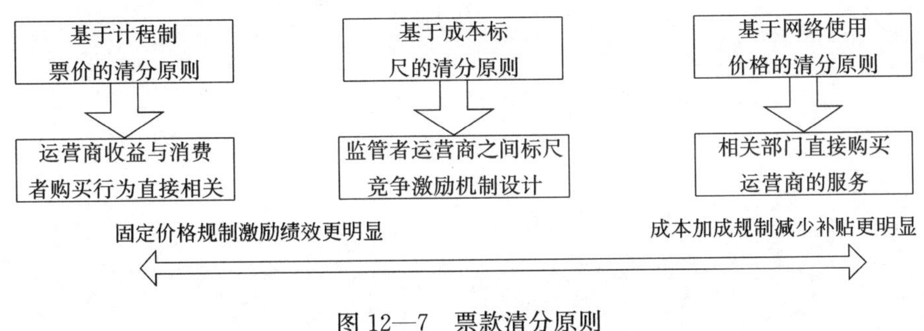

图 12—7　票款清分原则

任何一种清分方法都无法实现尽善尽美，根据运营情况，定期对不同运营商的分配进行调整，使各方利益得到保证。

思 考 题

1. 城市轨道交通票制类型有哪些?
2. 简述城市轨道交通单一票制和计程票制各自的特点。
3. 简述城市轨道交通票价调整的方法和依据。
4. 对比分析不同国家城市轨道交通票价的构成和特点。
5. 城市轨道交通票款收入清分的原则是什么?

第十三章　城市轨道交通补贴模式

第一节　关于城市轨道交通财政补贴

一、财政补贴

从理论上讲，财政补贴是一种转移性支付，是政府影响经济活动的一种手段。从政府角度看，为了实现某一目的，通过转移支付实现对某一经济活动或是某一经济主体的经济补偿或支持，这种支付是无偿的。从受补贴者角度看，意味着实际收入的增加，也意味着它所从事的经济活动的意义。一般来说，政府对那些涉及社会公众利益、无法获得足够收益的经济活动或者经济主体进行补贴。

财政补贴是政府调控经济的一种手段，它经常与某些产品、服务或资源价格的变动联系在一起，具有影响和改变资源配置结构、产品供给和需求结构的作用。从这个角度说，财政补贴可以认为是一种影响相对价格结构从而可以改变资源配置结构、产品或服务的供给和需求结构的政府无偿支出，它是直接或间接向微观经济活动主体（企业或个人）提供的一种无偿的支付，属于转移支付范畴。财政补贴是协调私人需要与公共需要矛盾的手段。

政府在特定时期为了实现一定的社会经济目标，利用财政资金对一些公益性项目或者需要鼓励的经济活动、经济行为以及相关的经济、自然主体进行补贴是各国普遍采用的做法。补贴资金有来自国家的，也有来自地方政府的。我国现行的财政补贴主要包括价格补贴、企业亏损补贴等。补贴的对象可能是企业，也可能是居民。补贴的范围涉及相关产业的采购、生产、流通等环节以及居民生活的各方面。

从补贴资金支出主体可以分为中央财政补贴和地方财政补贴。中央财政补贴的资金列入中央财政预算，地方财政补贴的资金列入地方财政预算。

二、城市轨道交通补贴

城市轨道交通具有准公共产品的特征，建设项目耗资巨大、投资回收期长，并且具有很强的正外部性经济特征。城市轨道交通是城市的基础设施，也是城市公用事业，它是维系和保证城市社会经济发展和居民正常生活进行的基本载体。随着社会经济的发展，大城市的轨道交通已经成为城市十分重要、不可或缺的组成部分。

城市轨道交通具有明显的公益性，是城市居民工作、生活不可或缺的交通工具，也是城市正常运转的重要保证。由于它在城市发展中的重要地位和作用，也由于其自身特殊的性质和特征，决定了它应当承担为城市居民普遍服务的责任，盈利不是它的主要目的；与其他公共交通方式相似，它的公益性很强，而商业性较弱。正因为如此，城市轨道交通的票价受到政府的严格监管和控制，不以市场供求变化作为调整票价的依据。轨道交通的票价制定需要考虑城市居民的承受能力，同时，考虑为了缓解城市交通拥堵问题，鼓励居民更多地乘坐公共交通，轨道交通的票价也需要相对较低。作为一个基础产业，城市轨道交通投资以及运营成本很高，较低的票价和较高的运营成本形成了比较明显的矛盾，多数情况下票款收入无法弥补正常的运营成本。

与其他社会公用事业一样，城市轨道交通企业的生存和发展都需要财务上具有可持续性。由于大多数城市轨道交通将公益性放在首位，因此，亏损是普遍现象（从世界各国的城市轨道交通的运营状况看，亏损是比较普遍的现象）。个别城市的轨道交通虽然盈利，但也不是完全依靠票价收入获得的，而是通过将轨道交通产生的正外部性内部化——即将沿线物业、商业等收入纳入到轨道交通运营企业收入（轨道交通企业拥有沿线房地产等产权）后才实现了盈余。如香港地铁的总收入中有约 30%来自沿线的房地产和其他商业收入等，这些来自于轨道交通相关的物业和商业收入弥补了票款收入的不足。不过，多数城市并没有将沿线的土地开发权交给轨道交通运营企业，或者说，城市轨道交通企业并没有掌握将其产生的正外部性内部化的权利或途径，也就没有来自上述方面的资金收入。从城市发展的整体来看需要保证城市轨道交通的正常运营和可持续发展，实现轨道交通部门公共服务的目标，就需要来自政府部门的资金支持，需要财政资金对其生产运营进行补贴。

在市场经济条件下，市场在资源配置中起基础性作用，市场机制成为市场运行、变化与发展的自身调控系统。但由于城市轨道交通的准公共物品性质和外部性，出现市场失灵，使市场经济机制不能很好地实现其优化资源配置的基本功能，致使城市轨道交通无法充分实现公益性和福利性。在这种情况下，通过政府介入来矫正市场失灵、优化资源配置就显得非常必要。现在世界各国也越来越重视城市轨道交通的福利性，政府均采取低价、优惠、补贴等措施增加其外部效用。

假设在社会成员中存在群体 A 和群体 B，他们在城市轨道交通所享受到的福利水平及帕累托最优如图 13—1 所示。图中，横轴和纵轴分别代表 A 和 B 在城市轨道交通中享受到的福利水平，由他们各自对轨道交通服务的消费数量决定。而曲线 CC' 描述了将总量全部分配给 A 和 B 时双方福利水平的各种组合，称为福利边界。处于边界外的效率 E 是任何可能的资源配置方式都无法达到的，而处于边界内的效率 D 是由失灵的市场得到的城市轨道交通资源配置。很明显，福利边界内的点 D 是低效率的，要提高效率必须通过政府的介入优化资源配置，同时提高群体 A 和群体 B 的福利水平，达到社会效益最大化，从而使得效率达到福利边界上的 O 点，实现公共交通资源配置的“帕累托改善”。因此，公共交通必须借助政府的力量，发挥政府宏观调控的作用实现“帕累托改善”。优化资源配置，最大化城市轨道交通的社会效益。

政府通过补贴降低城市轨道交通服务成本，能够使轨道交通提供更普遍更优质的服务，满足社会实际需求；财政补贴可以作为一种转移支付，改善低收入乘客的福利状况；政府通过补贴轨道交通，可以适度降低票价，吸引更多的人选择此种交通方式，推动公共交通优先发展，充分利用资源、降低城市污染，增大社会效益。依照城市轨道交通行业的具体情况，分析它的价格与供给、需求之间的关系，可以进一步揭示财政补贴的必要性（见图 13—2）。

在图 13—2 中，AB 是表示在失灵的市场作用下城市轨道交通的供给曲线，$A'B'$ 代表了政府介入并考虑城市轨道交通社会收益后的社会供给曲线，CD 是社会总需求曲线。图中 O 点是在失灵的市场作用下城市轨道交通供给与社会需求的均衡点，供给量为 G，价格为 P；O' 点是城市轨道交通的社会供给与社会需求的均衡点，供给量为 G'，价格为 P'。显然 $G<G'$，失灵后的市场供给无法合理地配置资源，满足不了社会实际需求，从而无法实现城市轨道交通的最

优供给。要使供给满足社会需求，即使供需平衡点移至 O'，想方设法降低城市轨道交通价格成为必经之途。然而以公益性为目的降低城市轨道交通价格，导致价格低于成本，于是轨道交通企业出现亏损。所以政府必须从降低轨道交通企业成本出发，从政策、资金上支持和补贴城市轨道交通企业，以达到社会供给需求平衡，实现城市轨道交通的社会效益。

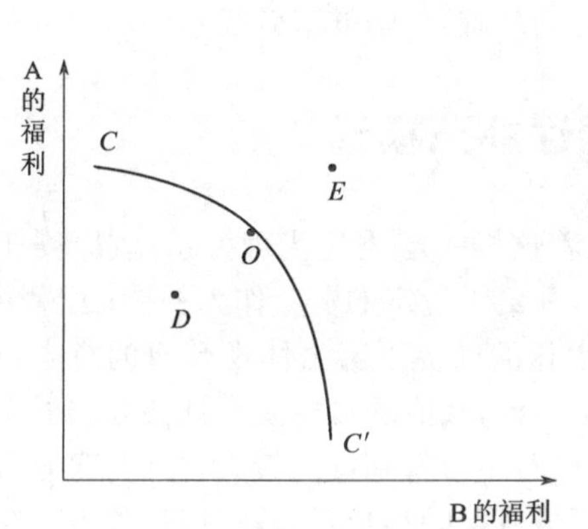

图 13—1　城市交通中福利边界与帕累托效率

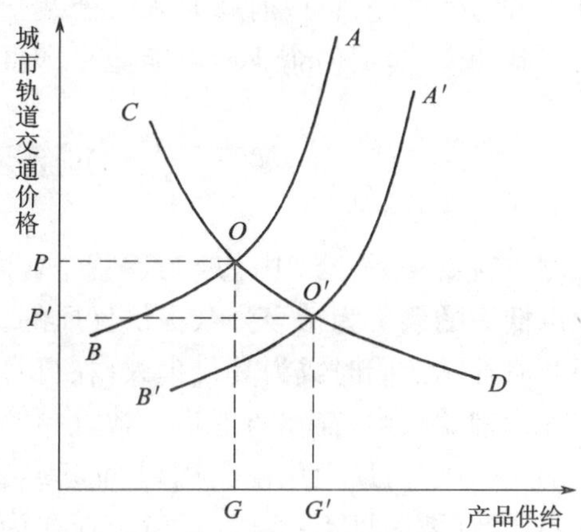

图 13—2　城市轨道交通价格与需求、供给的关系

财政补贴是一种逆市场行为，是协调公共利益与商业利益之间矛盾的重要手段。对城市轨道交通进行补贴的本质是政府花钱购买公共服务。当城市的运行和发展需要轨道交通时，政府从城市整体利益、公共利益角度出发，通过转移支付实现对轨道交通的支持，这时就产生了补贴行为。从世界各国情况来看，对城市轨道交通进行补贴是一个普遍的经济现象。对城市轨道交通的财政补贴能够改变城市公共交通与私人交通的比例结构。

财政补贴可分为直接补贴与间接补贴。直接补贴指通过财政拨款对受补贴者给予的直接无偿支出；间接补贴主要指税收优惠、财政贴息、实物补贴等方式。对城市轨道交通的补贴更多体现在直接补贴上。从补贴的主体看，城市轨道交通的财政补贴主体是地方城市政府。

对城市轨道交通的补贴与轨道交通的票价之间存在着相互影响、相互制约的关系。轨道交通票价的制定不能按照市场原则进行，票款收入通常不能弥补成本支出。然而，即使这样也存在票价高和低的问题，在运营成本既定的情况下，票价的高低在很大程度上影响或决定政府财政补贴力度的大小。实际上，轨道交通的运营成本也是变化的，它受成本要素价格变化的影响，同时，也受企业管理水平的影响。综上，对城市轨道交通的补贴应当是动态的，而不是一成不变的。

对城市轨道交通的财政补贴通常应遵循如下原则：

1. 效率原则

财政补贴应当具有效率，补贴资金的使用应遵循效率最大化原则，要提高资金的利用效率，既要防止补贴的不足，也要防止补贴的过度。财政补贴应当量力而行，应当与政府的财政收入密切关联，补贴数额的确定应当科学合理。

2. 激励原则

财政补贴资金的使用应具有激励效应，防止受补贴者因此而产生惰性和依赖。

3. 合意原则

财政补贴政策的制定应透明公正，协调有关各方的利益，体现社会公众、企业、政府等各方面的意愿。

如果既要满足城市公共交通产业持续发展，吸引社会投资，又要实现公共服务的目标，维持其正常的生产经营，政府就必须对公共交通进行扶持，并建立一种适应城市轨道交通发展的补贴机制和模式，促使企业尽可能地在满足公共目标的基础上，降低运营成本。

第二节　城市轨道交通补贴模式①

城市轨道交通补贴中政府与运营企业之间存在着这样一层委托代理关系：政府委托运营企业以低廉的票价为社会公众提供优质的交通服务，并给予一定的资金作为补偿；运营企业在获得政府补贴的同时成为其代理人，在自身利益最大化的前提下努力体现政府的意志。在这层委托代理关系中，存在两点不一致：(1)两者目标不一致，政府的目标是为社会公众提供低价优质的交通服务，最大化社会福利，而运营企业则仅仅希望自身利益的最大化；(2)双方掌握信息量不一致(即信息不对称)，运营企业作为整个过程最直接的参与者，其掌握有关生产经营方面的信息量要多于政府，所以运营企业处于信息优势的一方。在这种情况下，很容易产生道德风险(Moral Hazard)——处在信息优势一方的运营企业为了最大限度地获得财政补贴，有可能采取损害处于信息劣势一方政府利益的行动。

在这一过程中，运营企业获得的超出其政策性补贴之外的补贴资金为政府付出的信息租金，信息租金的数量与政府补贴效果呈反比例。政府设计补贴模式的初衷就是如何在尽量减少信息租金的情况下，增加对企业的激励。下面，文章将对目前几种最为常见的补贴模式进行分析评价。

一、城市轨道交通财政补贴的类型

城市轨道交通的财政补贴需要综合考虑城市公众、轨道交通企业、政府三方面的关系。轨道交通票制票价和财政补贴的确定需全面考虑社会公众对于轨道交通票价的承受能力、企业对补贴的依赖程度和政府进行财政补贴的能力。实际上，一个城市对轨道交通补贴多少很大程度上取决于政府的财政能力，当政府财政能力比较强时，可以对轨道交通补贴的力度加大，这时，轨道交通可以实行相对较低的价格。当政府的财政能力不是很强或者轨道交通不是财政资金补贴的重点时，对轨道交通的补贴将会减少。这时，可以有几种办法，一是给予轨道交通企业更灵活的票价制定权，通过增加票价收入减少补贴。二是给予轨道交通企业更多更优惠的政策，例如，沿线两边一定范围的土地开发权等。当然，也可以两者都给。

从补贴的直接受益者看，城市公共交通补贴有对轨道交通企业的补贴和对消费者(乘客)的补贴。对轨道交通企业的补贴是政府将补贴资金依据一定原则直接给付轨道交通运营企业。对消费者(乘客)的补贴则将补贴资金依据一定原则直接给付乘客。采用对消费者的补贴方法时往往采用相对较高的票价，由于消费者获得了补贴，所以对他们来说仍然享受低票价优

① 贾腾，欧国立，《城市轨道交通补贴模式比较》，中国社会科学报(经济学版)2013年版；赵源，欧国立，《城市轨道交通补贴机制研究》，北京交通大学学报(社会科学版)2008年版。

惠。两种方法虽然补贴对象不同,但实际效果或许并无太大差别,因为对于轨道交通运营企业来说,虽然未获得直接的财政资金,但通过高票价,仍然增加了收入。但从实际工作角度看,对轨道交通运营企业补贴更容易操作,对补贴以及相关结果更容易掌控。

政府还可以通过政策实现轨道交通企业内部的交叉补贴,从而减少政府对轨道交通企业的直接财政补贴。如给予轨道交通企业沿线两边或者站点周边一定范围内的土地开发权和其他商业收益权利,通过轨道交通企业对土地的开发实现其增加相关产业的收入,用以弥补票款收入的不足,政府也可以减少财政补贴支出。

二、城市轨道交通补贴模式与方法

根据城市轨道交通的经济属性,对于城市轨道交通补贴的最低要求是保证轨道交通企业的持续经营,从而满足城市公共交通需求。城市轨道交通的属性决定了其不能完全按照市场规则运营,政府需要根据轨道交通运营企业的成本与收益状况,根据其间的差额给予一定数额的资金补偿,其实质也是政府花钱购买轨道交通公共服务。据此,补贴的基本依据应当是成本与收益之间的差额。

如果轨道交通企业的补贴额为 S,则有,

$$S=C-R \tag{13—1}$$

这里,C 为轨道交通企业的成本;R 为轨道交通企业的收益。

需要注意的是,R 的内涵可以是不同的:(1)R 是轨道交通企业一定时期的票款收入;(2)R 是轨道交通企业一定时期票款收入加上相关经营收益,如广告和其他商业收益;(3)当轨道交通企业拥有沿线土地开发权时,R 既包括(2)中的收益内容,同时也包括土地开发的收益。实际上,当轨道交通企业拥有沿线土地开发权时,它的整体收益可能大于成本,这时政府无需进行补贴。

关于上式中 R 的内涵也在讨论之中,通常情况下,补贴者和被补贴者为此也进行博弈,例如,广告收益是否应当计入 R 中。不管哪种情况,补贴的结果应当是激励运营企业,财政补贴资金的使用效率也能够最大化。

补贴额的核算可以一年进行一次,即对当年的成本和收益状况进行比较后确定补贴数额,也可以几年进行一次,即根据某年的成本收益情况确定今后几年的补贴数额。实际的补贴模式和方法包括以下几种:

(一)政府统包补贴

政府统包补贴是指政府根据企业申报的上年度财务决算和本年度运营计划确定补贴额,直接对运营企业的实际亏损情况进行全额补贴。这种模式的基本补贴逻辑是:由于票价管制以及外部性等因素,运营企业产生的所有亏损均为政策性亏损,为了弥补市场调节的不足,政府理应对这部分亏损进行全额补贴。它有一个假设前提就是企业的经营是有效率的,而事实并不一定如此,企业的决策失误或者其内部治理的缺陷等原因也会产生亏损,即经营性亏损。如果政府对二者不加以区分均给予补贴的话,会产生负向激励,或者说“棘轮效应”。具体来讲是这样的:政府根据企业提供的相关信息来确定补贴金额,企业如果从自身利益最大化的角度出发,有可能会在政府财政承受范围内,尽量夸大其亏损程度以获取更多的补贴;同时,如果企业努力经营,尽量减少其经营性亏损,这样换来的是财政补贴的减少,而如果企业“努力偷懒”,增加其经营性亏损的程度反倒能够获得更多的补贴,那么对于企业来说最好的选择就是尽量

夸大亏损并“努力偷懒”。因此在该种模式下企业的“棘轮效应”是非常显著的，这样的后果就是不仅企业的经营效率低下，成本升高，同时还会使政府支出膨胀，加重其财政负担，浪费社会资源。

（二）政府包干补贴

政府包干补贴指的是由政府和运营企业进行协商，根据每年度企业的运行环境和运营状况，给企业一个包干补贴额度，除非出现较大的政策变动，否则该年度补贴额度不变。这种补贴模式的突出特点是企业不必上缴所有收入，并有了一定的经营自主权；同时政府也较统包模式时掌握了更多的企业经营信息，能够对每年度企业运营过程中产生手政策性亏损进行粗略的判断，能够给出一个近似于最优补贴额度的补贴量，这样政府只承担全部政策性亏损和一部分企业的经营性亏损，减少了补贴量。对于企业而言，此时它也要承担一部分经营性亏损，所以其必须更加注重自己经营决策和内部治理，以寻求自身利益的最大化。

需要注意的是，包干额度的大小非常重要，它直接关系到补贴的效果：如果包干补贴不能弥补企业的政策性亏损，那么企业每提供一单位轨道交通服务都会产生额外的亏损，所以对企业来说最好的选择就是尽量少地提供交通服务；如果包干额度过大，甚至能够覆盖其经营性亏损，企业又会像统包补贴那样，产生负向激励；只有当包干补贴额度的数量正好介于政策性亏损与企业全部亏损（即政策性亏损与经营性亏损之和）之间时，才会出现减少补贴支出的同时产生正向激励的情况。由此可见，这种补贴模式是否有效主要依赖两个因素，一是政府是否掌握了足够的信息对企业的政策性亏损进行较为准确的判断；二是政府工作人员是否具备一定的谈判能力，说服企业自己承担更多的经营性亏损。企业承担的经营性亏损越多，补贴产生的激励效果就越好，补贴支出也越少；当政府只承担政策性亏损时，企业将承担全部经营性亏损，补贴效果达到最优。

（三）基于客运周转量补贴

基于客运周转量的财政补贴模式是指按照企业客运周转量的水平确定补贴额度。这种补贴的基本思路是政府将运营企业的客运周转量作为衡量其经营效果的主要指标，并对此进行定价，成为轨道交通服务的“购买者”。基于客运周转量的补贴模式要求政府部门必须能够在不完全依靠运营企业的情况下，较为精确地掌握其客运周转量，并据此确定补贴数额。如果说前两种补贴模式是政府难以获取有效信息情况下采取的较为被动的补贴方法的话，那么该种补贴模式则是政府在掌握了一定数量信息后采取的主动补贴方式：它明确地将客运周转量这一指标写进补贴合同中，并努力地收集相关信息，从而在该方面对企业产生了较强的正向激励。

该种补贴模式下运营企业基本不存在负向激励或者激励不足的问题，同时由于此时企业基本拥有了完全的经营自主权，使得它会像市场主体一样追逐自身利益，但是过分追求企业自身利益最大化有可能会使得其行为与政府目标产生偏离，最直接的表现就是损害城市轨道交通的公益性。例如，既然运营企业获得补贴的额度完全由其客运周转量来确定，那么其将有可能只偏好某些客流量较好的路线，而放弃一些较为偏远的路线；同时，假如企业在经营过程中，只专注于客运周转量的增加而忽视成本控制、服务质量等其他指标，不仅会因车内拥挤等原因损害公众的利益，还会加重政府的财政负担。

总体来看，基于客运周转量的补贴模式较好地解决了以往运营企业激励不足的问题，遗憾的是单一的客运周转量指标并不能完全衡量企业经营效果，其他关键信息的缺失导致这种模式下的补贴合同是不完全的，仍然会产生较为典型的委托代理问题。

(四)加入服务及成本监督的补贴

加入服务及成本监督的补贴是指政府根据企业的客运周转量确定一个初步的补贴价格，然后定期或不定期对运营企业的服务质量以及成本控制等方面进行监督检查，如果发现相关指标符合要求则给予适当的奖励，反之则给予相应的惩罚。从本质上讲，基于客运周转量和加入服务和成本监督的补贴原理是一致的，都可以称之为绩效补贴，因为它们都是通过一个或几个关键指标来衡量企业的经营效果，并以此为据进行补贴；不同之处在于两者拥有的有用信息量不同，后者显然拥有更多的有用信息，所以其补贴合同对于前者来说是一个严格的帕累托改进(Holmstrom，1979 年)。

加入服务与成本监督的补贴模式的优缺点与基于客运周转量补贴相类似，即某些指标一旦被写入补贴合同，其就能对运营企业在能够体现该指标的方面产生较强的正向激励，但是对于那些没有写入补贴合同的其他衡量企业经营效果的关键性指标则容易被忽略掉，并有可能因此损害城市轨道交通的公益性。所以只要信息是不完全的，该种模式下的补贴合同也是不完全的。但是通过实践，将尽可能多的有用信息写进补贴合同，最终会使城市轨道交通的补贴效率向帕累托最优的目标逐渐靠近。

(五)多元投资主体下财政补贴模式

城市轨道交通的建设和发展需要大量资金，单纯依靠政府远远满足不了对资金的需求，需要吸引社会资本的参与，因此，投资主体多元化是城市轨道交通发展的一个重要趋势。目前，已经有一些城市开始吸引社会资本参与城市轨道交通的建设和运营。私人资本是趋利的，因此，在投资主体多元化的情况下(价格依然由政府控制)，补贴模式也将随之发生变化。

1. PPP 下的补贴模式

假设城市轨道交通总投资为 TI，地方政府投资比例为 φ，多元投资主体投资为 $(1-\varphi)TI$；合作运营期限为 n 年。由于城市轨道交通项目的实际价值可以看成是项目未来净值的预期折现，所以可以利用项目融资理论计算项目的实际价值，并得出项目合作运营期间的财政补贴额。

资产评估收益法中折现率的实质是一种投资报酬率，因此，企业的综合资本成本可视为投资报酬率的最低要求，用作收益现值法中的折现率。如果选用投资者要求的且地方政府协商同意的投资收益率为基础，计算得到的综合资本成本作为收益现值法中的折现率；将未来的收益折现并与初始投资相加，令所得的净现值为零，则可以倒推出满足投资者最低资本回报率的运营收入；由该运营收入，可计算得到一个清分补偿价格。具体如下：

假设多元投资主体要求的且地方政府协商同意的资本回报率 K_s 为资产 i 的收益率；L 为贷款利率的加权平均，$L=\sum_{i=1}^{n}\frac{L_i\times DEBT_i}{DEBT}$，$DEBT_i$ 为第 i 项贷款额。假设贷款比例为 μ，多元投资主体投入资本比例为 α，则项目的加权资本成本为：$K_{wacc}=\alpha K_s+\mu L$ 。

假设初始投资是一次性投入的；第 t 年项目的运营收入为 CI_t，付现成本为 CO_t，则第 t 年的净现金流为：

$$NCF_t=CI_t-CO_t, \tag{13—2}$$

其中：

$$CI_t=R_t+S_t \tag{13—3}$$

$$R_t=F_t+\sum p_x q_x \tag{13—4}$$

这里，p_x 为第 x 个收费区段的票价；q_x 为第 x 个收费区段的客流量；F 为除补贴、票款收入之外的其他收益。

选择加权资本成本 K_{wacc} 为折现率，令项目的净现值为零，有：

$$NPV=(1-\varphi)TI+\sum_{t=1}^{n}\frac{NCF_t}{(1+K_{wacc})^t}=0 \tag{13—5}$$

由式(13—5)，可以推出 CI_t，即城市轨道交通的运营收入，并据此计算出每单位客运周转量的清分补偿价格 p_1^*，据此作为对轨道交通运营企业的补贴依据。这里，初始投资$(1-\varphi)TI$和以后项目年度的现金流出 CO_t 中均不包括政府投资部分。

这里，城市轨道交通的运营收入主要由两部分组成，即票款收入和补贴收入。清分补偿价格是考虑了资本的时间价值和风险价值后的含补贴清分价格。也就是说，地方政府与轨道交通运营企业按照该清分补偿价格 p_1^* 清算，为轨道交通运营企业提供一个提高资源有效配置、促进社会福利的激励性补贴机制。根据清分补偿价格，如果轨道交通运营企业能够在预期的基础上进一步降低运营成本，或者运用营销手段吸引比预期更多的客流，则运营企业可获得相应的收益，因此为企业提供了长期的激励动机。

2. 投资主体不参与运营管理的补贴模式

考虑到城市轨道交通进入运营稳定阶段后，其票款收入、广告收入等收益较为稳定且可预期，也可以通过债券型基金、资产证券化等金融运作方式吸引更为广泛的投资者参与对轨道交通的投资。这些投资者更为关注投资带来的定期、稳定、低风险的回报，而不参与轨道交通的具体运营管理。同时，以公平、透明的特许经营权拍卖的方式选择运营商，则在这种情况下的补贴可以有如下选择。

(1)以合同期内总补贴额为拍卖标的的补贴模式。假设运营商以公开、透明的特许经营权拍卖方式选择，可以以合同期内总补贴额 S_m 为拍卖标的来选择运营商，此时选取的折现率是基于资本资产定价模型(CAPM)的加权资本成本 K_{wacc}^*。依据夏普、林特尔、莫森等建立的CAPM，评估中折现率的实质是一种投资报酬率，因此，企业的综合资本成本也可以用作收益现值法中的折现率。投资者要求的报酬可以分为两部分：一为投资者的无风险报酬，其报酬率称为无风险利息率，一般将一年期国债利率或者银行三个月定期存款利率作为无风险利息率；二为投资的风险价值，即投资者所承担的不能按时收回本金与利息的风险而要求的补偿，其报酬率称为风险价值率。即：

$$K_s^*=r_f+\beta_i(E(r_m)-r_f) \tag{13—6}$$

式(13—6)中：K_s^* 为资产收益率；r_f 为无风险利息率；β_i 为资产 i 对市场组合的贡献率，也称市场敏感性指数，它代表资产 i 的市场风险的一个测度，这种市场风险是不可分散的系统风险；$E(r_m)$为资本市场的平均收益率；$E(r_m)-r_f$ 为对市场风险的补偿(市场风险溢价)。

假设贷款比例为 μ，投入资本比例为 α，则项目的加权资本成本为：$K_{wacc}^*=\alpha K_s^*+\mu L$。则第 t 年的净现金流为：

$$NCF_t=R_t+S_t-(1-\varphi)TIK_{wacc}^*-CO_t \tag{13—7}$$

又假设合同期为 l 年，有：

$$NPV_t=(1-\varphi)TI+\sum_{t=1}^{l}\frac{NCF_t}{(1+K_{wacc}^*)^t}=0 \tag{13—8}$$

由式(13—7)和式(13—8)，可以推出城市轨道交通运营企业的合同期内的总补贴额 S_m，以此作为特许经营权拍卖的标的，并据此作为对轨道交通运营企业的补贴依据。同时，此契约也需要在给定期限中加入修正条件，以防范环境变化带来的风险。

(2)以合同期内运营成本为拍卖标的的补贴模式。假设以合同期内运营成本为拍卖标的来选择运营商，在保证运营质量的前提下，拍卖中运营成本 C_t^* 低者为优，则此时的补贴模式为按照拍卖运营成本 C_t^* 补贴，补贴模型为：

$$S_t = C_t^* + D_t + (1-\varphi)TIK_{wacc}^* - R_t \tag{13—9}$$

式(13—9)中，S_t 为第 t 年的补贴额；D_t 为第 t 年的固定资产折旧额；C_t^* 为第 t 年的拍卖运营成本。此种选择可提供相对长期稳定的承诺，在约定期限后又可重新拍卖或对标的做出调整，因此该种契约的不完全程度相对较弱。

(六)以政府为主导的负债型投融资模式下的补贴模式

以政府为主导的负债型投融资模式是一种政府投入部分资本金，其余部分以项目提供信用担保，由企业向银行进行债务融资作为项目的建设投入(包括国内银行贷款和国外贷款)的投融资模式。在这种投融资模式下，无需考虑投资回报部分，对于轨道交通运营企业的补贴宜采用基于标准成本的激励性事前定额补贴模式。这种补贴模式既适用于长期契约，也适用于中长期契约，同时具有引入替代运营商的竞争压力，尤其适用于对既有运营线路的补贴。

政府以满足持续提供公共交通运输服务的需要为前提，根据轨道交通企业运营的标准成本以及未来几年内的票款收入和运营成本的变化趋势，确定在未来几年内的定额亏损补贴额度(S^*)；一般每 3 到 5 年重新核定一次。这种补贴模式的优点在于：它使政府不必每年都监督核算企业经营成本的真实程度，一定程度上降低了政府的监督成本；它使企业避免了每年在降低成本之后要面临的减少补贴的现象，在合理经营成本核算周期条件下，给企业提供了长期降低成本的激励动机；同时，它也避免了政府与企业每年都要为补贴额度讨价还价的成本。

对于轨道交通运营企业的激励性事前定额补贴，最重要的是要核算城市轨道交通的标准运营成本(A^*)。城市轨道交通运营标准成本价格的基本组成结构总结见表 13—1。

表 13—1　城市轨道交通营运标准成本的组成结构

项目名称		计算公式
标准运营成本(A^*)	人工支出成本(A_1^*)	$A_1^* = a_1\omega + b_1\sigma + C_1$
	电力成本(A_2^*)	$A_2^* = a_2\omega + C_2$
	列车运行成本(A_3^*)	$A_3^* = a_3\omega + b_3\tau + C_3$
	车辆维修成本(A_4^*)	$A_4^* = b_4/\tau + C_4$
	线路维修成本(A_5^*)	$A_5^* = a_5\omega + C_5$
	运营管理成本(A_6^*)	$A_6^* = a_6\omega + b_6\sigma + C_6$

注：1. ω：行车密度(百车走行公里)；2. σ：乘客人数(万人)；3. τ：单位运营公里的乘客密度。

即：

$$A^* = A_1^* + A_2^* + A_3^* + A_4^* + A_5^* + A_6^*$$

$$A^* = a_1\omega + b_1\sigma + C_1 + a_2\omega + C_2 + a_3\omega + b_3\tau + C_3 + b_4/\tau + C_4 + a_5\omega + C_5 + a_6\omega + b_6\sigma + C_6 \tag{13—10}$$

城市轨道交通在运营期的不同阶段，其运营特点如客运量、资源使用效率等方面有较大差距，这种客观差异将对轨道交通标准成本函数有较大影响，这就意味着，采用基于标准成本的激励性事前定额补贴模式时，应按照城市轨道交通在其运营期中所处的不同阶段所具备的不同运营特点来讨论其财政补贴模式。根据城市轨道交通在其运营期的不同阶段表现出的特点,可以将城市轨道交通的发展分为以下三个阶段:初始运营阶段、运营成长阶段、运营稳定阶段。

1. 初始运营阶段

新增的轨道交通线路很难在某个会计年度的初始日开始运营,因此,往往第一年的运营期和会计期间并不能完全对应,造成收益、成本核算上的问题。而且在新增线路初始运营时期,由于线路周边人口规模、人们出行习惯及与其他交通方式的衔接等因素尚未因线路的开通而有显著变化,会使得该阶段的客流量较小。但为满足提供普遍服务的需要,行车密度和相应的人员配备有最低要求,因此该阶段,轨道交通的营运成本受行车密度和客流量的影响很有限。由式(13—10)可以推导出初始运营阶段的标准成本 A_k^* :

$$A_k^* = 960.24\omega + 0.1867\omega - 0.7117\sigma - 0.7733\omega/\sigma - 3105.3\sigma/\omega \tag{13—11}$$

设 γ 为对标准成本的调整系数,假设投资中贷款比例为 δ,由式(13—11),补贴模型为:

$$S_k^* = \gamma A_k^* + \delta L + D - \sum_x p_x q_x - F \tag{13—12}$$

2. 运营成长阶段

客流量增幅较大,处于快速上升阶段,随着客运量的增加,总支出增长较大;其行车密度所代表的运输服务能力尚未完全释放,有很大增长空间。电力成本、列车运行成本、车辆维修成本、线路维修成本对于行车密度和客运量的变化非常敏感。城市轨道交通运营成长阶段的标准成本 A_c^* 为:

$$A_c^* = -727214(\sigma/\omega)^2 + 58569\sigma/\omega + 64.04063\omega/\sigma + 0.08897\omega + 1.0284\sigma - 2727.02 \tag{13—13}$$

假设投资中贷款比例为 δ,补贴模型为:

$$S_c^* = \gamma A_c^* + D + \delta L - \sum_x p_x q_x - F \tag{13—14}$$

3. 稳定运营阶段

客流量增幅不大,其行车密度所代表的运输服务能力已经基本达到饱和,早晚高峰期较长。亏损额的减少主要依赖于票款收入的增加和运营成本的降低,而线路服务规模的增长空间不大。城市轨道交通运营成本对于变量的变化反应较为平缓,基本为线性对应关系。运营稳定阶段的标准成本 A_w^* 为:

$$A_w^* = E^6(\sigma/\omega)^2 - 257952\sigma/\omega - 363.56\omega/\sigma + 1.173\omega - 0.41375\sigma - 488732 \tag{13—15}$$

假设投资中贷款比例为 δ,补贴模型为:

$$S_w^* = \gamma A_w^* + D + \delta L - \sum_x p_x q_x - F \tag{13—16}$$

这里运营标准成本仅考虑与线路运营相关的,受 ω 和 σ 影响的成本;而不考虑投资强制性支出如税收和固定资产投资的折旧额 D。因为税费可通过税式支出的间接补贴方式进行调节;D 与线路的投资额和折旧计算方法有关,对运营影响甚微。

此外,如果政策进一步放宽,还可以考虑采用事前长期交叉补贴模式,其核心就是用非主营业务的收益补贴主营业务,如赋予轨道交通运营企业地面或地下的土地和商业开发权、收益权等。这种补贴模式不需要政府直接承担沉重的补贴压力,但它需要建立可置信的长期承诺。由于政策的制定、实现和维持都受到了政治周期的影响,因此,以合同的方式,明确政府与企业长期承诺关系是非常必要的。

思考题

1. 城市轨道交通财政补贴的依据和原则是什么？
2. 简述城市轨道交通的补贴方法和模式。
3. 结合某城市实际情况，分析、测算该市轨道交通补贴情况并进行评析。

第十四章　城市轨道交通投融资

第一节　城市轨道交通经济特征与投融资模式

一、城市轨道交通经济特征对投融资的影响

城市轨道交通服务具有公共物品属性，另外，它也具有明显的成本沉淀性和资产专用性。这些特性导致私人资本对这一领域的投资积极性不高，原因在于其价格受到政府的严格管制，利润率不高，甚至是负利润；另外，高度的资产专用性和成本沉淀性影响了轨道交通资产的灵活运用；除此之外，城市轨道交通需要巨额投资。对于私人资本来说，如果投资城市轨道交通，一方面资本规模巨大，一方面投资所形成的资产具有明显的专用性和沉淀性，所以，如果不能确保盈利，则投资的风险无疑加大，投资的积极性也受到影响。

轨道交通的经济属性和特征决定了私人资本进入这一领域的先天障碍和难度，当然，如果给轨道交通运营企业一定政策，如票价制定权、沿线土地开发收益权等，即让私人投资主体有一定的盈利空间，那么，社会资本的进入也是可能的。

从世界各国拥有城市轨道交通的城市来看，以政府为主导的公共投资所占比重较大。一些城市的轨道交通采用了不同方法，包括直接引入社会资本，或者通过资本市场运作（发行股票）筹措资金，同时政府会给予一些较为灵活的政策，如轨道交通企业的定价权，沿线物业的开发和收益权等。

例如，香港地铁的投资、建设及经营均由香港地铁有限公司承担。经营模式上，政府通过地下铁道条例将专营权赋予地铁公司，期限为 50 年，将地铁的财产、权力、法律责任一起交给地铁公司。2000 年地铁公司上市。香港地铁采取“审慎的商业原则”进行经营，政府赋予地铁经营者制定和调整票价的权力，同时，地铁经营者也拥有沿线房地产开发、经营物业的收益权。

从国内外很多城市的实际情况看，城市轨道交通是以政府为主导进行投资并委托相应的运营公司运营，政府控制票价制定和调整的权利。作为城市公共交通重要组成，城市轨道交通具有明显的社会公益性，票款收入难以弥补成本支出，政府需要对运营公司进行补贴。

由于社会经济的不断发展，越来越多的城市开始步入修建城市轨道交通的行列。由于城市轨道交通建设对资金的庞大需求，政府可能无法承担巨额的财政支出，于是，越来越多的城市考虑通过各种方式和途径吸纳社会资本参与城市轨道交通的建设。由此，城市轨道交通投融资模式也不断创新。

二、城市轨道交通建设投融资模式

城市轨道交通投融资模式主要有政府为主体（政府主导）的投融资模式和市场化导向投融

资模式等(见图 14—1)。由于城市轨道交通的特殊性,无论是哪一类投融资模式都需要政府进行监管。

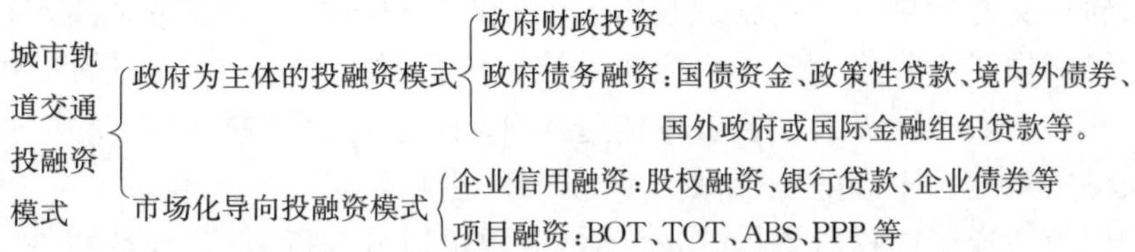

图 14—1　城市轨道交通建设投融资模式图

(一)政府为主体的投融资模式

政府为主体的投融资模式,是指政府使用财政资金进行建设、以政府信誉作为担保进行融资的模式。政府的投融资活动要通过一定的政府投融资主体开展,其资金源渠道主要有两类,一是政府财政出资,二是政府债务性融资,包括国债资金、政策性贷款、境内外债券、国外政府或国际金融组织贷款等。

很多国家和地区的城市轨道建设中,政府为主体的投融资模式发挥着主导作用。如北京市地铁建设初期政府投资比例达 100%,法国巴黎地铁政府投资占 80%,英国曼彻斯特地铁政府投资占 90%,新加坡地铁政府投资占到了 100%。

政府主导的投融资模式的优点是:依托政府财政支持和政府的信用,能够快速筹措到资金,操作简单,成本低,融资速度快,可靠性高;这种方法的弊端是对政府财政产生较大压力,融资渠道相对较窄,资本构成单一。

(二)市场化导向的投融资模式

市场化导向的投融资是以项目收益为基础,以商业贷款、发行股票等商业化融资为手段,筹集资金并加以运用的投融资模式,其投融资主体是以收益作为主要目标的企业或者其他相关组织。城市轨道交通建设中市场化导向下的投融资模式,其融资又具体分为企业信用融资和项目融资。企业信用融资是以企业信用为基础进行的各种融资活动,具体包括股权融资、银行贷款、企业债券等;项目融资是以成立的项目公司为主体,以项目本身收益为基础进行的商业融资性活动。

城市轨道交通在建设初期其运营不具备盈利能力,因此,即使是市场化导向的融资,也只能在政府的支持下进行。当城市轨道交通网络形成一定规模后,客流不断增加,运营收入也持续提高,加上其他相关收入,财务状况比较好时,才具备通过资本市场进一步融资的条件。新加坡地铁和中国香港地铁的市场化融资也是在地铁运营相当一段时间后进入资本市场的,它们分别在 2000 年 3 月和 10 月挂牌上市,通过资本市场募集了大量社会资金用于地铁的建设和运营。

市场化导向的投融资模式优点在于,有利于调动和吸引社会资本参与城市轨道交通建设,减轻政府财政压力。通过进入资本市场融资,也有利于规范运营企业的运作,提高资金的使用效率,提高企业的服务质量和运营效率。当然,通过资本市场来筹集资金,其过程比较复杂,筹资成本也相对较高。

项目融资是与公司融资相对应的概念,也是目前在国际上较为流行的一种用于基础设施等大型项目建设融资方式。目前,运用于城市轨道交通建设的项目融资方式主要有:BOT 项目融资、TOT 项目融资、PPP 项目融资及 ABS 项目融资等。

(三)我国城市轨道交通建设投融资模式

我国城市轨道交通投融资模式已经经历了政府直接投资为主的投融资模式和以政府为主导的债务型投融资模式等阶段。为了适应轨道交通快速发展的需要,我国的一些城市在轨道交通投融资模式上开始尝试吸引社会资本的进入,以形成多元化的投融资模式,扩大城市轨道交通建设的投融资渠道。不同的城市做法不尽一致,也积累了一些经验。

从我国的城市轨道交通投融资模式发展看,大致可以分为以下三个阶段:

1. 以政府直接投资为主的投融资模式

由于城市轨道交通建设项目具有公益性,通常此类企业盈利的可能性很小,难以吸引社会投资,因此世界上很多国家的城市轨道交通建设都是由政府财政资金投入。我国在城市轨道交通建设的初期采用的也是这个模式。例如北京地铁 1 号线、2 号线。

这种模式投资结构单一,筹集资金快,操作也比较简单。但随着城市的发展以及对城市轨道交通需求的增加,单纯依靠政府的财政投入已无法满足建设资金的需要。有的城市因为财政资金不足,轨道交通的建设项目无法上马,已经开建的轨道交通项目也因为资金问题一拖再拖,有的线路花了 10 年才建成。

2. 政府主导的债务型投融资模式

城市的快速发展导致对轨道交通建设需求明显提高,进而对资金的需求不断增加。如果继续沿用利用政府财政资金进行建设的思路,城市轨道交通的建设恐怕难以有效进展和持续。此时政府主导的债务型投融资模式成为缓解轨道交通建设资金不足的重要手段,也成为一种重要的模式。

政府主导的债务型投融资模式是政府只投入部分资本金,其余部分由政府提供信用担保,由企业进行债务性融资的一种模式,其融资范围包括国内银行贷款和国外银行贷款。在这种投融资模式下,政府对项目的支持可通过下面的方式来实现:(1)政府注入资本金;(2)政府为企业出具承诺或担保;(3)政府通过行政手段促成相关企业为项目贷款提供担保,当项目偿债出现问题时由政府财政资金提供支持;(4)政府批给建设项目承担单位沿线的土地开发权,以综合开发收益作为贷款的偿还来源;(5)政府承担项目债务的还本付息的责任等等。

发展初期的香港地铁、北京地铁复八线、广州地铁 2 号线和 3 号线、上海地铁 10 号线等线路的建设都采用了这种投融资模式。比如广州地铁 2 号线总投资 113.09 亿元,其中银行贷款 30 亿元,其余由政府投入;3 号线总投资 157.93 亿元,政府投入 92.93 亿元,银团贷款 65 亿元。这些项目的贷款全部由政府承诺还本付息。

从短期看,这种模式筹措资金操作简便,资金充足,到位快,对满足城市发展对轨道交通的迫切需要,缓解财政建设资金不足等方面起到一定的积极作用。但从长远来看,由于实际上是政府承担了项目还本付息的压力,因此依然没有减轻政府的财政负担。所以这种模式并没有从根本上解决城市轨道交通建设运营资金短缺的问题,同时轨道交通企业的股权结构依然单一,引入先进的公司治理模式也是需要解决的重要问题。

3. 投资主体多元化的投融资模式

上述两种投融资模式没有从根本上解决多渠道筹集城市轨道交通建设资金来源问题,城市轨道交通企业的治理模式也没有多大区别。为了更广泛地吸引社会资本,实现多渠道筹资,提高资本的利用效率，推进城市轨道建设项目投资主体多元化成为一些城市建设轨道交通的重要选择。投资主体多元化主要是通过建立和明确项目盈利模式，通过股权融资，吸引社会各方面投资和更多的投资主体，形成轨道交通建设和运营的良性循环。投资主体多元化的融资模式具有直接融资资金成本低的优势，不仅扩大融资渠道，又能有效改善城市轨道交通企业的治理结构和治理模式，提高公司的管理水平，因此这种融资方式是我国城市轨道交通建设和发展的重要选择。

近年来，我国许多城市都在进行轨道交通投融资模式改革，朝着投资主体多元化的方向改革。例如 2000 年 4 月底上海成立了上海申通集团有限公司，通过该公司进行单独投资、参股、控股，以资产为纽带，开展资本经营，发挥其在上海轨道交通发展中的投资主体导向作用。2001 年 5 月申通公司受让上市公司凌桥股份的股权借壳上市，投资主体多元化进一步深化。北京地铁 4 号线成功吸引香港地铁入股等。

虽然投资主体多元化已经成为我国城市轨道交通建设投融资的重要模式，但很多方面尚需进一步积累经验，例如，保证政府对城市轨道交通的影响和控制，保证城市居民的切身利益等。另外，要进一步推动投资主体多元化，就必须提高轨道交通投融资的综合收益水平，这样才能吸引更多的社会投资，使城市轨道交通的投融资、建设和运营走上良性循环的道路。

案例 1　北京地铁奥运支线建设的融资方式

北京地铁奥运支线工程是我国在轨道交通设施建设领域首次采用建设——移交(build-transfer)，简称 BT 融资方式实施的项目(见图 14—2)。地铁奥运支线工程项目是我国举办 2008 年国际奥运会公用配套设施的重点工程项目，也是通往 2008 年奥运会主会场及奥林匹克和森林公园的主要交通通道。奥运支线项目工期紧、技术要求高，是北京市乃至全国在轨道交通设施建设方面第一个采用 BT 方式实施的项目，也是中国铁路工程总公司联合体在北京中标采用 BT 融资方式投资建设并施工的第一个项目。奥运支线项目管理模式及项目公司组织机构分别如图 14—3、14—4 所示。

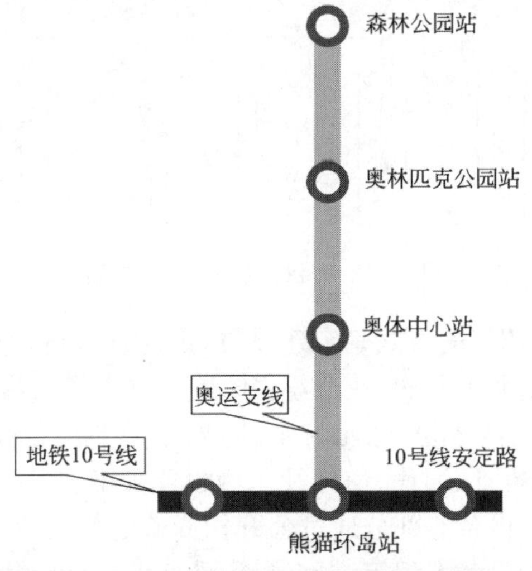

图 14—2　BT(build-transfer)即“建设—移交”项目

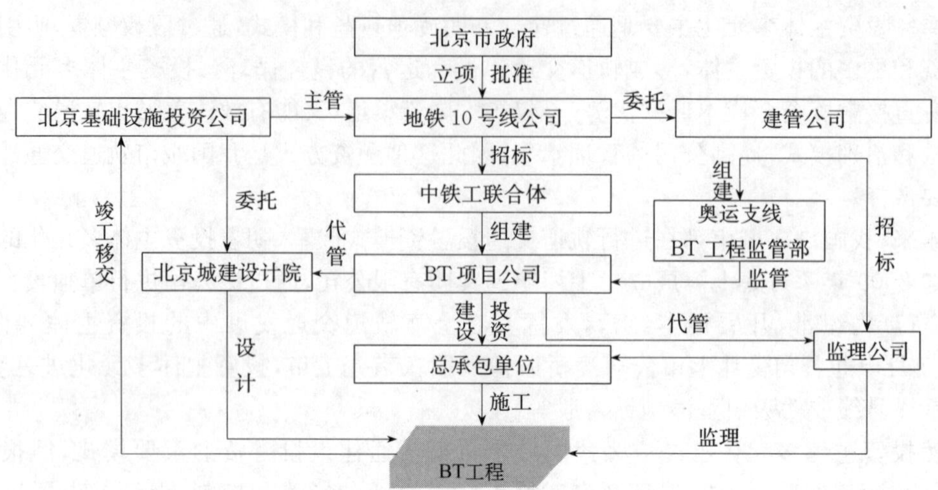

图 14—3　奥运支线项目管理模式框图

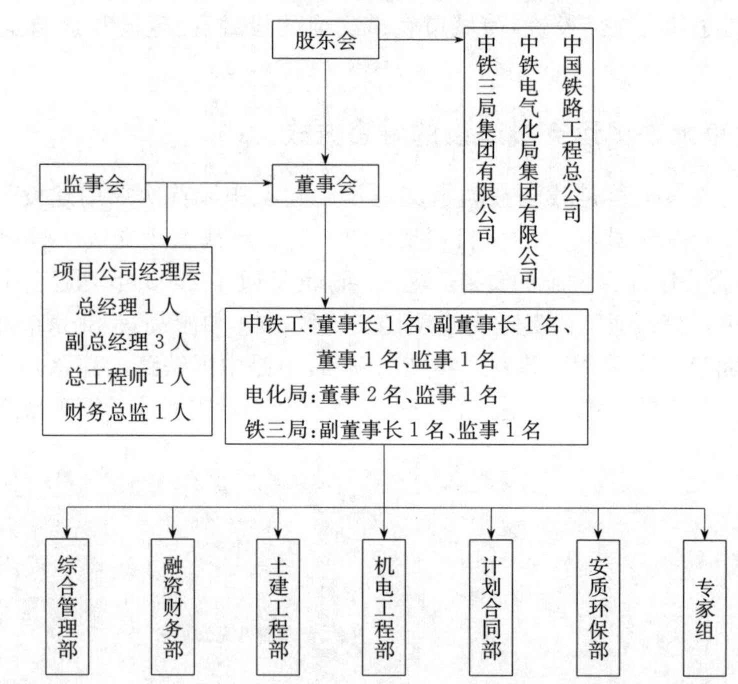

图 14—4　项目公司组织机构框图

BT 是由业主通过公开招标的方式确定建设方，由建设方负责项目资金筹措和工程建设，项目建成竣工验收合格后由业主回购，并由业主向建设方支付回购价款的一种融资建设方式。奥运支线项目以初步设计概算 24.8 亿元为基础，划分为 BT 工程和非 BT 工程两部分。非 BT 工程主要包括前期征地拆迁、通信、信号及车辆购置等工程，建改资金由 10 号线公司负责筹措，车辆购置及通信、信号设备等部分通过公开招商确定社会投资者进行建设。BT 工程主要包括土建工程及车站机电设备工程等，折合投资约 14.3 亿元，由奥运支线项目的业主单位 10 号线公司通过公开招标方式选择的投资者负责投资和建设(见图 14—5)。

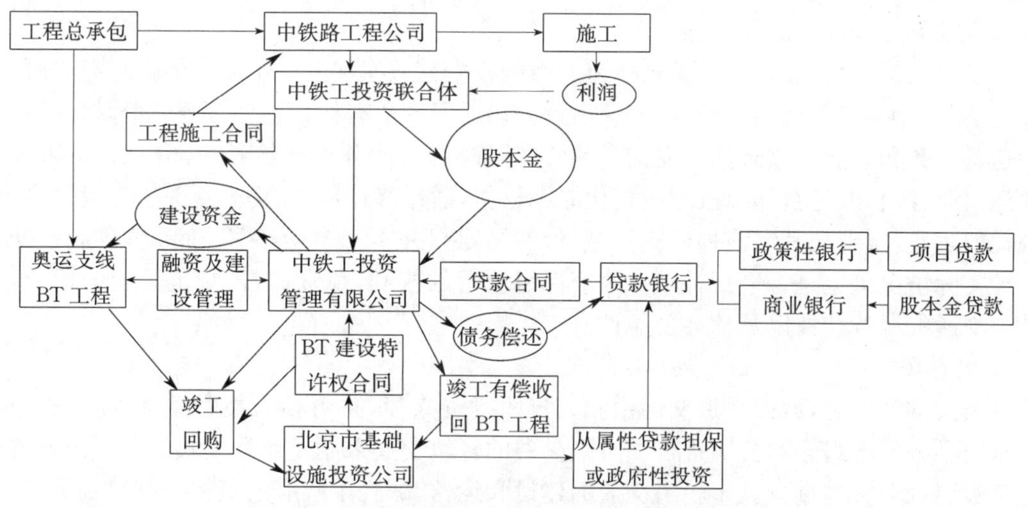

图 14—5　北京地铁奥运支线 BT 项目融资结构图

第二节　城市轨道交通建设管理模式

一、城市轨道交通建设与运营管理体制

(一)城市轨道交通建设与经营模式

从世界各国城市轨道交通的投融资、建设与经营模式来看,可以分为以下几种:

1. 国有国营

这种模式的特点是,政府全面负责轨道交通的投资和建设,运营由政府部门或政府指定的国有企业负责。采用这种模式的原因之一是:城市轨道交通建设项目是城市的基础设施,具有一定的公益性,且投资巨大,运营成本高昂,票价相对低廉,盈利的可能性较小,因此,当没有引入市场机制时,社会资本投资的积极性不高。

国有国营的建设与运营模式下,地铁运营部门对政府的依赖程度较高,政府的负担较重。为了拓展资金来源,提高效率,一些城市在"国有国营"的基础上,在地铁的投资、建设、运营等不同环节,开始尝试建立多样化的管理体制和模式,吸引社会投资,如采用"公私合营"、"国有民营"以及"民有民营"等方式。

2. 公私合作(合营)

这种模式的特点是,政府与私人企业在城市轨道交通的投资、建设、运营方面共同投资,进行合作。公私合营的目的是减少政府的财政负担,同时也能引入私人部门的效率和较先进的管理理念。公私合营进行的项目,其投融资、建设与运营可以在一定程度上按照市场化原则进行运作,企业可以在允许的范围内作为利润主体追求其经营目标,例如,为降低成本而提高管理水平,为增加收入而提高服务水平,从而在客观上保障了为公众提供良好运输服务的公共利益。该模式的运行需要建立投资收益机制,以保证社会资本的盈利性。当然,在保证公众利益的情况下,有时,政府也可以给予一定政策优惠或者少量补贴。

公私合营的模式中,"公"与"私"在资本构成的比例上根据不同城市的不同情况存在差别。一般情况下,为保证政府对城市轨道交通的影响和控制,"公"在资本构成中的比例要大一些,超过"私"的比例。

3. 国有民营

该模式的特点是，政府需要承担轨道交通的投资建设任务，拥有轨道交通的资产所有权，建成后委托私人部门负责管理和运营。运营公司无资产所有权，只有使用和管理权，承担专业化的运营任务和职能。政府把轨道交通的资产以及运营业务委托给私人部门后，不再干涉其具体运营业务，私人运营部门按照市场化原则运作，通过降低成本，提高服务管理吸引客流，提高公司的收益，实现盈利。该种模式下，票价的制定权并不完全交给私人部门，政府根据运营公司的实际情况决定是否进行补贴。政府保留监管的权利，负责监督、规范公司的运营，以确保轨道交通的服务特性以及社会公益性。

4. 民有民营

该模式的特点是，城市轨道交通由私人集团投资兴建，并由私人集团经营，即投资、建设、运营都由私人资本组建的公司进行。泰国曼谷的轻轨交通采用了此种模式。民有民营的好处是完全吸引社会资本进行城市轨道交通的建设和运营，减轻了政府的负担。其弊端是，私人部门追求自身的利润，很难保证其在价格等方面考虑城市居民的实际情况。作为城市交通基础设施，其公益性特征可能无法具体落实和体现。从实际运作情况来看，该种模式尚未有比较成功的经验。

(二)城市轨道交通运营管理体制

城市轨道交通从投融资到建设和运营，存在多个环节，每个环节都有自身的特点和规律。从不同城市轨道交通的运营管理体制看，大致有以下两种类别：

1. 一体化的管理体制

它是将轨道交通的投融资、建设、运营等统一管理的组织模式。一体化的管理方式下，轨道交通从投融资到建设和运营都在一个部门的管理下进行。其优点是：(1)各种资源相对集中，有利于统一调度和分配，有利于各方面资源的共享；(2)投融资、建设、运营作为相同组织内部的几项工作，便于协调和管理。这种方式的缺点是：(1)企业承担的职能太多，机构庞大，管理幅度过宽，管理成本增加，效率降低；(2)集投资、建设、运营等多项职能于一体，权力过于集中，决策的科学性和民主性受到影响。

2. 职能分离的专业化管理体制

它是根据城市轨道交通在投融资、建设、运营等多个环节的不同特点，分别设立相应的组织或者公司，各负其责，各司其职。投融资、建设、运营等不同的部门或公司之间可以是以资产为纽带的企业集团形式，也可以是完全相互独立的市场化契约关系。例如，北京等城市就是将城市轨道交通投融资、建设、运营等职能分开，分别组建相应的公司，专门负责各自的事务。将投融资、建设、运营等分开并分别管理，结构清晰，责任明确，有利于专业化经营。

二、城市轨道交通建设 PPP 模式

由于城市轨道交通建设对资金的巨额需求，在运营上高质量的要求，完全依靠政府部门显然是不够的。于是，近年来，越来越多的城市开始尝试在轨道交通投融资、建设、运营等方面创新模式，提高社会资本参与城市轨道交通建设的积极性，扩大融资渠道，减少政府财政压力，同时，引入先进企业的管理经验，提高服务质量和水平。

在吸引社会资本参与轨道交通建设过程中，PPP 以及相关模式值得深入研究和借鉴。

PPP(Public-Private-Partnership)模式起源于 20 世纪 80 年代初的英国，可以理解为“公

共部门与私人部门合作"或者是"公私合作",是指为完成公共基础设施的建设与运营,公共机构与社会私人部门或者民间机构通过合约方式明确双方在投资、建设、运营等方面的权利和义务,达成合作伙伴关系,共同推进和确保项目的顺利完成。

英国有关部门定义了三种类型的公私合作模式:1. 通过产权结构的调整把私人产权引入到国有企业,或者通过直接出售国有企业股份给私人部门,将控制权转移;2. 公共部门通过与私人公司签订合同,授予私人部门特许经营权,在基础设施等领域向私人公司长期购买高质量的公共服务,以便在相应领域充分利用私人部门的资金、管理经验和技术,私人部门承担经营和其他相关责任;3. 更广泛地在市场上出售本来需要由政府承担的公共服务业务,通过合伙制的方式发挥相关主体在相关领域的专业知识和管理经验,从而充分发掘已有公共资产的商业价值和潜力。

城市轨道交通建设和运营采用 PPP 模式是值得关注的,一般情况下,其内容和操作步骤一般包括以下几个方面:

(1)选择城市轨道交通建设(运营)项目合作公司。政府部门与该公司(一般为私营投资机构或相应领域的企业)签订特许权协议或者其他相关协议;

(2)项目立项工作。确定项目,并进行必要的论证,双方共同完成与项目相关的前期工作;

(3)成立项目公司。持有特许权协议的公司根据政府部门和私营公司共同确立的项目,组织成立项目公司作为特许权人承担合同规定的责任和义务;

(4)招投标。项目公司在政府部门的监督下,对工程项目进行招投标;

(5)项目建设。中标人或者合伙人对项目进行设计和施工建设,政府对项目的建设等行使监督权。

(6)运营管理。项目建成后,项目公司负责项目的运营管理,政府部门根据协议和有关法律的规定,对项目公司的运行进行监管,对于运营方提出的相关要求予以一定的政策扶持。

(7)项目移交。根据特许权协议,在项目运营特许期满后,项目公司将项目整体移交给政府,包括所有资产的所有权和运营权。PPP 模式的主要运作思路见图 14—6。

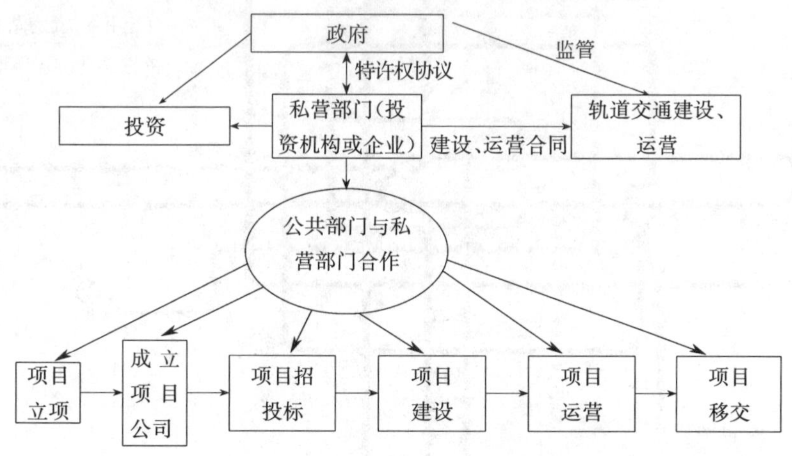

图 14—6 PPP 模式的主要运作方式

PPP 模式的实质是政府通过给予私营公司较长时间的项目特许经营权和收益权来换取加快建设诸如城市轨道交通这样的基础设施,同时提高其运营效率和服务质量。PPP 的运作模式体现了以政府为代表的公共部门与私人部门的合作关系,政府并不是把项目所有责任都交给私人企业,袖手旁观。政府以特许协议为基础与私营部门进行合作,并从公共利益出发,对轨道交通项目的建设、运营等进行必要的监管。

国内城市轨道交通项目的 PPP 运作有两种模式，一个是前补偿模式(S-B-O-T，Subsidize in Building，Operate and Transfer)，又称建设补贴模式，其基本思路是把项目分为土建工程的投资、建设和设备的投资、运营和维护两部分，前者由政府出资的投资公司完成，后者由社会投资组建的 PPP 项目公司来完成。这种模式的特点是，通过对项目的分拆，吸引了社会资金，降低了政府财政资金压力，能够提高运营管理水平，但由于特许经营期较长，不可预见因素较多，项目的风险与收益很难在政府与投资者之间平衡。另一个是后补偿模式(B-S-O-T，Build，Subsidize in Operation and Transfer)，又称运营补贴模式，其基本思路是在建设期，政府只投入项目总投资中的资本金部分，其余由项目公司通过政府信用的支持采用债务融资解决，在运营期，通过建立相应的补偿机制，解决项目公司投资回收的问题。

案例 2：北京地铁 4 号线投资、建设、运营模式

北京市社会经济的发展对城市交通提出了越来越高的要求，加快北京市轨道交通建设是缓解城市交通拥堵、提高城市运转效率、方便城市居民出行的重要举措。根据北京市轨道交通的建设规划，到 2015 年，北京市的轨道交通运营线路将达到 19 条 561 km。形成“三环、四横、五纵、七放射”的线网格局(见图 14—7)，作为其中重要的一条线路，地铁 4 号线从 2003 年起开始建设。

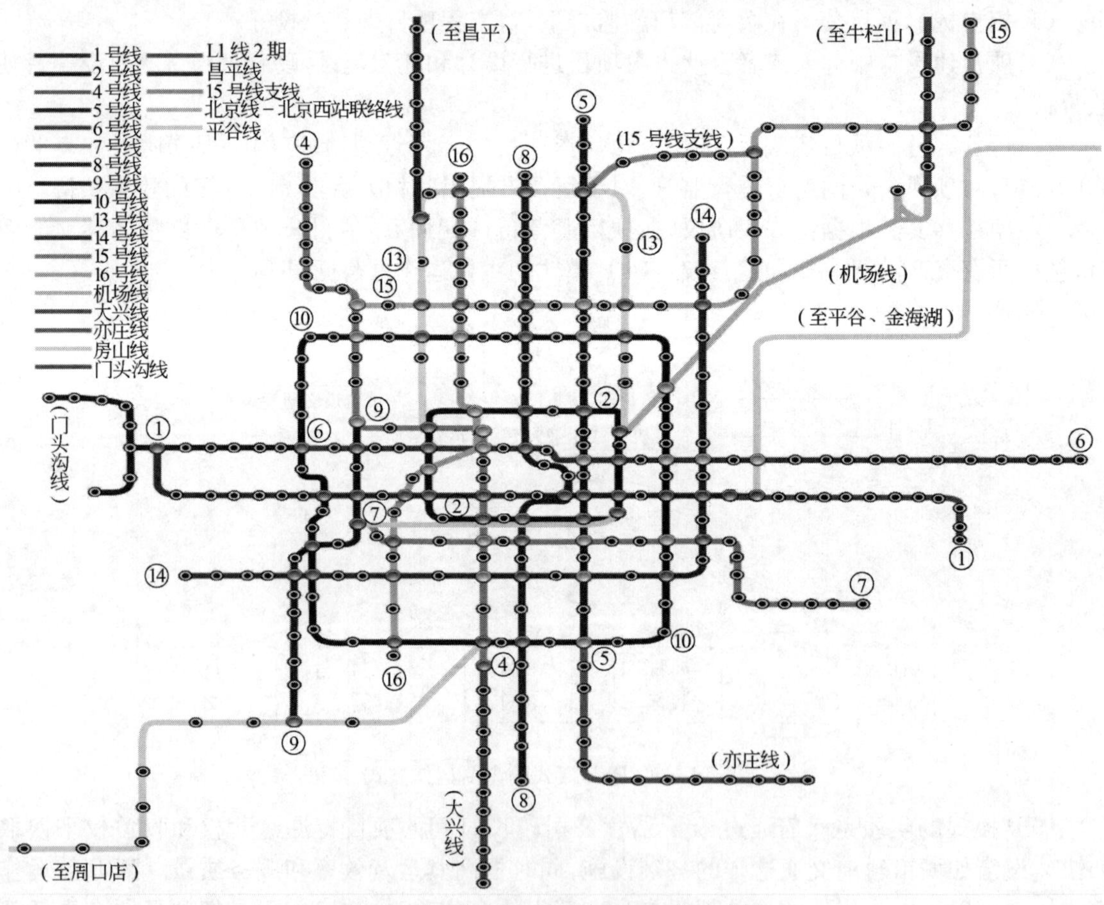

图 14—7　北京城市轨道交通规划示意图

资料来源：http://bj.bbs.house.sina.com.cn/treeview-3113176-14658968-0.htm。

为了拓展投资渠道，并引入先进的地铁运营管理经验，地铁 4 号线在建设和运营方面与香港地铁公司合作，创新性地尝试城市轨道交通发展中的 PPP 模式。

北京地铁 4 号线建设主体包括：香港地铁、北京首创集团和北京市基础设施投资有限公司。三方通过合作协议成立项目公司，香港地铁的股份为 49%，北京首创集团和北京市基础设施投资有限公司的比例合计为 51%（见图 14—8）。

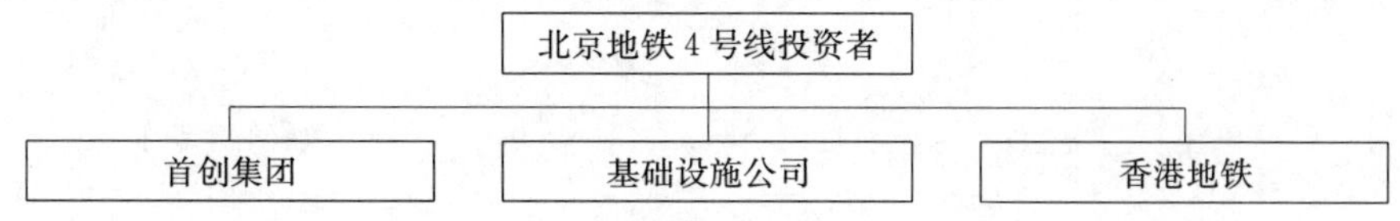

图 14—8　北京地铁 4 号线投资者构成

北京市政府通过特许经营协议授予项目公司地铁 4 号线 30 年的特许经营权，规定了线路的建设标准、运营标准和特许期结束后的项目设施移交标准，同时也规定，特许经营期内特许权不得转让。

4 号线所有投资建设工程被划分为 A、B 两部分。

A 部分占总投资的 70%，约 107 亿元，含征地拆迁、土建工程（包括地铁车站、洞体、车辆段和停车场部分）、轨道、人防工程等，其投资与建设由北京市基础设施投资有限公司负责。A 部分建设完成后，其资产以使用权出资和租赁两种方式提供给项目公司使用，其中以使用权出资的资产部分简称 A1，租赁的资产部分简称 A2。

B 部分占总投资的 30%，约 50 亿元，包括车辆、自动售检票系统、信号和通信、空调通风、给排水和消防、自动扶梯和电梯、控制设备、供电设施等机电设备的购置和安装。

项目公司负责地铁 4 号线的运营管理、全部设施的维护和除洞体外的资产更新，以及站内的商业经营，通过地铁票款收入及站内商业经营收入回收投资。特许经营期结束后，特许公司将 B 部分项目无偿移交给市政府指定部门，将 A 部分项目设施归还给 4 号线公司。地铁 4 号线项目框架和运作结构见图 14—9。

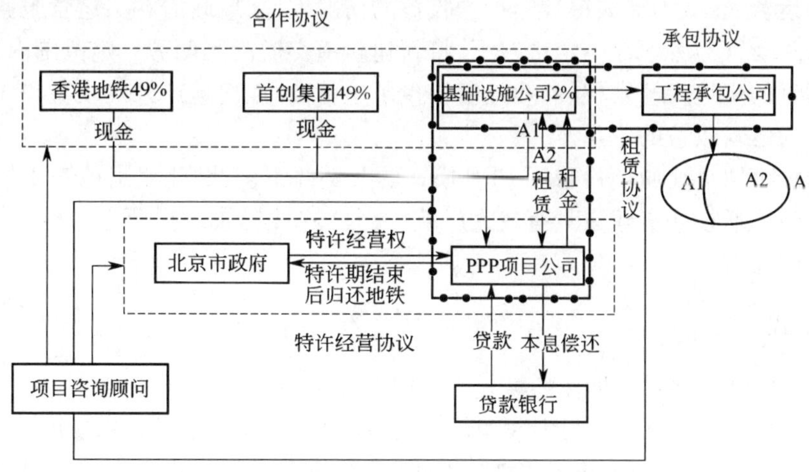

图 14—9　北京地铁 4 号线项目框架和运作结构示意图

在 4 号线的建设和运营中，明确了非经营性部分的融资建设不与地铁建成后的运营收益相挂钩，其投资完全由政府承担，而可经营部分与地铁建成后的运营收益相挂钩，由香港地铁公司负责运营该线路，从运营中逐步收回投资(见图 14—10)。

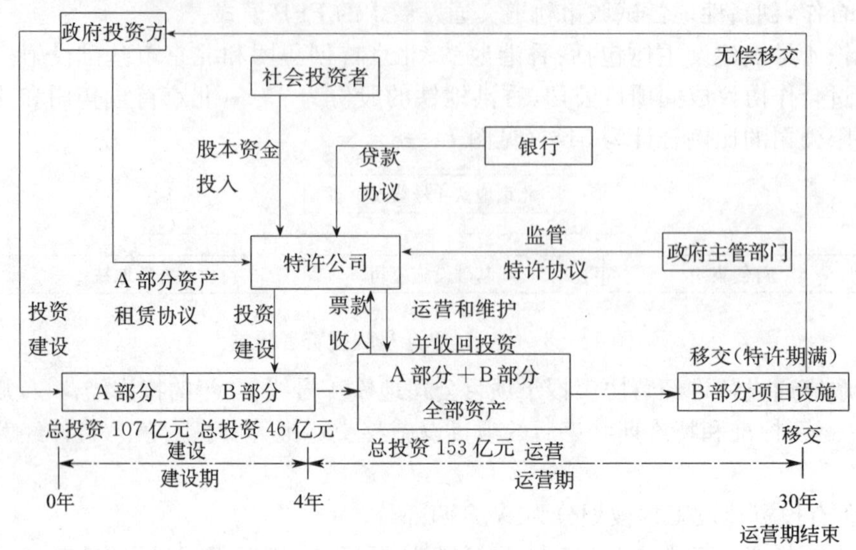

图 14—10　北京地铁 4 号线项目投资构成

对于地铁 4 号线，政府不负责日常经营管理，不参与公司的收益分配，也不承担经营亏损，只在重大资产处置，涉及运营安全等重大事项上具有决策权；香港地铁公司享有日常经营管理的决策权和收益权。这些规定为香港地铁公司发挥自身的商业运营能力提供了保障，同时为特殊情况下政府取得项目控制权提供了法律依据。

政府根据实际情况给予地铁 4 号线运营商——香港地铁公司一定的政策扶持。这些政策包括：(1)根据线路开通后沿线客流量预测和地铁票价改革情况，适当调低可经营性部分的投资比例，相应调高非经营性部分的投资比例，以降低香港地铁公司的投资成本；(2)投资补偿政策，包括：对其进行现金补偿，即由政府对 4 号线运营商的成本收益进行评估，在收益确实不足以抵补投资和运营成本、不能获得社会平均收益的情况下，采取政府购买运营服务或者给予补贴的方式进行补偿；(3)考虑在一定情况下，将新建轨道交通沿线两旁一定范围内、一定地块或者地铁站口附近的房地产开发权、商业经营权授予运营商，以房地产开发收益和商业经营收益来弥补轨道交通运营收益的不足。

世界各国城市轨道交通项目采用 PPP 模式的案例并不多，因此北京地铁 4 号线的建设和运营对城市轨道交通投融资建设具有较大影响。当然这种模式还需要经过时间的检验，在实践中得到不断的完善。

三、PFI 模式

在众多的 PPP 模式中，一种新的模式——PFI(私人融资计划)值得关注，因为这种模式自 1992 年从英国发源以来，获得了很大成功，并为其他国家城市基础设施建设提供了经验。

PFI(Private Finance Initiative)意为“启动私人融资”，具体是指政府部门根据社会对基础设施的需求，提出需要建设的项目，通过招投标，由获得特许权的私营部门进行公共基础设施项目的建设与运营，并在特许期(通常为 30 年左右，根据政府与私营部门的谈判决定)结束时将所经营的、没有债务的项目完好地归还政府，私营部门从政府部门或接受服务方获得费用以回收成本并获取合理利润。

PFI模式是一种适于交通基础设施等公用事业项目建设的模式，其意义就是积极利用私有资本参与过去一直由政府部门开发建设的、具有社会公益性的项目。

采用PFI模式时，政府不购买基础设施等建筑工程，而是购买相关的运营服务。在PFI框架下，服务的提供方（运营方）将负责融资建设项目的固定设施，按照合同提供项目运营服务。与传统的一些基础设施建设项目不同，PFI模式下，政府不再涉足项目的建设过程，这使得政府能够从复杂的公共设施建设项目全过程开发的重任中（这个重任并非政府所擅长）解脱出来，努力提高公共管理能力，规划更有意义的项目。事实上，政府更关心类似于城市轨道交通基础设施等公共项目的服务能力和服务水平，比如，城市轨道交通是否能够满足城市经济和社会发展的需要，满足城市居民出行的需要。

PFI模式的主要特点是：(1)政府部门由传统的设施采购转向服务采购，对私营机构如何融资、设计、建设、运营不会做太多的干涉，支付的费用也是根据运营方提供的服务情况而定。(2)传统的公共投资，政府支出起始于公共设施建设。在PFI模式下，公共设施投资由项目运营方筹措，在契约规定的运营方应当提供的公共服务尚未到位的情况下，政府不支付费用。(3)通过引入私营企业，将市场中的竞争机制引入基础设施建设，能极大地提高建设和运营效率。

PFI模式是城市轨道交通基础设施等公用事业项目投融资方式的重要创新，也成为很多国家或城市相关项目建设的重要选择。

PFI模式需要在法律方面有完善、周密的安排，需要一系列详细的合同，而且合同之间环环相扣，合同之间的高度关联性导致整个项目需要一个合同群，合同内容十分详尽，因而是一项复杂的系统工程。

第三节　国内外有关城市轨道交通投融资及运营模式

一、英国伦敦

英国伦敦是地铁的发源地。1863年伦敦投入运营的第一条城市地铁及20世纪初建设的8条地铁均为私人运营。在第二次世界大战期间，整个城市公共交通系统被国有化，控制权移交给伦敦市政府。

英国作为新公共管理的发祥地，自20世纪90年代初以来，一直鼓励私人资本参与包括基础设施建设在内的公共投资。1992年，英国废除了以前严格限制私人投资公共领域的法规，开始实施私人融资计划(private finance initiative)PFI，它包括两个方面，一是既有政府项目的私有化，二是拟建项目的私人竞争招标。1997年工党执政后，开始推进PPP(private and public partnership公私合伙制)为特征的、涵盖相关模式的建设项目投融资方式，并提出了构建“合伙制的英国”政府工作目标，目的是通过公私合作拓宽公共投资融资渠道，提高公共投资的专业管理水平，延伸私人投资领域，确保公共投资项目的按时完成。具体来说采取了以下有关措施：(1)颁布新的立法，解除原有法律框架的技术障碍；(2)设立财政部特别工作组，协调商业问题；(3)建立标准化作业，提高工作效率；(4)成立“英国合伙企业(partnerships UK)”，协调公共部门和私人资本之间的关系。

2000年，英国提出了有关伦敦地铁部分私有化的计划。根据这个计划，伦敦地铁的路线、信号系统和隧道主要部分分别承包给 3 家私人公司，承包期为 30 年。

伦敦轨道交通建设的资金主要来源于政府、地方公共团体、银行贷款、债券、轨道交通建设附加费、轨道交通营业收入等，其中政府投资在伦敦的轨道交通建设投资中占有很大比重。

伦敦地铁在保证投资商最低回报率的政策引导下，引进国际财团的资金，财团可以通过投资设备参与城市轨道交通的建设。欧洲投资银行曾向接管伦敦地铁一半业务的企业提供 10 亿英镑的贷款。另外政府还发行彩票，盈利的部分金额用于补贴轨道交通建设。

伦敦的公共交通路线基本上由政府来规划，由私人部门经营。在大多数情况下，城市公共服务都按竞争性招投标的方式选择建设者和经营者，政府与中标者签订一定时期的合同。

城市轨道交通具有很强的公益性，投资量大，回收期长，因此投资城市轨道交通有一定风险。为了吸引私人部门投资，政府利用投资政策，给予私营机构及财团投资者一系列优惠措施，如投资保险、税制优惠等，以保证投资方的最低回报率，在未能达到的情况下，政府则予以补贴，以此促使城市轨道交通的建设和发展。

二、法国巴黎

巴黎的城市轨道交通包括地铁、市域铁路和市郊铁路，第一条地铁是 1900 年建成的。其中市郊铁路属于国铁，地铁和市域铁路的经营者是巴黎运输公司(PATP)。

巴黎城市轨道交通的建设资金主要来源于政府的财政投入以及市政当局设立的特别交通税(始于 1970 年)。巴黎市政府规定，所有拥有 9 名以上职工的雇主都要交纳特别交通税，并与工资总额成比例扣收。收取特别交通税的原因在于，政府认为雇主是公共交通最大的受益者。该项税收专门用于城市交通设施的建设、维修以及支付融资成本。在城市轨道交通项目建成后，交由大区公交公司统一经营管理。和其他一些大城市一样，巴黎的地铁票款收入无法弥补经营成本，单以票款收入而言，它是亏损的，但巴黎的公交车盈利，巴黎公交公司内部可以实行一定程度的交叉补贴，从而获得财务上的平衡。

巴黎市的地铁建设资金，由中央政府、地方政府及地铁公司三方负担。根据各条线的具体情况不同，各级政府的分担比例亦有所不同。一般来说，40％来自中央政府，40％由大区政府提供，另外 20％由巴黎地铁公司自筹解决。法国其他城市的公共交通建设资金按比例分摊，其中政府约占 33％，企业以交纳建设管理费的形式分担约为 34％，使用者负担约占 33％ 。

巴黎在城市轨道交通建设方面的特点是：政府设立专项建设资金(专款专用)，以确保地铁建设的顺利进行以及债务的偿还。地铁票价的制定以吸引客流为主要目标，保证票价在可接受的范围之内。采取大公交混业经营，以肥补瘦，实现城市公共交通系统的财务平衡。

三、日本东京

东京是城市轨道交通最为发达的城市之一。东京的轨道交通主要由以下几部分组成：原日本国有铁道公司(简称国铁)民营化后组建的 JR 东日本公司管辖的铁路(简称 JR 铁路)，由民营公司经营的私营铁路(简称私铁)，地下铁路和新型轨道交通系统(简称新交通系统)。

城市轨道交通建设需要巨额资金，无论谁投资，都会承担巨大的资金压力。为此，日本建立了投资分担制度，以减轻建设者面临的投资压力。总的来说，日本东京城市轨道交通的建设资金来自补贴、地方投资、发行债券、民间集资和地铁公司自筹等多种渠道(见表 14—1)。

表 14—1　城市轨道交通建设资金来源

资金来源类别	资金来源内容
(1)政府支持	政府无息贷款;为特殊群体(残疾人、盲人等)单独增加的投资(如直升梯和部分自动扶梯),由政府负责
(2)使用者负担	城市轨道交通使用者承担部分建设费
(3)机构出资与债券	日本政策银行出资,地方公共团体出资
	地方债券,交通债券,铁道建设债券及其他企业债券
(4)相关补贴	地下铁道建设费补贴,新城市铁道建设费,日本铁道建设公共团体民用线有息补贴,大都市交通线有息补贴
(5)融资(包括无息贷款和借款等)	运输设施整备事业团无息贷款
	日本建设银行融资,其他银行贷款
(6)受益者负担	城市轨道交通受益单位通过税、费缴纳相应资金,实际上是正外部性内部化。1985年由运输政策审议会通过了"东京圈高速铁路建设土地补偿法案",建立了轨道交通系统获益者的土地补偿制度,实施了一系列方法及措施,取得了一定的成功

四、新加坡

新加坡地铁始建于 1988 年,它的东西向及南北向纵横两条主干线,将机场、码头、商业中心和居民聚居的新城镇连接起来。

新加坡地铁公司是世界上少数几家能盈利的地铁公司之一,它采用市场化经营模式,运营企业以利润作为最重要的追求目标。新加坡地铁建设资金完全来自政府投资,虽然地铁建设资金完全来自财政支出,但是地铁公司却是按商业化模式运营,政府只是为地铁创造良好的政策环境,从政策和法规等方面对地铁建设和发展给予支持,同时,特别重视加强对地铁的安全管理。地铁公司作为企业和市场主体,其生存和发展完全由企业自身解决,政府对地铁没有财政补贴。

新加坡地铁建设资金大部分来自财政部的拨款或陆路交通管理局自身的借贷,这些借贷也会利用财政部的拨款予以偿还。其他建设资金来源于陆路交通管理局的收入,包括法定收费、罚款等项目。

政府在对地铁建设进行初始投资后,后续资产更换的资金大部分由新加坡地铁公司从运营收入中支付,陆路交通管理局也会给予一定的补贴。

新加坡地铁的投资模式使得政府拥有车站、轨道等基础设施,私人投资相对较少,在运营方面,私人资本可以通过竞标的方式来获得执照并取得投资的商业回报。

五、中国香港

1967 年,香港开始对地下铁道建设进行可行性研究。1975 年成立了香港地下铁道公司,其性质是公用事业企业。

香港 1979 年建成第一条地铁,并依照"城市轨道交通公司条例"成立了香港地铁公司。在世界各国的城市地铁大多亏损的情况下,中国香港地铁是个例外,财务状况良好,能保持盈利状态。

香港城市轨道交通建设及运营遵循"审慎的商业原则,用者自负",初期的全部建设投资由港府负责。地铁公司在最初筛选地铁线的走向方案时，本着“及时收回投资、及早盈利、收到社会效益”的原则，确定了 3 条经过客流集中的商业中心、居住区，以及行政署所在地的方案。在制定分期分线施工计划时，首先选定人口密度高、客流量大的观塘—中环线作为地铁一期工程。

香港地铁自 1979 年底逐段投入运营，经过十几年的努力，逐渐摆脱亏损，1998 年实现盈利 28 亿港元。2000 年实现纯利润 40 多亿港元，并于当年在香港股票市场上市，进入资本市场。地铁公司的经营收入主要来自地铁乘客的车费。根据条例，地铁公司有权决定票价，其票价可以与通胀率挂钩，涨价幅度略低于通胀指标。

香港地铁在建设初期主要利用贷款的方式筹集资金，同时政府也投入财政资金，加强地铁公司的财务基础(见图 14—11)。建设地铁资金包括出口信贷(由香港政府提供担保)、银团贷款、发行票据和债券(除了定息港元债券外，地铁公司还发行了一系列的港元浮息债券以及其他币种的债券)、票款收入、地产物业、其他收益(包括商场租金、广告等)。

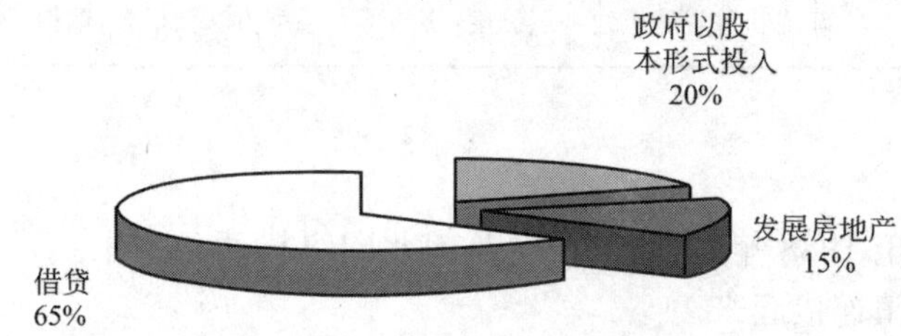

图 14—11　香港地铁初期融资结构图

在香港地铁上市前，香港当局作为地铁的唯一股东，每年都注入股本金，以提高地铁公司的实收股本数额。公司的法定股本做了两次大幅度的提高。一次是在 1981 年，由 20 亿港元提高到 55 亿港元；另一次是在 1985 年，增加到 110 亿港元。扩大公司法定股本，认购新股，不仅使地铁公司的资本结构更合理、财务基础更稳健，也避免了地铁公司负债率过高的危险，对增强金融界对地铁公司的信心，保持公司借贷能力十分重要。

2000 年 10 月 5 日，作为香港第一个政府公有机构的私营化项目——香港地铁有限公司股票在联交所挂牌上市。约有 70%以上的股份由香港特区政府持有，另外约 30%的股份为社会公众持有。香港铁路公司 2008 年上半年中报显示，其营业收入达到 85.27 亿港元，比 2007 年同比增长了 43%。从中报可以看出，地铁公司的收入来源主要包括车费收入、非车费收入(包括车站内其他业务收入、租务及管业收入)和物业发展收入几大块。香港地铁经营模式的核心特点在于，将物业管理、土地开发、增值收益等等结合起来。

香港地铁能够盈利与政府给予的政策支持有着密切关系。地铁拥有的相关政策包括：

(1)每条地铁在建设以前，沿线尚未开发的土地，按当时的地价划归地铁公司所有，地铁公司需要向政府偿还地价款。地铁建成运营后，土地升值和沿线物业的全部收入归地铁公司所有。

(2)地铁公司利用地铁本身资源开发的商业项目，如广告、商铺、电信服务、地下空间等收入全部归地铁公司所有。

(3)地铁线路建成运营后，地铁公司可以按照全成本(建设投资、固定资产折旧、运营成本)并考虑一定利润率自行确定票价，地铁公司也可以根据每一年的通货膨胀率变化情况进行调价，调价的幅度应略低于通货膨胀率等相关指标。

(4)地铁公司按照城市交通需求确定新线建设，以保证地铁运营线路有充足的客流量，能够通过运营实现投资回收。如果政府从城市发展的角度规划的线路没有充足的运量，无法回收投资，由此所造成的损失需由政府承担。

由于香港只有一家地铁公司参与负责地铁的规划、建设、运营等全过程，因此可以达到资源的优化和共享，同时也可以做到管理成本最低并充分利用市场规则使各项投资最低。

从相关政策来看，香港地铁的一个重要特点是，具有沿线一定范围内土地开发权和物业收益权。地铁公司通过地产开发与交易筹集到的资金，能够在很大程度上补充地铁建设和发展的需要。

香港地铁站点分布密集，市区很多地方步行 5 分钟即可到达地铁车站。地铁与其他交通方式换乘便捷，除去了地面交通拥堵的烦恼，具有安全、准时等特点，可以提供快捷、舒适的通勤及其他城市出行服务，因此，乘坐地铁的人数越来越多。不断增加的客流也为香港地铁的盈利创造了良好的条件。2009 年 1 月，香港地铁客流量高达 101 342 千人次，而这正是其营业收入中比重最大的部分。按照 2008 年中报显示，2007 年的营业收入中，车票收入高达 55.92 亿港元，占据其营业收入的 66%。

在经营模式上，政府通过地下铁道条例将专营权赋予地铁公司，期限为 50 年，政府负责对地铁安全等相关方面的监管。地铁公司上市后，政府是最大股东，拥有 70%以上的股份。因此，政府与地铁公司的关系实际上是“股东＋监管者＋伙伴”的关系。香港地铁发展中，企业是运营主体，实现独立运作、自负盈亏，政府对其没有任何财务方面的补贴。此种模式使得政府收益明显，在政府或纳税人没有付出任何补贴的情况下，香港地铁公司为城市贡献了一个高效便捷、世界一流的地铁系统，不但解决了城市轨道交通的发展，增加了城市交通基础设施，提高了城市交通运量，政府还可以从地铁盈利中获得分红。可以看出，香港地铁的发展使得政府、轨道交通企业、城市居民等多方实现了共赢。

六、北京

北京是我国最早建造地铁的城市，其最早运营的线路是地铁 1 号线和 2 号线，都是由中央政府出资建设的，按照当时的物价指数，平均每公里的造价约为 1 亿元人民币左右，两条线的总投资额大约为 40 亿元人民币。

2001 年北京市政府对原北京地铁总公司进行了改革，成立了北京地铁集团有限责任公司，下设北京地铁运营有限责任公司和北京地铁建设管理有限责任公司，分别负责地铁建设的融资和运营。随着城市社会经济的快速发展，对城市轨道交通的需求也越来越大，原有的地铁建设、运营管理模式已经不能适应地铁发展的需要。于是，北京市轨道交通的管理模式再一次进行了重大调整，原来的北京地铁集团经过重组，将地铁投资、建设和运营分别独立，成立了北京市基础设施投资有限公司、北京市地铁建设管理公司和北京市地铁运营公司三家企业。其中基础设施投资有限公司主要负责轨道交通项目的投融资，地铁建设管理公司则主要负责轨道交通项目的建设，地铁运营公司主要负责地铁的运营和管理。

北京市新的地铁投资、建设、运营管理模式的建立有利于明确投融资、建设、运营各方的责任，从而促进北京市地铁的快速发展和安全运营。

北京城市轨道交通项目建设资金主要依靠贷款和政府财政资金解决，财政资金则包括市级财政资金和区级财政资金。近年来，北京市地铁的建设也在积极吸引社会资本的参与，例如，地铁 4 号线就成功吸纳香港地铁公司的资本参与。

概括起来，北京市轨道交通建设的资金来源包括：财政投入、政府协调下的企业投入和国内银行贷款（以国家开发银行贷款为主）。表 14—2 是北京市地铁线路的建设资金构成情况（包括已经建成的八通线、13 号线以及 4 号线、5 号线、10 号线这几条新线）。

表 14—2　北京市地铁线路的建设资金来源　　单位：亿元

线路	规模（km）	资本金				贷款			其他资金	总投资
		财政款	区政府	其他	小计	国外	国内	小计		
八通线	18.4	5.9	3.6	4.5	14		19.97	19.97		33.97
13 号线	41	15	11		26	9.7	25.1	34.8	4.9	65.7
5 号线	27.6	30		10	40		80	80		120
4 号线	28.65	36	24		60		47	47	50	157
1 号线	30.5	38.4	25.6		64		96	96		160
合　计	146.15	125.3	64.2	14.5	204	9.7	268.07	277.77	54.9	536.67
资本金比例			38%							
贷款比例			52%							
其他资金比例			10%							

资料来源：根据相关网站和调研资料整理。

从表 14—2 可以看出，已经修建的线路投资，贷款的比例最大，占总投资的 52%，财政款占总投资的 23.3%。

七、上海

上海作为一个经济发达的城市，对城市轨道交通项目建设给予高度重视，在城市轨道交通项目建设和运营方面也形成了自己的模式。

上海城市轨道交通在建设、运营管理等环节采用一套新的模式，政府不再介入具体的融资、建设和运营管理中，而是将其交给一个集投融资、建设与运营管理于一体的企业——上海申通集团有限公司。申通公司以控股方的身份组建项目股份公司，并负责项目的融资、建设与运营。

上海申通集团有限公司作为上海城市轨道交通网络建设的政府出资代表和市级投资主体，承担着城市轨道交通领域的投融资、项目建设和运营管理等职能。公司先后投资控股了上海磁浮交通发展有限公司、上海申通地铁股份有限公司、上海共和新路高架发展有限公司、上海轨道交通长宁线发展有限公司、上海轨道交通明珠线发展有限公司、上海轨道交通宝山线发展有限公司、上海轨道交通明珠线（二期）发展有限公司、上海莘闵轨道交通线发展有限公司、上海轨道交通七号线发展有限公司、上海轨道交通杨浦线发展有限公司、上海轨道交通申松线发展有限公司和上海轨道交通申嘉线发展有限公司项目公司。

上海轨道交通建设运营模式的特点是政府负责对轨道交通网络的规划、建设及运营方式提供宏观指导性意见，以定额补贴的方式向投资公司注入资金，从具体项目中淡出。上海轨道交通项目的建设资金除政府投入一部分外，其余都由申通集团公司负责募集。项目建成后，通过资本运作来偿还建设期负债。运营公司不负担对建设期负债本息的偿还。

上海轨道交通建设运营模式的特点在于：

(1)通过管理体制的改革，明确了企业作为投资主体的地位，减轻了政府投资城市轨道交通建设的压力。

(2)融入市场化融资模式，拓宽了融资渠道，采用了包括上市融资、债券融资等多种融资方式。

思考题

1. 城市轨道交通的经济属性对投融资有何影响？
2. 城市轨道交通建设的投融资模式有哪些？
3. 以北京地铁4号线为例，谈谈PPP模式的运作方式和特点。
4. 什么是PFI模式？其特点是什么？
5. 对比分析不同国家城市轨道交通建设投融资特点。

参 考 文 献

[1] Ratner K. A. and A. R. Goetz. The reshaping of land use and urban form in Denver through transit-oriented development[J]. 2013,30:31-46.

[2] Kheirbek I. and S. Johnson. Spatial variability in levels of benzene, formaldehyde, and total benzene, toluene, ethylbenzene and xylenes in New York City: a land-use regression study [J]. Environmental Health, 2012.

[3] Lu, X. and Y. Y. Lin. Coordinated Planning Framework for the Transportation Facilities and Ecological Environment in a Rapidly Urbanized Area——A Case Study of the Pearl River Delta of China[R]. Third International Conference on Next Generation Infrastructure Systems for Eco-Cities, 2010.

[4] Yildirim Mehmet Bayram, Hearn Donald W. A First Best Toll Pricing Framework For Variable Demand Traffic Assignment Problems [J]. Transportation Research Park B, No. 39. 2005.

[5] Levinson. Micro-foundations of Congestion And Pricing. A Game Theory Perspective[J]. Transportation Research part A Vol . 39, Issues 7-9 2005.

[6] Handley Stevens. Transport Policy In The European Union [M]. Houndmills, Basingstoke, Hampshire, New York: Palgrave Macmillan. 2004.

[7] Sam Peltzman, Cliford Winston[M]. Deregulation of Network Industries. The MIT Press, 2000.

[8] Mccrudden, c. Regulation and Deregulaion[M]. The MIT Press, 1999.

[9] George M. Guess. Public Policy And Transit System Management[M]. New York: Greenwood Press. 1990.

[10] Baltimore. Wilfred Owen. Transportation and World Development[M]. Johns Hopkins University Press, 1987.

[11] Brueckner J. The structure of urban equilibria. A unified treatment of the Muth-Mills model, Handbook of Regional and Urban Economics(Volume Ⅱ)[M]. Edited by E. S. Mills , Elsevier Science Publisher B. V. 1987.

[12] Beesley M. E. Urban Transport: studies in economic policy[R]. London: UK. Butterworths. 1973.

[13] 欧国立. 基于三维视角的交通运输经济探析——理论与政策[M]. 北京:经济科学出版社,2013.

[14] 肯尼斯·巴顿. 运输经济学[M]. 李晶等译. 北京:机械工业出版社,2012.

[15] 罗纳德·科斯. 企业、市场与法律[M]. 上海:上海三联出版社,2009.

[16] 伯纳德特·安德鲁索,戴维·雅各布森. 产业经济学与组织[M]. 王立平,尹莉,等译. 北京:经济科学出版社,2009.

[17] 方豪. 中西交通史[M]. 上海:上海人民出版社,2008.

[18] 薛兆丰. 商业无边界:反垄断法的经济学革命[M]. 北京:法律出版社,2008.

[19] 施蒂格勒. 生产和分配理论[M]. 晏智杰,译. 北京:华夏出版社,2008.

[20] 魏瑜. 铁路网络共用性财产权利配置[M]. 北京:经济科学出版社,2007.

[21] 威廉姆森. 资本主义经济制度[M]. 北京:商务印书馆,2007.

[22] 王庆云. 交通运输发展理论与实践[M]. 北京:中国科学技术出版社,2006.

[23] 理查德·阿诺特. 新帕尔格雷夫经济学大辞典[M]. 北京:科学技术文献出版社,2005.

[24] 藤田昌久,克鲁格曼,等. 空间经济学:城市,区域与国际贸易[M]. 北京:中国人民大学出版社,2005.

[25] 马歇尔. 经济学原理[M]. 朱志泰,译. 北京:商务印书馆,2005.

[26] 冯·诺伊曼,摩根斯顿. 博弈论与经济行为[M]. 王文玉,王宇,译. 北京:生活·读书·新知三联书店,2004.

[27] 维斯库斯,陈雨军. 反垄断与规制经济学[M]. 北京:机械工业出版社,2004.

[28] 林起劲,欧国立. 网络型基础产业中的契约治理结构[J]. 数量经济技术经济研究,2003(7).

[29] 奥兹·谢伊.网络产业经济学[M].张磊,等译.上海:上海财经大学出版社,2002.
[30] 张文尝,金凤君,樊杰.交通经济带[M].北京:科学出版社,2002.
[31] 肯尼思·巴顿.运输经济学[M].北京:商务印书馆,2001.
[32] 欧国立.运输市场变迁与中国铁路市场化改革[M].北京:中国铁道出版社,2001.
[33] 保罗·克鲁格曼.发展、地理学与经济理论[M].蔡荣,译.北京:北京大学出版社,中国人民大学出版社,2000.
[34] 约翰·纳什.纳什博弈论论文集[C].张良桥,王晓刚,译.北京:首都经济贸易大学出版社,2000.
[35] 丹尼尔·史普博.规制与市场[M].上海:上海三联书店,1999.
[36] 洪银兴.经济运行的均衡与非均衡[M].上海:上海三联书店,1998.
[37] 何壁.铁路改革实践探索[M].北京:中国铁道出版社,1998.
[38] Y·巴泽尔.产权的经济分析[M].上海:上海三联书店,1997.
[39] G·J·施蒂格勒.产业组织和政府管制[M].上海:上海三联书店,1996.
[40] 王崇焕.中国古代交通[M].北京:商务印书馆,1996.
[41] 卢现祥.西方新制度经济学[M].北京:中国发展出版社,1996.
[42] 中国铁路史编辑研究中心.中国铁路大事记[M].北京:中国铁道出版社,1996.
[43] 马小奇,张培东.中国古代交通[M].北京:北京科学技术出版社,1995.
[44] 曼瑟尔·奥尔森.集体行动的逻辑[M].上海:上海三联书店,1995.
[45] R·科斯.财产权利与制度变迁[M].上海:上海三联书店,1994.
[46] 道格拉斯·C·诺斯.制度、制度变迁与经济绩效[M].上海:上海三联书店,1994.
[47] 查尔斯·沃尔卡.政府与市场[M].北京:中国发展出版社,1994.
[48] 邱克.中国交通史论[M].北京:人民交通出版社,1994.
[49] 铁道部财务司.美国、加拿大和日本铁路运价及财务管理[M].北京:1993.
[50] 荣朝和.论运输化[M].北京:中国社会科学出版社,1993.
[51] 陈孟熙,郭建青.经济学说史教程[M].北京:中国人民大学出版社,1992.
[52] 陈鸿彝.中华交通史话[M].北京:中华书局出版社,1992.
[53] 廖士祥.经济学方法论[M].上海:上海社会科学院出版社,1991.
[54] 桑恒康.中国的交通运输[M].北京:北京航空航天大学出版社,1991.
[55] 西蒙·库兹涅茨.现代经济增长:速度、结构与扩展[M].戴睿等译.北京:北京经济学院出版社,1991.
[56] R·科斯.企业、市场与法律[M].上海:上海三联书店,1990.
[57] 约瑟夫·熊比特.经济发展理论[M].何畏等译.北京:商务印书馆,1990.
[58] 铁道部财务司.美加英三国铁路经济概况与成本管理[M].北京:经济管理出版社,1989.
[59] 罗依·桑普森.运输经济——实践、理论与政策[M].北京:经济管理出版社,1989.
[60] 詹姆斯·M·布坎南.自由、市场和国家[M].北京:北京经济学院出版社,1988.
[61] 金士宣,徐文述.中国铁路发展史[M].北京:中国铁道出版社,1986.
[62] P·C·斯塔布斯,等.运输经济学[M].上海交通工程学会,译.上海:上海城市经济学会,1982.
[63] 亚当·斯密.国民财富的性质和原因的研究[M].郭大力,王亚南,译.北京:商务印书馆,1982.
[64] 马克思,恩格斯.马克思恩格斯全集[M].中共中央马恩列斯编译局,译.北京:人民出版社,1972.
[65] 福克纳.美国经济史[M].北京:商务印书馆,1964.